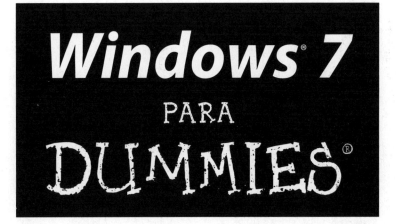

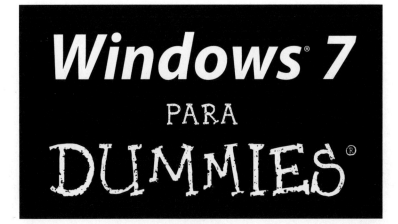

Windows® 7
PARA
DUMMIES®

Por Andy Rathbone

WILEY

Wiley Publishing, Inc.

Windows® 7 Para Dummies®

Published by
Wiley Publishing, Inc.
111 River Street
Hoboken, NJ 07030-5774

www.wiley.com

For general information on our other products and services, please contact our Customer Care Department within the U.S. at 877-762-2974, outside the U.S. at 317-572-3993, or fax 317-572-4002.

For technical support, please visit www.wiley.com/techsupport.

Wiley also publishes its books in a variety of electronic formats. Some content that appears in print may not be available in electronic books.

Library of Congress Control Number: 2009939788

ISBN: 978-0-470-52399-5

Manufactured in the United States of America

10 9 8 7 6 5 4 3 2 1

WILEY

Acerca del Autor

Andy Rathbone empezó a hacer cosas de fanático tecnológico en 1985, cuando se compró una computadora portátil CP/M Kaypro 2X de casi 12 kilos. Como los otros nerds de esa época, pronto empezó a jugar con adaptadores null-modem, escribir en tableros de anuncios electrónicos y trabajar a medio tiempo en la tienda de electrónica Radio Shack.

Escribió artículos para varias publicaciones tecnófilas antes de pasar a los libros de computación en 1992. Ha escrito la serie *Windows For Dummies, Upgrading and Fixing PCs For Dummies, TiVo For Dummies, PCs: The Missing Manual,* y muchos otros libros sobre computadoras.

Hoy en día lleva impresas más de 15 millones de copias de sus libros que se han traducido a más de 30 idiomas. Puede contactarse con Andy a través de su sitio Web, www.andyrathbone.com.

Agradecimientos del Autor

Un agradecimiento especial a Dan Gookin, Matt Wagner, Tina Rathbone, Steve Hayes, Nicole Sholly, Virginia Sanders y James Kelly.

Gracias además a toda la gente que jamás conocí del sector editorial, ventas, marketing, corrección de pruebas, diseño, gráficas y fabricación que trabajan muy duro para la realización de este libro.

Agradecimientos de la Editorial

Estamos orgullosos de este libro; por favor envíenos sus comentarios a `http://dummies.custhelp.com`. Para más comentarios, por favor contacte a nuestro Customer Care Department (Departamento de Atención al Cliente) dentro de los EE.UU. al 877-762-2974, fuera de los EE.UU. al 317-572-3993, o por fax al 317-572-4002.

Estas son algunas de las personas que ayudaron a lanzar este libro al mercado:

Adquisiciones, Editorial y Desarrollo de Medios

Editora del Proyecto: Nicole Sholly

Editor Ejecutivo: Steve Hayes

Editora de Copia: Virginia Sanders

Editor Técnico: James F. Kelly

Gerente Editorial: Kevin Kirschner

Asistente Editorial en Jefe: Cherie Case

Tira Humorística: Rich Tennant
(www.the5thwave.com)

Traducción: Grecia Levy, Word-It Translations

Servicios de Composición

Coordinadora del Proyecto: Kristie Rees

Diseño y Gráficos: Carl Byers

Correctores: Laura L. Bowman, John Greenough, Joni Heredia

Índices: BIM Indexing & Proofreading Services

Publicación y Edición para Tecnología Dummies

Richard Swadley, Vicepresidente y Editor Ejecutivo del Grupo

Andy Cummings, Vicepresidente y Editor Comercial

Mary Bednarek, Directora Ejecutiva de Adquisiciones

Mary C. Corder, Directora Editorial

Edición de Consumer Dummies

Diane Graves Steele, Vicepresidenta y Editora

Servicios de Composición

Debbie Stailey, Directora de Servicios de Composición

Un Vistazo al Contenido

Tabla de Materias

Introducción

· ·

¡ Bienvenidos a *Windows 7 Para Dummies,* el libro más vendido a nivel mundial sobre Windows 7!

La popularidad de este libro probablemente se pueda resumir en un simple hecho: Algunas personas quieren ser los genios de Windows. Aman interactuar con los cuadros de diálogo. Otras presionan teclas al azar con la esperanza de descubrir alguna característica oculta, sin documentar. Unos pocos memorizan largas cadenas de comandos de computadora mientras se lavan el cabello.

¿Y usted? Bueno, usted no es ningún *dummy,* eso es seguro. Pero cuando de Windows y computadoras se trata, la fascinación simplemente no está ahí. Quiere hacer su trabajo, punto, y pasar a algo más importante. No tiene intenciones de cambiar y no hay nada malo en eso.

Precisamente en esta situación es cuando este libro es realmente útil. En vez de convertirlo en un genio de Windows, se limita a brindar la información útil cuando la necesita. En vez de convertirse en un experto en Windows 7, sabrá lo suficiente para utilizarlo de manera rápida, ordenada y con el mínimo sufrimiento para poder pasar rápidamente a las cosas más agradables de la vida.

Acerca de Este Libro

No intente leer este libro de un tirón: No hay necesidad. En vez de eso, trate a este libro como un diccionario o una enciclopedia. Vaya a la página con la información que usted necesita y diga, "Ah, de eso estaban hablando." Luego guarde el libro y siga con sus asuntos.

No se moleste en intentar memorizar toda la jerga de Windows 7, como por ejemplo Seleccionar el Elemento de Menú en el Cuadro de Lista Desplegable. Deje esas cosas a los aficionados a las computadoras. De hecho, si aparece algo técnico en un capítulo, una señal de tráfico le avisa con anticipación. Dependiendo de su estado de ánimo, puede reducir la velocidad para leerlo o bien acelerar para saltearlo.

En lugar de usar jerga informática sofisticada, este libro cubre temas como los siguientes, todos explicados en español directo:

✔ Mantener su computadora segura y protegida

✔ Encontrar, ejecutar y cerrar programas

✔ Ubicar un archivo que guardó o descargó ayer

✔ Configurar una computadora para que la use toda la familia

✔ Copiar información desde y hacia un CD o DVD

✔ Trabajar con las fotos de su cámara digital y crear una presentación de diapositivas

✔ Escanear e imprimir su trabajo

✔ Crear una red entre PCs para compartir una conexión a Internet o una impresora

✔ Arreglar Windows 7 cuando se porta mal

No hay nada para memorizar ni para aprender. Simplemente vaya a la página correcta, lea la breve explicación y vuelva a trabajar sin más. A diferencia de otros libros, éste le permite sortear toda la palabrería técnica y aún así realizar su trabajo.

Cómo Usar Este Libro

Siempre habrá algo en Windows 7 que lo dejará rascándose la cabeza. Ningún otro programa trae tantos botones, barras y palabrería sin sentido a su pantalla. Cuando algún problema en Windows 7 lo deje perplejo, use este libro como referencia. Busque el tópico problemático en la tabla de contenidos o el índice. La tabla de contenidos muestra un listado de los capítulos y secciones y sus respectivos números de página. El índice muestra temas y números de página. Recorra la tabla de contenidos o el índice para encontrar el lugar que trata sobre ese elemento de oscuridad computacional en particular, lea sólo lo que necesite, cierre el libro y aplique lo que acaba de leer.

Si se siente lo suficientemente valiente como para averiguar más, lea un poco más en las viñetas debajo de cada sección. Puede encontrar a voluntad detalles adicionales, consejos o referencias cruzadas para comprobar. Sin embargo, no se sienta presionado. Nadie lo obliga a descubrir lo que no quiere descubrir o simplemente no tiene tiempo para hacer.

Si tiene que escribir algo en su computadora, verá textos fáciles de seguir en negrita como el que sigue:

Escriba **Media Player** en el cuadro Search (Buscar).

En el ejemplo anterior, escriba las palabras *Media Player* y luego presione la tecla Enter de su teclado. Escribir palabras en una computadora puede ser confuso, por lo que siempre sigue una descripción de lo que debería ver en la pantalla.

Cada vez que describo un mensaje o información que deba ver en pantalla o una dirección Web, lo presento de esta manera:

`www.andyrathbone.com`

Este libro no se acobarda diciéndole, "Para más información, consulte su manual." Windows 7 ni siquiera *viene* con un manual. Este libro tampoco contiene información sobre cómo ejecutar algún paquete de software específico para Windows, como por ejemplo Microsoft Office. ¡Windows 7 ya es lo bastante complicado! Por suerte, otros libros *Para Dummies* explican compasivamente los paquetes de software más populares.

Sin embargo, no se sienta abandonado. Este libro cubre Windows con gran detalle para que pueda hacer su trabajo. Y además, si tiene alguna pregunta o comentario sobre *Windows 7 Para Dummies,* no dude en escribirme algunas líneas en mi sitio Web `www.andyrathbone.com`.

Finalmente, tenga en cuenta que este libro es una *referencia.* No está diseñado para enseñarle a usar Windows 7 como un experto, el cielo no lo permita. En cambio, este libro provee la información mínima necesaria para que no *tenga* que aprender Windows.

¿Y Usted?

Es muy probable que usted ya tenga Windows 7 o esté pensando en actualizarse. Usted sabe lo que *usted* quiere hacer con su computadora. El problema consiste en hacer que la *computadora* haga lo que usted quiere hacer. Hasta ahora lo fue logrando de una u otra forma, quizás con la ayuda de algún gurú de las computadoras — ya sea un amigo en la oficina, algún vecino o su hijo que cursa cuarto grado.

Pero cuando el gurú de las computadoras no está a mano, este libro lo puede sustituir en los momentos de necesidad. (Tenga una rosquilla a mano en caso de necesitar un soborno rápido.)

Cómo Está Organizado Este Libro

La información en este libro ha sido bien tamizada. Este libro contiene siete partes y he dividido cada parte en capítulos relacionados con el tema principal de cada una. Con un cuchillo aún más fino, dividí cada capítulo en secciones cortas para ayudarlo a descifrar un poco la rareza de Windows 7. A veces, puede encontrar lo que está buscando en un apartado pequeño enmarcado en un recuadro. Otras, puede necesitar recorrer la sección o capítulo entero. Depende de usted y de la tarea que tenga entre manos.

Estas son las categorías (el sobre, por favor).

Parte 1: Cosas de Windows 7 Que Todo el Mundo Piensa que Usted Ya Sabe

Esta parte analiza la columna vertebral de Windows 7: su pantalla inicial y los botones de nombre de usuario, el gigantesco menú del botón Start (Inicio) que trae todo lo importante, y el escritorio de su computadora — el entorno donde viven todos sus programas. Explica cómo mover ventanas por todos lados, por ejemplo, y hacer clic en el botón correcto en el momento justo. Explica las cosas de Windows 7 que todo el mundo piensa que usted ya sabe.

Parte 11: Trabajar con Programas y Archivos

Windows 7 viene con un montón de programas gratuitos. Encontrar e iniciar los programas, sin embargo, puede resultar todo un tema. Esta parte del libro le muestra cómo poner los programas en acción. Si un archivo o programa importante desapareció del radar, descubrirá cómo hacer que Windows 7 rastree los armarios atestados de su computadora y lo traiga de vuelta.

Parte 111: Obtener Resultados en Internet

Visite esta sección para hacer un curso intensivo sobre el lugar predilecto de la informática de hoy, Internet. Esta parte explica cómo enviar un e-mail y viajar como trotamundos a través de los sitios Web. Mejor aún, un capítulo entero explica cómo hacerlo en forma segura, sin virus, spyware y esa molesta publicidad en ventanas emergentes.

Una sección explica las herramientas de seguridad integradas de Internet Explorer. Permiten evitar que malévolos sitios de phishing lo engañen y bloquea los parásitos de la Web que intentan agregarse a bordo mientras surfea por la Web.

Parte 1V: Personalizar y Actualizar Windows 7

Cuando Windows 7 necesite una sacudida para arreglarlo, hágalo accionando alguno de los interruptores ocultos en su Panel de Control, descrito aquí. Otro capítulo explica el mantenimiento de la computadora que puede fácilmente llevar a cabo usted mismo, reduciendo así sus facturas de reparaciones. Descubrirá cómo compartir su computadora con varios miembros de su familia o en un apartamento compartido — sin permitir que nadie espíe la información de los demás.

Y cuando esté preparado para agregar una segunda computadora, vaya directo al capítulo sobre redes para obtener instrucciones rápidas sobre cómo vincular las computadoras de modo que compartan la conexión a Internet, archivos y también una impresora.

Parte V: Música, Películas, Recuerdos (Y Fotos, También)

Visite esta sección para obtener información sobre cómo reproducir CDs, DVDs, música digital y películas. Compre algunos CDs baratos y arme sus propios CDs de grandes éxitos con sus canciones favoritas. (O simplemente copie un CD para que su álbum favorito no se raye en el reproductor de su auto.)

Si posee una cámara digital debería visitar el capítulo dedicado a transferir imágenes desde su cámara a la computadora, organizar fotos y enviarlas por correo electrónico a sus amigos. ¿Compró una cámara de video? Diríjase a la sección que explica cómo eliminar las partes tontas de su video con el programa Windows Live Movie Maker y cómo grabar su obra maestra en un DVD que sus parientes van a *disfrutar* para variar.

Parte VI: ¡Ayuda!

Aunque el vidrio no se hace añicos cuando Windows se estrella, aún así puede lastimarlo. En esta parte encontrará algunas pomadas para calmar las irritaciones más dolorosas. Además, encontrará formas de desplegar la batería de programas solucionadores de problemas de Windows 7.

¿Está atascado con el problema de transferir sus archivos desde una computadora vieja a una nueva? Aquí también puede encontrar ayuda para lograrlo. (Si está preparado para actualizar su computadora con Windows XP o Vista a Windows 7, eche un vistazo al apéndice que contiene instrucciones completas.)

Parte VII: La Parte de los Diez

Todo el mundo ama las listas (excepto en la época de declarar impuestos). Esta parte contiene listas con preguntas y respuestas sobre Windows, como por ejemplo diez cosas exasperantes de Windows 7 (y cómo solucionarlas).

Y como gratificación especial para los usuarios de equipos portátiles, he recopilado los consejos más útiles para laptops con Windows 7 y los coloqué todos juntos en un capítulo, completo con instrucciones paso a paso sobre las tareas más frecuentes en un equipo portátil.

Íconos Utilizados en Este Libro

Basta con echar un vistazo a Windows 7 para advertir sus *íconos,* que son pequeños botones que se presionan para iniciar diversos programas. Los íconos se integran bien dentro de este libro. Son incluso ligeramente más fáciles de interpretar.

¡Cuidado! Esta señal le advierte que a la vuelta de la esquina se encontrará con información técnica sin sentido. Huya despavorido de este ícono para mantenerse a salvo de las horribles tonterías técnicas.

Este ícono le advierte que está por recibir información técnica jugosa que hace más fácil la computación: un método probado y genuino, por ejemplo, para evitar que el gato se duerma arriba del monitor.

No se olvide de acordarse de estos puntos importantes. (O al menos marque la página doblando la esquina, así puede encontrar la información unos días después.)

La computadora no explotará mientras ejecute alguna de estas delicadas operaciones asociadas con este ícono. Sin embargo, es una buena idea usar guantes y proceder con cautela.

¿Se está mudando a Windows 7 desde Windows Vista? Este ícono le advierte en donde 7 funciona de manera significativamente diferente de su predecesor.

Más de cuatro han evitado a Windows Vista por completo. Si usted es uno de los que esquivaron a Vista, el ícono XP le advierte sobre los muchos lugares donde Windows 7 funciona de manera significativamente diferente a XP. (Y no deje de mirar lo que se muestra en el ícono Nuevo en Windows 7 porque se ha perdido unos cuantos cambios.)

A Dónde Ir Desde Aquí

Ahora, ya está listo para la acción. Pegue una rápida mirada a las páginas y escanee con atención una sección o dos que sepa que va a necesitar más tarde. Por favor recuerde, este es *su* libro — su arma contra los genios de la computación que le han generado el preconcepto sobre lo complicado que son las computadoras. Por favor marque cualquier párrafo que encuentre útil, resalte conceptos clave, adhiera notas adhesivas y dibuje garabatos en los márgenes de los párrafos con cosas complicadas.

Mientras más marque su libro, más fácil le resultará después volver a encontrar las cosas buenas.

Parte I
Cosas de Windows 7 Que Todo El Mundo Piensa que Usted Ya Sabe

The 5th Wave   por Rich Tennant

"Estamos mucho mejor preparados para esta
actualización. Brindamos a los ususarios
capacitación adicional, mejores manuales
y una intravenosa con morfina."

En esta parte. . .

La mayoría de la gente es arrastrada hacia Windows 7 sin opción. Sus computadoras nuevas probablemente ya vengan con Windows 7 instalado. O puede que en la oficina hayan cambiado a Windows 7 y todo el mundo tiene que aprenderlo excepto el jefe, que todavía ni siquiera tiene computadora. O quizás el despliegue publicitario de Microsoft lo impulsó a comprarlo.

Cualquiera sea su caso, esta parte le brinda un pequeño curso de actualización sobre los elementos básicos de Windows y sobre palabras de moda tales como arrastrar y soltar, copiar y pegar, y tironear de la esquiva barra de herramientas.

Esta parte le explica cómo Windows 7 ha cambiado cosas para mejor y le advierte cuando Windows 7 ha complicado las cosas por completo.

Capítulo 1

¿Qué es Windows 7?

*E*s muy probable que ya haya escuchado sobre Windows: los cuadros y ventanas y el puntero del mouse que lo saludan cada vez que enciende su computadora. De hecho, en este instante millones de personas alrededor del mundo están devanándose los sesos con Windows mientras usted lee este libro. Prácticamente toda computadora que se vende hoy en día viene con una copia de Windows preinstalada — que le dará una calurosa bienvenida cuando la encienda por primera vez.

Este capítulo lo ayudará a comprender por qué Windows vive dentro de su computadora y le presentará la última versión de Windows lanzada por Microsoft, llamada *Windows 7*. Explicaré en qué se diferencia Windows 7 de versiones anteriores de Windows, si le conviene hacer la actualización a Windows 7 y qué tan bien se aclimatará su vieja y querida PC a la mejora.

¿Qué es Windows 7 y Por qué Lo Está Utilizando?

Creado y comercializado por una compañía llamada Microsoft, Windows no es como el software que habitualmente utiliza para escribir sus trabajos de clase o enviar un correo electrónico de protesta a las compañías de venta por correo. No, Windows es un *sistema operativo,* lo que significa que controla la forma en que usted trabaja con su computadora. Ha estado entre nosotros desde hace más de 20 años, y su última genial encarnación se llama *Windows 7,* que muestra la Figura 1-1.

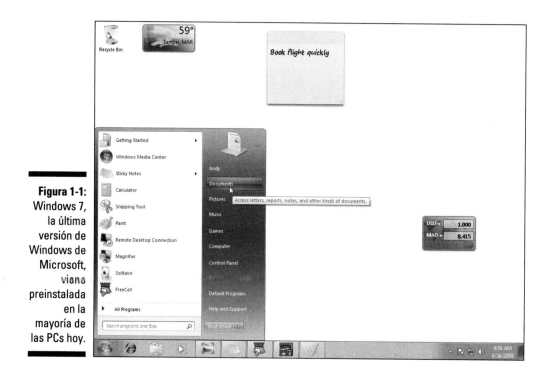

Figura 1-1:
Windows 7,
la última
versión de
Windows de
Microsoft,
viene
preinstalada
en la
mayoría de
las PCs hoy.

Windows obtiene su nombre por todas esas simpáticas ventanitas que muestra en su monitor. Cada ventana muestra información, ya sea una foto, un programa que esté ejecutando, o una reprimenda técnica desconcertante. Puede colocar varias ventanas en pantalla al mismo tiempo y saltar de ventana en ventana, visitando programas diferentes. También puede agrandar la ventana hasta que ocupe la pantalla completa.

Como una madre con el silbato en el patio de comidas, Windows controla cada ventana y cada parte de su computadora. Cuando enciende su PC, Windows salta a la pantalla y supervisa cada programa en ejecución. A través de toda esta actividad, Windows mantiene un funcionamiento armónico de las cosas, incluso cuando los programas empiezan a tirarse comida entre sí.

Además de controlar su computadora y supervisar sus programas, Windows 7 viene con un montón de programas gratis. Aunque su computadora puede funcionar sin estos programas, está bueno tenerlos. Estos programas le permiten realizar diferentes tareas, como escribir e imprimir cartas, navegar en Internet, escuchar música e incluso crear una presentación de sus fotos de vacaciones y grabarla en un DVD — automáticamente.

¿Y por qué está utilizando Windows 7? Si es como la mayoría de los mortales, no tuvo mayores opciones. Prácticamente toda computadora vendida a partir del 22 de octubre de 2009 viene con Windows 7 preinstalado. Pocas personas escaparon de Windows al comprar computadoras Apple (esas computadoras más bonitas que cuestan mucho más). Pero lo más probable es que usted, sus vecinos, su jefe, sus hijos en la escuela y millones de personas más alrededor del mundo utilicen Windows.

- ✔ Microsoft se esforzó al máximo (y dedicó varios años) para hacer de Windows 7 la versión más segura de Windows existente. (Sino pregúntele a quienes acaban de hacer la actualización de versiones previas.)

- ✔ Windows hace más fácil que varias personas compartan una única computadora. Cada persona recibe su cuenta de usuario personal. Cuando los usuarios hacen clic en su nombre en la ventana inicial de Windows, ven su *propio* trabajo — tal como lo dejaron. Windows 7 incluye controles para padres para limitar el tiempo que sus hijos pasan en la PC, así como los programas que pueden abrir.

- ✔ Windows incluye un nuevo programa de backup (copias de respaldo) que facilita hacer lo que ya debiera estar haciendo hace tiempo: generar copias de seguridad de sus archivos importantes cada noche, una tarea que describo en el Capítulo 12.

- ✔ El nuevo y poderoso programa de búsqueda y sistema de bibliotecas que presenta Windows 7 le permite olvidarse en dónde almacenó sus archivos. Para encontrar un archivo perdido, simplemente haga clic en el menú Start (Inicio) e ingrese alguna parte del contenido de ese archivo: unas pocas palabras en un documento, el nombre de la banda que canta la canción, o incluso el año en que sus álbumes favoritos de jazz fueron editados.

Separar lo que es publicidad de las prestaciones reales

Microsoft puede promocionar a Windows como su eficaz compañero informático, que siempre vela por sus intereses, pero eso no es del todo cierto. Windows siempre vela por los intereses de *Microsoft*. Descubrirá esto en cuanto llame a la mesa de ayuda de Microsoft pidiendo asistencia para lograr que Windows funcione correctamente. Le van a cobrar más de $50 por llamada.

Microsoft también utiliza a Windows para colocar sus propios productos y servicios.

Por ejemplo, el área de Favoritos de Internet Explorer, que es el lugar donde usted agrega sus sitios Web preferidos, viene cargado a tope de sitios Web de Microsoft.

En pocas palabras, Windows no solo controla su computadora sino que también funciona como un enorme canal de publicidad de Microsoft. Trate a estos volantes publicitarios como trataría a un vendedor que golpea en su puerta.

¿Debería Molestarme en Cambiar a Windows 7?

Microsoft espera que *todo el mundo* se cambie a Windows 7 sin más trámite. Como la gente que compra PCs nuevas recibe automáticamente Windows 7 preinstalado en las mismas, Microsoft apunta a otros dos grupos de usuarios: los que utilizan Windows XP y los que usan Windows Vista.

Las siguientes dos secciones describen qué ofrece Windows 7 a los usuarios de Windows Vista, y a los disidentes que aún corren Windows XP.

¿Qué puede gustarle de Windows 7 a los usuarios de Vista?

Los propietarios de Vista se deleitarán con Windows 7, con muchos amigos llamando al nuevo sistema operativo "Lo que Windows Vista debió haber sido." Windows 7 no es precisamente perfecto, pero es un bienvenido alivio para los usuarios de Windows Vista. Veamos por qué:

- **Fácil actualización:** Como compensación por haber sufrido con Vista, se puede actualizar a Windows 7 simplemente insertando el Windows 7 Upgrade DVD (DVD de Actualización de Windows 7). Sus programas, impresora y prácticamente todo lo demás que funcionaba con Vista funcionarán bien con Windows 7. Los propietarios de Windows XP enfrentan un trabajo sucio: Deberán borrar sus discos duros e instalar Windows 7 partiendo de cero.

- **Basta de pantallas molestas:** Con seguridad la característica más odiada de Windows Vista, User Account Control (UAC – Control de Cuenta de Usuario) hacía aparecer todo el tiempo mensajes preguntándole si estaba *seguro* de querer hacer algo. Windows 7 viene con una versión más moderada que tan solo advierte si algo drástico podría suceder. Puede incluso regular el nivel de advertencia del UAC hasta adaptarse a su nivel de bienestar, desde paranoico a relajado.

- **Controles simplificados:** Vista exigía muchas digitaciones y clics para hacer lo mismo que Windows 7 hace con pocas. En Vista, por ejemplo, intentar apagar la PC nos traía dos íconos de acceso directo y una flecha que nos mostraba un menú con siete opciones. La tecla de un solo clic "Shut Down" ("Apagar") de Windows 7 hace lo que todos quieren: guardar el trabajo, cerrar los programas y apagar la PC.

✔ **Mejor backup (copias de seguridad):** En un esfuerzo por simplificar la tarea de hacer copias de seguridad de su PC, Vista hacía copias de *absolutamente todo,* aún cuando usted sólo quería guardar unos pocos archivos o carpetas. Windows 7, por el contrario, le permite guardar todo, pero también le ofrece una opción para seleccionar sólo unos pocos elementos para guardar.

✔ **Funciona mejor en laptops:** El funcionamiento perezoso de Vista molestó a muchos usuarios de laptop. Muchas de las nuevas netbooks — laptops ultra livianas concebidas sólo para acceder a Internet y usar procesadores de texto — ni siquiera podían ejecutar Vista, obligando a Microsoft a extender dos veces la fecha de vencimiento de Windows XP.

Entonces, ¿qué es lo que *le falta* a Windows 7 para quienes actualicen desde Vista?

Entre todos los ingeniosos elementos incorporados a Windows 7, ¿qué es lo que *no* está incluido? Mucho. Microsoft eliminó los siguientes programas de Windows Vista al crear Windows 7:

✔ **Programas gratuitos:** Windows Mail (Correo Electrónico de Windows), Windows Photo Gallery (Galería de Fotos de Windows), Windows Movie Maker (Creador de Películas de Windows), y Windows Calendar (Calendario de Windows) no vienen más con Windows 7. En efecto — Windows 7 no viene con un programa de correo electrónico. En vez de eso, Microsoft quiere que descargue los programas de reinstalación desde la Web. Cubro la reinstalación del correo electrónico en el Capítulo 9 (e-mail – correo electrónico), y de los programas para editar fotos y crear películas en el Capítulo 16. (Me temo que no me quedó espacio suficiente para cubrir la reinstalación del calendario.)

✔ **Quick Launch toolbar (Barra de herramientas de Inicio Rápido):** Este práctico repositorio de programas favoritos ya no vive más en la barra de tareas debajo del menú Start (Inicio). En su lugar, Microsoft rediseñó la barra de tareas para almacenar los íconos de los programas favoritos *y* los programas en ejecución. Cubriré la barra de tareas en el Capítulo 2.

✔ **InkBall (Bola de Tinta):** Aunque eliminar este juego no es tan problemático como descartar un programa de correo electrónico, muchos van a extrañar ese pequeño perdedero de tiempo que era "embocar la bola en el hoyo".

✔ **Sidebar (Barra Lateral):** La Sidebar (Barra Lateral) de Windows Vista se aferraba al costado del escritorio, albergando artilugios para seguir el mercado bursátil, las actividades de sus amigos e incluso el clima. La Sidebar se ha ido, pero los artilugios todavía permanecen, ahora distribuidos libremente en su escritorio.

Por qué los propietarios de Windows XP deberían cambiar a Windows 7

Microsoft lanza una nueva versión de Windows cada dos o tres años. Si compró una PC entre 2001 y 2006, probablemente ya se habrá acostumbrado a la mecánica de Windows XP. Lo que nos lleva a una pregunta insidiosa, ¿para qué molestarnos en actualizar a Windows 7 si Windows XP funciona perfecto?

En realidad, si Windows XP está funcionando bien, puede que no necesite a Windows 7. Pero como es probable que su PC ya tenga al menos seis años de antigüedad — una reliquia en el mundo de la tecnología — Microsoft espera que las siguientes mejoras de Windows 7 lo inspiren a sacar su tarjeta de crédito del bolsillo:

✔ **Grabación de DVD:** Más de cinco años después de que los grabadores de DVD salieran al mercado, Windows finalmente saca provecho de los mismos sin utilizar software de terceros. Windows 7 puede copiar archivos y películas a DVDs así como a CDs. El programa DVD Maker reúne sus fotos de las vacaciones y las graba en una sofisticada presentación directamente a un DVD, listo para pasárselo a cada participante del retiro espiritual de yoga.

✔ **Búsquedas de archivo más sencillas:** Windows XP realmente arrastra los pies a la hora de buscar archivos. Buscar por nombre de archivo toma varios minutos en un disco duro muy cargado, y si está buscando sus archivos por una palabra o frase en particular, prepárese para pasar un largo fin de semana esperando. Windows 7, por el contrario, pasa su tiempo libre afinando un índice con cada palabra almacenada en su disco duro. Ingrese una palabra que sea parte de un nombre de archivo o su contenido en el cuadro de Search (Búsqueda) del menú Start (Inicio), y Windows 7 rápidamente encontrará el tesoro.

✔ **Un Nuevo Internet Explorer (Explorador de Internet):** El nuevo Internet Explorer 8 de Windows 7 le permite navegar la Web en forma más sencilla y segura. Tiene los recursos de siempre — navegación por pestañas, RSS feeds (fuentes RSS) y un filtro que lo alertará si está ingresando a un sitio Web potencialmente fraudulento — además de otras funciones novedosas que cubriré en el Capítulo 8.

✔ **Media Center (Centro de Medios):** Este centro de entretenimientos no sólo reproduce DVDs y música sino que también le permite ver TV en su PC e incluso grabar programas en su disco duro para verlos posteriormente. Para grabar programas de TV deberá tener una PC con TV Tuner (Sintonizador de TV), una actualización que cubriré en otro de mis libros, *Upgrading and Fixing PCs For Dummies (Actualizar y Reparar PCs para Dummies),* publicado por Wiley Publishing, Inc.

✔ **Taskbar (Barra de Tareas):** Microsoft dedicó algo de tiempo para construir el aspecto tridimensional de Vista. La nueva taskbar (barra de tareas) de Windows 7 suma vistas en miniatura emergentes, como muestra la Figura 1-2, que le permitirán hallar una ventana perdida. O bien, haga clic derecho en un ícono de la barra de tareas para obtener más información sobre el mismo — su historial reciente de sitios Web navegados, por ejemplo, se muestra en la Figura 1-3.

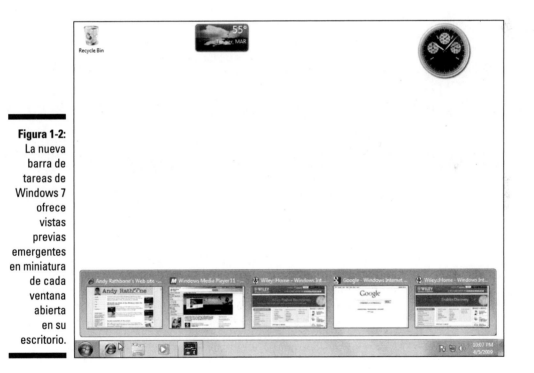

Figura 1-2:
La nueva barra de tareas de Windows 7 ofrece vistas previas emergentes en miniatura de cada ventana abierta en su escritorio.

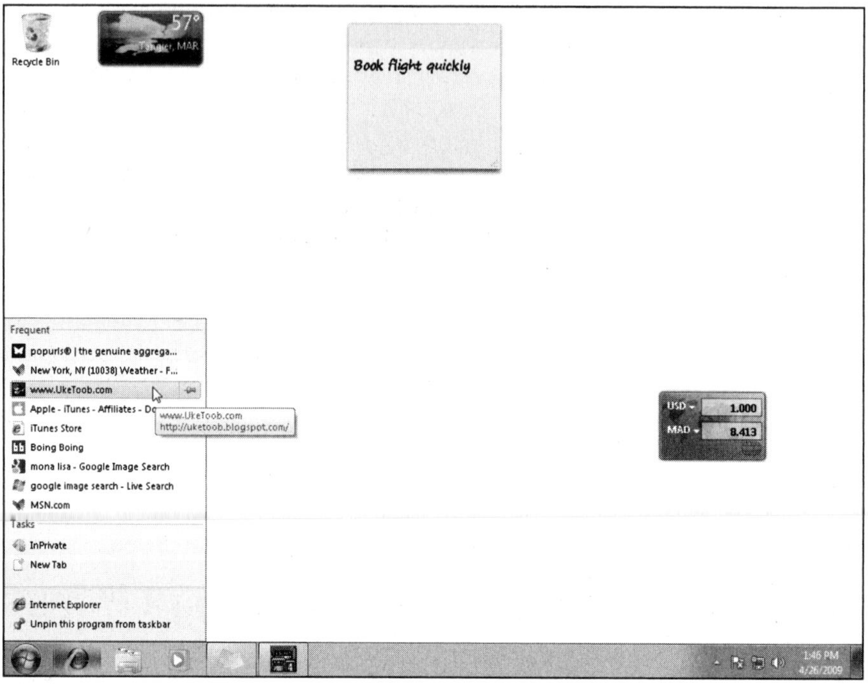

Figura 1-3:
Haga clic derecho sobre un ícono de la nueva barra de tareas de Windows 7 para obtener más información, incluyendo una lista de los sitios Web reciente-mente visitados con Internet Explorer.

¿Puede Mi PC Ejecutar Windows 7?

Si su PC ya ejecuta Windows Vista, es probable que pueda correr Windows 7. De hecho, Windows 7 corre mejor en algunas PCs, mayormente laptops, que Windows Vista.

Si su PC ya ejecuta Windows XP bien, probablemente ejecute Windows 7, pero quizás no en su mejor estilo. Actualizar su PC con algunos elementos clave permitirá que Windows 7 corra mejor, una tarea que desarrollo en *Upgrading and Fixing PCs For Dummies (Actualizar y Reparar PCs para Dummies)*, 8° Edición. Aquí tiene su lista de compras:

✔ **Video:** Windows 7 requiere placas de video poderosas para sus características 3-D más deslumbrantes. Actualizar su placa de video cuesta alrededor de $50, y no están disponibles para laptops. Pero si el video de su PC no tiene el músculo suficiente y su billetera no tiene efectivo, no desespere. Windows 7 simplemente cambia a un atuendo más informal, permitiendo que su PC corra sin usar las vistas 3-D.

✔ **Memoria:** Windows 7 ama la memoria. Para obtener mejores resultados, su PC debería tener 1GB de memoria o más. La memoria es fácil de instalar y relativamente barata, así que no escatime aquí.

✔ **Unidad de DVD:** A diferencia de Windows XP, que viene en CD, Windows 7 (así como Windows Vista) viene en *DVD*. Esto significa que su PC necesita una unidad de DVD funcionando para poderse instalar. Esto probablemente no se aplique a muchas PCs de la actualidad, pero puede valer para algunas laptops antiguas y netbooks.

Windows 7 puede ejecutar prácticamente cualquier programa que corra en Windows Vista, y puede ejecutar un gran número de programas para Windows XP. Algunos programas más antiguos, sin embargo, no funcionarán, tales como los antivirus, firewall (cortafuegos) y programas de seguridad. Deberá contactar al proveedor del programa en cuestión para averiguar si le puede brindar la nueva versión compatible en forma gratuita.

Acelerar Windows 7 en una laptop o PC antigua

Tanto Windows Vista como Windows 7 adoran los gráficos sofisticados, pero todos esos suaves contornos y colores maravillosos pueden empantanar a una laptop o a una vieja PC. Siga estos pasos para liberarse de las golosinas visuales y hacer que Windows 7 corra lo más rápidamente posible:

1. **Haga Clic en el botón Start (Inicio), haga clic derecho en el ícono Computer (Computadora) y elija Properties (Propiedades).**

   El ícono Computer (Computadora) vive en el lateral derecho del menú Start (Inicio).

2. **Haga Clic en Advanced System Settings (Configuración Avanzada de Sistema), que se encuentra en el panel izquierdo de la ventana.**

Puede que haga falta escribir la contraseña de una cuenta Administrator (Administrador) para ingresar en esta misteriosa área de configuración.

3. **En el área Performance (Rendimiento), haga clic en el botón Settings (Configuraciones), y luego en el botón Adjust For Best Performance (Ajustar para Obtener el Mejor Rendimiento), y haga clic en OK.**

Estos pasos revierten su sistema al estilo de pantalla de las versiones previas de Windows que no se basan en gráficos lujosos. Para volver a la apariencia normal de Windows 7, repita estos pasos, pero en el Paso 3, haga clic en el botón llamado Let Windows Choose What's Best For My Computer (Permitir que Windows determine qué es mejor para mi computadora).

¿Va a comprarse una PC nueva para usar con Windows 7? Para ver lo bien que ejecuta Windows 7 una PC de exhibición, haga clic en el botón de Start (Inicio), seleccione Control Panel (Panel de Control) y abra la categoría System and Security (Sistema y Seguridad). En el área System (Sistema), elija Check the Windows Experience Index (Verificar el Índice de Experiencia Windows). Windows comprobará la PC y brindará una calificación que varía de 1 (horrible) a 7.9 (extraordinario).

¿No está seguro de qué versión de Windows tiene su PC? Haga clic derecho en Computer (Computadora) desde el menú Start (Inicio) y elija Properties (Propiedades). La pantalla que aparece indica cuál es su versión de Windows.

Los Siete Sabores de Windows 7

Windows XP venía en dos versiones fáciles de distinguir: una para el hogar y la otra para empresas. Windows Vista se divide en cinco versiones diferentes, cada una con un precio distinto y una confusa gama de funciones. Windows 7 sube el nivel de confusión con siete versiones, pero son mucho más fáciles de interpretar.

La gran mayoría de los consumidores elegirán Windows 7 Home Premium, y la mayoría de las empresas Windows 7 Professional. Aún así, para despejar toda duda, describiré las siete versiones disponibles en la Tabla 1-1.

Tabla 1-1	Los Siete Sabores de Windows 7
Versión de Windows 7	**Qué Hace**
Windows 7 Starter	Esta versión reducida de Windows 7 corre mayormente en netbooks — pequeñas PCs que carecen de potencia suficiente para algo más que navegar en la Web y procesamiento de textos básico.
Windows 7 Home Basic	Diseñado para países en vías de desarrollo, esta versión contiene todo lo incluido en la edición Starter y viene con mejores gráficos, la opción de compartir la conexión de Internet y configuraciones para laptops más potentes.
Windows 7 Home Premium	Concebida para satisfacer la mayor parte de las necesidades de los consumidores, esta versión incluye programas que le permiten ver y grabar TV en su PC, así como crear DVDs con las grabaciones de su videocámara.

Versión de Windows 7	Qué Hace
Windows 7 Professional	Dirigida al mercado corporativo, esta versión contiene todas las funciones incluidas en Home Premium, así como herramientas para pequeñas empresas: funciones adicionales de networking (redes), por ejemplo, y herramientas similares para empresas.
Windows 7 Enterprise	Microsoft vende esta gran versión para empresas por paquetes de licencias.
Windows 7 Ultimate	Esta versión apunta a las billeteras de los especialistas en tecnología informática que pasan la mayor parte de su vida frente a sus teclados. Si está leyendo este libro, esta versión no es para usted.
Windows 7 "E"	Se vende en los mercados europeos, la "E" significa que la versión no viene con Internet Explorer.

Aunque pueda parecer complicado que existan siete versiones, elegir la que usted necesita no es tan difícil. Como Microsoft incorporó todas las versiones en el DVD de Windows 7, puede actualizar su versión en cualquier momento con solo sacar su tarjeta de crédito y liberar las características presentes en las diferentes versiones.

A diferencia de Vista, cada versión contiene todas las características incluidas en la versión inferior. Windows 7 Professional contiene todo lo que se encuentra en Windows 7 Home Premium.

Aquí encontrará unas pautas para elegir la versión que necesita:

✔ Si va a usar su PC en su hogar, elija **Windows 7 Home Premium.**

✔ Si necesita conectarse a un dominio a través de una red en su trabajo — y sabrá si lo está haciendo — querrá **Windows 7 Professional.**

✔ Si es un profesional de la industria informática, debería echar mano en **Windows 7 Ultimate** porque incluye *todo* lo que se encuentra en las otras versiones.

✔ Si es un técnico en computación que trabaja para empresas, vaya y discuta con su jefe sobre la necesidad de comprar **Windows 7 Professional** o **Windows 7 Enterprise**. El jefe tomará una decisión basándose en si está en una empresa pequeña (Windows Professional) o grande (Windows Enterprise).

Si tiene una netbook — una laptop diminuta — que corre un Windows 7, puede actualizar a una versión más poderosa directamente desde el menú Start (Inicio).

La versión económica de Windows 7 Home Basic no se vende en Estados Unidos. Se vende a precios reducidos en naciones en desarrollo como Malasia. (No es realmente un gesto de buena voluntad tanto como un intento de reducir la piratería de software.)

Capítulo 2

El Escritorio, el Menú Start, la Barra de Tareas, Gadgets y Otros Misterios de Windows 7

. . . .

En Este Capítulo

▶ Iniciar Windows 7

▶ Ingresar una contraseña

▶ Iniciar sesión en Windows 7

▶ Usar el escritorio y otras funciones de Windows 7

▶ Cerrar sesión en Windows 7

▶ Apagar su computadora

. . . .

*E*ste capítulo brinda un paseo placentero por Windows 7. Usted enciende su computadora, inicia Windows y pasa unos minutos admirando los distintos vecindarios de Windows 7: el escritorio, la barra de tareas, el menú Start y la tan ecológicamente correcta (y compasiva) papelera de reciclaje.

Los programas que está utilizando se quedan en el *escritorio* de Windows (una palabra elegante para el fondo de Windows). La barra de tareas funciona como un magnífico vehículo que le permite trasladarse de un programa a otro. Para invitar más programas al escritorio, pase por el menú Start (Inicio): Está lleno de botones para presionar que le permiten agregar programas al cóctel.

¿Quiere deshacerse de algo? Tírelo a la papelera de reciclaje, en donde desaparecerá con el tiempo o, si es necesario, puede resucitarse en forma segura.

Si está instalando o actualizando su PC a Windows 7, brindo las instrucciones paso por paso en el apéndice de este libro.

Ser Bienvenido al Mundo de Windows 7

Iniciar Windows 7 es tan sencillo como encender su computadora — Windows 7 salta a la pantalla automáticamente con un efecto futurista. Pero antes de que empiece a trabajar, Windows 7 puede lanzarle una bola rápida con la primera pantalla: Windows quiere que *inicie sesión*, como se muestra en la Figura 2-1, haciendo clic en su nombre.

He personalizado mi pantalla de bienvenida. La suya se verá distinta. Si no ve un nombre de usuario para usted en la pantalla de Bienvenida, tiene tres opciones:

✔ **Si acaba de comprar la computadora, use la cuenta llamada Administrator (Administrador).** Diseñada para darle al usuario control total sobre la computadora, la cuenta Administrator (Administrador) puede configurar nuevas cuentas para otras personas, instalar programas, iniciar una conexión a Internet y acceder a *todos* los archivos de la computadora — incluso aquellos que pertenecen a otras personas. Windows 7 necesita por lo menos una persona que actúe como administrador. Diríjase al Capítulo 13 si le interesa esto.

Figura 2-1: Windows 7 quiere que todos los usuarios inicien sesión para saber quién está usando la computadora en todo momento.

✔ **Use la cuenta Guest (Invitado).** Diseñada para quienes visitan la casa, esta cuenta permite que los invitados, como la niñera o los parientes de visita, usen la computadora en forma temporal. (Se enciende o apaga en la zona Add or Remove User Accounts (Agregar o quitar cuentas de usuario) que se describe en el Capítulo 13).

✔ **¿No hay cuenta Guest (Invitado) y *tampoco* un usuario?** Entonces averigüe de quién es la computadora y ruéguele que configure un nombre de usuario para usted. (Si el dueño no sabe cómo, muéstrele el Capítulo 13, en el que explico cómo configurar una cuenta de usuario).

¿No *desea* iniciar sesión en la pantalla de Bienvenida? Estos botones ocultos de la pantalla de Bienvenida controlan otras opciones:

✔ El botón azul pequeño, ubicado en la esquina inferior izquierda que se muestra en la Figura 2-1 y en el margen, personaliza Windows 7 para personas con discapacidades físicas, auditivas, visuales o de destreza manual. Todo esto se trata en el Capítulo 11. Si presiona este botón por error, presione Cancel (Cancelar) para eliminar el menú de opciones de su pantalla sin modificar la configuración.

✔ El pequeño botón rojo ubicado en la esquina inferior derecha que se ve en la Figura 2-1 y en el margen le permite apagar su PC. (Si hizo clic en él accidentalmente y apagó su PC, no entre en pánico. Presione el botón de encendido de su PC y su PC volverá a esta pantalla).

✔ Haga clic en la pequeña flecha que está junto al botón rojo y Windows 7 terminará su sesión hibernando, apagando su PC o reiniciando — todas opciones que se explican al final de este capítulo.

CONSEJO ¿Desea que Windows 7 vuelva automáticamente a esta pantalla segura y protegida por contraseña cada vez que abandona su escritorio unos minutos? Después de ingresar su nombre de usuario y contraseña, haga clic con el botón derecho del mouse en el escritorio y seleccione Personalize (Personalizar). Elija la opción Screen Saver (Salvapantallas) en la esquina inferior derecha y active la casilla de verificación On Resume, Display Logon Screen (Mostrar pantalla de inicio de sesión al reanudar). Siéntase libre de ajustar el número de minutos antes de que aparezca la pantalla de inicio de sesión. Luego haga clic en OK para guardar su configuración y cerrar la ventana.

Jugando con las cuentas de usuario

Windows 7 permite que varias personas trabajen en la misma computadora, pero a su vez mantiene separado el trabajo de todos. Para lograrlo, necesita saber quién está sentado frente al teclado actualmente. Cuando *inicia sesión* — se presenta — haciendo clic en su *nombre de usuario*, como se muestra en la figura 2-1, Windows 7 presenta su escritorio personalizado, listo para que haga su propio desastre personalizado.

Cuando haya terminado de trabajar o simplemente tenga ganas de tomar un descanso, cierre la sesión (se explica al final del capítulo), así otra persona puede usar la computadora. Más tarde, cuando vuelve a iniciar sesión, su escritorio desordenado lo estará esperando.

Aunque puede convertir su escritorio en un desastre, es *su propio* desastre. Cuando vuelva a la computadora, sus cartas estarán igual que cuando las guardó. Jerry no habrá borrado accidentalmente sus archivos o carpetas mientras jugaba Widget Squash. El escritorio de Tina aún contiene vínculos a sus sitios Web favoritos. Y Steve conserva todos sus MP3 de Miles Davis en su propia carpeta de música personalizada.

Por supuesto, la primera gran pregunta se reduce a esto: ¿cómo personaliza la imagen que está junto a su nombre de usuario, como mi cara en la Figura 2-1? Después de que haya iniciado sesión, abra el menú Start y haga clic en la pequeña imagen que está en la esquina superior del menú Start. Windows convenientemente abre un menú en el que puede seleccionar la opción Change Your Picture (Cambiar su imagen). (Para más ideas, haga clic en Browse for More Pictures (Buscar más imágenes) y elija alguna de las fotos digitales que haya guardado en la carpeta Pictures (Imágenes). Explico cómo recortar fotos para obtener una toma de su rostro en el Capítulo 16).

Mantener privada su cuenta con una contraseña

Como Windows 7 permite que mucha gente utilice la misma computadora, ¿cómo evitar que Rob lea las cartas de amor que Diana le escribe a Henry Rollins? ¿Cómo puede Josh evitar que Grace borre sus avances de *Star Wars*? La *contraseña* opcional de Windows 7 resuelve algunos de estos problemas.

Al escribir una contraseña secreta cuando inicia sesión, como se muestra en la Figura 2-2, usted logra que su computadora lo reconozca a *usted* y a nadie más. Si protege su nombre de usuario con una contraseña, nadie podrá acceder a sus archivos (a excepción del administrador de la computadora, que puede espiar en cualquier parte — e incluso borrar su cuenta).

Ejecutar Windows 7 por primera vez

Si acaba de instalar Windows 7, o si está encendiendo su computadora por primera vez, haga clic en el botón Start (Inicio) y seleccione Getting Started (Comenzar) para visitar el Welcome Center (Centro de bienvenida). El Welcome Center presenta los siguientes botones personalizados para su PC en particular:

✔ **Go Online to Find Out What's New in Windows 7 (Conectarse a Internet para averiguar qué hay de nuevo en Windows 7):** Útil para aquellos que actualizan desde Windows XP o Windows Vista, este botón lo pone en línea y le presenta nuevas funciones de Windows 7.

✔ **Personalize Windows (Personalizar Windows):** Diríjase aquí para colocar una nueva fotografía en su escritorio, cambiar colores o configurar su monitor (todo esto se cubre en el Capítulo 11).

✔ **Transfer Files and Settings from Another Computer (Transferir archivos y configuración desde otra computadora):** ¿Acaba de encender su *nueva* PC con Windows 7? Esta zona útil le permite remolcar todos los viejos archivos y la anterior configuración de su vieja PC a la nueva, una tarea por la que lo guiaré en el Capítulo 19.

✔ **Use a Homegroup to Share with Other Computers in Your Home (Usar Grupo Hogar para conectarse con otras computadoras de su hogar):** En Windows 7, la nueva función *Homegroups* (Grupo Hogar) ofrece un modo sencillo de compartir información con otras PCs de un mismo hogar (se trata en el Capítulo 14).

✔ **Choose When to Be Notified about Changes to Your Computer (Elegir cuándo recibir notificaciones sobre cambios en su computadora):** Los usuarios de Windows Vista deben pasar por aquí. Le permite ajustar cuánto debe fastidiarlo su PC ante situaciones potencialmente inseguras, lo que describo en el Capítulo 10.

✔ **Go Online to Get Windows Live Essentials (Conectarse en línea para obtener programas de Windows Live Essentials):** ¡Sorpresa! Windows 7 ya no incluye un programa de correo electrónico. (Tampoco tiene el calendario de Vista, las herramientas de edición fotográfica o el programa de edición de videos). En vez de eso, Microsoft quiere que descargue su nueva suite de Windows Live con programas de reemplazo. O puede crear una cuenta de correo electrónico con uno de los dos competidores más grandes de Microsoft, Gmail de Google (www.gmail.com) y Yahoo! (www.mail.yahoo.com). Hablo del correo electrónico en el Capítulo 9 y los programas de edición de fotografías y películas de Windows Live en el Capítulo 16.

✔ **Back Up Your Files (Hacer copias de seguridad de sus archivos):** Las computadoras pueden echar su trabajo a la basura más rápido de lo que le toma crearlo, así que describo cómo hacer copias de seguridad de sus archivos en el Capítulo 10.

✔ **Add New Users to Your Computer (Agregar nuevos usuarios a su computadora):** Ignore esta sección a menos que comparta la PC con otras personas. Si ese es su caso, haga clic aquí para configurar cuentas para ellos en su PC. Este área también le permite controlar lo que sus hijos (o compañeros de cuarto) pueden hacer en su PC; se trata en el capítulo 13.

✔ **Change the Size of the Text on Your Screen (Cambiar el tamaño del texto en su pantalla):** Un beneficio para los nacidos en la posguerra, esta rápida solución ayuda a evitar el cansancio ocular provocado por el texto pequeño.

Para obtener más información sobre cualquiera de estas tareas, haga clic en el botón una sola vez. O haga doble clic en un botón para ir directamente a esa tarea en particular.

Para establecer o cambiar su contraseña, siga estos pasos:

1. **Haga clic en el botón Start (Inicio) y luego haga clic en Control Panel (Panel de Control).**

2. **En el Panel de Control, haga clic en User Accounts and Family Safety (Cuentas de usuario y Seguridad Familiar) y luego seleccione Change Your Windows Password (Cambiar su contraseña de Windows).**

   Si su Panel de Control contiene muchos íconos (*mucho más* que los habituales ocho), seleccione el ícono User Accounts (Cuentas de usuario).

3. **Seleccione Create a Password for Your Account or Change Your Password (Crear una contraseña para su cuenta o cambiar su contraseña).**

   Las palabras que verá en pantalla dependen de si está creando una nueva contraseña o cambiando una anterior.

4. **Escriba una contraseña que sea fácil de recordar para usted — y nadie más.**

Mantenga su contraseña corta y bonita: por ejemplo, el nombre de su vegetal favorito o su marca de hilo dental. Para aumentar el nivel de seguridad, agregue un número a la contraseña, como **3zanahorias** o **Esqui2Alpes** (Pero no use esos dos ejemplos exactos, porque probablemente ya se han agregado al arsenal de cualquier rompe claves a estas alturas).

5. **Si se le solicita, vuelva a escribir esa misma contraseña en la casilla Confirm New Password (Confirmar nueva contraseña), de modo que Windows sepa que no la está escribiendo mal.**

6. **Escriba una pista que le recuerde a usted — y solamente a usted — cuál es la contraseña.**

7. **Haga clic en el botón Create Password (Crear nueva contraseña).**

8. **Cuando vuelva la pantalla User Accounts (Cuentas de usuario), seleccione Create a Password Reset Disk (Crear un disco de restablecimiento de contraseña) en el lateral izquierdo de la pantalla.**

Windows 7 lo guiará por el proceso de creación de un disco de restablecimiento de contraseña a partir de un disco flexible, una tarjeta de memoria o una unidad de almacenamiento flash USB. (Visite el Capítulo 17 si necesita restablecer su contraseña con el disco).

¡Que Windows deje de pedirme una contraseña!

Windows le pide su nombre y contraseña solamente cuando necesita saber quién está presionando las teclas. Y necesita esa información por cualquiera de estas tres razones:

✔ Su computadora forma parte de una red de trabajo y su identidad determina a qué cositas puede acceder.

✔ El dueño de la computadora quiere limitar lo que usted puede hacer en la computadora.

✔ Usted comparte su computadora con otras personas y quiere evitar que otros inicien sesión con su nombre y cambien sus archivos y configuración.

Si estas preocupaciones no se aplican en su caso, purgue la contraseña siguiendo los primeros dos pasos de la sección "Cómo mantener privada su cuenta con una contraseña", pero elija Remove Your Password (Quitar su contraseña) en vez de Change Your Windows Password (Cambiar su contraseña de Windows).

Sin esa contraseña, cualquiera puede iniciar sesión con su cuenta de usuario y ver (o destruir) sus archivos. Si está trabajando en un entorno de oficina, esta configuración puede causarle problemas serios. Si le asignan una contraseña, es mejor que se acostumbre.

Una vez que haya creado la contraseña, Windows 7 le solicitará su contraseña cada vez que inicie una sesión.

✔ Las contraseñas *distinguen entre mayúsculas y minúsculas*. Las palabras *Caviar* y *caviar* se consideran dos contraseñas distintas.

✔ *¿Ya* se olvidó de su contraseña? Cuando escriba una contraseña que no funcione, Windows 7 automáticamente le muestra su pista, que debería ayudarle a recordar su contraseña. Pero tenga cuidado — cualquiera puede leer su pista, así que asegúrese de que sea algo que tenga sentido solamente para usted. Como ultimo recurso, inserte su disco de restablecimiento de contraseña, un trabajo que cubro en el Capítulo 17.

Explico mucho más sobre las cuentas de usuarios en el Capítulo 13.

Trabajar en el Escritorio

Normalmente, la gente pretende que sus escritorios sean planos, no verticales. Evitar que los lápices rueden y se caigan de un escritorio normal ya es bastante complicado. En Windows 7, la pantalla de su monitor se conoce como el *escritorio* de Windows y ahí es donde se lleva a cabo todo su trabajo. Puede crear archivos y carpetas en su nuevo escritorio electrónico y organizarlos por toda la pantalla. Cada programa se ejecuta en su propia *ventana*, sobre el escritorio.

Windows 7 comienza con un escritorio inmaculadamente limpio, casi vacío. Después de estar trabajando un rato, su escritorio se llenará de *íconos* — pequeños botones para presionar que cargan sus archivos con un rápido doble clic del mouse. Algunas personas dejan sus escritorios llenos de íconos para un acceso rápido. Otras organizan su trabajo: cuando terminan de trabajar en algo, lo almacenan en una *carpeta*, una tarea que se cubre en el Capítulo 4.

El escritorio hace gala de cuatro secciones principales, como se muestra en la Figura 2-3.

✔ **Start menu (Menú Inicio):** Ubicado sobre el margen izquierdo de la barra de tareas, el Menú Inicio funciona como el mozo del restaurante: Le presenta menús a pedido y le permite elegir qué programa ejecutar.

✔ **Taskbar (Barra de tareas):** Descansando perezosamente sobre el borde inferior del escritorio, la barra de tareas ofrece una lista con los programas y archivos que tiene abiertos actualmente, además de íconos de algunos pocos programas favoritos. (Señale el ícono de un programa en la barra de tareas para ver el nombre del programa o tal vez una imagen en miniatura de ese programa en acción).

✔ **Recycle Bin (Papelera de reciclaje):** La *papelera de reciclaje* en el escritorio, ese pequeño icono con forma de cesto de papeles, almacena los archivos borrados recientemente para recuperarlos con facilidad. ¡Qué alivio!

✔ **Gadgets:** Windows 7 incluye pequeños programas que se pegan a su escritorio como imanes en un refrigerador. (Son idénticos a los que Windows Vista ejecuta en su Sidebar o "barra lateral"). Siéntase libre de llenar su escritorio con pronósticos del clima, juegos de Sudoku y mensajes instantáneos.

NUEVO EN WINDOWS 7

Papelera de reciclaje — Gadgets

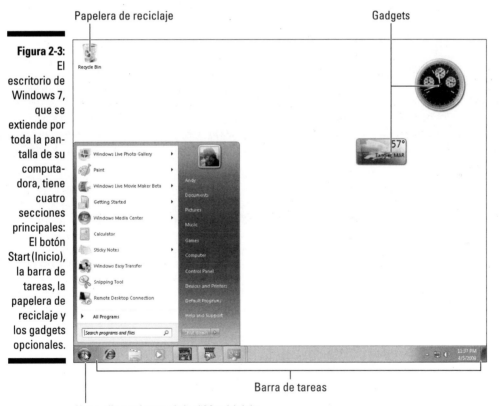

Figura 2-3: El escritorio de Windows 7, que se extiende por toda la pan- talla de su computa- dora, tiene cuatro secciones principales: El botón Start (Inicio), la barra de tareas, la papelera de reciclaje y los gadgets opcionales.

Barra de tareas

Haga clic aquí para abrir el Menú Inicio

Cubro cada una de las cuatro secciones del escritorio en forma más detallada a lo largo de este capítulo. Las siguientes pistas lo ayudarán donde sea que esté en el escritorio:

- Puede iniciar nuevos proyectos directamente desde su escritorio: Haga clic derecho en el escritorio, seleccione New (Nuevo) y luego elija el proyecto de sus sueños desde el menú emergente, ya sea cargando un programa favorito o creando una carpeta para almacenar sus nuevos archivos. (El menú New (Nuevo) muestra una lista de la mayoría de los programas de su computadora para un acceso rápido y sencillo.)

- ¿Está confundido con la razón de ser de algún objeto? Coloque el puntero del mouse suavemente sobre esa cosa misteriosa y Windows hará aparecer un pequeño cuadro de diálogo que le explicará qué es o hace esa cosa. Haga clic derecho en el objeto y Windows 7, siempre tan servicial, le lanza un menú con una lista de casi todo lo que puede hacer con ese objeto en particular. Este truco funciona con la mayoría de los iconos que se encuentran en su escritorio y en todos sus programas.

- Todos los iconos de su escritorio pueden desaparecer repentinamente, dejándolo totalmente vacío. Es muy probable que Windows 7 los haya escondido en un intento errado de ayudarlo. Para que su trabajo vuelva a cobrar vida, haga clic con el botón derecho del mouse en su escritorio vacío y seleccione View (Ver) en el menú emergente. Finalmente, asegúrese de que la opción Show Desktop Icons (Mostrar iconos del escritorio) esté tildada con una marca de verificación para que todo permanezca visible.

Limpiar un escritorio desordenado

Cuando los iconos cubren su escritorio con el equivalente a un año entero de notas autoadhesivas, Windows 7 ofrece varias opciones para limpiar el desorden. Si desea que el desorden de su escritorio *se vea* más organizado, haga clic derecho en el escritorio, seleccione Sort By (Ordenar por) desde el menú emergente y elija una de estas opciones:

- **Name (Nombre):** Organiza todos los iconos en orden alfabético mediante pulcras hileras verticales.

- **Size (Tamaño):** Organiza los iconos según su tamaño, ubicando los más pequeños al comienzo de las hileras.

- **Item Type (Tipo de elemento):** Esta opción alinea los iconos según su *tipo*. Todos los archivos de Word se agrupan juntos, por ejemplo, como también los vínculos a sitios Web.

- **Date Modified (Fecha de modificación):** Organiza iconos según la fecha que usted o su PC los cambió por última vez.

Si hace clic con el botón derecho del mouse en el escritorio y selecciona la opción View (Ver), podrá cambiar el tamaño de los iconos, además de jugar con estas opciones de organización de escritorio:

- ✔ **Auto Arrange Icons (Organizar iconos automáticamente):** Organiza automáticamente todo en hileras verticales — incluso iconos creados recientemente se acomodan en filas ordenadas.

- ✔ **Align Icons to Grid (Alinear iconos en cuadrícula):** Esta opción coloca una cuadrícula invisible en la pantalla y alinea todos los iconos dentro de los límites de la cuadrícula para dejarlos lindos y ordenados — sin importar cuánto se esfuerce por desordenarlos.

- ✔ **Show Desktop Icons (Mostrar iconos del escritorio):** Siempre mantenga esta opción encendida. Cuando se apaga, Windows esconde todos los iconos de su escritorio. Si puede recordarlo en medio de su frustración, haga clic en esta opción nuevamente para reactivar sus iconos.

La mayoría de las opciones de View (Ver) también están disponibles para cualquiera de sus carpetas, encontrará estas opciones haciendo clic en el menú o icono View.

Alegrar el fondo del escritorio

Para alegrar su escritorio, Windows 7 lo cubre con lindas imágenes conocidas como *fondos*. (La mayoría de las personas se refiere al fondo de pantalla como *papel tapiz*).

Cuando se canse del paisaje de decorado habitual, seleccione su propio fondo de pantalla — cualquier imagen que esté almacenada en su computadora.

1. **Haga clic derecho en una porción vacía de su escritorio, seleccione Personalize (Personalizar) y haga clic en la opción Desktop Background (Fondo de escritorio) ubicada en la esquina inferior izquierda de la ventana.**

2. **Haga clic en cualquiera de las imágenes que se muestran en la Figura 2-4 y Windows 7 la ubicará en el fondo de su escritorio.**

   ¿Encontró una que vale la pena? Haga clic en el botón Save (Guardar) para dejarla en su escritorio. Haga clic en el menú Picture Location (Ubicación de imagen) para ver más imágenes. O, si todavía está buscando, vaya al siguiente paso.

3. **Haga clic en el botón Browse (Buscar) y seleccione un archivo de su carpeta Pictures (Imágenes).**

   La mayoría de la gente almacena sus fotos digitales en la biblioteca o carpeta Pictures (Imágenes). (Explico cómo navegar por carpetas y bibliotecas en el Capítulo 4).

4. **¿Encontró una buena imagen?**

   Salga del programa y su foto elegida quedará pegada en su escritorio como fondo.

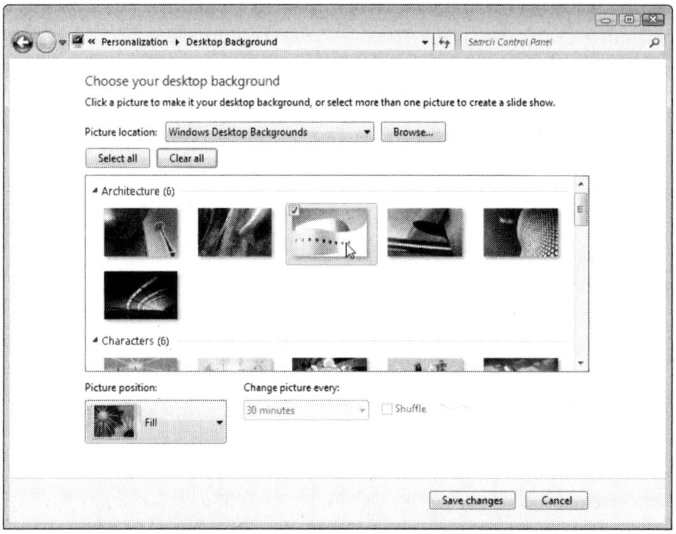

Figura 2-4:
Pruebe con distintos fondos de pantalla haciendo clic en ellos; haga clic en el botón Browse (Buscar) para ver las imágenes de distintas carpetas.

Aquí hay algunos consejos para embellecer su escritorio:

✔ A medida que navega por las distintas imágenes, puede decidir si la imagen estará repetida *en mosaico* por toda la pantalla (tile), *centrada* directamente en el medio (center) o *ampliada* para cubrir toda la pantalla (enlarge), seleccionando su preferencia desde la opción Picture Position (Posición de la imagen). Las nuevas opciones *Fill* (relleno) y *Fit* (Ajustar) de Windows 7 amplían fotos pequeñas, como aquellas tomadas con teléfonos celulares, para ajustarse al tamaño de la pantalla.

✔ Puede tomar fácilmente cualquier imagen que encuentre en Internet y usarla como fondo de pantalla. Haga clic derecho en la imagen del sitio Web y seleccione Set as Background (Establecer como papel tapiz) en el menú emergente. Microsoft copia sigilosamente la imagen en su escritorio como su nuevo fondo de pantalla. (También puede hacer clic con el botón derecho del mouse sobre cualquier foto de su carpeta Pictures (Imágenes) y seleccionar Set as Desktop Background (Establecer como fondo de pantalla) — útil para cambios rápidos de papel tapiz).

✔ Si una imagen de fondo de pantalla hace que los iconos de su escritorio sean muy difíciles de encontrar, pinte su escritorio con un solo color: En el Paso 2 de la lista anterior, haga clic en la flecha hacia debajo de la casilla Picture Location (Ubicación de imagen). Cuando aparezca la lista desplegable, seleccione Solid Colors (Colores sólidos). Seleccione uno de los colores ofrecidos y ese color llenará su escritorio.

✔ Para cambiar la *apariencia* completa de Windows 7, haga clic derecho en el escritorio, seleccione Personalize (Personalizar) y elija la opción Theme (Tema). Orientado a los que les gusta perder el tiempo en serio, los temas muestran varios colores para los distintos botones, bordes y cuadros de Windows. Explico más sobre Themes (Temas) en el Capítulo 11. (Si descarga cualquier Tema ofrecido en Internet, verifíquelo con un software antivirus, un asunto que se menciona en el Capítulo 10).

Revolver la Papelera de Reciclaje

La papelera de reciclaje, ese pequeño icono con la forma de un cesto de papeles ubicado en su escritorio, funciona de modo muy parecido a una *verdadera* papelera de reciclaje. Como se muestra en el margen, le permite recuperar el periódico del domingo si alguien tiró la sección de historietas antes de que tuviera oportunidad de leerla.

Puede tirar algo — un archivo o carpeta, por ejemplo — a la papelera de reciclaje de Windows 7 de cualquiera de estas maneras:

✔ Simplemente haga clic derecho y seleccione Delete (Eliminar) en el menú. Windows 7 le pregunta con cautela si está *seguro* de que quiere eliminar el elemento. Haga clic en Yes (Sí) y Windows 7 lo echará a la papelera de reciclaje, como si lo hubiera arrastrado allí. ¡Zas!

✔ Para eliminar rápidamente, haga clic en el objeto no deseado y presione la tecla Delete (Suprimir).

¿Desea recuperar algo? Haga doble clic en el icono de la papelera de reciclaje para ver sus elementos eliminados. Haga clic con el botón derecho del mouse en el elemento que desea y seleccione Restore (Restaurar). La pequeña y práctica papelera de reciclaje restaura su precioso elemento en el mismo lugar de donde lo borró. (También puede resucitar elementos eliminados arrastrándolos a su escritorio o a cualquier otra carpeta; arrástrelos nuevamente a la papelera de reciclaje para eliminarlos otra vez).

La papelera de reciclaje suele llenarse. Si está buscando desesperadamente un archivo que eliminó recientemente, dígale a la papelera que organice todo según la fecha y hora de eliminación: haga clic derecho en un área vacía dentro de la papelera de reciclaje, seleccione Sort By (Ordenar por) y luego elija Date Deleted (Fecha de eliminación) en el menú emergente.

Para eliminar algo en forma *permanente*, simplemente elimínelo dentro de la papelera de reciclaje: Haga clic en el elemento y presione la tecla Delete (Suprimir). Para borrar *todo* el contenido de la papelera de reciclaje, haga clic derecho sobre el icono de la papelera de reciclaje y seleccione Empty Recycle Bin (Vaciar papelera de reciclaje).

Para pasar por alto completamente a la papelera de reciclaje cuando elimina archivos, mantenga presionada la tecla Shift (Mayúsculas) mientras presiona Delete (Suprimir). ¡Zas! El objeto eliminado desaparece para nunca más volver — un truco práctico cuando trata con elementos delicados, como números de tarjetas de crédito o cartas de amor escritas a altas horas de la noche dirigidas a alguien que habita un cubículo cercano.

✔ El icono de la papelera de reciclaje cambia de cesto vacío a cesto lleno apenas tiene un archivo adentro.

✔ ¿Cuánto tiempo guarda la papelera de reciclaje los archivos eliminados? Espera hasta que la basura consuma aproximadamente un 5 por ciento del espacio de su disco duro. Luego comienza a purgar sus archivos eliminados más antiguos y de esta forma hacer espacio para los nuevos. Si le está quedando poco espacio en el disco duro, reduzca el tamaño de la papelera haciendo clic derecho en la papelera de reciclaje y seleccionando Properties (Propiedades). Reduzca el valor de la opción Custom Size (Tamaño personalizado) para borrar automáticamente los archivos de forma más rápida; aumente el tamaño y la papelera de reciclaje guardará los archivos un poco más de tiempo.

✔ La papelera de reciclaje solamente almacena elementos eliminados de sus *propias* unidades de disco. Esto significa que no guardará nada eliminado de un CD, tarjeta de memoria, reproductor de MP3, unidad de almacenamiento flash o cámara digital.

✔ Si elimina algo de la computadora de otra persona a través de una red, no podrá recuperarlo. La papelera de reciclaje solamente almacena elementos eliminados de su *propia* computadora y no la de otros. (Por alguna terrible razón, la papelera de reciclaje de la computadora de esa otra persona, tampoco guarda el elemento). Tenga cuidado.

La Razón de Ser del Botón Start

El botón Start de color azul brillante vive en la esquina inferior izquierda del escritorio, donde está siempre listo para la acción. Al hacer clic en el botón Start (Inicio), puede iniciar programas, ajustar la configuración de Windows, encontrar ayuda para situaciones complicadas o, por suerte, apagar Windows y apartarse de la computadora por un rato.

Haga clic en el botón Start una vez y emergerá una pila de menús, como se muestra en la Figura 2-5.

Su menú Start cambiará a medida que agregue más programas a su computadora. Por eso el menú Start en la computadora de su amigo probablemente esté organizado de forma distinta que el menú Start de su computadora.

Figura 2-5:
El botón
Start en
Windows 7
esconde
decenas
de menús
para iniciar
programas.

✔ Las carpetas Documents (Documentos), Pictures (Imágenes) y Music (Música) siempre están a un solo clic de distancia en el menú Start. Estas carpetas están diseñadas específicamente para albergar dichos contenidos. Por ejemplo, la carpeta Pictures (Imágenes) muestra pequeñas miniaturas de sus fotos digitales. ¿Cuál es la mayor ventaja de estas tres carpetas? Guardar sus archivos en estas carpetas le permite recordar dónde los almacenó y facilita aún más la creación de copias de seguridad. Hablo de la organización de archivos en el Capítulo 4.

✔ Windows coloca atentamente los programas que usa con más frecuencia sobre el lateral izquierdo del menú Start para una sencilla operación de "señalar y hacer clic". ¿Y vio las flechas a la derecha de algunos programas listados en la Figura 2-5? Haga clic en cualquiera de esas flechas para ver una lista de los últimos archivos en los que trabajó con esos programas.

✔ ¿Ve las palabras *All Programs* (Todos los programas) junto al extremo izquierdo del menú Start? Haga clic allí y se abrirá otro menú para ofrecer más opciones. (Ese nuevo menú cubre al primero; para ver el menú anterior, haga clic en la palabra *Back* o "Volver").

✔ ¿Vio algo confuso al costado derecho del menú Start? Coloque el puntero del mouse sobre el icono misterioso. Windows responde con un útil mensaje explicativo.

Shut Down ▶

✔ Aunque parezca raro, también hará clic en el botón Start cuando quiera *dejar* de usar Windows. (Haga clic en el botón Shut Down o "Apagar" en el extremo inferior derecho del botón Start, como se describe al final de este capítulo).

Los botones del menú Start

El menú Start, como se muestra en la Figura 2-5, viene convenientemente separado en dos secciones: una está llena de iconos, la otra de palabras. El costado izquierdo cambia constantemente, siempre ofreciendo una lista con los iconos de los programas usados más frecuentemente. El programa usado con mayor frecuencia siempre se ubica al principio de la lista.

El costado derecho del botón Start, por el contrario, no cambia nunca. En vez de eso, muestra un listado de destinos, cada uno lleva a un lugar especial de Windows:

Si los menús de inicio le resultan emocionantes, le encantará la siguiente sección "Personalizar el menú Start", que explica cómo reorganizar por completo su menú Start.

- **Your Name (Su nombre):** El nombre de su cuenta de usuario aparece en la esquina superior derecha del menú Start. Haga clic aquí para ver una carpeta que contiene las carpetas que abre normalmente. Downloads (Descargas), My Documents (Mis documentos), Favorites (Favoritos), Links (Vínculos), My Pictures (Mis imágenes), My Music (Mi música) y My Videos (Mis videos).

- **Documents (Documentos):** Este comando muestra rápidamente los contenidos de su biblioteca de Documentos, enfatizando la importancia de almacenar su trabajo aquí.

- **Pictures (Imágenes):** Haga clic aquí para ver sus fotos s e imágenes digitales almacenadas. Cada icono de imágenes es una imagen en miniatura de su foto. ¿No ve imágenes de sus fotos? Presione la tecla Alt, haga clic en el menú View (Ver) y seleccione Large Icons (Iconos grandes).

- **Music (Música):** Almacene su música digital aquí para que Media Player pueda encontrarla y reproducirla más fácilmente.

- **Games (Juegos):** Windows 7 ofrece muchos de los mismos juegos que Windows Vista, entre ellos un decoroso juego de ajedrez. Microsoft omitió InkBall, pero volvió a incluir Internet Checkers (Damas en Internet) e Internet Backgammon (Backgammon en Internet), que le permiten competir con otros jugadores de todo el mundo.

- **Computer (Computadora):** Esta opción muestra las áreas de almacenamiento de su computadora: carpetas, unidades de disco, unidades de CD, cámaras digitales, unidades flash, PCs en red y otros lugares que albergan sus elementos Más Buscados.

- **Control panel (Panel de control):** Este conjunto de interruptores le permiten ajustar montones de configuraciones confusas de su computadora, las cuales se describen en el Capítulo 11.

✔ **Devices and Printers (Dispositivos e Impresoras):** Esto muestra una lista de su impresora, monitor, mouse y otros dispositivos conectados, para que se asegure de que funcionan correctamente. Los que tienen un signo de exclamación amarillo necesitan un arreglo, así que haga clic con el botón derecho sobre ellos y seleccione Troubleshoot (Resolver problemas).

✔ **Default Programs (Programas predeterminados):** Haga clic aquí para controlar qué programa aparece cuando abre un archivo. Aquí es donde le dice a Windows si permitirá que iTunes maneje su música en vez de Media Player, por ejemplo.

✔ **Help and Support (Ayuda y asistencia técnica):** ¿Confundido? Haga clic aquí para encontrar una respuesta. (El Capítulo 20 explica el impasible sistema de Windows Help, o "Ayuda de Windows").

✔ **Shut Down (Apagado):** Cuando hace clic aquí, se apaga su PC. O haga clic en el pequeño icono de flecha para las opciones Switch User (Cambiar usuario), Log Off (Cerrar sesión), Lock (Bloquear), Restart (Reiniciar), Sleep (Dormir) y Hibernate (Hibernar), que se explican en la última sección de este capítulo.

✔ **Search box (Casilla de búsqueda):** Convenientemente ubicada arriba del botón Start, este área le permite encontrar los archivos escribiendo parte de su nombre o contenido — algunas palabras de un correo electrónico o documento, el nombre de un programa o canción, o casi cualquier otra cosa. Presione Enter y Windows 7 lo rastreará rápidamente. Cubro la función Search (Buscar) detalladamente en el Capítulo 6.

Tanto Windows Vista como XP tenían iconos para Internet Explorer y Outlook Express sobre el borde izquierdo del menú Start (Inicio). Windows 7 se deshace por completo de Outlook Express (Capítulo 9) y deja el icono de Internet Explorer en la barra de tareas. Para volver a ubicar el Internet Explorer sobre el menú Start, haga clic en el botón Start, seleccione All Programs (Todos los programas), haga clic derecho sobre el icono de Internet Explorer y seleccione Pin to Start Menu (Fijar al menú Inicio).

Técnicamente, las opciones Documents (Documentos), Pictures (Imágenes) y Music (Música) no lo llevan a estas carpetas sino a sus *bibliotecas* —, un término de Windows 7 para una "súper" carpeta que muestra contenidos de varias carpetas. La biblioteca de Documents (Documentos), por ejemplo, muestra archivos en su carpeta My Documents (Mis documentos), además de la carpeta Public Documents (Documentos públicos). Explico más sobre bibliotecas y carpetas en el Capítulo 4.

Iniciar un programa desde el menú Start

Esta tarea es sencilla. Haga clic en el botón Start y el menú de inicio aparecerá por encima del botón. Si ve el icono de su programa deseado, haga clic en él y Windows cargará el programa.

Si su programa no está en la lista, haga clic en All Programs (Todos los programas), ubicado en el extremo inferior del menú Start. Aparece otro menú, que muestra una lista con los nombres de programas y carpetas llenas de programas. ¿Ve su programa? Haga clic en el nombre y Windows traerá el programa a la pantalla.

Si *todavía* no ve su programa en la lista, intente señalar las carpetas pequeñas listadas en el menú All Programs (Todos los programas). El menú se llena con los programas de esa carpeta. ¿No lo ve? Haga clic en una carpeta diferente y observe cómo sus contenidos se vuelcan en el menú Start (Inicio).

Cuando finalmente vea el nombre de su programa, simplemente haga clic en él. Ese programa salta al escritorio en una ventana, listo para la acción.

✔ Si no ve un programa en la lista, escriba el nombre del programa en la casilla Search (Búsqueda) del menú Start. Por ejemplo, escriba **Chess (ajedrez)**, presione Enter y el programa Chess Titans de Windows aparecerá en la pantalla, listo para darle una paliza.

✔ ¿Todavía no ve su programa? Entonces vaya al Capítulo 6 y busque la sección sobre cómo encontrar elementos perdidos. Windows 7 puede rastrear su programa perdido.

✔ Hay otra manera de cargar un programa perdido — si puede encontrar algo que creó o editó con ese programa. Por ejemplo, si escribió cartas al recaudador de impuestos con Microsoft Word, haga doble clic en una de sus cartas de impuestos para que salga Microsoft Word desde su escondite.

✔ ¿Todavía no aparece el programa? Haga clic con el botón derecho del mouse en una parte en blanco del escritorio, elija New (Nuevo) y seleccione el nombre del programa desde el menú emergente. Su programa aparecerá, listo para crear su nueva obra maestra.

✔ Si no sabe cómo navegar por las *carpetas*, lea el Capítulo 4. Ese capítulo lo ayuda a moverse elegantemente de carpeta en carpeta, reduciendo el tiempo que le toma encontrar su archivo.

Personalizar el menú Start

El menú de Inicio de Windows 7 funciona en forma genial — hasta que ansía algo que no está en la lista del menú, o algo que rara vez usa se interpone en su camino.

✔ **Para agregar un icono de programa favorito en el menú del botón Start,** haga clic en el icono del programa y seleccione Pin to Start Menu (Fijar al menú de inicio) desde el menú emergente. Windows copia ese icono a la columna superior izquierda del menú Start. (Desde aquí, puede arrastrarlo al área de All Programs (Todos los programas).

✔ **Para purgar los iconos indeseados de la columna izquierda del menú Start,** haga clic con el botón derecho del mouse sobre ellos y seleccione Unpin from Start Menu (Quitar del menú inicio) o Remove from This List (Eliminar de esta lista). (Eliminar un icono del menú de Inicio no elimina el programa de su computadora, solamente elimina uno de los muchos botones para presionar y ejecutarlo).

Cuando instala un programa, como se describe en el Capítulo 11, el programa casi siempre se agrega al menú Start *automáticamente*. Entonces, el programa anuncia atrevidamente su presencia, como se muestra en la Figura 2-6, mostrando su nombre con un color de fondo distinto.

Figura 2-6: El programa recién instalado Adobe Reader anuncia su presencia en la parte superior de All Programs (Todos los programas) del menú Start, mostrando un color de fondo distinto.

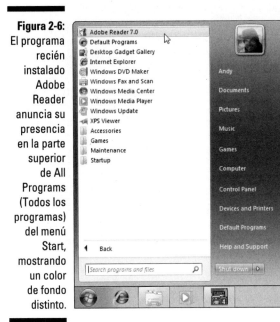

Hacer que Windows arranque programas automáticamente

Muchos se sientan frente a la computadora, la enciden y pasan por el mismo proceso mecánico de cargar los programas que generalmente usan. Créase o no, Windows 7 puede automatizar esta tarea. La solución es la carpeta Startup (Arranque), que se encuentra escondida en el menú All Programs (Todos los programas) del botón Start (Inicio). Cuando Windows 7 se despierta, mira dentro de la carpeta Startup (Arranque). Si encuentra un programa escondido ahí dentro, inmediatamente lanza ese programa contra la pantalla.

Para hacer que sus programas favoritos se despierten junto con Windows 7, siga estos pasos:

1. **Haga clic en el botón Start (Inicio) y seleccione All Programs (Todos los programas).**

2. **Haga clic con el botón derecho del mouse en el icono Startup (Arranque) del menú Start (Inicio) y seleccione Open (Abrir).**

El icono de Startup (Arranque), que vive en la sección All Programs (Todos los programas) del menú Start (Inicio), abre una carpeta.

3. **Mientras presiona el botón derecho del mouse, arrastre y suelte cualquiera de sus programas o archivos favoritos hasta la carpeta Startup (Arranque) y luego elija Create Shortcuts Here (Crear accesos directos aquí).**

Windows 7 coloca accesos directos automáticamente para esos elementos dentro de la carpeta Startup (Inicio).

4. **Cierre la carpeta Startup (Arranque).**

Ahora, cada vez que encienda su PC e inicie sesión con su cuenta de usuario, Windows 7 automáticamente carga esos programas o archivos para que lo estén esperando.

Puede personalizar el menú Start aún más si cambia sus propiedades. Para empezar a jugar, haga clic derecho sobre el botón Start, seleccione Properties (Propiedades) y haga clic en el botón Customize (Personalizar) del menú Start. Seleccione las casillas de verificación junto a las opciones que desea o desactive las casillas para eliminar estas opciones. ¿De algún modo desordenó su menú Start? Haga clic en el botón Use Default Settings (Usar configuración predeterminada), haga clic en OK (Aceptar) y nuevamente en OK para empezar desde cero.

Engrosar la Barra de Tareas

El principal truco de Windows 7 podría ser su barra de tareas rediseñada, así que tome una silla y acérquese un poco más. Cuando ejecuta más de una ventana en el escritorio, surge un gran problema: Los programas y ventanas tienden a superponerse y cubrirse entre sí, lo que los vuelve difíciles de encontrar. Para complicar más las cosas, los programas como Internet Explorer y Microsoft Word pueden mostrar varias ventanas cada uno. ¿Cómo hacer para estar al tanto de todas las ventanas?

La solución de Windows 7 es la *barra de tareas* — un área especial que lleva un registro de todos los programas que se ejecutan y sus respectivas ventanas. Como se muestra en la figura 2-7, la barra de tareas vive en la parte inferior de su pantalla, actualizándose constantemente para mostrar un ícono por cada programa que se esté ejecutando en el momento. También sirve como una plataforma para los programas favoritos que quiere tener a un clic de distancia.

Figura 2-7: Haga clic en los botones para ver los programas que están ejecutándose actualmente en la barra de tareas.

Coloque el puntero del mouse sobre cualquiera de los programas de la barra de tareas para ver el nombre del programa o una vista en miniatura de los contenidos del programa, como se muestra en la Figura 2-7. En esa figura, Internet Explorer muestra actualmente dos páginas Web.

Desde la barra de tareas, puede realizar magia poderosa sobre sus ventanas abiertas, como se describe en la siguiente lista:

- ✔ Para jugar con un programa que esté en la lista de la barra de tareas, haga clic en su icono. La ventana sube a la superficie y descansa sobre cualquier otra ventana abierta, lista para la acción.

- ✔ Cada vez que carga un programa, su nombre aparece automáticamente en la barra de tareas. Si alguna de sus ventanas abiertas se llega a perder en su escritorio, haga clic en su nombre sobre la barra de tareas para posicionarla al frente.

- ✔ Para cerrar una ventana de la lista de la barra de tareas, haga *clic derecho* sobre su icono y seleccione Close (Cerrar) desde el menú desplegable. El programa se cierra, como si hubiera elegido el comando Exit (Salir) desde dentro de su propia ventana. (El programa saliente le da la oportunidad de guardar su trabajo antes de desvanecerse de la pantalla).

- ✔ Tradicionalmente, la barra de tareas vive en el extremo inferior de su escritorio, pero la puede mover a cualquier borde, si lo desea. (***Pista:*** simplemente arrástrela de un extremo a otro. Si no se mueve, haga clic derecho sobre la barra de tareas y haga clic en Lock the Taskbar (Bloquear la barra de tareas) para destildar la marca junto al comando.)

- ✔ Si la barra de tareas se esconde constantemente por debajo del borde inferior de la pantalla, señale el borde inferior de la pantalla hasta que aparezca la barra de tareas. Luego, haga clic derecho sobre la barra de tareas, seleccione Properties (Propiedades) y elimine la marca de Auto-hide the Taskbar (Ocultar automáticamente la barra de tareas).

- ✔ La nueva barra de tareas eliminó la Quick Launch toolbar (Barra de herramientas de acceso rápido) — una franja diminuta junto al botón Start que contenía los iconos de sus programas favoritos. En vez de esto, puede agregar sus programas favoritos directamente sobre la barra de tareas. Haga clic con el botón derecho sobre el icono del programa favorito y seleccione Pin to Taskbar (Fijar a la barra de tareas). El icono del programa se muda a la barra de tareas para un acceso fácil, como si estuviera ejecutándose. ¿Está cansado de que un programa ocupe espacio en su barra de tareas? Haga clic derecho sobre el icono y seleccione Unpin This Program from Taskbar (Quitar este programa de la barra de tareas).

Introducir ventanas dentro de la barra de tareas y recuperarlas

Windows crea ventanas. Empieza creando una ventana para escribir una carta de elogios para su tienda de tacos vecina. Abre otra ventana para verificar una dirección, por ejemplo, y luego otra para mirar críticas de productos en línea. Antes de darse cuenta, cuatro ventanas más están llenando el escritorio.

Para combatir los amontonamientos, Windows 7 le ofrece un medio simple de control de ventanas: puede transformar una ventana de pantalla atestada en un botón diminuto en la *barra de tareas*, que se ubica en el extremo inferior de la pantalla. La solución es el botón Minimize (Minimizar).

¿Ve los tres botones que acechan desde el extremo superior derecho de cada ventana? Haga clic en el *botón Minimize (Minimizar)* — el botón con la pequeña línea dentro, que se muestra en el margen. ¡Zas! La ventana desaparece, y queda representada por su diminuto botón en la barra de tareas en el extremo inferior de su pantalla.

Para que un programa minimizado en la barra de tareas vuelva a ser una ventana común en la pantalla, solamente haga clic sobre su nombre en la barra de tareas. Bastante simple, ¿no?

- ✔ ¿No puede encontrar el icono de la barra de tareas para la ventana que quiere minimizar o maximizar? Cada botón de la barra de tareas muestra el nombre del programa que representa. Y si desliza el puntero del mouse sobre el botón de la barra de tareas, Windows 7 muestra una foto en miniatura del programa o el nombre del programa.

- ✔ Cuando minimiza una ventana, no destruye sus contenidos ni cierra el programa. Y cuando hace clic en el nombre de la ventana ubicada en la barra de tareas, vuelve a abrirse al mismo tamaño que la última vez y muestra el mismo contenido.

Cambiar a distintas tareas desde las Listas de Salto de la barra de tareas

La nueva y mejorada barra de tareas de Windows 7 no lo limita a abrir programas y cambiar de ventanas. También puede saltar a otras tareas haciendo clic derecho en los iconos de la barra de tareas.

Como se muestra en la Figura 2-8, hacer clic derecho en el icono de Internet Explorer muestra una lista rápida de sus sitios Web visitados recientemente. Haga clic en cualquier sitio de la lista para volver a visitarlos rápidamente.

Conocidas como Jump Lists (Listas de salto), estos menús del clic derecho del mouse agregan un nuevo truco a la barra de tareas: Le permiten saltar rápidamente de una tarea a otra, además de entre ventanas abiertas.

En versiones anteriores de Windows, al hacer clic con el botón derecho del mouse sobre un elemento de la barra de tareas se abría un menú austero que ofrecía tres opciones: Restore (Restaurar), Close (Cerrar) o Maximize (Maximizar). Todavía puede invocar a ese menú por pura nostalgia si mantiene presionada la tecla Shift (Mayúsculas) mientras hace clic derecho en el icono de la barra de tareas.

Figura 2-8:
Listas de salto, de izquierda a derecha: Carpetas de Windows Explorer visitadas recientemente, elementos de Media Player reproducidos recientemente y sitios Web visitados recientemente con Internet Explorer.

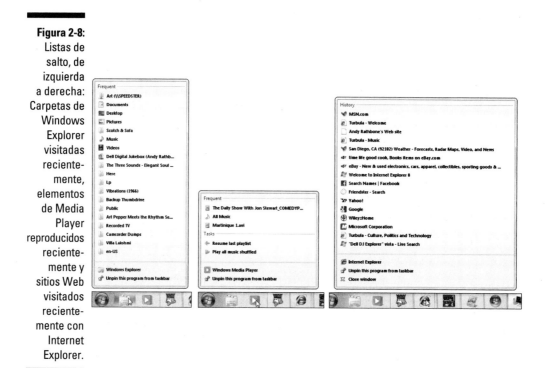

Hacer clic en las zonas sensibles de la barra de tareas

Como un jugador de cartas habilidoso, la barra de tareas viene con algunos trucos. Por ejemplo, aquí está la cruda verdad sobre los iconos que están junto al costado derecho de la barra de tareas que se muestran en la Figura 2-9, conocida como el *área de notificación*. Hay distintos elementos que aparecen en el área de notificación según su propia PC y sus programas, pero probablemente encuentre algunos de estos:

✔ **Minimize Windows (Minimizar ventanas):** Siempre a la vista, esta estrecha franja minimiza instantáneamente todas las ventanas abiertas cuando hace clic en ella. (Vuelva a hacer clic en ella para reubicar las ventanas en su lugar).

✔ **Time/Date (Fecha y Hora):** Haga clic en la fecha y hora para ver un práctico calendario mensual con reloj. Si desea cambiar la fecha o la hora, o incluso agregar una segunda zona horaria, haga clic en el área Time/Date (Fecha/Hora) y seleccione Change Date and Time Settings (Cambiar configuración de fecha y hora), una tarea que abordo en el Capítulo 11.

Figura 2-9:
Los pequeños iconos junto al borde derecho de la barra de tareas muestran principalmente elementos que se ejecutan en segundo plano en su PC.

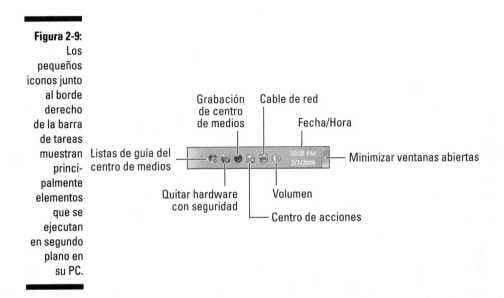

Grabación de centro de medios

Cable de red

Fecha/Hora

Listas de guía del centro de medios

Minimizar ventanas abiertas

Quitar hardware con seguridad

Volumen

Centro de acciones

✔ **Media Center Recording (Grabación de centro de medios):** El círculo rojo brillante significa que Media Center está grabando algo de la televisión actualmente.

✔ **Media Center Guide Listings (Listas de guía del centro de medios):** Media Center está descargando nuevas listas de TV automáticamente.

✔ **Safely Remove Hardware (Quitar hardware con seguridad):** Antes de desconectar un dispositivo de almacenamiento, ya sea una pequeña unidad de almacenamiento flash, un reproductor de música portátil o un disco rígido portátil, haga clic aquí. Eso le dice a Windows que prepare el dispositivo para desconectar.

✔ **Action Center (Centro de acciones):** Windows le indica que necesita hacer algo, ya sea hacer clic en una ventana de permiso o instalar o activar un programa antivirus.

✔ **Network (Red de trabajo):** Esto aparece cuando está conectado a Internet o a otras PCs a través de una red de trabajo. ¿No está conectado? Una X roja aparece sobre el icono.

✔ **Volume (Volumen):** Haga clic en este pequeño y útil icono de parlante para ajustar el volumen de su PC, como se muestra en la figura 2-10. (O haga doble clic en la palabra Mixer (Mezclador) para abrir un panel de mezcla. *Mixers* (Mezcladores) le permite ajustar niveles de volumen separados para cada programa, permitiéndole mantener el volumen de Media Player más alto que los molestos pitidos de los otros programas).

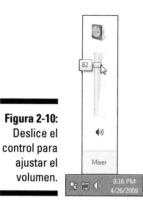

Figura 2-10:
Deslice el
control para
ajustar el
volumen.

Windows Problem Reporting (Informe de problemas de Windows):
Cuando Windows se topa con un problema, aparece este icono; haga clic
sobre él para ver posibles soluciones.

Windows Automatic Updates (Actualización automática de Windows):
Este icono aparece cuando Windows descarga *actualizaciones*,
generalmente pequeños programas diseñados para arreglar su PC,
desde el sitio Web de Microsoft en Windows Update.

Task Manager (Administrador de tareas): Codiciado por los técnicos en
computación, este pequeño programa puede acabar con los programas
que se portan mal, supervisar tareas en segundo plano, monitorear el
desempeño y otras hazañas semejantes con las que sueñan los
tecnófilos.

Windows Host Process (Proceso anfitrión de Windows): Este icono con
nombre poco feliz le da un mensaje aún peor: su dispositivo recién
conectado no funciona, ya sea su impresora, escáner, reproductor de
música u otro elemento. Intente desconectar el dispositivo, instalar
nuevamente su software y volver a conectarlo.

Explorer (Explorador): La mayoría de las PCs vienen con dos tipos de
puertos USB: rápidos y lentos. Este icono significa que conectó un
dispositivo rápido en un puerto lento. Intente desconectarlo y
conectarlo a otro puerto distinto. (Los puertos USB ubicados en la parte
trasera de una computadora suelen ser los más rápidos).

Power, Outlet (Energía, Tomacorriente): Esto indica que su
computadora portátil está conectada a un tomacorriente y está
cargando la batería.

✔ **Power, Battery (Energía, Batería):** Su portátil está trabajando solamente con la batería. (Ubique el puntero del mouse sobre el icono para ver cuánta energía le queda).

✔ **Wireless (Conexión inalámbrica):** Su PC está conectada en forma inalámbrica a Internet o a una red de trabajo.

✔ **Arrow (Flecha):** A veces la barra de tareas esconde cosas. Si ve una pequeña flecha que apunta hacia arriba en el extremo izquierdo, haga clic en ella para que afloren algunos iconos escondidos. (Revise la sección "Personalizar la barra de tareas" para consejos y trucos sobre qué iconos ocultar).

Personalizar la barra de tareas

Windows 7 le brinda un torbellino de opciones para la modesta barra de tareas que le permiten jugar con ella de más maneras que con un espagueti y un tenedor.

Primero, la barra de tareas viene precargada con tres iconos junto al menú Start: Internet Explorer (su navegador Web), Windows Explorer (su navegador de archivos) y Media Player (su reproductor de medios). Como todos los iconos de la barra de tareas, se pueden mover, así que siéntase libre de arrastrarlos y colocarlos en el orden que prefiera.

Para agregar más programas a la barra de tareas, arrastre y suelte el icono de un programa directamente sobre la barra de tareas. O, si ve el icono de un programa favorito en el menú Start, haga clic con el botón derecho del mouse sobre el icono y seleccione Pin to Taskbar (Fijar a la barra de tareas) desde el menú emergente.

Para personalizar aún más, haga clic con el botón derecho del mouse en alguna parte en blanco de la barra de tareas y seleccione Properties (Propiedades). Aparecerá la ventana Taskbar and Start Menu Properties (Propiedades de la barra de tareas y menú inicio), como se muestra en la Figura 2-11.

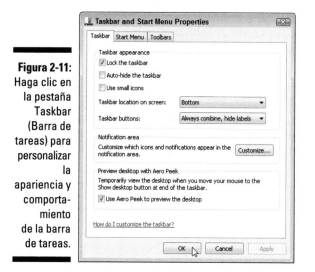

Figura 2-11: Haga clic en la pestaña Taskbar (Barra de tareas) para personalizar la apariencia y comportamiento de la barra de tareas.

La tabla 2-1 explica las opciones de la ventana, además de mis recomendaciones para cada una de ellas. (Necesita desactivar la casilla de verificación junto a Lock the Taskbar (Bloquear la barra de tareas) para que funcionen algunas de estas opciones).

Tabla 2-1	Personalizar la Barra de Tareas
Configuración	*Mis recomendaciones*
Lock the Taskbar (Bloquear la barra de tareas):	Si hace clic aquí se bloqueará la barra de tareas actual, lo que evitará que cambie su apariencia. No podrá arrastrarla hacia arriba y hacer espacio para más iconos, por ejemplo. Bloquéela, pero solamente después de que haya configurado la barra de tareas según sus necesidades.
Auto-Hide the Taskbar (Ocultar la barra de tareas automáticamente)	Al seleccionar esta opción, la barra de tareas se oculta *automáticamente* cuando no esté cerca de ella. (Señale con su cursor la barra de tareas para obligarla a regresar). Yo dejo esta opción sin marcar para mantener la barra de tareas siempre visible.
Use Small Icons (Usar iconos pequeños)	Esto encoge la barra de tareas a la mitad de su tamaño, lo que le permite agrupar unos cuantos iconos extra.
Taskbar Location On Screen (Ubicación de la barra de tareas en pantalla)	Su barra de tareas puede vivir en cualquier lateral de su escritorio, no solamente en el extremo inferior. Seleccione cualquiera de los cuatro laterales aquí.

Configuración	Mis recomendaciones
Taskbar Buttons (Botones de la barra de tareas)	Cuando abre muchas ventanas y programas, Windows acomoda la multitud agrupando ventanas similares en un mismo botón: Por ejemplo, todos los documentos abiertos de Microsoft Word se amontonan en el botón de Microsoft Word. Seleccione la opción llamada Always Combine, Hide Labels (Combinar siempre, ocultar etiquetas). Esto evita que la barra de tareas se sobrecargue.
Notification Area (Área de notificación)	El botón Customize (Personalizar) de esta sección le permite decidir qué iconos deben aparecer en el área de notificación. Yo elijo Always Show All Icons and Notifications On the Taskbar (Mostrar siempre todos los iconos y notificaciones en la barra de tareas).
Preview Desktop with Aero Peek (Previsualizar el escritorio con Aero Peek)	Al seleccionar esta casilla de verificación se desactiva esa franja.

Siéntase libre de experimentar con la barra de tareas hasta que quede a su gusto. Después de que haya cambiado una opción, vea los cambios inmediatamente haciendo clic en el botón Apply (Aplicar). ¿No le gusta el cambio? Revierta su decisión y haga clic en Apply (Aplicar) para volver a la normalidad.

Después de configurar la barra de tareas a su manera, seleccione la casilla de verificación Lock the Taskbar (Bloquear la barra de tareas), como se describe en la Tabla 2-1.

Las alocadas barras de herramientas de la barra de tareas

Su barra de tareas no siempre será una amiga leal y confiable. Microsoft le permite personalizarla aún más, a veces tanto que resulta irreconocible. Algunas personas disfrutan de agregar *barras de herramientas* que añaden botones y menús adicionales a su barra de tareas. Otros accidentalmente activan una barra de herramientas y no saben cómo deshacerse de esa maldita cosa.

Para activar o desactivar una barra de herramientas, haga clic derecho en una parte vacía de la barra de tareas (funciona incluso en el reloj) y seleccione Toolbars (Barras de tareas) en el menú emergente. Aparecerá un menú que le ofrece estas cinco opciones de barras de herramientas:

- **Address (Dirección):** Seleccione esta barra de herramientas y parte de su barra de tareas se convertirá en un lugar para escribir sitios Web que puede visitar. Es conveniente, pero también lo es el Internet Explorer, que hace lo mismo.

- **Links (Vínculos):** Esta barra de herramientas agrega acceso rápido a sus sitios Web favoritos. Haga clic en ella para visitar cualquier sitio Web listado en el menú de favoritos de Internet Explorer.

- **Tablet PC Input Panel (Panel de entrada de Tablet PC):** Dirigido únicamente a usuarios de Tablet PC, esto traduce los garabatos hechos en la almohadilla a texto.

- **Desktop (Escritorio):** Los tecnófilos que consideran pesado el menú de Inicio agregan esta barra de herramientas para obtener acceso rápido a todos los recursos de sus PCs. Le permite navegar por los archivos, carpetas, sitios de red, la papelera de reciclaje y el panel de control, desplazándose por todos los menús.

- **New Toolbar (Nueva barra de herramientas):** Haga clic aquí para elegir *cualquier* carpeta para agregar como barra de herramientas: Por ejemplo, elija su carpeta Documents (Documentos) para un acceso de navegación rápido por todos sus archivos y carpetas.

Las barras de herramientas entran en la categoría de "uno las ama o las odia". Algunas personas creen que las barras de herramientas ahorran tiempo; otras sienten que consumen demasiado espacio inmobiliario para que valga la pena el esfuerzo. La opción Tablet PC Input Panel (Panel de entrada para Tablet PC) funciona solamente cuando conecta una costosa almohadilla táctil a su PC.

NUEVO EN WINDOWS 7

¿Qué programas están realmente ejecutándose?

En versiones anteriores de Windows, los programas de la barra de tareas siempre estaban separados como los niños y las niñas en un baile de la escuela. En el lado izquierdo vivía la barra de Inicio rápido, con programas que esperaban a que los ejecutara. Del lado derecho vivían los programas en ejecución, que siempre tenían una ventana abierta en el escritorio.

La barra de tareas de Windows 7 borra las fronteras y permite que los iconos de programas abiertos y cerrados se sienten uno al lado del otro. ¿Cuál es la gran diferencia? Los programas en ejecución tienen un marco gris pálido alrededor. Los programas cerrados, no.

Después de un tiempo, se acostumbrará al cambio. Y siempre puede ver qué programas están ejecutándose realmente al mantener presionada su tecla de Windows y presionar la tecla Tab (Tabulación) un par de veces. Windows muestra una vista tridimensional de los programas que están ejecutando actualmente, trayendo otra ventana al primer plano cada vez que presiona la tecla Tab (Tabulación).

Se supone que las barras de herramientas se arrastran con el mouse. Cuando la barra de tareas está desbloqueada, tome la barra de herramientas por su *agarradera*, una línea vertical junto al nombre de la barra de herramientas. Arrastre la agarradera hacia la izquierda o la derecha para cambiar el tamaño de la barra de herramientas.

Un Grupo de Gadgets

Los usuarios de Windows Vista quizás recuerden la Sidebar (Barra lateral) — una franja sobre el lateral derecho del escritorio que albergaba pequeños programas llamados gadgets. Estos pequeños programas mostraban actualizaciones del clima, programas de mensajería instantánea y otras tareas que requerían un ojo atento.

Windows 7 se deshace de la Sidebar pero conserva los gadgets, permitiéndoles recorrer libremente el escritorio. Para agregar un gadget a su escritorio, haga clic derecho en una porción en blanco del escritorio y seleccione Gadgets. Aparecerá la ventana de la Figura 2-12, en la que se muestran los gadgets disponibles de Windows 7: Un calendario, reloj, cotizaciones de moneda extranjera, rompecabezas y otros elementos.

Figura 2-12: Haga clic derecho en su escritorio y seleccione Gadgets para ver los *gadgets* disponibles, pequeños programas que se abrochan y desabrochan del escritorio.

Arrastre un gadget de la ventana Gadget hacia el escritorio y se pegará, listo para verse. ¿No ve un gadget apropiado? Haga clic en Get More Gadgets Online (Obtener más gadgets en línea) para visitar el nirvana de los gadgets:

Un sitio Web lleno de miles de gadgets gratuitos, listos para recolectar. A diferencia de los gadgets integrados, que se deslizan por su escritorio, los que obtiene en la Web deben descargarse e instalarse como cualquier otro programa. (Hablo de la instalación de programas en el Capítulo 11).

✔ Siéntase libre de ubicar sus gadgets en donde más le guste en su escritorio. O no los utilice para nada — son opcionales.

✔ Para cambiar la configuración de un gadget — por ejemplo, para elegir qué fotos aparecerán en la presentación del gadget Slide Show — colóquese sobre el dispositivo y haga clic en el pequeño icono de la llave de tuercas que aparece en el extremo derecho. Para eliminar un gadget por completo, haga clic en la pequeña X.

Cerrar Sesión en Windows

¡Ah! La cosa más placentera que hará con Windows 7 en todo el día bien podría ser dejar de usarlo. Y lo hace del mismo modo que cuando empezó: usando el botón Start (Inicio), ese amistoso y pequeño ayudante que estuvo usando todo el tiempo. (Y si el botón de Inicio está escondido, mantenga presionada la tecla Ctrl y presione Esc para hacerlo regresar de atrás de los árboles). Usted querrá tener el botón acomodado en el extremo inferior del menú Start (Inicio).

Shut Down ▸ Haga clic en el botón Shut Down (Apagar) cuando nadie más estará utilizando la computadora hasta el día siguiente. Windows 7 guarda todo y apaga su computadora.

Pero cuando no esté listo para apagar, haga clic en la pequeña flecha junto al botón de apagado para elegir una de las siguientes alternativas:

✔ **Switch User (Cambiar usuario):** Seleccione esta opción si alguien más desea tomar prestada la computadora por unos minutos. Aparecerá la ventana de bienvenida, pero Windows mantiene sus programas abiertos y esperándolo en segundo plano. Cuando vuelva a cambiar, todo estará tal cual lo dejó.

✔ **Log Off (Cerrar sesión):** Cuando haya terminado de trabajar en la PC y alguien más desee usarla, seleccione Log Off (Cerrar sesión) en vez de Switch User (Cambiar usuario). Windows guarda su trabajo y su configuración y regresa a la ventana de Bienvenida, listo para que el siguiente usuario inicie sesión.

✔ **Lock (Bloqueo):** Pensada para cuando hace un viaje corto al bidón de agua, esta opción bloquea su PC y coloca la imagen de su cuenta de usuario en pantalla. Cuando vuelva, escriba su contraseña y Windows 7 mostrará inmediatamente su escritorio tal cual lo dejó.

✔ **Restart (Reiniciar):** Seleccione esta opción cuando Windows 7 meta la pata en algo (por ejemplo, un programa se bloquea o Windows parece que se comporta de modo muy extraño). Windows 7 se apaga y vuelve a encenderse. Con suerte ahora se sentirá renovado. Algunos programas le piden que reinicie su PC después de instalarlos.

✔ **Sleep (Dormir):** Esta opción guarda su trabajo en la memoria de su PC *además* de su disco rígido y luego permite que su PC descanse en un estado de bajo consumo de energía. Cuando vuelva a su PC, Windows 7 presenta rápidamente su escritorio, sus programas y sus ventanas como si nunca se hubiera ido. (En una computadora portátil, el comando Sleep (Dormir) guarda su trabajo solamente en la memoria. Si la vida útil de la batería se vuelve alarmantemente baja, Sleep lo vuelca en el disco duro y apaga su equipo).

✔ **Hibernate (Hibernar):** Presente en algunas portátiles, esta opción copia su trabajo al disco duro y luego apaga su PC — un proceso que requiere más consumo de batería que el modo Sleep (Dormir). Hibernar es más lento que Sleep para volver a mostrar su trabajo donde lo dejó.

Cuando le dice a Windows 7 que quiere salir, éste busca en todas sus ventanas abiertas para ver si guardó todo su trabajo. Si encuentra algún trabajo que olvidó guardar, se lo hace saber y le permite hacer clic en el botón OK (Aceptar) para guardarlo. ¡Qué alivio!

No *necesita* apagar Windows 7. De hecho, algunos expertos dejan sus equipos encendidos todo el tiempo, porque dicen que es mejor para la salud de sus computadoras. Otros expertos dicen que sus computadoras se mantienen más saludables si se *apagan* todos los días. Y otros incluso dicen que el modo Sleep (Dormir) de Windows 7 les brinda lo mejor de ambos mundos. Sin embargo, *todos* dicen que apague su monitor cuando haya terminado de trabajar. Los monitores definitivamente disfrutan de un período de enfriamiento cuando no están en uso.

No presione el botón de apagado de su PC para apagarla. En vez de eso, asegúrese de apagar Windows 7 a través de una de sus opciones de apagado oficiales: Sleep (Dormir), Hibernate (Hibernar) o Shut Down (Apagar). De otro modo, Windows 7 no podrá preparar adecuadamente a su computadora para el dramático evento, lo que provocará problemas en el futuro.

Capítulo 3

Mecánica Básica de Windows

. . . .

. . . .

*E*ste capítulo es ideal para los estudiantes curiosos de la anatomía de Windows. Sabemos de quién estoy hablando — usted es una de esas personas que ve estos nuevos botones, bordes y globos desperdigados por todas partes en Windows 7 y se pregunta qué sucedería si hiciera clic en esa pequeña cosita que asoma justo ahí.

En este macabro capítulo arrojamos sobre la mesa de disección a una pobre ventana común (para ser más precisos, la carpeta Documents (Documentos) que usa tan a menudo). He separado cada parte para poder etiquetarla y explicar detalladamente su función. Encontrará la teoría que se oculta detrás de cada uno de estos elementos y los procedimientos requeridos para hacer que los mismos cumplan sus órdenes.

La siguiente es una guía de campo estándar, que identifica y explica los botones, cuadros, ventanas, barras, listas y otras rarezas con las que podría toparse mientras intenta lograr que Windows 7 haga algo útil.

Colóquese con confianza algún equipo de protección que tenga por ahí, haga anotaciones en el margen e intérnese audazmente en el mundo interior de Windows.

Disección de una Ventana Típica

La Figura 3-1 arroja una ventana típica sobre la mesa de disección, con todas sus partes etiquetadas. Puede que reconozca la ventana en cuestión, es la biblioteca Documents (Documentos), ese gran depósito de almacenamiento donde vive gran parte de su trabajo.

Así como un boxeador hace diferentes muecas de dolor dependiendo de dónde le han pegado, las ventanas se comportan diferente dependiendo de dónde les hayan hecho clic. En las siguientes secciones describo los elementos principales de la ventana de la biblioteca Documents (Documentos) que se muestra en la Figura 3-1, cómo hacerles clic y cómo Windows se sacude en consecuencia.

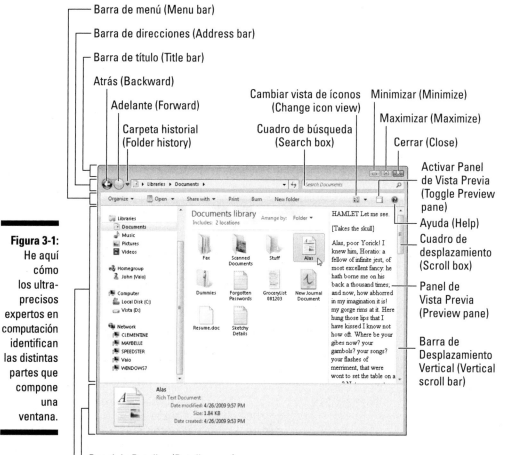

Barra de menú (Menu bar)

Barra de direcciones (Address bar)

Barra de título (Title bar)

Atrás (Backward)

Adelante (Forward)

Carpeta historial (Folder history)

Cambiar vista de íconos (Change icon view)

Cuadro de búsqueda (Search box)

Minimizar (Minimize)

Maximizar (Maximize)

Cerrar (Close)

Activar Panel de Vista Previa (Toggle Preview pane)

Ayuda (Help)

Cuadro de desplazamiento (Scroll box)

Panel de Vista Previa (Preview pane)

Barra de Desplazamiento Vertical (Vertical scroll bar)

Panel de Detalles (Details pane)

Panel de Navegación (Navigation pane)

Figura 3-1: He aquí cómo los ultra-precisos expertos en computación identifican las distintas partes que compone una ventana.

- ✔ Los veteranos de Windows XP recuerdan su carpeta My Documents (Mis Documentos), donde guardaban todos sus documentos. Windows Vista elimino la palabra *My* (Mis) para crear la carpeta Documents, y Windows 7 vuelve a restituir la palabra *My* en su lugar. (En realidad, no importe cómo se llama, se supone que allí almacenará la mayoría de sus archivos personales.)

- ✔ Windows 7 coloca la carpeta My Documents dentro de la *biblioteca* Documents — un nuevo tipo de súper carpeta descripto en el Capítulo 4. La biblioteca Documents muestra tanto la carpeta My Documents como la carpeta Public Documents (Documentos Públicos). (Todo el mundo que utilice su PC puede ver esta misma carpeta Public Documents, convirtiéndola en una carpeta práctica para compartir archivos.)

- ✔ Windows 7 está rebosante de botones, bordes y cuadros con formas extrañas. No necesita recordar todos sus nombres, aunque saberlos le dará una manito a la hora de interpretar los eruditos menús de Help (Ayuda) de Windows. Cuando se encuentre con un componente esotérico en una ventana, basta con que vuelva a este capítulo, busque el nombre del elemento en cuestión en la Figura 3-1, y lea su explicación.

- ✔ Puede arreglárselas con casi todos los elementos en Windows simplemente haciendo clic, doble clic, o clic derecho sobre los mismos. *Consejo:* Ante la duda, siempre haga clic derecho.

- ✔ Luego de hacer clic sobre las ventanas por un rato, se dará cuenta que sencillo es manejarlas. Lo difícil es identificar los controles apropiados la *primera* vez, al igual que descubrir la función de cada tecla en un celular nuevo.

Pescar una ventana con la barra de título

La barra de título, que encontramos en la parte superior de todas las ventanas (ver los ejemplos en la Figura 3-2), suele mostrar el nombre del programa y el archivo con el que está trabajando. Por ejemplo, en la Figura 3-2 vemos las barras de título de los programas WordPad (Bloc de Palabras) de Windows 7 (arriba) y Notepad (Bloc de Notas, abajo). La barra de título del WordPad muestra como nombre de archivo a "Document" porque se ve que todavía no tuvo oportunidad de guardar y ponerle un nombre al archivo.

Aunque apacible, la mundana barra de título guarda poderes ocultos, descritos en los siguientes consejos:

- ✔ Las barras de título sirven como prácticos asideros para mover ventanas por todo el escritorio. Apunte a una porción en blanco de la barra de título, mantenga presionado el botón del mouse y muévalo: la ventana seguirá el movimiento del mouse. ¿Encontró un buen lugar donde dejarla? Bien, suelte el botón del mouse y la ventana acampará en su ubicación nueva.

✔ Haga doble clic sobre una porción en blanco de la barra de títulos y la ventana saltará hasta llenar la pantalla completa. Haga doble clic nuevamente, y la ventana se batirá en retirada hasta su tamaño original.

✔ ¿Ve el conjunto de íconos pequeños en la esquina superior izquierda del programa WordPad? Como novedad en Windows 7, esos íconos conforman la Quick Access Toolbar (Barra de Herramientas de Acceso Rápido), y forman parte de lo que Microsoft ha bautizado como una *Ribbon interface (Interfaz de Cinta)* . ¿No le gusta que la Quick Access Toolbar aparezca ahí? Haga clic derecho en los íconos de la barra de herramientas de acceso rápido y elija Show Quick Access Toolbar below the Ribbon (Mostrar la Barra de Herramientas de Acceso Rápido debajo de la cinta de opciones).

✔ En Windows XP, cada barra de título mostraba un, bueno, título de lo que se ve. Windows Vista y Windows 7, sin embargo, *no* muestra los nombres de las carpetas en la barras de título, prefiriendo dejar una zona vacía (véase la Figura 3-1). Pero aunque muchas de las barras de título carecen de títulos, funcionan como cualquier otra barra de título: Pruebe sin timidez arrastrarlas por todo el escritorio, tal como hacía en Windows XP.

✔ El extremo derecho de la barra de título contiene tres botones cuadrados. De izquierda a derecha, le permiten Minimize (Minimizar), Restore or Maximize (Restaurar o Maximizar)), o Close (Cerrar) una ventana, temas que se explican en la sección "Maniobrar ventanas por todo el escritorio", más adelante en este capítulo.

✔ Para darse cuenta cuál es la ventana en la que está trabajando actualmente, busque una barra de título más oscura que luzca un botón Close (Cerrar) rojo en su esquina superior derecha (Figura 3-2, arriba). Esos colores distinguen a esa ventana de todas las demás en las que *no está* trabajando (Figura 3-2, abajo). Con un simple vistazo a todas las barras de título en su pantalla, puede saber qué ventana está despierta y dispuesta a aceptar cualquier texto que ingrese. (A diferencia de Windows Vista, Windows 7 oscurece toda la barra de título de la ventana activa.)

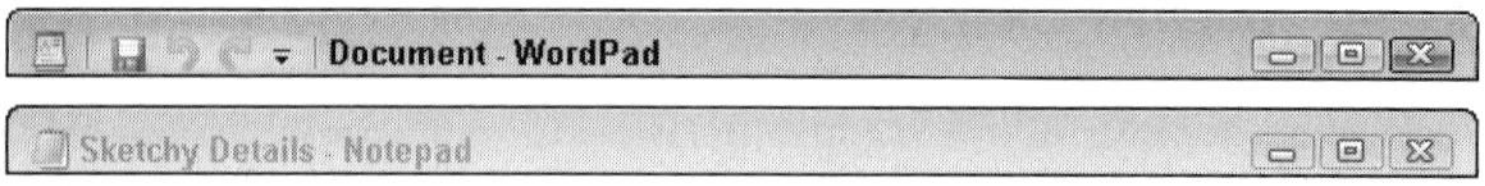

Figura 3-2: Barra de títulos del WordPad (arriba) y Notepad (abajo).

Document - WordPad

Sketchy Details - Notepad

Arrastrar, soltar y salir corriendo

Aunque la frase *drag and drop (arrastrar y soltar)* suena como extraída directamente del manual de la Mafia, en realidad es un truco no violento del mouse usado ampliamente en Windows. Arrastrar y soltar es la forma de mover algo — digamos, un ícono en su escritorio — de un lugar a otro.

Para *arrastrar,* coloque el puntero del mouse sobre el ícono y *mantenga presionado* el botón izquierdo o derecho del mouse. (Yo prefiero usar el botón derecho del mouse.) Mientras mueve el mouse a través de su escritorio, el puntero arrastra el ícono por la pantalla. Coloque el puntero/ícono donde desee y suelte el botón del mouse. El ícono *cae,* sin sufrir daños.

Mantener presionado el botón *derecho* del mouse al arrastrar y soltar, provoca que Windows 7 lance un pequeño y útil menú, preguntando si desea *copiar* o *mover* el ícono.

Departamento de Consejos Útiles: ¿comenzó a arrastrar algo y se dio cuenta de que está arrastrando el elemento incorrecto? No suelte el botón del mouse — en vez de eso, pulse la tecla Esc para cancelar la acción. ¡Fiuu, menos mal! (Si arrastró usando el botón derecho del mouse y ya soltó el botón, existe otra salida: Elija Cancel (Cancelar) del menú emergente.)

Navegar carpetas con la Barra de Direcciones de una ventana

Justo debajo de cada barra de título de toda carpeta vive la *Address Bar (Barra de Direcciones),* que se muestra sobre la carpeta Documents en la Figura 3-3. Los veteranos del Internet Explorer van a experimentar una sensación de déjà vu: La barra de direcciones de Windows 7 fue directamente extraída de la parte superior de Internet Explorer para quedar adherida a la parte superior de cada carpeta.

Las tres partes principales de la barra de direcciones, descriptas de izquierda a derecha en la siguiente lista, ejecutan tres tareas diferentes:

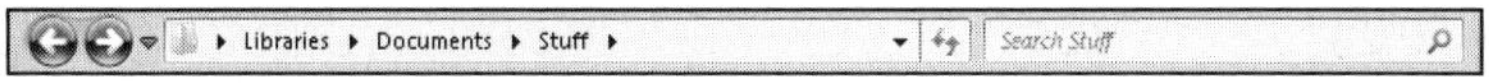

Figura 3-3:
Una
Barra de
Direcciones.

✔ **Botones de Backward (Atrás) y Forward (Adelante):** Estas dos flechas mantienen el registro de sus búsquedas a través de las carpetas de su PC. El botón Backward retrocede hacia la última carpeta que acaba de visitar. El botón Forward lo trae de vuelta. (Haga clic en la flecha minúscula a la derecha de la flecha Forward para ver la lista de lugares que ha visitado previamente; haga clic en cualquier ítem de la lista y saltará directamente allí.)

✔ **Address Bar (Barra de Direcciones):** Así como la barra de direcciones de Internet Explorer muestra las direcciones de los sitios Web, la Address Bar de Windows 7 muestra la ubicación de la carpeta actual — su ubicación dentro de su PC. Por ejemplo, la barra de direcciones que se muestra en la Figura 3-3 muestra tres palabras: *Libraries (Bibliotecas), Documents (Documentos), y Stuff (Cosas).* Esas palabras le están indicando que está mirando el contenido de la carpeta *Stuff* dentro de la carpeta *Documents* de la cuenta de usuario *Andy.* Así es, las direcciones de las carpetas son lo suficientemente complicadas como para merecer un capítulo entero: el Capítulo 4.

✔ **Search box (Cuadro de búsqueda):** Otro elemento que se "tomó prestado" del Internet Explorer, cada ventana de Windows 7 incluye un cuadro Search. Sin embargo, en vez de buscar en Internet, hurga a través de los contenidos de sus carpetas. Por ejemplo, ingrese la palabra **zanahoria** dentro del cuadro Search de una carpeta: Windows 7 revisará dentro el contenido de la carpeta y mostrará cada archivo o carpeta donde se mencione la palabra *zanahoria.*

Nótese que en la barra de direcciones aparecen pequeñas flechas entre las palabras *Libraries, Documents* y *Stuff.* Las flechas ofrecen atajos rápidos hacia otras carpetas. Haga clic sobre cualquier flecha — la que se encuentra a la derecha de la palabra *Documents,* por ejemplo. Un pequeño menú se despliega a partir de la flecha, permitiéndole saltar hacia cualquier otra carpeta dentro de la carpeta Documents.

En busca del menú escondido

Windows 7 tiene más elementos de menú que un restaurante asiático. Para que todo el mundo mantenga el foco en los comandos en vez de la ensalada de algas, Windows oculta menús dentro de la *menu bar* (barra de menú — vea la Figura 3-4).

La barra de menú ofrece diferentes opciones para cada menú. Para revelar las opciones secretas, haga clic en cualquier palabra — Edit (Editar), por ejemplo. Un menú se lanza en picada hacia abajo, como se muestra en la Figura 3-5, presentando opciones relacionadas con la edición de un archivo.

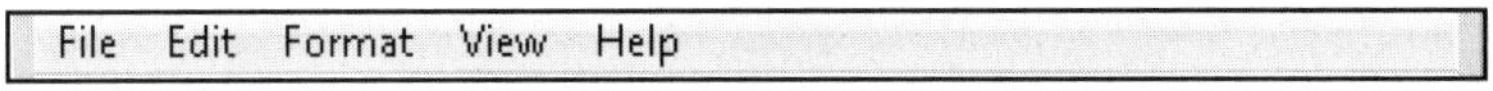
File
Edit
Format
View
Help

Figura 3-4: La barra de menú.

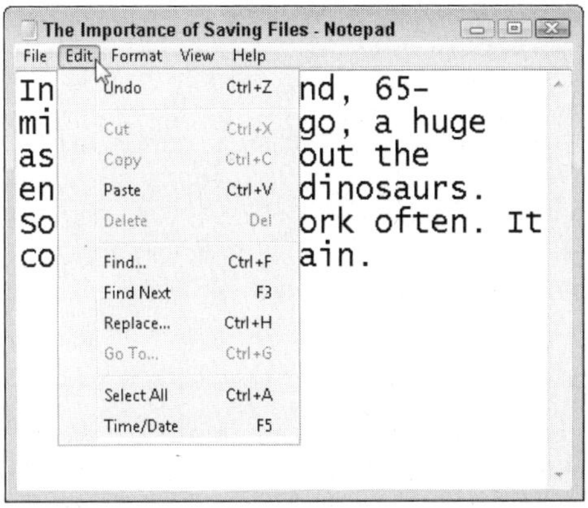
The Importance of Saving Files - Notepad
File
Edit
Format
View
Help
Undo Ctrl+Z
Cut Ctrl+X
Copy Ctrl+C
Paste Ctrl+V
Delete Del
Find... Ctrl+F
Find Next F3
Replace... Ctrl+H
Go To... Ctrl+G
Select All Ctrl+A
Time/Date F5
In nd, 65-
mi go, a huge
as out the
en dinosaurs.
So ork often. It
co ain.

Figura 3-5: Haga clic en cualquier menú para ver sus comandos asociados.

Igual que los restaurantes que a veces se queda sin porciones del plato del día, una ventana a veces no es capaz de ofrecer todos los ítems de su menú. Toda opción no disponible aparece atenuada *en gris*, como las opciones Cut (Cortar), Copy (Copiar), Delete (Borrar) y Go To (Ir A) en la Figura 3-5.

Si accidentalmente hace clic en la palabra incorrecta de una barra de menú, haciendo aparecer un menú incorrecto, simplemente haga clic en la palabra que *en realidad* buscaba. Siendo un alma indulgente, Windows repliega el menú equivocado y muestra el nuevo menú elegido.

Para retirarse completamente de la Tierra de los Menús, haga clic en el *workspace (área de trabajo)* de una ventana — el área en la que se supone está trabajando.

Elegir al botón derecho para el trabajo

Muchos veteranos de Windows XP recuerdan con cariño el *task pane (panel de tareas),* una práctica tira que aparecía en el costado izquierdo de la carpeta mostrando botones a disposición para tareas comunes. Windows 7 eliminó el task pane, y en cambio, mandó esas tareas comunes a una tira angosta de botones llamada *command bar (barra de comandos).* La barra de comandos de la biblioteca Documents, por ejemplo, aparece en la Figura 3-6.

¿Dónde están los menús de la carpeta?

Si está migrando desde Windows XP, habrá notado que algo está faltando en la parte superior de sus carpetas: ha desaparecido esa familiar hilera de palabras que decían File (Archivo), Edit (Editar), View (Ver) y demás comandos. Microsoft eliminó esos comandos de menú con Windows Vista, y siguen ausentes sin permiso en Windows 7. Pero existen métodos rápidos para traerlos nuevamente a la acción: Presione Alt y la barra de menú aparece en la mayoría de los programas, esperando su clic.

Para comodidad de los amantes del teclado, Windows 7 mantiene aún el acceso con una letra a esos elementos ocultos del menú. Los que detestan el mouse pueden pulsar la tecla Alt seguida por la letra subrayada — la F en File, por ejemplo — para hacer que Windows muestre el menú File (Archivo). (Si pulsa Alt, luego F y finalmente X se cierra la ventana.) Para que la barra de menú permanezca en su lugar, haga clic en Organize (Organizar), elija Layout (Diseño) y luego Menu Bar.

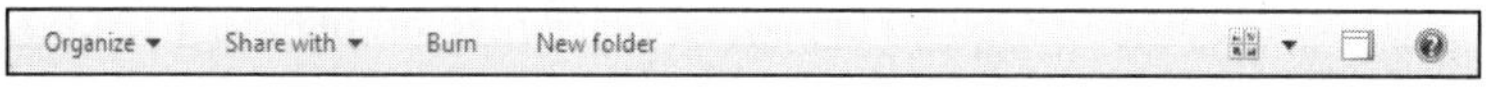

Figura 3-6:
La barra de comandos de la biblioteca Documents.

Organize ▾   Share with ▾   Burn   New folder

No necesita saber demasiado sobre la barra de comandos porque Windows 7 coloca automáticamente los botones correctos en la parte superior de la carpeta que los necesita. Abra su biblioteca Music (Música), por ejemplo, y la barra de comandos rápidamente hace brotar el botón Play (Reproducir) para las maratónicas sesiones de música. Abra la biblioteca Pictures (fotos), y la amigable barra de comandos le sirve el botón Slide Show (Presentación de Diapositivas).

Si el significado de un botón no se hace obvio inmediatamente, coloque el puntero del mouse sobre el mismo; y un pequeño mensaje le explicará la *raison d'être* del botón. Mis propias traducciones de los botones más comunes se encuentran en la lista siguiente:

Organize ▾

✔ **Organize (Organizar):** Presente en todas las barras de comandos de las carpetas, el botón Organize le permite cortar, copiar o pegar los elementos seleccionados en la carpeta. El botón Layout (Diseño) le permite cambiar la apariencia de la carpeta intercambiando esas gruesas franjas informativas que se encuentran en los bordes de la ventana. Puede activar o desactivar el *Navigation Pane (Panel de*

Navegación), esa banda de accesos directos en el borde izquierdo, por ejemplo. Puede incluso desactivar el *Details Pane (Panel de Detalles),* que aparece en la parte inferior de todas las ventanas y muestra la información correspondiente al archivo seleccionado.

¿Vio esas pequeñas líneas azules a lo largo de los bordes de cada ícono en el menú Layout? Esas líneas indican en qué borde de su carpeta aparecerá el panel extra.

New folder

✔ **New Folder (Carpeta Nueva):** ¿Necesita otro lugar de almacenamiento dentro de su ventana actual? Hacer clic aquí arroja una carpeta nueva a su ventana y le permite crear el nombre para la recién llegada.

Include in library ▾

✔ **Include in Library (Incluir en Biblioteca):** Son la novedad de Windows 7 y se describen en el Capítulo 4, las *libraries (bibliotecas)* funcionan como colecciones de archivos tomados de varias carpetas diferentes. Haga clic en el botón Include in Library (Incluir en Biblioteca) de cualquier carpeta, para ver el menú emergente que le ofrecerá agregar los contenidos de esa carpeta en alguna de las cuatro bibliotecas principales: Documents (Documentos), Music (Música), Pictures (Imágenes), o Videos. Es un truco útil para cuando tropieza con una carpeta olvidada de fotos que dudaba volver a encontrar.

Share with ▾

✔ **Share With (Compartir Con):** Haga clic aquí para compartir el o los archivo(s) seleccionado(s) con alguien en otra computadora, suponiendo que esa persona ya tenga una cuenta de usuario y contraseña en su PC. No visualizará o necesitará este botón hasta que configure una red (lo que explico en el Capítulo 14) para conectar su PC con otras.

Burn

✔ **Burn (Grabar):** Haga clic aquí para copiar elementos seleccionados en un CD o DVD en blanco. Si no tiene ningún elemento de la carpeta seleccionado, este botón copia la carpeta completa en su CD — una forma práctica de generar rápidamente copias de seguridad.

✔ **View (Visualizar):** Este ícono sin etiqueta que aparece en la esquina superior derecha de cada carpeta le permite elegir la forma en que dicha carpeta debe mostrar su contenido. Haga clic varias veces sobre el ícono View para alternar entre las diferentes opciones de tamaño de ícono; deténgase cuando una opción se vea bien. Para saltar a su visualización favorita, haga clic en la flecha adyacente al botón y verá una lista de todas las visualizaciones disponibles. Elija Details (Detalles), por ejemplo, para ver todo lo que desea saber de un archivo: su tamaño, fecha de creación y otros pormenores. (Las fotos se ven mejor cuando se muestran con la vista Large o Extra Large Icons (Íconos Grandes o Extra Grandes.))

¿Los íconos de su carpeta se ven demasiado pequeños o demasiado grandes? Mantenga presionada la tecla Ctrl y gire la rueda del mouse. Gire hacia una dirección para agrandarlos y hacia la dirección opuesta para achicarlos.

✔ **Preview (Vista Previa):** También sin etiqueta, este ícono activa o desactiva el Preview Pane (Panel de Vista Previa): una franja que atraviesa el costado derecho de la carpeta y muestra el contenido del archivo seleccionado. Práctico para espiar dentro de un archivo sin tener que perder tiempo abrirlo, el Preview Pane funciona mejor con los archivos de texto y las fotos.

✔ **Help (Ayuda):** Haga clic en el pequeño ícono azul de signo de pregunta en la esquina superior derecha de cualquier carpeta para obtener ayuda con el elemento que se encuentre observando en ese momento.

Tomar rápidos atajos con el Panel de Navegación

Observe los escritorios "reales" y verá los elementos más utilizados al alcance de la mano: la taza de café, la engrapadora y quizás algunas migajas de algún bocadillo de la cafetería. De manera análoga, Windows 7 agrupa los elementos más frecuentemente utilizados en su PC y los coloca en un nuevo panel de navegación, como se muestra en la Figura 3-7.

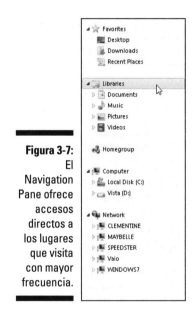

Figura 3-7: El Navigation Pane ofrece accesos directos a los lugares que visita con mayor frecuencia.

El Navigation Pane (Panel de Navegación), ubicado en el borde izquierdo de cada ventana, contiene cinco secciones principales: Favorites (Favoritos), Libraries (Bibliotecas), Homegroup (Grupo Hogar), Computer (Computadora) y Network (Red). Haga clic en cualquiera de esas secciones — Favorites, por ejemplo — y el lateral derecho de la ventana le mostrará el contenido del elemento sobre el que hizo clic.

Aquí tenemos una descripción más detallada de cada parte del Navigation Pane:

- **Favorites (Favoritos):** A no confundirse con los sitios web favoritos de Internet Explorer (Capítulo 8), los Favorites (Favoritos) del Panel de Navegación son palabras que sirven de acceso directo cliqueable para ir hacia los lugares que más frecuenta en Windows:

  - **Desktop (Escritorio):** Su escritorio de Windows, créase o no, es en verdad una carpeta siempre abierta de par en par en su monitor. Si hace clic en Desktop bajo Favorites se mostrará el contenido de su escritorio. (Windows 7 arroja también unos íconos extra, entre ellos la Recycle Bin (Papelera de Reciclaje), Control Panel (Panel de Control) y la carpeta de su cuenta de usuario.)

  - **Downloads (Descargas):** Haga clic en este acceso directo para encontrar los archivos que haya descargado con Internet Explorer mientras navegaba por Internet. Ah… ¡ahí era donde habían ido a parar!

  - **Recent Places (Lugares Recientes):** Adivinó: haciendo clic en este acceso directo aparece un listado con cada una de las carpetas que ha visitado recientemente.

- **Libraries (Bibliotecas):** A diferencia de las carpetas normales, las bibliotecas muestran el contenido de varias carpetas, todas agrupadas en un solo lugar para verlas más cómodamente. Las bibliotecas de Windows comienzan mostrando el contenido de dos carpetas: la *suya* y su equivalente *public*, disponible para cualquiera que tenga una cuenta en su PC. (Describo a las carpetas Public (Públicas) en el Capítulo 13.)

  - **Documents (Documentos):** Esto abre la biblioteca Documents, que inmediatamente muestra las carpetas My Documents y Public Documents.

  - **Music (Música):** Así es, este acceso directo se zambulle en su biblioteca Music. Basta con hacer doble clic en una canción para que la misma suene en los altavoces de su PC.

  - **Pictures (Imágenes):** Este acceso directo abre su biblioteca Pictures, los cuartos residenciales de todas sus fotos digitales.

  - **Videos:** Si, este acceso directo salta directamente a su biblioteca de Video, donde con doble clic se puede enviar una película al Media Player (Reproductor de Medios) y verla de inmediato.

- **Homegroup (Grupo Hogar):** Como novedad en Windows 7, los Homegroups son dos o más PCs que comparten información a través de una red básica. Haga clic en Homegroup ubicado en el panel de navegación para ver las carpetas compartidas por otras computadoras que se encuentren en la red de su Homegroup. (Analizo Homegroups y otras redes en el Capítulo 14.)

✔ **Computer (Computadora):** Este botón, utilizado mayormente por expertos en PC, permite recorrer todas las carpetas y discos de su PC. Es probable que visite este acceso en raras ocasiones, tales como cuando inserte una unidad flash o un disco duro portátil.

✔ **Network (Red):** Aunque los Homegroups son furor en Windows 7, las redes "hechas y derechas" todavía funcionan, y toda PC conectada en red — incluyendo sus amigos de Homegroup — aparecen aquí.

Estos son algunos consejos para aprovechar al máximo su Navigation Pane:

✔ No se prive a la hora de agregar sus propios lugares favoritos en el área Favorites del Navigation Pane: Arrastre y suelte las carpetas sobre la palabra Favorites, y se convertirán en atajos cliqueables.

✔ ¿No le interesa usar el Navigation Pane? Apáguelo haciendo clic en Organize (Organizar) en la parte superior del mismo, eligiendo Layout (Diseño) y luego Navigation Pane en el menú emergente.

✔ A diferencia de la mayoría de los componentes de Windows, el Navigation Pane no puede ordenarse demasiado. Por ejemplo, Favorites, Libraries, Homegroups, Computer y Network siempre muestran sus contenidos en orden alfabético.

✔ ¿Enredado con sus áreas de Favorites o Libraries? Dígale a Windows 7 que repare el daño haciendo clic derecho en cualquiera de ellos y seleccionando Restore (Restaurar).

Trabajar con el Details Pane

El *Details Pane (Panel de Detalles)* de Windows 7, que se muestra en la Figura 3-8, planea como una nube a baja altura en la parte inferior de cada carpeta. Tal como su nombre lo implica, esa pequeña tira llamada Details Pane muestra detalles misteriosos del elemento que acaba de abrir o seleccionar, un regalito con el que deliran los tecnófilos.

Figura 3-8:
El Details Pane (Panel de Detalles) muestra detalles de la carpeta o archivo en el que acaba de hacer clic.

Abra una carpeta y su Panel de Detalles mostrará con gran esmero la cantidad de archivos que contiene esa carpeta. Incluso le dirá si el archivo vive en su PC o en una red.

La información más útil aparece cuando hace clic en un archivo. Por ejemplo, si hace clic en un archivo de música, aparecerá en el Details Pane una miniatura con la tapa del álbum, el título de la canción, el artista, la duración y tamaño, e incluso cualquier puntuación que usted le haya otorgado en el Media Player. Haga clic sobre un archivo de una foto para ver una vista previa en miniatura, la fecha en que pulsó el disparador de su cámara, el tamaño de la foto, el modelo de la cámara, y en algunas cámaras, la ubicación geográfica donde tomó la foto.

✔ El Details Pane sabe mucho más de lo que aparenta de entrada. Dado que su tamaño es graduable, arrastre el borde superior levemente hacia arriba. A medida que crece, el Details Pane comienza a revelar más información sobre el archivo seleccionado: su tamaño, fecha de creación, la fecha de la última modificación y otras delicias similares. Vuelva a reducir el tamaño del panel cuando se haya cansado de ver detalles.

✔ Si piensa que el Details Pane consume demasiado espacio en la pantalla, arrastre el borde superior hacia abajo. O si no, desactívelo: Haga clic en el botón Organize (Organizar) en el extremo izquierdo de la barra de comandos, haga clic en Layout (Diseño) en el menú desplegable y finalmente clic en Details Pane. (Repita estos pasos para revivir un Details Pane desaparecido.)

✔ Mientras edita las propiedades de un archivo, lo invito a agregar un *tag* *(etiqueta)* — una palabra clave que le permite ubicar ese archivo en particular rápidamente. (Explico los tags en el Capítulo 6.)

Moverse dentro de una ventana con la barra de desplazamiento

La barra de desplazamiento, que recuerda un corte transversal de un hueco de elevador (ver la Figura 3-9), descansa apoyada sobre el costado de toda ventana sobrecargada. Dentro del hueco, un pequeño elevador (técnicamente, el *cuadro de desplazamiento*) sube y baja mientras usted se desplaza por su trabajo. De hecho, con sólo observar la posición del elevador dentro del hueco, sabrá si está mirando el principio, la mitad o el final del contenido de la ventana.

Figura 3-9:
Una barra
de des-
plazamiento.

Puede observar cómo el cuadro pequeño viaja hacia arriba y hacia abajo cuando presiona las teclas Page Up (Retroceder Página) o Page Down (Avanzar Página). (En efecto, es fácil distraerse en Windows 7.) Pero andar empujando el elevador con el mouse es más divertido. Al hacer clic en varios lugares de la barra de desplazamiento, puede moverse rápidamente dentro de un documento. Veamos algunos trucos:

✔ Haciendo clic en el espacio *arriba* del elevador, el mismo sube una página, como si hubiese presionado la tecla Page Up (Retroceder Página). De manera análoga, haciendo clic *debajo* del elevador avanzamos una página. Cuanto más grande sea su monitor, más información podrá ver en cada página.

✔ Para mover hacia arriba la vista línea por línea, haga clic en la flecha pequeña (la *flecha de desplazamiento*) en la parte superior de la barra de desplazamiento. Del mismo modo, haciendo clic en la flecha pequeña ubicada en la parte inferior, moverá la vista una línea hacia abajo con cada clic.

✔ Las barras de desplazamiento ocasionalmente cuelgan del borde inferior de una ventana. Prácticas para ver hojas de cálculo y otros documentos anchos, estas barras de desplazamiento le permiten moverse hacia los costados para espiar los totales de la última columna de la planilla.

✔ ¿No se ve ningún cuadro de desplazamiento en la barra? Entonces ya está viendo todo lo que la ventana puede ofrecer.

✔ Para moverse a toda velocidad, arrastre el cuadro de desplazamiento hacia arriba o hacia abajo dentro de la barra. A medida que lo arrastra, verá pasar velozmente el contenido de la ventana. Cuando vea el punto que le interesaba ubicar, suelte el botón para quedarse con esa vista.

✔ ¿Utiliza un mouse que lleva encajada una pequeña ruedita en la espalda del pobre bicho? Rote la rueda, y la lista se mueve hacia arriba y hacia abajo, como si estuviese jugando con la barra de desplazamiento.

Bordes aburridos

Un *borde* es esa línea delgada que rodea una ventana. Comparado con una barra, es realmente pequeño.

Para cambiar el tamaño de una ventana, arrastre el borde hacia adentro o hacia afuera (si arrastra desde una de las esquinas obtendrá mejores resultados.)

Algunas ventanas, curiosamente, no tienen bordes. Atrapadas en el limbo, su tamaño no puede cambiarse — aún cuando su tamaño sea un fastidio.

Excepto para tironearlos con el mouse, usted va a usar los bordes muy poco.

Completar Molestos Cuadros de Diálogo

Tarde o temprano, Windows 7 va a comportarse como un pesado burócrata, obligándolo a llenar un formulario molesto antes de procesar su solicitud. Para manejar este papeleo computarizado, Windows 7 utiliza un *dialog box (cuadro de diálogo)*.

Un cuadro de diálogo es una ventana que muestra un pequeño formulario o lista de verificación que usted deberá completar. Estos formularios pueden tener un puñado de partes diferentes, las que detallaremos en la sección siguiente. No se moleste en recordar el nombre de cada parte. Es mucho más útil recordar cómo funcionan.

Embocar el botón de comando correcto

Los botones de comando pueden ser la parte más fácil de interpretar de un formulario — ¡Microsoft les puso una etiqueta! Generalmente se requiere pulsar los botones de comando luego de completar un formulario. Dependiendo del botón de comando en el que haya hecho clic, Windows cumplirá sus deseos (excepcionalmente) o lo enviará hacia otro formulario (más probablemente).

La Tabla 3-1 identifica los botones de comando con los que probablemente se encontrará.

Table 3-1	Botones de Comando Comunes en Windows 7
Botón de Comando	**Descripción**
OK	Al hacer clic en el botón OK (Aceptar) quiere decir, "Ya completé este formulario, estoy listo(a) para continuar." Windows 7 lee lo que ha ingresado y procesa su pedido.
Cancel	Si de alguna manera ha estropeado las cosas al completar un formulario, haga clic en el botón Cancel (Cancelar). Windows cierra rápidamente el formulario, y todo vuelve a la normalidad. Fiuuu! (***Consejo:*** La pequeña X roja en la esquina superior de una ventana también hace desaparecer a la ventana maldita.)
Next	Haga clic en el botón Next (Siguiente) para avanzar a la próxima pregunta. (¿Se arrepintió de lo que respondió en la última pregunta? Vuelva atrás haciendo clic en la flecha Back (Retroceder) cerca del borde superior izquierdo de la ventana.)
Add...	Si encuentra un botón con puntos (. . .) después de la palabra, prepárese: al hacer clic en ese botón se encontrará con *otro* formulario más. Allí, deberá elegir todavía más configuraciones, opciones o aderezos.
Restore Defaults	Cuando cambie un formulario o configuración para peor, haga clic en el botón Restore Defaults (Restaurar valores predeterminados) sin dudarlo. Con esto Windows 7 recuperará sus configuraciones originales.

✔ El botón OK a menudo tiene un borde ligeramente más oscuro que los otros, lo que significa que está *resaltado.* Si presiona la tecla Enter automáticamente elige el botón resaltado, liberándolo del inconveniente de tener que hacerle clic. (Suelo hacer clic de todas maneras, para estar seguro.)

✔ Si hizo clic en el botón equivocado, pero *todavía no levantó el dedo del botón del mouse,* ¡alto! Los botones de comando no surten efecto hasta que se suelta el botón del mouse. Mantenga presionado el botón del mouse, pero aleje el puntero del botón incorrecto. Muévalo a un lugar seguro y recién ahí, levante su dedo.

✔ ¿Tropezó con un cuadro que contiene una opción que lo confunde? Haga clic en el signo de pregunta que se encuentra en la esquina superior derecha del cuadro (Se ve como el que está en el margen.) Luego haga clic en el botón de comando que lo confunde para obtener una breve explicación sobre cuál es su función en la vida. A veces basta con posar el puntero del mouse sobre un botón confuso para hacer que Windows sienta lástima, y nos envíe una leyenda de ayuda para explicar el asunto.

Elegir entre botones de opción

A veces, Windows 7 se pone gruñón y nos obliga a elegir solo una de las opciones disponibles. Por ejemplo, puede jugar algunos juegos en el nivel de principiante o intermedio. No puede hacerlo en *ambos niveles*, por lo que Windows 7 no le permite elegir las dos opciones.

Windows 7 controla esta situación con el *option button (botón de opción)*. Cuando elija una de las opciones, un pequeño punto salta hacia la misma. Elija la otra opción, y el botón alegremente salta hacia la otra. Encontrará botones de opción en muchos cuadros de diálogo, como el que se muestra en la Figura 3-10.

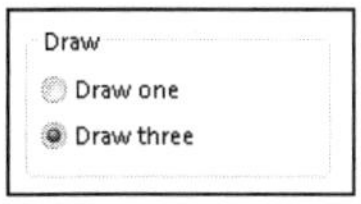

Figura 3-10:
Elija una
opción.

Draw
○ Draw one
◉ Draw three

Si *es posible* seleccionar más de una opción, Windows 7 no le mostrará botones de opción. En vez de eso, ofrecerá las mucho más liberales casillas de verificación que se describen en la sección "Casillas de verificación", más adelante en este capítulo.

Algunos programas se refieren a los botones de opción como *radio buttons (botones de radio)*, bautizados así en homenaje a las radios de los automóviles que incluían una botonera que nos permitía saltar de una estación a otra.

Escribir en los cuadros de texto

Un *cuadro de texto* funciona como la consigna "escribir lo que falta" en los exámenes de historia. Puede escribir lo que quiera en un cuadro de texto — palabras, números, contraseñas o insultos. Por ejemplo, la Figura 3-11 muestra un cuadro de diálogo que aparece cuando desea buscar palabras o caracteres en algunos programas. El cuadro de texto es donde escribe las palabras que desea encontrar.

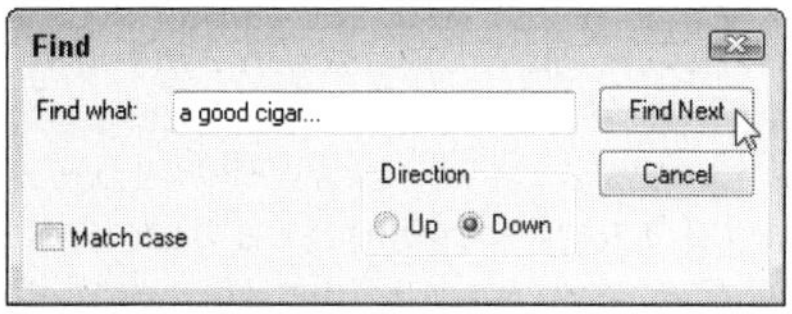

Figura 3-11:
Este cuadro
de diálogo
contiene un
cuadro de
texto.

Find
Find what: a good cigar...   Find Next
                              Direction   Cancel
☐ Match case   ○ Up ◉ Down

✔ Cuando el cuadro de texto está *activo* (o sea, que está preparado para aceptar el texto que quiera escribir), o bien la información actual del cuadro se verá resaltada o un cursor estará parpadeando en su interior.

✔ Si el cuadro de texto *no* está resaltado o si *no hay* un cursor parpadeando dentro del mismo, significa que no está listo para que usted comience a escribir. Para anunciar su presencia, haga clic dentro del cuadro antes de comenzar a escribir.

✔ Si necesita utilizar un cuadro de texto que ya contenga palabras, borre cualquier texto que no le interese antes de comenzar a escribir nueva información. (O puede hacer doble clic en la información existente para resaltarla; de esta forma, el nuevo texto reemplazará automáticamente al texto anterior.)

✔ Así es, los cuadros de texto tienen demasiadas reglas.

Elegir opciones de los cuadros de lista

Algunos cuadros no le permiten ingresar absolutamente *nada*. Simplemente muestran una lista de cosas, permitiéndole escoger el elemento que desee. Los cuadros que contienen listas se llaman, muy apropiadamente, *cuadros de lista.* Por ejemplo, algunos procesadores de texto presentan un cuadro de lista si se siente lo bastante inspirado como para querer cambiar la *fuente* — o sea, el estilo de las letras (ver Figura 3-12).

Figura 3-12:
Elija el font
(fuente)
desde el
cuadro de
lista.

✔ ¿Ve como está resaltada la fuente Lucida Console en la Figura 3-12? Es el elemento seleccionado en la lista. Presione Enter (o haga clic en el botón OK), y su programa usará esta fuente cuando comience a escribir.

✔ ¿Ve la barra de desplazamiento en el costado del cuadro de lista? Funciona exactamente igual que en cualquier otra parte: Haga clic en las pequeñas flechas de desplazamiento (o pulse las flechas arriba o abajo) para mover la lista hacia arriba o abajo, y podrá ver los nombres que no se veían en el cuadro actual.

✔ Algunos cuadros de lista incluyen un cuadro de texto en la parte superior. Cuando hace clic en un nombre dentro del cuadro de lista, el nombre salta hacia el cuadro de texto. Si, ya sé, podría escribir usted mismo el nombre directamente en el cuadro de texto, pero no sería tan divertido.

✔ Cuando se enfrente con un cuadro de lista con trillones de nombres, ingrese la primera letra del nombre que está buscando. Windows 7 inmediatamente salta hacia el primer nombre que empiece con esa letra.

Cuadros de lista desplegables

Los cuadros de lista son convenientes pero ocupan bastante lugar. Por esto, Windows 7 a veces oculta los cuadros de lista, de la misma manera en que oculta los menús desplegables. Cuando hace clic en el lugar correcto, aparece el cuadro de lista, preparado para que lo estudie con minucioso detalle.

¿Y cuál es el lugar correcto? Es ese botón con una flecha apuntando hacia abajo, tal como el que se muestra al lado de la opción True Color (32-bit) (Colores Verdaderos – 32 bits) en la Figura 3-13. (El puntero del mouse lo está señalando.)

Cuando con uno no basta

Normalmente puede seleccionar una única cosa por vez en Windows. Al hacer clic en otro elemento, Windows deselecciona el primero para seleccionar el segundo. Cuando quiera seleccionar varios elementos simultáneamente, pruebe estos trucos:

✔ Para seleccionar más de un elemento, mantenga presionada la tecla Ctrl y haga clic en cada uno de los elementos que le interesen. Cada elemento quedará resaltado.

✔ Para seleccionar un grupo de elementos adyacentes en un cuadro de lista, haga clic en el primer ítem. Luego mantenga presionada la tecla Shift y haga clic en el último ítem. Windows 7 inmediatamente resalta el primer ítem, el último y todos los del medio. ¿Bastante astuto, no? (Para eliminar unos pocos elementos no deseados del medio, pulse Ctrl y haga clic sobre ellos; Windows los deselecciona, dejando el resto resaltado.)

✔ Finalmente, para seleccionar un conjunto de elementos, pruebe usar el truco del "lazo": Apunte al área de la pantalla próxima a un elemento, y mientras mantiene presionado el botón del mouse, deslícelo hasta trazar un lazo alrededor de los ítems. Una vez que haya seleccionado los elementos que desea, suelte el botón del mouse y los mismos quedarán resaltados.

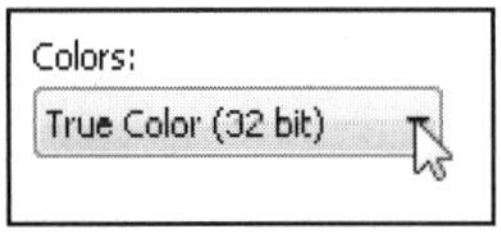

Figura 3-13:
Haga clic en la flecha dentro del cuadro Colors (Colores) para que aparezca la lista desplegable de colores disponibles.

Colors:
True Color (32 bit)

La Figura 3-14 muestra el cuadro de lista desplegable luego de haber hecho clic con el mouse. Para elegir la opción deseada, haga clic en la misma dentro de la lista desplegable.

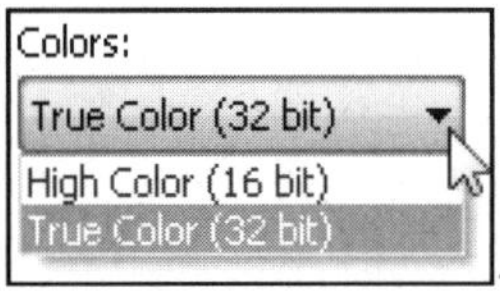

Figura 3-14:
Un cuadro de lista se despliega para mostrar los colores disponibles.

Colors:
True Color (32 bit)
High Color (16 bit)
True Color (32 bit)

✔ Para recorrer rápidamente un cuadro de lista desplegable, presione la primera letra del ítem que está buscando. El primer elemento que empiece con esa letra se resalta instantáneamente. Puede presionar las teclas de flecha arriba y abajo para ver las palabras y frases adyacentes.

✔ Otro método para desplazarse rápidamente en un extenso cuadro de lista desplegable es hacer clic en la barra de desplazamiento a su derecha. (Expliqué anteriormente las barras de desplazamiento en este capítulo, si necesita refrescar el concepto.)

✔ Solo se puede elegir *un* ítem en un cuadro de lista desplegable.

Casillas de verificación

A veces es posible elegir varias opciones en un cuadro de diálogo simplemente haciendo clic en los cuadraditos. Por ejemplo, las casillas de verificación que se muestran en la Figura 3-15 le permiten seleccionar opciones para el juego FreeCell.

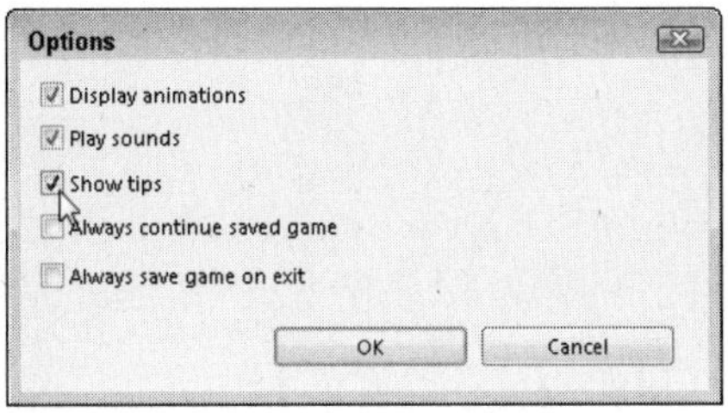

Figura 3-15: Haga clic para tildar una casilla.

Para elegir una opción haga clic en la casilla vacía correspondiente. Si la casilla en cuestión ya tenía puesto un tilde, el clic desactivará esta opción, eliminando la marca de verificación.

Puede hacer clic en todas las casillas de verificación que desee. Los botones de opción (esos botones de aspecto similar, pero redondos) sólo permiten elegir una de las opciones del paquete.

Controles deslizantes

Los ricos programadores de Microsoft usaron los controles deslizantes en Windows 7, impresionados quizá por la iluminación con spots e interruptores deslizables que tienen sus casas lujosas. Estos interruptores de luz virtual son fáciles de usar y no se rompen ni por asomo tan rápidamente como los reales.

Algunos controles se deslizan hacia la izquierda y la derecha; otros, hacia arriba y hacia abajo. Ninguno se mueve en diagonal — todavía. Para deslizar un control en Windows 7 — para ajustar el volumen de la música, por ejemplo — basta con arrastrar y soltar la palanca deslizable, como se ve en la Figura 3-16.

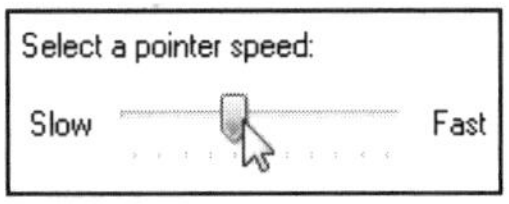

Figura 3-16: Un control deslizable.

El deslizamiento funciona así: apunte a la palanca con el mouse y mientras mantiene presionado el botón del mouse, mueva el mouse en la dirección que desea mover el control. A medida que mueve el mouse, también se mueve la palanca. Cuando haya desplazado la palanca hacia la posición deseada, suelte el botón del mouse y Windows 7 fijará el control en esa nueva posición.

Manipular Ventanas por Todo el Escritorio

Windows 7 arroja las ventanas en su escritorio en una forma aparentemente azarosa, como si estuviera repartiendo cartas en la mesa de póker con algunas copas de más. Los programas se tapan unos a otros e incluso a veces por poco se caen del escritorio. Esta sección le muestra cómo agrupar sus ventanas en una pila ordenada, ubicando a su ventana favorita en la parte superior. Si lo prefiere, puede distribuirlas como una mano de póker. Como bono adicional, puede redimensionarlas y lograr que se abran con el tamaño deseado, automáticamente.

Mover una ventana a la parte superior de la pila

Windows 7 dice que la ventana que se encuentre primera en la pila y que obtiene toda su atención se llama la ventana *activa*. La ventana activa también es la que recibe cualquier teclazo que usted o su gato hayan pulsado.

Puede mover una ventana hacia la parte superior de la pila para que se active de varias maneras:

- Mueva el puntero del mouse hasta ubicarlo sobre cualquier porción de la ventana deseada, y luego haga clic con el botón del mouse. Windows 7 inmediatamente trae al frente de la pila a la ventana en cuestión.

- En la taskbar (barra de tareas) haga clic en el botón de la ventana que desee activar. El Capítulo 2 explica todo lo que la barra de tareas puede hacer con más detalle.

- Mantenga presionada la tecla Alt y comience a pulsar la tecla Tab. Aparece una pequeña ventana, mostrando una vista en miniatura de cada ventana abierta en su escritorio. Cuando al presionar la tecla Tab quede resaltada su ventana favorita, suelte la tecla Alt: su ventana salta al frente.

- En las PCs nuevas, sostenga presionada la tecla Windows (la que tiene el símbolo de Windows) y pulse la tecla Tab. Se abre una vista 3-D de sus ventanas abiertas. Si mientras le pega con ganas a la tecla Tab aparece su ventana, suelte la tecla Windows.

Repita el proceso cuando necesite traer al frente otra ventana. (Y si quiere poner en la pantalla dos ventanas a la vez, lea la sección "Poner dos ventanas codo a codo", más adelante en este capítulo.)

¿Su escritorio está tan atiborrado que no puede trabajar cómodamente en su ventana actual? Entonces arrastre la barra de título de izquierda a derecha, sacudiéndola un poco; Windows 7 arroja las otras ventanas a la barra de tareas, sin mover de lugar a su ventana principal.

Mover una ventana de aquí para allá

A veces desea mover una ventana a otro lugar dentro del escritorio. Por ahí la ventana cuelga en el borde del escritorio y la quiere ubicar en el centro. O quizás quiere arrimar una ventana a otra.

En todos los casos, puede mover una ventana arrastrando y soltando su *barra de título,* esa barra gruesa que atraviesa la parte superior. (Si no está seguro de cómo funciona el arrastrar y soltar, vea el apartado "Arrastrar, soltar y salir corriendo" anteriormente en este capítulo.) Cuando *suelte* la ventana en su lugar, la misma no solo queda en ese lugar, sino que además se ubica al tope de la pila.

Hacer que una ventana ocupe toda la pantalla

Tarde o temprano, se va a cansar de todo esta cháchara multiventanas. ¿Por qué no es posible simplemente poner una única ventana gigante en su pantalla? Bueno, en realidad es posible.

Para hacer que una ventana se agrande lo más que pueda, haga doble clic en su *barra de título,* esa barra ubicada en el borde superior. La ventana salta hasta llenar la pantalla, cubriendo a las otras.

Para que la ventana inflada vuelva a recuperar su tamaño anterior, haga doble clic otra vez en su barra de título. La ventana rápidamente se encoge hasta su tamaño inicial, y podrá ver de nuevo los elementos que tapaba.

✔ Si tiene una objeción moral respecto a hacer doble clic en la barra de título de una ventana para expandirla, puede hacer clic en el pequeño botón Maximize (Maximizar). Ubicado en el margen, es el botón del medio de los tres botones que se encuentran en la esquina superior derecha de cada ventana.

✔ Cuando la ventana está maximizada hasta completar la pantalla, el botón Maximize se convierte en el botón Restore (Restaurar), que se ve en el margen. Haga clic en este botón Restore y la ventana volverá al tamaño anterior más reducido.

- Windows 7 ofrece nuevas formas de maximizar una ventana: Arrastre el borde superior de la ventana hasta que choque contra el límite superior del escritorio. La sombra del borde de la ventana se expande hasta llenar el monitor; suelte el botón del mouse y los bordes de la ventana ocuparán toda la pantalla. (Ya sé, hacer doble clic en la barra de título es más rápido, pero este método es genial.)

- ¿Muy ocupado para alcanzar el mouse? Maximice la ventana activa sosteniendo la tecla Windows y presionando la tecla Flecha Arriba.

Cerrar una ventana

Cuando haya terminado de trabajar en una ventana, ciérrela: Haga clic en la pequeña X en la esquina superior derecha de la misma. ¡Zas!: Nuevamente tiene un escritorio vacío.

Si intenta cerrar su ventana antes de finalizar su trabajo, ya sea un juego de Solitaire (Solitario) o un informe para su jefe, Windows le pregunta cautelosamente si no le gustaría guardar su trabajo. Acepte su oferta haciendo clic en Yes (Sí) y, de ser necesario, escriba un nombre de archivo para poder encontrar posteriormente su trabajo.

Agrandar o achicar una ventana

Como uno de esos holgazanes perros grandes, las ventanas tienden a echarse una encima de la otra. Para espaciar sus ventanas de forma más pareja, puede cambiar su tamaño _arrastrando y soltando_ sus bordes hacia adentro o hacia afuera. Funciona de esta manera:

1. **Apunte a cualquiera de las esquinas con el puntero del mouse. Cuando la flecha se convierta en una flecha de doble punta, apuntando en dos direcciones opuestas, puede presionar el botón del mouse y arrastrar la esquina hacia afuera o hacia adentro para cambiar el tamaño de la ventana.**

2. **Cuando esté satisfecho con el nuevo tamaño de su ventana, suelte el botón del mouse.**

   Como diría un maestro yoga, la ventana asume su nueva posición.

Poner dos ventanas codo a codo

Cuanto más tiempo utilice Windows, más probable es que desee ver dos ventanas una al lado de la otra. Por ejemplo, puede que quiera copiar y pegar texto de un documento a otro. Puede demorar algunas horas con el mouse, si intenta alinear las esquinas de las ventanas para ponerlas codo a codo en perfecta yuxtaposición.

O bien, puede simplemente hacer clic derecho en una porción en blanco de la barra de tareas (esto funciona hasta con el reloj) y elegir Show Windows Side by Side (Mostrar Ventanas Lado a Lado) para colocar las ventanas de esta forma, como pilares. Elija Choose Show Windows Stacked (Mostrar las Ventanas Apiladas) para alinearlas en filas horizontales. (Si tiene más de tres ventanas abiertas, Show Windows Stacked las acomoda como una grilla en la pantalla, útil para ver sólo una porción de cada una.)

Si tiene más de dos ventanas abiertas, haga clic en el botón Minimize (que se muestra en el margen) para minimizar los que *no* desea tener en la grilla. Luego vuelva a usar el comando Show Windows Side by Side para alinear las dos ventanas que quedan.

Windows 7 ofrece una nueva manera de colocar dos ventanas lado a lado. Arrastre *rápidamente* una ventana contra uno de los bordes de su monitor; cuando sus bordes sombreados llenen ese lado, suelte el botón del mouse. Repita el mismo mecanismo con la otra ventana en el lado opuesto del monitor. La palabra clave aquí es velocidad; practique si no le sale las primeras veces.

Para hacer que la ventana actual ocupe la mitad derecha de la pantalla, sostenga la tecla ⊞ y pulse la tecla →. Para hacer lo mismo, pero en la mitad izquierda, sostenga la tecla ⊞ y presione la tecla ←.

Cómo hacer que las ventanas se abran del mismo maldito tamaño

A veces una ventana se abre como un cuadradito pequeño; otras veces, ocupa toda la pantalla. Pero las ventanas rara vez abren del tamaño exacto que usted desea. Hasta que descubra este truco, que es: Cuando ajuste *manualmente* el tamaño y ubicación de una ventana, Windows memoriza ese tamaño y esa ubicación y siempre vuelve a abrir la ventana con esas mismas dimensiones. Siga estos tres pasos para ver cómo funciona:

1. **Abra su ventana.**

   La ventana abre, como siempre, al tamaño no deseado.

2. **Arrastre las esquinas de la ventana hasta lograr el tamaño y la posición exacta que usted desea. Suelte el botón del mouse para ubicar la esquina en su posición nueva.**

   Asegúrese de cambiar el tamaño en *forma manual* arrastrando las esquinas o bordes con el mouse. Solamente hacer clic en el botón Maximize no funciona.

3. **Cierre la ventana de inmediato.**

Windows memoriza el tamaño y la ubicación de una ventana cuando se cerró por última vez. Cuando abra la ventana nuevamente, debería abrirse del mismo tamaño en que usted la dejó. Pero los cambios que realice, solo se aplican al programa donde los hizo. Por ejemplo, los cambios que aplicó en la ventana de Internet Explorer (Explorador de Internet) serán recordados únicamente por *Internet Explorer,* y no por otros programas que abra.

La mayoría de las ventanas siguen estas reglas sobre los tamaños, pero unos pocos renegados pueden portarse mal. Lo invito a quejarse con sus fabricantes.

Capítulo 4

Recorrer Archivos, Carpetas, Unidades Flash, Bibliotecas y CDs

. . . .

En Este Capítulo

▶ Entender el programa Computer

▶ Navegar por discos, carpetas y unidades flash

▶ Entender las nuevas bibliotecas de Windows 7

▶ Crear y nombrar carpetas

▶ Seleccionar y deseleccionar elementos

▶ Copiar y mover archivos y carpetas

▶ Grabar en CDs, tarjetas de memoria y discos flexibles

. . . .

*E*l programa Computer (Computadora) es lo que despierta a la gente del sueño de la computación fácil de Windows, abrazando aterrorizada la almohada. Esta gente compró una computadora para simplificar su trabajo — para desterrar ese archivador horrible con cajones que chirrían.

Pero haga clic sobre el pequeño icono Computer en el menú Start, empiece a hurgar dentro de su nueva PC y ese viejo archivador volverá a aparecer. Las carpetas, con más y más carpetas dentro de ellas, aún dominan el mundo. Y a menos que comprenda la metáfora de las carpetas en Windows, puede que no encuentre su información muy fácilmente.

Además, Windows 7 complica las carpetas al introducir una nueva súper carpeta llamada *library* (biblioteca): una única carpeta que muestra simultáneamente el contenido de varias otras carpetas.

Este capítulo explica cómo usar el programa de archivos de Windows 7, llamado *Computer* (Computadora). (Windows XP llamaba a este programa My Computer, o "Mi PC"). En el camino, deberá ingerir una dosis lo bastante grande de administración de archivos de Windows para lograr su cometido. Windows podrá recordarle a su temido archivador, pero por lo menos los cajones no chirrían y los archivos nunca se caen detrás del mueble.

Navegar por los Archivadores de su Computadora

Para mantener sus programas y archivos organizados en forma prolija, Windows lustró la conveniente metáfora del archivador con iconos livianos y aéreos. Puede ver sus nuevos archivadores computarizados en el programa Computer del menú Start. Computer muestra todas las áreas de almacenamiento dentro de su computadora, permitiéndole copiar, mover, renombrar o eliminar sus archivos antes de que lleguen los inspectores.

Para ver los archivadores de su propia computadora — llamados *unidades* o *discos*, en el argot informático — haga clic en el menú Start (Inicio) y seleccione Computer (Computadora). Aunque la ventana Computer de su PC se verá un poco diferente de la que se muestra en la figura 4-1, tiene las mismas secciones básicas, cada una de las cuales se describe en la siguiente lista.

Figura 4-1: La ventana Computer muestra las áreas de almacenamiento de su computadora, que puede abrir para ver sus archivos.

Windows puede mostrar su ventana Computer de muchas maneras. Para hacer que la ventana Computer de su equipo se vea como en la Figura 4-1, haga clic en la pequeña flecha a la derecha del icono Views (Vistas) de la barra de menú (se muestra en el margen). Luego elija Tiles (Mosaicos) desde el menú desplegable. Finalmente, haga clic derecho en una sección en blanco de la ventana Computer (Computadora), seleccione Group By (Agrupar por) y seleccione Type (Tipo).

Estas son las partes básicas de la ventana Computer:

✔ **Navigation Pane (Panel de navegación):** Esa franja del lado izquierdo de la mayoría de las ventanas, el práctico panel de navegación muestra listas de accesos directos a carpetas que contienen sus posesiones computarizadas más valiosas: Documents (Documentos), Pictures (Imágenes) y Music (Música). (Añade además otros elementos relevantes que se cubren en el Capítulo 3).

✔ **Hard Disk Drives (Unidades de disco duro):** Ejemplificada en la Figura 4-1, este área muestra una lista de las *unidades de disco duro* de su PC — sus áreas de almacenamiento más grandes. Toda computadora tiene por lo menos un disco duro, y esta PC tiene dos. Al hacer doble clic sobre un icono de disco duro, se muestran sus archivos y carpetas, pero rara vez encontrará información útil. En vez de sondear su disco duro, abra el menú Start para encontrar y ejecutar programas.

¿Notó el disco duro con el pequeño icono de Windows (como se muestra en el margen)? Eso significa que Windows vive en esa unidad. ¿Y ve las líneas de color debajo de los dos iconos de disco duro en la figura 4-1? Cuanto más espacio coloreado vea en la línea, más archivos habrá metido en su unidad. Cuando la línea se vuelve roja, su unidad está casi llena y debería pensar en actualizarse a una unidad más grande.

✔ **Devices with Removable Storage (Dispositivos con almacenamiento extraíble):** Este área muestra los dispositivos de almacenamiento desmontables que están conectados a su computadora. Aquí hay algunos de los más comunes:

• **Floppy Drive (Unidad de discos flexibles):** Una especie a punto de extinguirse, estas unidades todavía se ven en algunas viejas PCs. Pero como estos discos de hace 20 años no pueden guardar muchos archivos, la mayoría de la gente ahora prefiere almacenar archivos en CDs, DVDs o unidades de almacenamiento flash.

- **CD and DVD drives (Unidades de CD y DVD):** Como se muestra en la Figura 4-1, Windows 7 coloca una breve descripción junto al icono de cada unidad para indicar si puede solamente *leer* discos o si además puede *grabar* discos. Por ejemplo, una grabadora de DVD (como la que se muestra en el margen) tiene la etiqueta *DVD-RW*, lo que significa que puede leer y escribir DVDs, además de CDs. Una unidad que puede grabar CDs pero no DVDs tiene la etiqueta *CD-RW*.

  Escribir información en un CD o DVD también se conoce como *quemar*.

- **Memory card reader and flash drives (Lector de tarjetas de memoria y unidades flash):** Los lectores de tarjetas de memorias agregan una pequeña ranura a su PC para insertar tarjetas de memoria desde su cámara, reproductor de MP3 o dispositivo similar. Sus iconos, como se muestran en el margen, se ven como una ranura vacía — incluso después de insertar la tarjeta para ver sus archivos.

  A diferencia del Vista y el XP, Windows 7 no muestra iconos para lectores de tarjetas de memoria hasta que haya insertado una tarjeta. Para ver iconos en los lectores de tarjetas vacíos, abra Computer (Computadora), haga clic en Organize (Organizar), elija Folder and Search options (Opciones de carpetas y búsqueda), haga clic en la pestaña View (Ver) y haga clic para quitar la marca de verificación junto a la opción Hide Empty Drives in the Computer Folder (Ocultar unidades vacías en la carpeta Computadora).

  Los discos duros portátiles y *unidades flash* — artefactos pequeños de almacenamiento que se conectan a su PC a través de un cable o directamente a un puerto — también tienen este icono.

- **MP3 players (Reproductores de MP3):** Aunque Windows 7 muestra un icono como este para unos pocos reproductores de MP3, entrega un ícono genérico de memoria USB o disco rígido para el ultra popular iPod. (Hablo de los reproductores de MP3 en el Capítulo 15).

- **Cameras (Cámaras):** Las cámaras digitales generalmente aparecen como iconos en la ventana Computer (Computadora). Asegúrese de encender la cámara y configúrela con el modo View Photos (Ver fotografías) en vez de Take Photos (Tomar fotografías). Para extraer las imágenes de la cámara, haga doble clic en el icono de la cámara. Después de que Windows 7 lo guía por el proceso de extraer las imágenes (Capítulo 16), colocará las fotos en la carpeta Pictures (Imágenes).

- ✔ **Network Location (Ubicación de Red):** Este icono del margen, visto solamente por gente que ha conectado grupos de PCs en una *red de trabajo* (Ver Capítulo 14), representa a una carpeta que vive en otra PC.

Si conecta una cámara de video digital, teléfono celular u otro dispositivo a su PC, la ventana Computer (Computadora) generalmente hará brotar un nuevo icono que representa a su dispositivo. Si Windows se olvida de preguntarle qué quiere hacer con el dispositivo que acaba de conectar por primera vez, haga clic derecho en el icono y verá una lista de todo lo que puede hacer con ese elemento. ¿No hay ningún icono? Entonces necesita instalar un *driver (Controlador)* para su dispositivo, un viaje que detallo en el Capítulo 12.

Si hace clic en cualquier icono de Computer, el Preview Pane (Panel de Previsualización) que figura en el extremo inferior de la pantalla mostrará automáticamente información sobre ese objeto, como por ejemplo el tamaño o la fecha en la que se creó, o cuánto espacio puede almacenar una carpeta o unidad. Para ver aún más información, agrande el Preview Pane arrastrando su borde superior hacia arriba. Cuanto más espacio le dé al panel, más información brindará.

La Cruda Verdad sobre Carpetas y Bibliotecas

Estas cosas son horriblemente aburridas, pero si no las lee, estará tan perdido como sus archivos.

Una *carpeta* es un área de almacenamiento dentro de una unidad, como una carpeta real de un archivador. Windows 7 divide las unidades de disco duro de su computadora en muchas carpetas para separar sus diversos proyectos. Por ejemplo, usted almacena toda su música en la carpeta Music y sus imágenes en la carpeta Pictures. Eso le permite a usted y a sus programas encontrar los archivos fácilmente.

Una *biblioteca*, en cambio, es una súper carpeta, por así decirlo. En vez de mostrar los contenidos de una sola carpeta, muestra los contenidos de *varias* carpetas. Por ejemplo, su biblioteca de música muestra las canciones de su carpeta *My Music*, además de las canciones en su carpeta *Public Music*. (La carpeta Public Music contiene música disponible para todos los que usan su PC).

Windows 7 creó cuatro bibliotecas para que guarde sus archivos y carpetas. Para que pueda acceder a ellas fácilmente, viven en el Navigation Pane (Panel de Navegación) sobre el lado izquierdo de cada carpeta. La Figura 4-2 muestra sus bibliotecas: Documents, Music, Pictures y Videos.

Tenga en mente esta información sobre carpetas cuando reorganiza archivos en Windows 7.

✔ Puede ignorar las carpetas y tirar todos sus archivos en el escritorio de Windows 7. Pero eso es como tirar todo en el asiento trasero del auto y manotear por todos lados para encontrar su camiseta un mes después. Las cosas organizadas son mucho más fáciles de encontrar.

✔ Si está ansioso por crear una carpeta o dos (y es bastante fácil), avance hasta la sección "Crear una carpeta nueva" de este capítulo.

✔ Las carpetas de la computadora utilizan una *metáfora de árbol*, ya que se ramifican a partir de la carpeta principal (una unidad de disco) en carpetas más pequeñas (ver Figura 4-3) y en más carpetas metidas dentro de esas carpetas.

Figura 4-2:
Windows 7 brinda a cada usuario estas mismas cuatro carpetas, pero mantiene separadas las de cada uno.

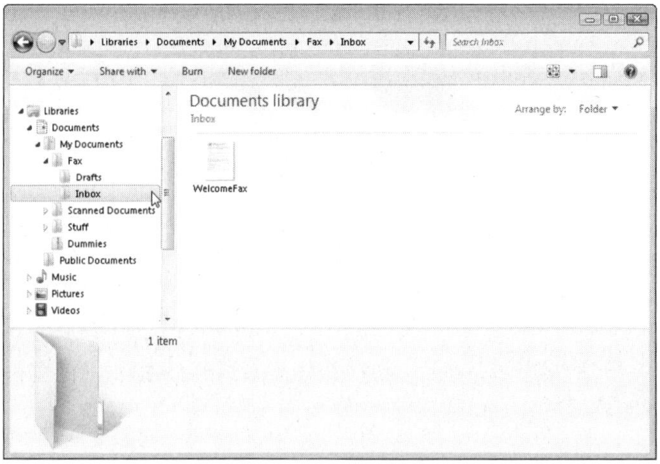

Figura 4-3:
Las carpetas de Windows utilizan una estructura de árbol, con carpetas principales que se ramifican en carpetas más pequeñas.

Eh, ¿dónde están las carpetas que tenía en Vista?

En Windows Vista, un clic en el nombre de su cuenta de usuario sobre el menú Start (Inicio) abría su carpeta User Account (Cuenta de usuario), hogar de sus conocidas carpetas: Contacts (Contactos), Desktop (Escritorio), Documents (Documentos), Downloads (Descargas), Favorites (Favoritos), Links (Vínculos), Music (Música), Pictures (Imágenes), Saved Games (Partidas guardadas), Searches (Búsquedas) y Videos.

En un esfuerzo por distanciarse del impopular Vista, Windows 7 descarta toda esa estrategia organizacional en favor del Panel de navegación, que cubro en el Capítulo 3. Pero esas viejas carpetas de Windows Vista no han desaparecido — solamente están ocultas. Para encontrarlas, haga clic en el botón Start y haga doble clic en el nombre de su cuenta de usuario ubicado sobre la columna derecha del menú Start; así aparecerán sus viejas carpetas.

Espiar en sus Unidades de Disco, Carpetas y Bibliotecas

Saber todo este tema de las carpetas no solamente impresiona a los empleados de las tiendas de computación, sino que también lo ayuda a encontrar los archivos que desea. (Ver la sección anterior para la información definitiva sobre qué carpeta contiene qué cosa). Póngase el casco de minero; vaya a explorar las entrañas de las unidades, carpetas y bibliotecas de su computadora; y utilice esta sección como guía.

Ver los archivos de una unidad de disco

Como todo lo demás en Windows 7, las unidades de disco están representadas con botones o iconos. El programa Computer también muestra información almacenada en otras áreas, como reproductores de MP3, cámaras digitales o escáneres. (Explico todo acerca de estos iconos en la sección "Navegar por los archivadores de su computadora", al comienzo de este capítulo).

Abrir estos iconos generalmente le permite acceder a sus contenidos y mover archivos de un lado a otro, como cualquier otra carpeta de Windows 7.

Cuando hace doble clic en un icono de Computer, Windows 7 adivina lo que quiere hacer con ese icono y toma acción. Haga doble clic en una unidad de disco duro, por ejemplo, y Windows 7 abrirá rápidamente la unidad para mostrarle las carpetas que están dentro.

Pero si hace doble clic en su unidad de CD después de insertar un CD de música, Windows 7 no siempre la abre para mostrar los archivos. En vez de esto, generalmente carga el Media Player y comienza a reproducir la música. Para cambiar las suposiciones de Windows 7 de cómo trata a un CD, DVD o unidad USB insertados, haga clic derecho en el icono del elemento insertado y abra AutoPlay (Reproducción automática). Windows 7 muestra una lista de todo lo que puede hacer con esa unidad y le pregunta cómo desea trazar la ruta.

Ajustar las configuraciones de AutoPlay resulta especialmente útil para las memorias USB. Si su memoria USB contiene un par de canciones, Windows 7 querrá llamar a Media Center para reproducirlas, demorando el acceso a los otros archivos de su memoria USB.

- ✔ Cuando tenga dudas sobre lo que puede hacer con un icono en Computer (Computadora), haga clic derecho en él. Windows 7 presenta un menú de todas las cosas que puede hacer con ese objeto. (Puede seleccionar Open (Abrir), por ejemplo, para ver los archivos de un CD que Windows 7 quiere reproducir en Media Player).

- ✔ Si hace clic en un icono de un CD, DVD o unidad de disco flexible cuando no hay ningún disco en la unidad, Windows 7 lo detiene, sugiriendo amablemente que inserte un disco antes de seguir el proceso.

- ✔ ¿Ve un icono debajo del encabezado Network Location (Ubicación de Red)? Ese es un pequeño portal para espiar en otras computadoras conectadas a la suya — si hay alguna. Encontrará más información sobre redes en el Capítulo 14.

Ver qué hay dentro de las carpetas

Como las carpetas son en realidad pequeños compartimientos de almacenamiento, Windows 7 utiliza la imagen de una pequeña carpeta para representar un lugar para almacenar archivos.

Para ver qué hay dentro de una carpeta, ya sea en Computer o en el escritorio de Windows 7, simplemente haga doble clic en la imagen de esa carpeta. Aparecerá una nueva ventana que muestra el contenido de la carpeta. ¿Ve otra carpeta dentro de la carpeta? Haga doble clic en ella para ver lo que hay dentro. Siga haciendo clic hasta que encuentre lo que quiere o encuentre un callejón sin salida.

¿Llegó a un callejón sin salida? Si por error termina en la carpeta equivocada, vuelva sobre sus pasos como si estuviera navegando por la Web. Haga clic en el botón Back (Atrás) ubicado en la esquina superior izquierda de la ventana. (Es la misma flecha que aparece en el margen). Eso cierra la carpeta equivocada y le muestra la carpeta que acaba de dejar. Si sigue haciendo clic en el botón Back (Atrás), terminará exactamente donde empezó.

¿Qué es todo este asunto de la ruta de acceso?

Una *ruta de acceso* es solamente la dirección de un archivo, similar a la suya. Cuando se envía una carta a su casa, por ejemplo, viaja por su país, estado, ciudad, calle y finalmente, o afortunadamente, llega hasta el número de su apartamento o casa. La ruta de acceso de una computadora hace exactamente lo mismo. Empieza con la letra de la unidad de disco y termina con el nombre del archivo. En el medio, la ruta de acceso brinda una lista de todas las carpetas por las cuales debe viajar su computadora hasta llegar al archivo.

Por ejemplo, mire la carpeta Downloads (Descargas). Para que Windows 7 pueda encontrar un archivo almacenado ahí, debe empezar desde la unidad C de la computadora, viajar por la carpeta Usuarios y luego entrar a la carpeta Andy. Desde allí, entra a la carpeta Downloads de la carpeta Andy. (Internet Explorer sigue esa ruta cuando guarda los archivos que descarga).

Respire hondo y exhale lentamente. Ahora asimile la horripilante gramática de la computadora: En una ruta de acceso, la letra de una unidad de disco se indica así **C:**. La letra de la unidad de disco y los dos puntos componen la primera parte de la ruta. Todas las demás carpetas están dentro de la gran carpeta C:, de modo que figuran después de la parte C:. Windows separa estas carpetas anidadas con algo que se conoce como *backslash* (*barra invertida*) o \, El nombre del archivo descargado — Formulario de impuestos 3890, por ejemplo — está en último lugar.

Coloque todo junto y obtendrá `C:\Users\Andy\Downloads\Tax Form 3890`. Esa es la ruta de acceso oficial en su computadora para el Formulario de impuestos 3890 en la carpeta Downloads de Andy.

Estas cosas pueden ser complicadas, así que vamos de nuevo: Primero figura la letra de la unidad, seguida por dos puntos y una barra invertida. Luego vienen los nombres de todas las carpetas que llevan al archivo, separadas por barras invertidas. Por último aparece el nombre del propio archivo.

Windows 7 le da automáticamente la ruta de acceso cuando hace clic en las carpetas — afortunadamente. Pero cada vez que hace clic en el botón Browse para buscar un archivo, está navegando entre carpetas y atravesando la ruta de acceso al archivo.

La Address Bar (Barra de Dirección) ofrece otra forma rápida de saltar a distintas partes de su PC. Mientras se mueve de carpeta en carpeta, la Barra de Dirección de la carpeta — esa pequeña casilla llena de palabras ubicada encima de la carpeta — lleva un registro constante de su viaje. Por ejemplo, la Figura 4-4 muestra la Address Bar mientras examina la carpeta Inbox (Bandeja de entrada) de su carpeta Fax.

Observe las pequeñas flechas entre los nombres de las carpetas. Estas pequeñas flechas brindan rápidos atajos para ir a otras carpetas y ventanas. Pruebe hacer clic en cualquiera de las flechas; aparecerán menús con listas de los lugares a los que pueden saltar desde ese punto. Por ejemplo, haga clic en la flecha ubicada después de Libraries (Bibliotecas) que se muestra en la Figura 4-5 para saltar rápidamente a la biblioteca Music (Música).

Libraries ▸ Documents ▸ My Documents ▸ Fax ▸ Inbox

Figura 4-4: Las flechas ofrecen atajos entre carpetas.

Libraries
Documents
My Documents
Fax
Inbox
Search Inbox
Organize
Share
Documents
Music
Pictures
Videos
Arrange by: Folder
Libraries
Documents
My Documents
Fax
Drafts
Inbox
Scanned Documents
Stuff
Dummies
Public Documents
Music
Pictures
Videos
WelcomeFax
1 item

Figura 4-5: Aquí, un clic en la pequeña flecha ubicada después de Libraries (Bibliotecas) le permite saltar a cualquier destino que aparece en la carpeta Bibliotecas.

CONSEJO

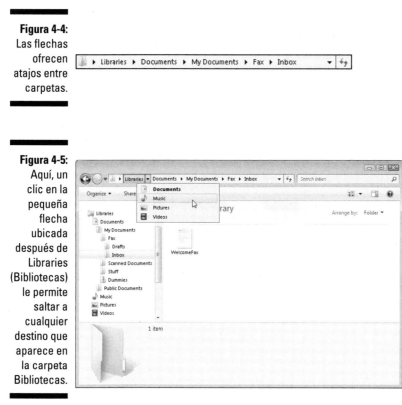

Aquí tiene algunos consejos adicionales para encontrar su camino dentro y fuera de las carpetas:

- A veces, una carpeta contiene demasiados archivos o carpetas para ajustarse a la ventana. Para ver más archivos, haga clic en las barras de desplazamiento de esa ventana. ¿Qué es una barra de desplazamiento? Hora de sacar su guía práctica, el Capítulo 3.

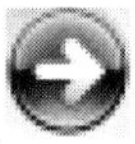

- Mientras se adentra en las profundidades de las carpetas, la flecha Forward (Adelante), que se muestra en el margen, le ofrece otra forma rápida de saltar inmediatamente a cualquier carpeta que haya creado. Haga clic en la pequeña flecha que apunta hacia abajo ubicada junto a la flecha Forward en la esquina superior izquierda de la ventana. Se despliega un menú con una lista de las carpetas por las que estuvo hurgando en su viaje. Haga clic en cualquier nombre para saltar rápidamente a esa carpeta.

CONSEJO

- ¿No puede encontrar un archivo o carpeta en particular? En vez de revolver las carpetas sin rumbo fijo, pruebe el comando Search del botón Start, que describo en el Capítulo 6. Windows puede encontrar automáticamente los archivos y carpetas que haya perdido.

✔ Cuando se enfrente con una larga lista de archivos ordenados alfabéticamente, haga clic en cualquier lugar de la lista. Luego, escriba rápidamente la primera o las primeras dos letras del nombre del archivo. Windows inmediatamente salta hacia arriba o hacia abajo en la lista hasta el primer nombre que comience con esas letras.

Organizar las carpetas de una biblioteca

El nuevo sistema de bibliotecas de Windows 7 puede parecer confuso, simplemente ignore con tranquilidad la mecánica detrás de ellas. Tan sólo trate a una biblioteca como cualquier otra carpeta: un lugar útil para almacenar y tomar tipos de archivos similares. Pero si desea conocer el funcionamiento interno detrás de una biblioteca, quédese para leer el resto de esta sección.

Las bibliotecas monitorean constantemente varias carpetas, mostrando todo el contenido de las carpetas en una misma ventana. Lo que lleva a una pregunta insidiosa: ¿Cómo sabe *qué* carpetas aparecen en una biblioteca? Puede averiguarlo haciendo doble clic en el nombre de la biblioteca.

Por ejemplo, haga doble clic en la biblioteca Documents del Navigation Pane y verá las dos carpetas de esa biblioteca. My Documents y Public Documents, como se muestran en la Figura 4-6.

Si almacena archivos en otra ubicación, tal vez un disco duro portátil o incluso una PC en red, siéntase libre de agregarlos a la biblioteca de su preferencia siguiendo estos pasos:

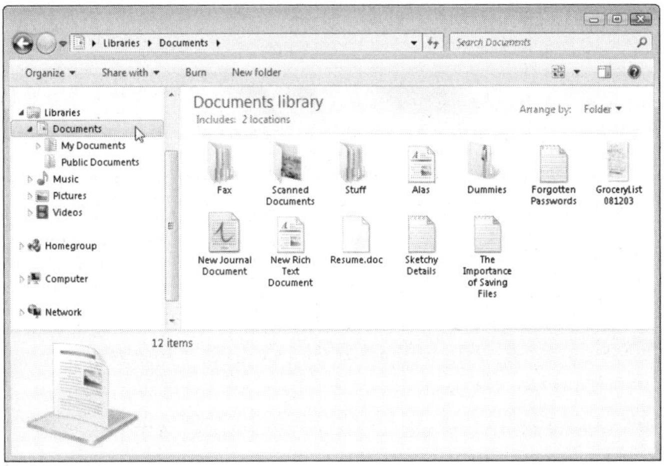

Figura 4-6: La biblioteca Documents muestra los nombres de sus dos carpetas: My Documents y Public Documents.

2 locations

1. **Haga clic en la palabra Locations (Ubicaciones) en la esquina superior izquierda.**

   El número que aparece frente a la palabra Locations, que se muestra en el margen, cambia según cuántas carpetas monitorea actualmente esa biblioteca. Cuando hace clic en Locations (Ubicaciones), aparecerá la ventana Documents Library Locations (Ubicaciones de la biblioteca Documentos), como se muestra en la figura 4-7.

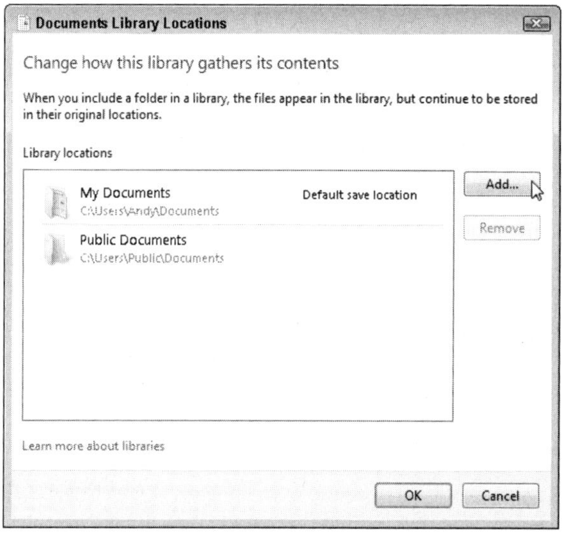

Figura 4-7:
La ventana Documents Library Locations muestra una lista con las carpetas visibles dentro de una biblioteca.

2. **Haga clic en el botón Add (Agregar).**

   Aparecerá la ventana Include Folder in Documents (Incluir carpeta en Documentos).

3. **Navegue hasta la carpeta que desea agregar, haga clic en la carpeta y luego haga clic en el botón Include Folder (Incluir carpeta).**

   La biblioteca se actualiza automáticamente para mostrar el contenido de esa carpeta junto con otras.

   ✔ Puede agregar todas las carpetas que desee a una biblioteca, lo que es útil cuando sus archivos de música están desperdigados por todas partes. La biblioteca se actualiza automáticamente para mostrar los últimos contenidos de las carpetas.

   ✔ Para eliminar una carpeta de una biblioteca, siga el primer paso pero haga clic en la carpeta que desea eliminar y haga clic en el botón Remove (Eliminar).

✔ Entonces cuando deja caer un archivo en una biblioteca, ¿en que carpeta vive ese archivo *realmente*? Vive en la carpeta conocida como *Default Save Location* (Ubicación de almacenamiento predeterminada) — la carpeta que actualmente tiene el honor de recibir los archivos entrantes. Por ejemplo, cuando lanza un archivo de música dentro de la biblioteca Music, el archivo entra en su carpeta *My Music*. Del mismo modo, los documentos terminan en su carpeta *My Documents*, los videos van a *My Videos* y las imágenes van a *My Pictures*.

¿Y qué pasa si desea una carpeta *distinta* para recibir los archivos entrantes de una biblioteca? Para cambiar la carpeta de recepción, haga clic en la palabra Locations (Ubicaciones). Las palabras Default Save Location (Ubicación de almacenamiento predeterminada) aparecen junto a una carpeta, como se muestra anteriormente en la Figura 4-7. Para asignar esa noble tarea a una carpeta distinta, haga clic derecho en otra carpeta y elija la opción Set As Default Save Location (Establecer como ubicación de almacenamiento predeterminada).

✔ Puede crear bibliotecas adicionales que se ajusten a sus propias necesidades: Haga clic derecho en Libraries (Bibliotecas) dentro del Navigation Pane (Panel de navegación), seleccione New (Nueva) y elija Library (Biblioteca) en el menú emergente. Aparecerá un nuevo ícono Library, listo para que escriba un nombre. Luego, comience a llenar su nueva biblioteca con carpetas siguiendo los pasos 1 — 3 de la lista anterior.

✔ ¿Las nuevas bibliotecas de Windows 7 le provocan un gigantesco dolor de cabeza? Entonces deshágase de ellas: Haga clic derecho sobre cualquier biblioteca listada en la sección Navigation Pane's Libraries (Bibliotecas del Panel de Navegación) y seleccione Delete. (Sus archivos siguen a salvo, solamente elimina la biblioteca, pero no sus contenidos). Para volver a poner las bibliotecas en su lugar, haga clic derecho sobre la palabra Libraries en el Navigation Pane y seleccione Restore Default Libraries (Restaurar bibliotecas predeterminadas).

Crear una Nueva Carpeta

Para almacenar nueva información en un archivador, usted toma un sobre manila, garabatea un nombre en él y comienza a llenarlo de información. Para almacenar información nueva en Windows 7 — por ejemplo, una nueva tanda de cartas al departamento de cobranzas del hospital — debe crear una nueva carpeta, pensar un nombre para la nueva carpeta y llenarla de archivos.

Usar nombres legales de carpetas y archivos

Windows es bastante quisquilloso sobre qué puede y no puede usar para darle nombre a una carpeta o archivo. Si se limita a las letras y números de siempre, estará bien. Pero no trate de poner ninguno de los siguientes caracteres ahí:

: / \ * | < > ? "

Si trata de usar cualquiera de estos caracteres, Windows 7 le muestra un mensaje de error en la pantalla y tendrá que intentarlo nuevamente. Algunos nombres de archivos ilegales:

```
1/2 de mi tarea
TRABAJO:2
UNO<DOS
Él no es ningún "Caballero".
```

Estos nombres son legales

```
Mitad de mi trabajo de clase
Trabajo=2
Dos es mayor que uno
Un #@$%)sinvergüenza.
```

Para crear una carpeta rápidamente, haga clic en Organize (Organizar) desde los botones de la barra de herramientas y seleccione New Folder (Nueva Carpeta) cuando se despliegue el pequeño menú hacia abajo. Si no ve una barra de herramientas, aquí tiene un método rápido y a prueba de tontos:

1. **Haga clic derecho dentro de la carpeta (o sobre el escritorio) y seleccione New (Nuevo).**

   El clic derecho todopoderoso abre un menú a un lado.

2. **Seleccione Folder (Carpeta).**

   Elija Folder, como se muestra en la Figura 4-8 y aparecerá una nueva carpeta, que lo espera para que escriba un nombre nuevo.

Figura 4-8:
Haga clic derecho donde desee que aparezca una nueva carpeta, elija New y seleccione Folder en el menú.

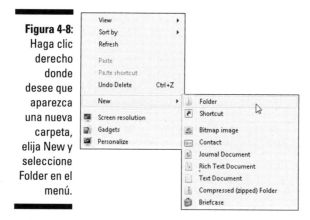

3. **Escriba un nombre nuevo para la carpeta.**

   Una carpeta recién creada tiene el nombre aburrido de New Folder (Nueva carpeta). Cuando empieza a escribir, Windows 7 rápidamente borra el nombre viejo y lo reemplaza por su nombre nuevo. ¿Listo? Guarde el nuevo nombre presionando Enter o haciendo clic en algún otro lado, lejos del nombre que acaba de escribir.

   Si se equivoca de nombre y quiere intentarlo otra vez, haga clic derecho en la carpeta, seleccione Rename (Renombrar) y empiece de nuevo.

   ✔ Ciertos símbolos están prohibidos para los nombres de las carpetas (y archivos). El apartado "Usar nombres legales de carpetas y archivos" describe los detalles, pero nunca tendrá problemas si utiliza letras y números comunes y corrientes.

   ✔ Los observadores sagaces notarán que en la Figura 4-8 Windows ofrece crear muchas más cosas que una carpeta cuando hace clic en el botón New. Haga clic derecho dentro de una carpeta en cualquier momento para crear un nuevo acceso directo u otros elementos.

   ✔ Los observadores cautelosos pueden advertir que su menú del clic derecho se ve diferente del que se muestra en la Figura 4-8. No pasa nada malo; los programas instalados suelen agregar sus propios elementos a la lista del clic derecho, haciendo que la lista se vea distinta en distintas PCs.

Renombrar un Archivo o Carpeta

¿Cansado del nombre de un archivo o carpeta? Entonces cámbielo. Simplemente haga clic derecho en el icono que lo ofende y seleccione Rename (Renombrar) en el menú que aparece.

Windows resalta el viejo nombre del archivo, el cual desaparece cuando empieza a escribir el nuevo. Presione Enter o haga clic en el escritorio cuando haya terminado y listo.

O puede hacer clic en el nombre del archivo o carpeta para seleccionarlo, esperar un segundo y hacer nuevamente clic en el nombre para cambiarlo. Algunas personas hacen clic en el nombre y presionan F2; Windows le permite automáticamente renombrar el archivo o la carpeta.

✔ Cuando renombra un archivo, solamente cambia su nombre. Los contenidos siguen siendo los mismos, el archivo sigue teniendo el mismo tamaño y sigue estando en el mismo lugar.

✔ Para renombrar grupos grandes de archivos en forma simultánea, selecciónelos todos, haga clic derecho en el primero y seleccione Rename. Escriba el nuevo nombre y presione Enter; Windows 7 renombra ese archivo. Sin embargo, también renombra todos los *otros* archivos seleccionados con el nuevo nombre, agregando un número mientras lo hace: `gato`, `gato (2)`, `gato (3)`, `gato (4)` y así sucesivamente.

✔ Renombrar algunas carpetas confunde a Windows, especialmente si esas carpetas contienen programas. Y por favor no renombre estas carpetas: Documents, Pictures o Music.

✔ Windows no le deja cambiar el nombre de un archivo o una carpeta si alguno de sus programas lo está usando actualmente. A veces cerrar el programa resuelve el problema si sabe quién es el que tiene sus manos en ese archivo o carpeta. Una cura segura para este problema es reiniciar su PC para liberar el elemento de las garras de ese programa e intentar renombrarlo nuevamente.

Seleccionar Grupos de Archivos o Carpetas

Aunque seleccionar un archivo, carpeta u otro objeto puede parecer especialmente aburrido, abre las puertas de par en par para realizar acciones posteriores: eliminar, renombrar, mover, copiar y hacer otras cosillas que se tratan en el resto de este capítulo.

Para seleccionar un solo elemento, simplemente haga clic en él. Para seleccionar varios archivos y carpetas, mantenga presionada la tecla Ctrl mientras hace clic en los nombres o iconos. Cada nombre o icono permanece resaltado cuando hace clic en el siguiente.

Para reunir varios archivos o carpetas que figuran uno junto a otro en una lista, haga clic en el primero. Luego, mantenga presionada la tecla Shift mientras hace clic en el último. Esos dos elementos quedarán resaltados, junto con cada archivo y carpeta que esté en el medio.

Windows 7 le permite *enlazar* archivos y carpetas también. Señale levemente arriba del primer archivo o carpeta que desee; luego, mientras mantiene presionado el botón del mouse, apunte al último archivo o carpeta. El mouse crea un lazo de color que rodea sus archivos. Suelte el botón del mouse y el lazo desaparece, dejando resaltados todos los archivos que estaba rodeando.

✔ Puede arrastrar y soltar un montón de archivos del mismo modo que arrastra un único archivo.

✔ También puede cortar o copiar y pegar esos grupos simultáneamente en nuevas ubicaciones usando cualquiera de los métodos que se describen en la sección "Copiar o mover archivos y carpetas" más adelante en este capítulo.

✔ Puede eliminar esos grupos de cosas, también, con sólo presionar la tecla Delete.

✔ Para seleccionar rápidamente todos los archivos de una carpeta, use la opción Select All (Seleccionar todos) desde el menú Edit (Edición). (¿No hay menú? Entonces selecciónelos presionando Ctrl+A). Aquí tiene otro truco: Para tomar todos los archivos menos algunos, presione Ctrl+A y, mientras mantiene presionada la tecla Ctrl, haga clic en los archivos que no quiera seleccionar.

Deshacerse de un Archivo o una Carpeta

Tarde o temprano querrá eliminar un archivo que ya no es importante — por ejemplo, los números de la lotería de ayer, o una foto digital particularmente embarazosa. Para borrar un archivo o carpeta, haga clic derecho en su nombre. Luego seleccione Delete (Eliminar) desde el menú emergente. Este truco sorprendentemente simple funciona con archivos, carpetas, accesos directos y prácticamente cualquier otra cosa en Windows.

No se moleste en leer velados asuntos técnicos

Usted no es el único que crea archivos en su computadora. Los programas suelen almacenar su propia información en un *archivo de datos*. Por ejemplo, puede que necesiten almacenar información sobre cómo se configura la computadora. Para evitar que la gente confunda estos archivos con basura y los elimine, Windows los esconde.

Sin embargo, puede ver los nombres de estos archivos y carpetas ocultos si le gusta jugar al voyeur:

1. **Abra cualquier carpeta, presione el botón Organize (Organizar) y seleccione Folder and Search Options (Opciones de Carpeta y Búsqueda).**

   Se abre el cuadro de diálogo Folder Options (Opciones de carpeta).

2. **Seleccione la pestaña View (Ver) en el extremo superior del cuadro de diálogo, encuentre la línea Show Hidden Files and Folders (Mostrar los archivos y carpetas ocultos) en la sección Advanced Settings (Configuración avanzada).**

3. **Haga clic en el botón OK (Aceptar).**

Los archivos antes ocultos aparecen junto con los otros nombres de archivos. Pero asegúrese de no eliminarlos: Los programas que los crearon se bloquean, posiblemente dañando dichos archivos o al propio Windows. De hecho, haga clic en el botón Restore Defaults (Restaurar configuración predeterminada) de la pestaña View para ocultar nuevamente esas cosas y haga clic en Apply para restaurar la configuración normal.

Para eliminar rápidamente, haga clic en el objeto ofensivo y presione la tecla Delete. Arrastrar y soltar un archivo o una carpeta a la papelera de reciclaje logra el mismo efecto.

La opción Delete elimina carpetas enteras, incluyendo cualquier archivo o carpeta que esté incluido en esas carpetas. Asegúrese de haber seleccionado la carpeta correcta antes de elegir la opción Delete.

- ✔ Después de que elige Delete, Windows le lanza un cuadro en el que le pregunta si está *seguro*. Si está seguro, haga clic en Yes (Sí). Si está cansado de las preguntas cautelosas de Windows, haga clic derecho en Recycle Bin (Papelera de reciclaje), seleccione Properties (Propiedades) y elimine la casilla de verificación junto a Display Delete Confirmation Dialog (Mostrar cuadro de diálogo para confirmar eliminación). Windows ahora elimina cualquier elemento resaltado cada vez que usted — o un golpe accidental con la manga de su camisa — presiona la tecla Delete.

- ✔ Asegúrese especialmente de que sabe lo que está haciendo cuando elimina cualquier archivo que tenga imágenes de pequeños engranajes en su icono. Estos archivos generalmente son archivos ocultos que contienen datos sensibles y la computadora quiere que los deje en paz. (Más allá de esto, no son muy apasionantes, a pesar de los engranajes que incitan a la acción).

FreeCell

- ✔ Los iconos con pequeñas flechas en su extremo (como el que se ve en el margen) son *accesos directos* — botones para presionar que simplemente cargan archivos. (Hablo de los accesos directos en el Capítulo 5). Eliminar accesos directos suprime solamente un *botón* que carga un archivo o programa. El archivo o programa en sí queda sano y salvo y todavía vive dentro de su computadora.

- ✔ En cuanto descifre cómo eliminar archivos, vaya al capítulo 2, que explica varias maneras de *des*borrarlos. (***Pista para los desesperados:*** Abra la papelera de reciclaje, haga clic derecho en el nombre del archivo y seleccione Restore).

Copiar o Mover Archivos y Carpetas

Para copiar o mover archivos a las distintas carpetas de su disco duro, a veces lo más fácil es *arrastrarlas* allí con el mouse. Por ejemplo, aquí le explico cómo mover un archivo a una carpeta distinta de su escritorio. En este caso, voy a mover el archivo Traveler de la carpeta House a la carpeta Morocco.

1. **Señale el puntero del mouse sobre el archivo o carpeta que desea mover.**

   En este caso, señale el archivo Traveler.

2. **Mientras mantiene presionado el botón derecho del mouse, mueva el mouse hasta que esté sobre la carpeta de destino.**

   Como ve en la Figura 4-9, el archivo Traveler se está arrastrando de la carpeta House a la carpeta Morocco. (Describo cómo hacer que las ventanas se ubiquen elegantemente una junto a otra en el Capítulo 3).

Figura 4-9:
Para mover un archivo o carpeta de una ventana a otra, arrástrelo hasta allí.

Mover el mouse arrastra el archivo junto con él y Windows 7 explica que está moviendo el archivo, como se muestra en la Figura 4-9 (Asegúrese de mantener presionado el botón derecho del mouse todo el tiempo).

Siempre arrastre los iconos mientras mantiene presionado el botón *derecho* del mouse. Windows 7 tiene la bondad de darle un menú de opciones cuando ubica el icono para que pueda elegir copiar, mover o crear un acceso directo. Si mantiene presionado el botón *izquierdo* del mouse, Windows 7 a veces no sabe si quiere copiar o mover.

3. **Suelte el botón del mouse y seleccione Copy Here (Copiar aquí), Move Here (Mover aquí) o Create Shortcuts Here (Crear acceso directo aquí).**

Mover un archivo o una carpeta arrastrando el elemento es en realidad muy fácil. La parte difícil es ubicar el archivo y su destino en la pantalla, especialmente cuando una carpeta está enterrada en lo más profundo de su computadora.

Cuando arrastrar y soltar le resulta demasiado trabajo, Windows ofrece algunas maneras adicionales para copiar o mover archivos. Según la disposición actual de la pantalla, algunas de las siguientes herramientas en pantalla pueden funcionar más fácilmente:

- **Menús del clic derecho:** Haga clic derecho en un archivo o carpeta y seleccione Cut o Copy si desea mover o copiar el elemento, respectivamente. Luego, haga clic derecho en su carpeta de destino y seleccione Paste para pegar. Es simple, siempre funciona y no necesita ubicar el elemento y su destino en la pantalla al mismo tiempo.

- **Comandos de la barra Menu:** Haga clic en su archivo y luego presione Alt para revelar los menús ocultos de la carpeta. Haga clic en Edit (Edición) dentro del menú y seleccione Copy to Folder (Copiar a carpeta) o Move to Folder (Mover a carpeta). Aparecerá una nueva ventana con una lista de todas las unidades de su computadora. Haga clic en la unidad y carpetas para llegar a la carpeta de destino y Windows completará el comando Copy o Move. Es un poco engorroso, pero este método sirve si sabe la ubicación exacta de la carpeta de destino.

- **Navigation Pane:** Descrito en el Capítulo 3, el área Computer muestra una lista de sus unidades y carpetas en el extremo inferior del Navigation Pane. Esto le permite arrastrar un archivo a una carpeta dentro del Navigation Pane, ahorrándole la molestia de abrir una carpeta de destino.

Después de instalar un programa en su computadora, nunca mueva la carpeta de ese programa. Los programas se meten a presión dentro de Windows. Mover un programa puede romperlo y deberá reinstalarlo. Siéntase libre de mover el acceso directo del programa, si lo tiene.

Ver Más Información sobre los Archivos y Carpetas

Cada vez que crea un archivo o carpeta, Windows 7 anota un montón de información secreta oculta en él. La fecha en que lo creó, su tamaño e incluso información más trivial. A veces hasta le permite agregar su propia información secreta: la letra y críticas de sus archivos y carpetas de música, o imágenes en miniatura para cualquiera de sus carpetas.

Puede ignorar la mayoría de esta información con tranquilidad. Otras veces, manipular esa información es la única manera de resolver un problema.

Para ver cómo Windows 7 llama a sus archivos y carpetas a sus espaldas, haga clic en el elemento y seleccione Properties (Propiedades) en el menú emergente. Por ejemplo, al elegir la opción Properties en una canción de Jimi Hendrix, aparecen muchísimos detalles, como se muestran en la Figura 4-10. Esto es lo que significa cada pestaña.

- ✔ **General:** Esta primera pestaña (que se muestra a la izquierda de la Figura 4-10) muestra el *tipo* de archivo (un archivo MP3 de la canción "Hey Joe"); su *tamaño* (3,27MB); el programa que lo *abre* (en este caso, Windows Media Player) y la *ubicación* del archivo.

    ¿El programa equivocado abre su archivo? Haga clic derecho en el archivo, seleccione Properties (Propiedades) y haga clic en el botón Change (Cambiar) de la pestaña General. Ahí podrá elegir su programa preferido de una lista.

- ✔ **Security (Seguridad):** En esta pestaña, puede controlar los *permisos:* quién puede acceder al archivo y qué puede hacer con él — detalles que se vuelven una tarea pesada únicamente cuando Windows 7 no le permite a su amigo (o incluso a usted) abrir el archivo. Si este problema se agrava, copie la carpeta a su carpeta Public, que describo en el Capítulo 14. Esa carpeta le brinda un refugio en el que cualquiera puede acceder al archivo.

- ✔ **Details (Detalles):** Fiel a su nombre, esta pestaña revela detalles ínfimos sobre un archivo. En fotos digitales, por ejemplo, la pestaña enumera datos EXIF (por las siglas de Exchangeable Image File Format, o Formato de archivo de imagen intercambiable): el modelo de la cámara, valor de enfoque, apertura, distancia focal y otros elementos que aman los fotógrafos. En canciones, esta pestaña muestra la *Etiqueta ID3* (IDentify MP3) de la canción: el artista, título del álbum, año de edición, número de pista, género, duración e información similar. (Hablo de las Etiquetas ID3 en el Capítulo 15).

- ✔ **Previous Versions (Versiones anteriores):** Al igual que un coleccionista obsesivo, Windows 7 constantemente guarda versiones anteriores de sus archivos. ¿Cometió algún error terrible en la hoja de cálculos de hoy? Respire hondo, vaya allí y tome la copia de *ayer* de la hoja de cálculo. La función Previous Versions de Windows 7 funciona a la par de la confiable herramienta System Restore (Restaurar sistema). Hablo de ambas funciones salvadoras en el Capítulo 17.

Normalmente, todos estos detalles permanecen ocultos a menos que haga clic derecho en un archivo y seleccione Properties (Propiedades). Pero la vista Details (detalles) de una carpeta puede mostrar los detalles de *todos* sus archivos simultáneamente, lo cual es útil para búsquedas rápidas. Mientras está en la vista Details (Detalles), haga clic derecho en cualquier palabra que figure en la lista al principio de una columna, como se muestra en la Figura 4-11. (Haga clic en More (Más), al final de la lista, para ver decenas de detalles adicionales, incluido el conteo de palabras).

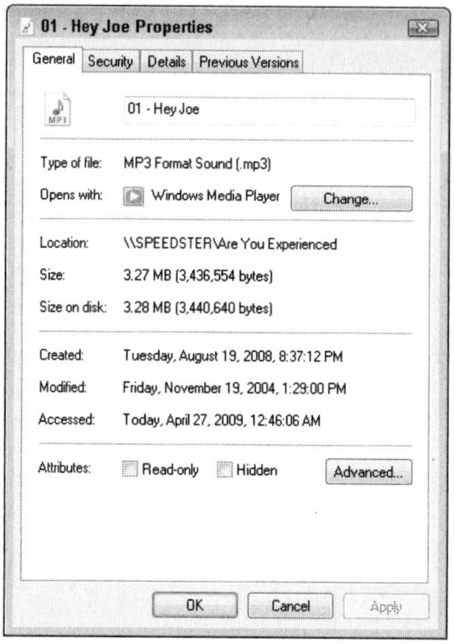

Figura 4-10:
La página
Properties
de un
archivo
muestra qué
programa
lo abre
automáti-
camente, el
tamaño del
archivo y
otros
detalles.

Figura 4-11:
Haga clic
derecho en
cualquier
palabra
ubicada en
el extremo
superior de
la columna.
Una ventana
le permite
seleccionar
qué detalles
de archivos
mostrar en
la carpeta.

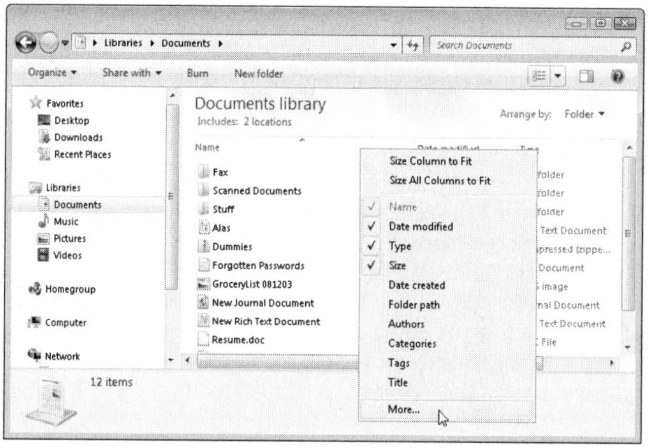

✔ Para cambiar una carpeta a la vista Details, haga clic en la flecha junto al botón Views (Vistas) en la barra de herramientas (como se muestra en el margen). Aparece un menú con una lista de las siete formas en las que una carpeta puede mostrar sus archivos: Extra Large Icons (Iconos extra grandes), Large Icons (Iconos grandes), Medium Icons (Iconos medianos), Small Icons (Iconos pequeños), List (Lista), Details (Detalles) y Tiles (Mosaicos). Pruébelos todos para descubrir qué vista prefiere. (Windows 7 recuerda qué vistas prefiere para las distintas carpetas).

✔ Si no puede recordar qué hacen los botones de la barra de herramientas en una carpeta, coloque el puntero del mouse sobre un botón. Windows 7 muestra un práctico cuadro de diálogo que resume la misión del botón.

✔ Aunque parte de la información adicional del archivo es útil, puede consumir mucho espacio, limitando el número de archivos que puede ver en la ventana. Mostrar solamente el nombre de archivo suele ser una mejor idea. Luego, si desea ver más información sobre un archivo o carpeta, pruebe lo siguiente.

✔ Las carpetas generalmente muestran archivos ordenados en forma alfabética. Para ordenarlos de distinta forma, haga clic derecho en un espacio en blanco dentro de la carpeta y seleccione Sort By (Ordenar por). Un menú emergente le permite elegir si desea ordenar los elementos por tamaño, nombre tipo u otros detalles.

✔ Cuando la emoción del menú Sort By se le pase, pruebe hacer clic en las palabras que aparecen encima de cada columna ordenada. Por ejemplo, haga clic en Size (Tamaño) para colocar los archivos más grandes al principio de la lista. En cambio, haga clic en Date Modified (Fecha de modificación) para ordenar rápidamente por la fecha de su último cambio.

Escribir en CDs y DVDs

La mayoría de las computadoras hoy pueden escribir información en un CD o DVD con un método sin llama conocido como *quemar*. Para ver si ha quedado anclado con una unidad antigua que no graba discos, retire cualquier disco de la unidad, luego abra el programa Computer desde el menú Start y vea el icono de su unidad de CD o DVD. Lo que está queriendo ver son las letras *RW* en el nombre del icono de la unidad.

Si la unidad dice DVD/CD-RW, como la que figura en el margen, puede reproducir *y* grabar CDs, además de reproducir pero *no* grabar DVDs. (Le explico cómo reproducir DVDs en el Capítulo 15).

Si su unidad dice DVD-RW Drive, como la que figura en el margen, se sacó la lotería. Su unidad puede leer y grabar CDs *y* DVDs.

Si su PC tiene dos grabadoras de CD o DVD, dígale a Windows 7 qué unidad desea que gestione la tarea de grabación: Haga clic derecho en la unidad, seleccione Properties (Propiedades) y haga clic en la pestaña Recording (Grabación). Luego, elija su unidad favorita en la casilla superior.

Comprar el tipo correcto de CDs y DVDs en blanco para grabar

Las tiendas venden dos tipos de CDs: CD-R (abreviatura de CD-Recordable o CD grabable) y CD-RW (abreviatura de CD-ReWritable o CD regrabable). Esta es la diferencia:

- **CD-R:** La mayoría compra discos CD-R porque son muy baratos y funcionan bien para almacenar música o archivos. Puede escribir en ellos hasta que se llenen; luego no podrá escribir más. Pero eso no es problema, porque la mayoría de la gente no quiere borrar sus CDs y empezar de nuevo. Quieren meter el disco grabado en el estéreo del auto o guardarlo como copia de seguridad.

- **CD-RW:** Los tecnófilos a veces compran discos CD-RW para hacer copias de seguridad de datos temporales. Puede escribir información en ellos, como los CD-R. Pero cuando un disco CD-RW se llena, puede borrarlo y comenzar de nuevo con una pizarra limpia — algo que no es posible con un CD-R. Sin embargo, los CD-RW cuestan más dinero, así que la mayoría se queda con los CD-R, que son más baratos y rápidos.

Los DVDs vienen en los formatos R y RW, igual que los CDs, así que las reglas anteriores para R y RW se aplican a estos también. A partir de ahí, es el caos: Los fabricantes se pelearon sobre qué formato de almacenamiento usar, confundiendo las cosas para todos. Para comprar el DVD en blanco apropiado, revise su grabadora de DVD para ver qué formatos usa. DVD-R, DVD-RW, DVD+R, DVD+RW y/o DVD-RAM. (La mayoría de las grabadoras de DVD de los últimos años soportan *todas* las variantes de los primeros cuatro formatos, lo que hace más sencilla su elección).

- La velocidad en *x* del disco se refiere a la velocidad en la que puede cargar información. Para grabar discos más rápido, compre el número de velocidad en *x* más alto que pueda encontrar, generalmente 52x para CDs y 16x para DVDs.

- Los CDs en blanco son baratos; tome uno prestado del hijo de algún vecino para ver si funciona en su unidad. Si funciona bien, compre algunos del mismo tipo. Los DVDs en blanco, por el contrario, son más caros. Pregúntele a la tienda si puede devolverlos si a su unidad de DVD no le gustan.

- Por alguna razón extraña, los Compact Discs y Digital Video Discs se escriben "disc" y no "disk" en inglés.

- Aunque Windows 7 puede manejar las tareas sencillas de grabar discos, es extraordinariamente torpe al *duplicar* CDs. La mayoría de las personas se da por vencida rápidamente y compra software de terceros para grabar discos, como Roxio o Nero. Explico cómo Windows 7 crea CDs de música en el Capítulo 15.

✔ Actualmente es ilegal hacer duplicados de DVDs de películas en Estados Unidos — incluso hacer una copia de seguridad por si sus hijos rayan su nuevo DVD de Disney. Windows 7 definitivamente no puede hacerlo, pero algunos programas en sitios Web de otros países sí pueden.

Copiar archivos de o a un CD o DVD

Los CDs y DVDs alguna vez salieron de la escuela de la simplicidad: Solamente había que meterlos en su reproductor de CD o DVD. Pero en cuanto estos discos se graduaron con título de PC, los problemas se intensificaron. Así que cuando crea un CD o DVD, necesita decirle a su PC *qué* está copiando y *dónde* quiere reproducirlo: ¿Música para un reproductor de CD? ¿Películas para un reproductor de DVD? ¿O simplemente archivos para su computadora? Si selecciona la respuesta equivocada, el disco no funcionará.

Aquí están las reglas de creación de un disco:

✔ **Música:** Para crear un CD que reproduzca música en su reproductor de CD o el estéreo de su auto, vaya al Capítulo 15. Necesitará encender el programa Windows 7 Media Player y grabar un *CD de audio*.

✔ **Películas y presentaciones de fotografías:** Para crear un DVD con películas o presentaciones de imágenes que funcione en un reproductor de DVD, salte al Capítulo 16. Necesitará el programa *Windows 7 DVD Maker*.

Pero si solamente quier copiar *archivos* a un CD o DVD, tal vez para hacer una copia de seguridad o dárselo a un amigo, quédese aquí.

Siga estos pasos para grabar archivos en un nuevo CD o DVD en blanco. (Si está grabando archivos en un CD o DVD en el que ya ha grabado anteriormente, salte al Paso 4).

Nota: Si su PC tiene un programa de grabación de discos de terceros, el programa puede hacerse cargo automáticamente en cuanto inserta el disco, obviando todos estos pasos. Si desea que Windows 7 o algún programa distinto grabe el disco, cierre el programa de terceros. Luego haga clic derecho en el icono de la unidad y seleccione Open AutoPlay (Abrir reproducción automática). Ahí, le puede decir a Windows 7 cómo reaccionar ante un disco en blanco insertado.

1. **Inserte el disco en blanco en su grabadora de discos y, en el cuadro que aparece, seleccione Burn Files to Disc (Grabar archivos a disco) desde el menú emergente.**

   Windows 7 reacciona de modo levemente distinto según haya insertado un CD o DVD, como se muestra en la Figura 4-12.

CD: Windows 7 ofrece dos opciones:

- *Burn an Audio CD (Grabar un CD de Audio):* Elegir esta opción, llama al Media Player para crear un CD de audio que reproduce música en la mayoría de los reproductores de CD. (Describo cómo hacer esta tarea en el Capítulo 15).

- *Burn Files to a Disc (Grabar archivos a disco):* Seleccione esta opción para copiar archivos al CD.

DVD: Windows 7 ofrece dos opciones:

- *Burn Files to a Disc (Grabar archivos a disco):* Seleccione esta opción para copiar archivos al DVD.

- *Burn a DVD Video Disc (Grabar un disco de DVD Video):* Si elige esta opción, se ejecutará el programa DVD Maker de Windows 7 para crear una película o una presentación de fotos, tareas que explico en el capítulo 16.

2. **Escriba un nombre para el disco y describa cómo quiere utilizar el disco.**

   Después de insertar el disco y elegir Burn Files to a Disc en el Paso 1, Windows muestra un cuadro de diálogo con el nombre Burn a Disc (Grabar un disco) y le pide que cree un título para el disco.

   Desafortunadamente, Windows 7 limita el título de su CD o DVD a 16 caracteres. En vez de tipear **Picnic familiar encima del monte Orizaba en 2009**, limítese a los hechos: **Orizaba, 2009**. O, solamente haga clic en Next (Siguiente) para usar el nombre predeterminado para el disco: la fecha actual.

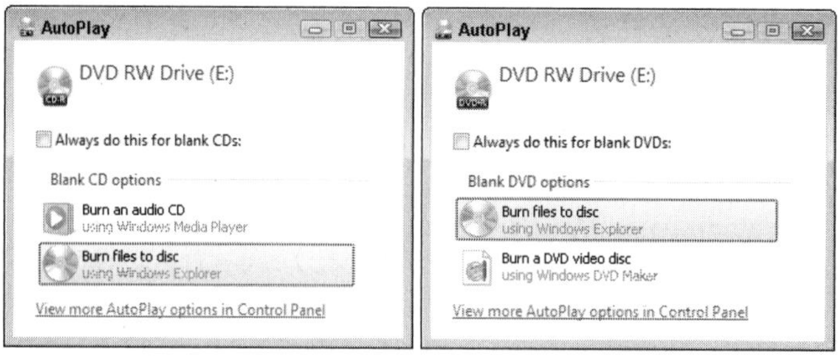

Figura 4-12:
Insertar un CD (izquierda) o un DVD (derecha) en blanco hace aparecer uno de estos cuadros; seleccione Burn Files to Disc para copiar archivos al disco.

Windows puede grabar los archivos en el disco de dos maneras distintas. Para determinar qué método funciona mejor para usted, ofrece dos opciones:

- **Como una unidad flash USB:** Este método le permite leer y escribir archivos en el disco muchas veces, un método muy práctico para usar los discos como transportadores portátiles de archivos. Lamentablemente, ese método no es compatible con reproductores de CD o DVD conectados a algunos estéreos o TV hogareños.

- **Con un reproductor de CD/DVD:** Si planea reproducir su disco en el estéreo de su hogar, elija este método.

Armado con el nombre del disco, Windows 7 prepara el disco para los archivos entrantes, dejándolo con la ventana vacía del disco en pantalla, esperando los archivos entrantes.

3. **Dígale a Windows 7 qué archivos escribir en el disco.**

Ahora que su disco está listo para aceptar los archivos, dígale a Windows 7 qué información enviar hacia allí. Puede hacer esto de muchas maneras:

- Haga clic derecho en el elemento que desea copiar, ya sea un único archivo o carpeta, o bien archivos y carpetas seleccionados. Cuando aparezca el menú emergente, seleccione Send To (Enviar a) y elija su grabadora de disco en el menú.

- Arrastre y suelte los archivos y/o carpetas en la ventana abierta de la grabadora de discos, o sobre el icono de la grabadora en Computer.

- Haga clic en el botón Burn (Grabar) de la barra de herramientas de cualquier carpeta ubicada dentro de su carpeta Music. Este botón copia toda la música de esa carpeta (o los archivos de música que haya seleccionado) al disco como *archivos*, que solamente pueden leer algunos estéreos de autos y hogareños que leen archivos en formato WMA o MP3.

- Haga clic en el botón Burn (Grabar) de la barra de herramientas de cualquier carpeta ubicada dentro de su carpeta Pictures. Esto copia todas las imágenes de la carpeta (o las imágenes que haya resaltado) en el disco para hacer una copia de seguridad o dárselo a otras personas.

- Haga clic en el botón Burn (Grabar) de la barra de herramientas de cualquier carpeta ubicada dentro de su carpeta Documents. Esto copia todos los archivos de esa carpeta (o los archivos que haya resaltado) al disco.

- Dígale a su programa actual que guarde la información en el disco en vez de en su disco duro.

Sin importar qué método elija, Windows 7 busca obedientemente la información y la copia al disco que insertó en el primer paso.

Duplicar un CD o DVD

Windows 7 no tiene un comando para duplicar un CD o DVD. Ni siquiera puede copiar un CD de música. (Por eso tanta gente compra programas de grabación de CDs).

Pero puede copiar todos los archivos de un CD o DVD a un disco en blanco usando este proceso de dos pasos:

1. **Copie los archivos y carpetas del CD o DVD a una carpeta de su PC.**

2. **Copie estos mismos archivos y carpetas nuevamente a un CD o DVD en blanco.**

Así obtiene un CD o DVD duplicado, lo que es útil cuando necesita un segundo disco esencial de backup.

Intente este proceso en un CD de música o una película de DVD, pero no funcionará. (Lo intenté). Solamente funciona cuando duplica un disco que contiene programas o archivos de datos.

---

4. Cierre su sesión de grabación de disco eyectando el disco.

Cuando haya terminado de copiar archivos al disco, dígale a Windows 7 que terminó cerrando la ventana Computer: Haga doble clic en la pequeña X roja en la esquina superior derecha de la ventana.

Luego presione el botón de eyección de su unidad (o haga clic derecho en el icono de la unidad en Computer y seleccione Eject), y Windows 7 cierra la sesión, agregando un último toque al disco que permite que se pueda leer en otras PCs.

Puede seguir grabando más y más archivos en el mismo disco hasta que Windows se queje de que el disco está lleno. Luego necesita cerrar su disco actual, lo que se explica en el Paso 4, insertar otro disco en blanco y comenzar nuevamente con el Paso 1.

Si intenta copiar una gran cantidad de archivos a un disco — superando su capacidad Windows 7 se queja inmediatamente. Copie menos archivos por vez, tal vez repartiéndolos en dos discos.

La mayoría de los programas le permiten guardar archivos directamente en el disco. Seleccione Save (Guardar) desde el menú File (Archivo) y seleccione su grabadora de CDs. Coloque un disco (preferentemente uno que ya no esté lleno) en su unidad de disco para iniciar el proceso.

Trabajar con Unidades Flash y Tarjetas de Memoria

Los dueños de cámaras digitales tarde o temprano conocen las *tarjetas de memoria* — esos pequeños cuadrados de plástico que reemplazaron los complicados rollos de película. Windows 7 puede leer fotos digitales directamente de la cámara, una vez que encuentra su cable y la conecta a su PC. Pero Windows 7 también captura fotografías directamente desde la tarjeta de memoria, un método alabado por aquellos que han perdido los cables especiales de su cámara.

El secreto es un *lector de tarjeta de memoria*: una pequeña caja llena de ranuras que queda conectada a su PC. Introduzca su tarjeta de memoria en la ranura y su PC podrá leer los archivos de la tarjeta, como si leyera archivos de cualquier otra carpeta.

La mayoría de las tiendas de electrónica y suministros de oficina venden lectores de tarjetas de memoria que aceptan los formatos de tarjeta más populares: Compact Flash, SecureDigital, Mini-Secure Digital, Memory Stick y otros.

Lo maravilloso de los lectores de tarjetas es que no tiene que aprender nada nuevo: Windows 7 trata a su tarjeta insertada o disco flexible como cualquier carpeta común. Inserte su tarjeta y una carpeta aparecerá en su pantalla para mostrarle las fotos de su cámara digital. Las mismas reglas de arrastrar y soltar o copiar y pegar que se cubren anteriormente en este capítulo también se aplican, lo que le permite mover las imágenes y otros archivos de la tarjeta a una carpeta dentro de su carpeta Pictures.

 Las unidades flash — también conocidas como memorias USB — trabajan del mismo modo que los lectores de tarjetas de memoria. Conecte la unidad flash en uno de los puertos USB de su computadora y la unidad aparecerá como un icono (se muestra en el margen) en el programa Computer, listo para abrirse con un doble clic.

 ✔ Primero, la advertencia: el proceso de dar formato o "formatear" una tarjeta o disco elimina toda la información que contiene en forma definitiva. Nunca formatee una tarjeta o disco a menos que no le preocupe la información que contiene actualmente.

- ✔ Ahora, el procedimiento: Si Windows se queja de que una tarjeta o disco flexible recién insertado no tiene formato, haga clic derecho en su unidad y seleccione Format (Dar formato). (Este problema ocurre a menudo con unidades flash o tarjetas dañadas). A veces formatear también ayuda a que un dispositivo use una tarjeta diseñada para otro dispositivo — su cámara digital puede ser capaz de usar la tarjeta de su reproductor MP3, por ejemplo.

- ✔ Las unidades de disco flexible, esas lectoras de discos de tiempos remotos, todavía aparecen en las PCs más antiguas. Trabajan como cualquier tarjeta de memoria o CD: Inserte el disco flexible en la unidad de disco y haga doble clic en el icono de la unidad de disco flexible del programa Computer para empezar a jugar con sus archivos.

- ✔ Presione la tecla F5 cada vez que meta un nuevo disco flexible y quiera ver qué archivos están guardados en él. Luego, Windows 7 actualiza la pantalla para mostrarle los archivos del *nuevo* disco, no los del primero. (Es necesario seguir este paso solamente cuando trabaja con discos flexibles).

Parte II
Trabajar con Programas y Archivos

The 5th Wave   por Rich Tennant

"Hasta ahora ha convocado a una cobra, 2 pitones y un montón de lagartijas, pero todavía no encontró el archivo que buscamos."

En esta parte. . .

La primera parte del libro explica cómo manipular Windows 7 tocando y pinchando sus partes sensibles con el mouse.

Esta parte del libro le permite finalmente obtener algún resultado. Por ejemplo, aquí es donde descubrirá cómo ejecutar programas, abrir archivos existentes, crear y guardar sus propios archivos e imprimir su trabajo cuando haya terminado. Un instructivo detalla el fundamento esencial de Windows: copiar información de una ventana y pegarla en otra.

Y cuando pierda de vista algunos de sus archivos (es inevitable), el Capítulo 6 explica cómo soltar los sabuesos robóticos de búsqueda del Windows 7 para que les sigan la huella y los traigan de vuelta a su radio de acción.

Capítulo 5

Jugar con Programas y Documentos

*E*n Windows, los *programas* son sus herramientas: con ellos puede hacerle cuentas, acomodar palabras y dispararle a naves espaciales. Los *Documentos,* por el contrario, son las cosas que usted crea con sus programas: formularios de impuestos, disculpas escritas de todo corazón, y planillas de cálculo con la lista de los puntajes más altos.

Este capítulo explica los principios básicos para abrir programas, crear accesos directos, y cortar y pegar información entre documentos. De paso, arroja algunos trucos — como agregar cosas tales como © a sus documentos, por ejemplo. Finalmente, termina con un paseo por los programas gratuitos incluidos en Windows 7, mostrando cómo escribir una carta, calcular las cuotas de su préstamo o el consumo de su auto, o tomar notas que usted sazona con caracteres especiales y símbolos.

Arrancar un Programa

Cuando presiona el botón Start (Inicio) aparece el menú Start, la plataforma de lanzamiento de sus programas. El menú Start es extrañamente intuitivo. Por ejemplo, si se da cuenta que estuvo grabando muchos DVD, el menú Start automáticamente mueve el ícono del Windows DVD Maker a su página principal para que sea fácilmente accesible, como se ve en la Figura 5-1.

¿No ve que su programa favorito se haya agregado a la lista inicial del menú Start? Haga clic en All Programs (Todos Los Programas) cerca de la parte inferior del menú Start. El menú Start cubre la lista que mostraba previamente con una lista *aún más larga* de programas y carpetas llenas de categorías. ¿Todavía no encontró su programa? Haga clic en algunas carpetas para revelar aún *más* programas almacenados dentro.

Figura 5-1:
Haga clic en el botón Start y luego clic en el programa que quiera abrir.

Cuando vea su programa, haga clic sobre su nombre. El programa se abre sobre el escritorio, listo para trabajar.

Si su programa no parece estar viviendo en el menú Start, Windows 7 ofrece muchísimas maneras de abrir un programa, incluyendo las siguientes:

- ✔ Abra la carpeta Documents desde el menú Start y haga doble clic en el archivo con el que desea trabajar. Se abre el programa correcto de forma automática, remolcando al archivo en cuestión.

- ✔ Haga doble clic en el *acceso directo* al programa. Los accesos directos, que a menudo descansan en el escritorio, son prácticos y descartables botones de activación para iniciar archivos y carpetas. (Explico más acerca de los accesos directos en la sección "Hacer la del Haragán con un Acceso Directo" de este capítulo.)

- ✔ Si ve el ícono del programa que busca en la taskbar — una práctica tira de íconos haraganeando en la parte inferior de su pantalla — haga clic sobre el mismo. El programa salta a la acción. (Cubro la taskbar (barra de tareas), incluyendo como configurar su práctica fila de íconos, en el Capítulo 2.)

✔ Haga clic derecho sobre su escritorio, elija New (Nuevo), y seleccione el tipo de documento que desea crear. Windows 7 carga el programa indicado para realizar la tarea.

✔ Ingrese el nombre del programa en cuestión en el cuadro de Search (Búsqueda) en la parte inferior del menú Start y presione Enter.

Windows ofrece otros métodos adicionales para abrir un programa, pero con los que acabamos de describir podrá lograr su cometido. Cubro el menú Start con más detalle en el Capítulo 2.

El menú Start coloca en su página principal *accesos directos* — pulsadores — para los programas que utiliza más frecuentemente. Esos accesos directos cambian constantemente para reflejar los programas que usa más seguido. ¿No quiere que su jefe se entere que juega FreeCell? Haga clic derecho en el ícono del FreeCell y elija Remove from This List (Borrar de Esta Lista). El acceso directo desaparece, aunque el ícono "real" permanece en su ubicación normal en la carpeta Games (Juegos) del menú Start (que se oculta en la carpeta All Programs).

Abrir un Documento

Como Tupperware, Windows 7 es un gran fanático de la estandarización. Casi todos los programas de Windows cargan sus documentos — llamados a menudo *files (archivos)* — exactamente de la misma manera:

1. **Haga clic en la palabra File en la *barra de menú* de cualquier programa, que es esa fila de palabras formales en la parte superior del programa.**

   Si su programa esconde su barra de menú, presione Alt para revelarla. ¿La barra de menú sigue sin aparecer? Entonces su programa podría tener la Ribbon (Cinta) que rompe las reglas, un grueso conjunto de símbolos multicolores en la parte superior de la ventana. Si visualiza el Ribbon, haga clic en el botón Office de su esquina (se ve en el margen) para permitir que se asome el menú File.

2. **Cuando se despliega el menú File, haga clic en Open (Abrir).**

   Windows le brinda una sensación de déjà vu con la ventana Open, que se ve en la Figura 5-2: Se ve (y funciona) exactamente como su biblioteca Documents, que cubro en el Capítulo 4.

   Existe una gran diferencia, sin embargo: Esta vez, su carpeta muestra solo los archivos que su programa sabe cómo abrir — y filtra todos los demás.

3. **¿Ve la lista de documentos dentro del cuadro de diálogo Open en la Figura 5-2? Apunte al documento deseado, haga clic con el botón del mouse, y luego clic en el botón Open.**

   El programa abre el archivo y lo muestra en pantalla.

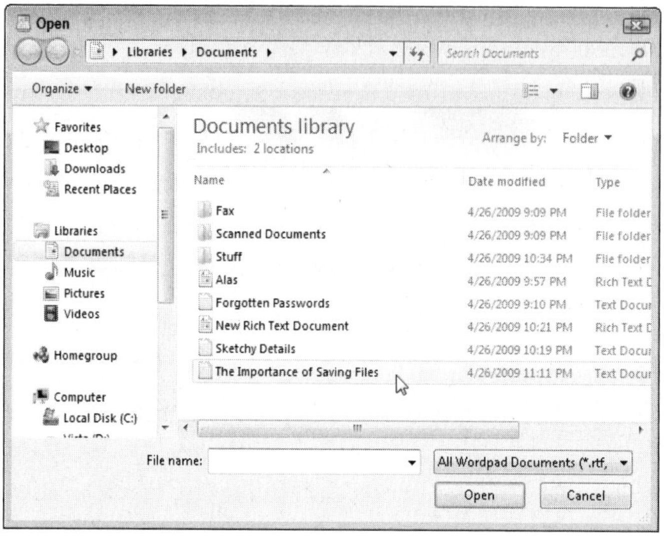

Figura 5-2:
Haga doble
clic en el
nombre de
archivo que
quiera abrir.

Cuando los programadores luchan por los tipos de archivos

Cuando no se pelean por la comida chatarra, los programadores suelen discutir respecto a los *formatos* — las formas en que se empaqueta la información en un archivo. Para adaptarse a la guerra de formatos, algunos programas tienen características especiales que le permiten abrir archivos almacenados con diversos tipos de formatos.

Por ejemplo, vea el cuadro de lista desplegable en la esquina inferior derecha de la Figura 5-2. Dice All Wordpad Documents (Todos Los Documentos Wordpad - *.rtf), uno de los tantos formatos usados por WordPad. Para ver los archivos almacenados en *otros* formatos, haga clic en ese cuadro y elija uno diferente. El cuadro Open rápidamente actualiza la lista para mostrar, en cambio, los archivos con ese formato nuevo.

¿Y cómo se hace para ver una lista con *todos* los archivos de la carpeta, sin importar su contenido? Elija All Documents (Todos Los Documentos) del cuadro de lista desplegable. Verá todos los archivos, pero es probable que su programa no pueda abrir todos, y se atragante si intenta hacerlo.

WordPad muestra las fotos digitales en el menú All Documents, por ejemplo. Pero si intenta abrir una foto, WordPad querrá mostrarla con lealtad pero sólo se ven unos símbolos extraños. (Si por error abre una foto en un programa, y *no* puede verla, no se le ocurra guardarla. Si el programa es como el WordPad, guardar el archivo arruinará la foto. Simplemente huya despavorido con un clic en el botón Cancel.)

Abrir un archivo funciona de esta manera en la mayoría de los programas de Windows, ya sea que lo haya creado Microsoft, sus socios corporativos o un adolescente vecino suyo.

- ✔ Para acelerar las cosas, haga doble clic en el nombre de archivo deseado: el mismo se abrirá de inmediato, cerrando automáticamente el cuadro de Open.

- ✔ Si su archivo no aparece listado por nombre, comience a navegar haciendo clic en los botones que se ven en el lado izquierdo de la Figura 5-2. Haga clic en la biblioteca Documents, por ejemplo, para ver los archivos almacenados ahí.

- ✔ Los débiles seres humanos almacenan sus cosas en la cochera, pero las computadoras guardan sus archivos en compartamientos prolijamente etiquetados llamados *carpetas*. (Haga doble clic en una carpeta para ver lo que tiene almacenado adentro; si ve su archivo, ábralo con un doble clic.) Si tiene problemas para navegar por las carpetas, la sección carpetas del Capítulo 4 le ofrece un cursillo al respecto.

- ✔ Cada vez que abra un archivo y lo cambie, incluso por accidente, Windows 7 asume que su cambio ha sido para mejor. Si intenta cerrarlo, Windows 7 le pregunta con cautela si desea guardar los cambios. Si realizó cambios en el archivo con ingenio magistral, haga clic en Yes (Sí). Si hizo un desastre o abrió un archivo equivocado, presione No o Cancelar.

- ✔ ¿Algún ícono o comando en la parte superior o izquierda del cuadro Open lo confunde? Descanse el puntero del mouse sobre los íconos unos instantes, y un cuadro pequeño le anunciará su ocupación.

Guardar un Documento

Guardar significa enviar el trabajo que acaba de crear a un diskette o disco duro para dejarlos en custodia. A menos que específicamente guarde su trabajo, la computadora piensa que ha estado jugueteando durante las últimas cuatro horas. Deberá indicarle expresamente a su computadora que guarde su trabajo antes de que lo almacene con seguridad.

Gracias al restallar del látigo de Microsoft, en cada programa de Windows 7 aparece un comando Save (Guardar), sin importar que programador lo creó. Mostramos a continuación algunas maneras de guardar un archivo:

- ✔ Haga clic en File en el menú de la parte superior, elija Save, y guarde su documento en la carpeta Documents o en su escritorio para recuperarlo fácilmente más tarde. (Si pulsa la tecla Alt, luego la letra F y finalmente la letra S se obtendrá el mismo resultado.)

- ✔ Haga clic en el ícono Save (que se muestra en el margen) de la barra de menú.
- ✔ Sostenga la tecla Ctrl y presione S. (S viene de *Save.*)

Si está guardando algo por primera vez, Windows 7 le pedirá que piense un nombre para el documento. Escriba algo descriptivo del contenido usando solamente letras, números y espacios entre las palabras. (Si intenta utilizar algún carácter ilegal que describo en el Capítulo 4, la Policía de Windows dará un paso al frente, solicitándole amablemente que use un nombre de archivo diferente.)

- ✔ Elija nombres descriptivos para su trabajo. Windows 7 le ofrece 255 caracteres con los que trabajar. Un archivo denominado *Reporte de las Ventas de Limpiavidrios de Junio* es más fácil de ubicar que uno que se llame *Cosas.*

- ✔ Puede guardar archivos en cualquier carpeta, CD o incluso tarjetas de memoria. Pero muchos archivos se encuentran mucho más fácilmente si se quedan en la biblioteca Documents. (No dude en guardar una *segunda* copia en su CD como copia de seguridad.)
- ✔ La mayoría de los programas pueden grabar archivos directamente a CD. Elija Save dentro del menú File y luego elija su unidad de CD dentro del área Computer del Navigation Pane (Panel de Navegación). Coloque un CD (preferentemente uno que esté vacío) en su unidad grabadora de CD para comenzar el proceso.

- ✔ Si está trabajando en algo importante (y la mayoría de las cosas lo son), ejecute el comando Save de su programa cada pocos minutos. O utilice el método abreviado de teclado Ctrl+S (mientras sostiene la tecla Ctrl, presione la tecla S). Los programas le piden el nombre y ubicación de un archivo cuando lo graba por *primera* vez; las veces subsiguientes que grabe será un trámite mucho más rápido.

¿Cuál es la diferencia entre Save y Save As?

¿Eh? ¿Guardar como *qué?* ¿Un compuesto químico? Nah, el comando Save As (Guardar Como) le da la oportunidad de guardar su trabajo con un nombre diferente y también en otra ubicación.

Supongamos que abre el archivo *Odas a Tina* y cambia algunas frases. Querrá guardar sus nuevos cambios, pero no desea perder sus palabras originales. Conserve *ambas* versiones seleccionado *Save As* y escribiendo un nombre nuevo, *Agregados Tentativos a las Odas a Tina.*

Cuando graba algo por *primera* vez, los comandos Save y Save As son idénticos: ambos le hacen elegir un nombre nuevo y la ubicación de su trabajo.

Elegir Qué Programa Abre un Archivo

La mayor parte del tiempo, Windows 7 sabe automáticamente qué programa debería abrir un archivo determinado. Haga doble clic en cualquier archivo, y Windows le dice al programa correspondiente que salte a la pantalla y le permita ver el contenido. Pero cuando Windows 7 se confunde, entonces el problema aterriza de *su* lado.

Las siguientes dos secciones explican qué hacer cuando se intenta abrir un archivo con un programa que no le corresponde, o aún peor, *ningún* programa se ofrece para hacer el trabajo.

Si alguien dice algo como "file associations (asociaciones de archivos)," no dude en leer el apartado técnico, "El extraño mundo de las asociaciones de archivos," que explica este desagradable asunto.

CONSEJO

El extraño mundo de las asociaciones de archivos

Cada programa de Windows pega un código secreto conocido como *file extension (extensión de archivo)* en el nombre de todo archivo que crea. La extension de archivo funciona como la marca de ganado: cuando hace doble clic en un archivo, Windows 7 le pega un vistazo a la extensión y automáticamente le ordena al programa apropiado que abra dicho archivo. El Notepad (Bloc de Notas), por ejemplo, le clava la extensión de tres letras .txt a cada archivo que va creando. Así que la extensión .txt se asocia al Notepad.

Windows 7 normalmente no muestra las extensiones, aislando a los usuarios de los mecanismos internos de Windows por razones de seguridad. Si alguien accidentalmente cambia o elimina una extensión, Windows no sabrá cómo abrir ese archivo.

Si siente curiosidad respecto a cómo se ve una extensión, puede verla brevemente siguiendo estos pasos:

1. **Haga clic en el botón Organize dentro de cualquier carpeta y elija Folder and Search Options (Opciones de Carpeta y Búsqueda) desde el menú desplegable.**

Aparece el cuadro de diálogo con las Opciones de Carpeta.

2. **Haga clic en la pestaña View (Vista) y luego en la casilla de verificación Hide Extensions for Known File Types (Ocultar las Extensiones de los Tipos de Archivos Conocidos) para quitar la marca de verificación.**

3. **Haga clic en el botón OK.**

Todos los archivos revelan sus extensiones — algo práctico de saber en caso de emergencias técnicas.

Ahora que ya pudo espiarlas, oculte las extensiones nuevamente repitiendo los pasos anteriores, pero dejando la marca de verificación activada en el cuadro Hide Extensions for Known File Types.

¿La moraleja? *Jamás de los jamases* cambie una extensión de archivo a menos que sepa exactamente lo que está haciendo; Windows 7 olvidará qué programa usar para abrirlo, dejándolo con una bolsa vacía entre manos.

¡El programa equivocado abre mi archivo!

Cuando hace doble clic en un documento por lo general se invoca el programa correcto, que suele ser el mismo con el que creó ese documento. Pero a veces el programa equivocado insiste en aparecer, capturando uno de sus documentos. (Los reproductores multimedia de diferentes marcas suelen pelearse por obtener los derechos de reproducir su música o videos, por ejemplo.)

Cuando el programa equivocado de repente empieza a abrir su documento, siga estos pasos para hacer que, en cambio, el programa *correcto* lo abra:

1. **Haga clic derecho sobre el archivo problemático y seleccione en el menú emergente Open With (Abrir Con).**

   Como se ve en la Figura 5-3, Windows muestra los pocos programas que son capaces de abrir el archivo, incluyendo los que ya usó anteriormente.

2. **Haga clic en Choose Default Program (Elegir Programa Predeterminado) y seleccione el programa que desea que abra el archivo.**

   La ventana Open With, que se muestra en la Figura 5-4, enumera más programas. Si encuentra su programa favorito, *podría* hacer doble clic para abrir el archivo inmediatamente. Pero esto no evitará que el mismo problema se repita otra vez. El *siguiente* paso enfrenta ese desafío.

   Si Windows no incluye su programa favorito en alguna parte de su lista, va a tener que buscarlo. En Choose Default Programs, haga clic en el botón Browse (Navegar), y recorra las carpetas hasta llegar a la que contiene el programa deseado. (***Sugerencia:*** pase el puntero del mouse sobre las carpetas para ver algunos de los archivos y programas dentro de las mismas.)

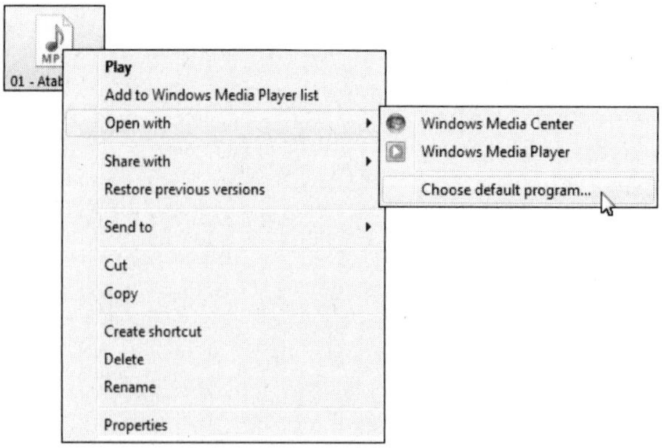

Figura 5-3: Windows lista algunos programas que ya abrieron ese tipo de archivo en el pasado.

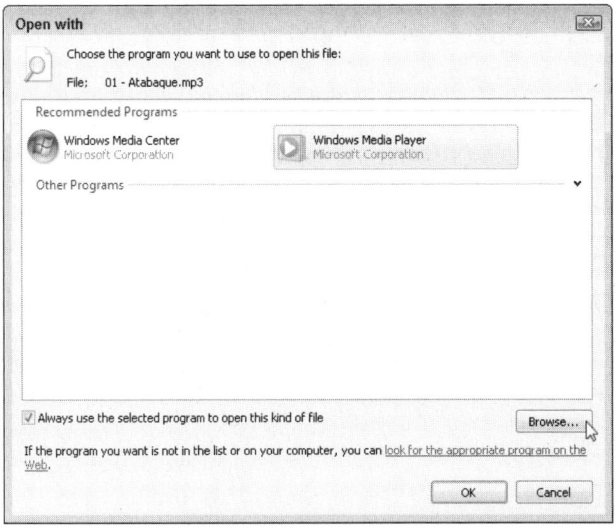

Open with

Choose the program you want to use to open this file:

File: 01 - Atabaque.mp3

Recommended Programs

Windows Media Center
Microsoft Corporation

Windows Media Player
Microsoft Corporation

Other Programs

☑ Always use the selected program to open this kind of file   Browse...

If the program you want is not in the list or on your computer, you can look for the appropriate program on the Web.

OK   Cancel

Figura 5-4: Elija el programa que desea y haga clic en el cuadro de verificación en la parte inferior.

3. **Seleccione el cuadro de verificación Always Use the Selected Program to Open This Kind of File (Usar Siempre El Programa Seleccionado Para Abrir Este Tipo de Archivo) y luego haga clic en OK.**

   Seleccionar esa opción hace que Windows vuelva a considerar al programa que haya elegido como su preferido para realizar la tarea. Por ejemplo, eligiendo Paint Shop Pro (y haciendo clic en el cuadro de verificación Always) le está diciendo a Windows que invoque a Paint Shop Pro cada vez que haga doble clic en ese tipo de archivo.

CONSEJO

   ✔ A veces puede querer alternar entre dos programas al trabajar con un documento en particular. Para poder hacerlo, haga clic derecho en el documento, abra Open With, y elija el programa que quiere usar por esa vez.

   ✔ A veces no es posible hacer que su programa favorito abra un archivo dado porque simplemente no tiene idea de cómo hacerlo. Por ejemplo, el Windows Media Player puede en general reproducir videos, *excepto* si está almacenado en QuickTime, que es un formato utilizado por la competencia de Microsoft. La única solución es instalar QuickTime (www.apple.com/quicktime) y usarlo para abrir ese archivo en particular.

   ✔ ¿No encuentra *ningún* programa para abrir su archivo? Entonces ya está preparado para la siguiente sección.

¡Ningún programa abre mi archivo!

Es frustrante cuando varios programas se pelean por abrir su archivo. Pero es mucho peor que *ningún programa* se haga cargo de la tarea. Cuando hace doble clic sobre el archivo lo único que obtiene es un enigmático mensaje de error como el que se muestra en la Figura 5-5.

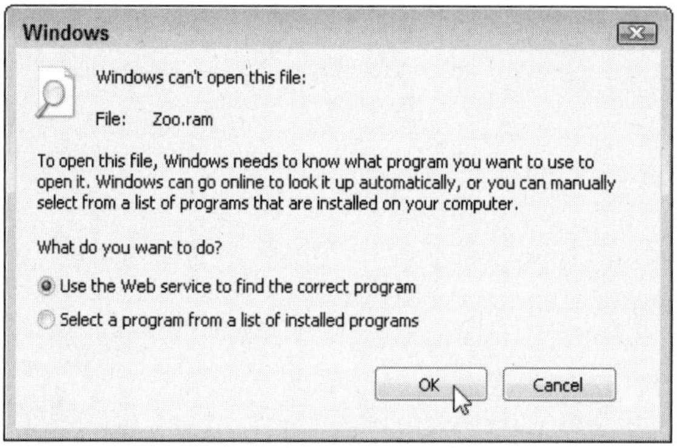

Figura 5-5:
A veces Windows se niega a abrir un archivo.

Si ya sabe cuál es el programa necesario para abrir su archivo, elija la segunda opción: Select a Program from a List of Installed Programs (Elegir un Programa de la Lista de Programas Instalados). Esta opción invocará la familiar ventana de la Figura 5-4, permitiéndole elegir su programa y hacer clic en OK para abrir el archivo.

Pero si no tiene idea de cuál es el programa requerido para abrir el archivo misterioso, elija la opción Use the Web Service to Find the Correct Program (Usar el Servicio Web para Encontrar el Programa Adecuado) y clic en OK. Windows se lanza a buscar el programa correcto en Internet. Si tiene suerte, Internet Explorer visita el sitio Web de Microsoft y le sugiere un lugar de donde poder bajar el programa adecuado. Baje e instale dicho programa (luego de verificar que no tenga virus con el programa anti-virus descripto en el Capítulo 10), y ha resuelto el problema.

A veces Microsoft lo lleva directamente al sitio Web, como se ve en la Figura 5-6, donde podrá bajar el programa que abre su archivo.

- En la Figura 5-6, Microsoft identifica un archivo *Real video*. Microsoft lo direcciona a la página Web del Real Video, donde podrá bajar e instalar su programa gratuito RealPlayer.

- Cuando visita un sitio Web para descargar el programa sugerido tal como los reproductores de video RealPlayer y QuickTime, a menudo se encontrará con *dos* versiones: Gratis y Profesional (caro). La versión gratuita suele funcionar bien, así que primero pruebe esa versión.

✔ Cuando intente abrir un archivo adjunto de un correo electrónico, puede que vea el siguiente error, "This file does not have a program associated with it for performing this action. Create an association in the Folders Options in Control Panel. (Este archivo no tiene un programa asociado para realizar esta acción. Debe crear una asociación en Folders Options (Opciones de Carpeta) dentro del Control Panel)." Este complejo mensaje simplemente significa que su PC no tiene instalado el programa correcto para poder abrir ese archivo en particular, lo que nos lleva al siguiente punto.

✔ Si no puede encontrar *algún* programa que le permita abrir el archivo, simplemente está atascado. Debe contactar a la gente que le dio ese archivo y preguntarle qué programa debe usar para abrirlo. Luego, por desgracia, probablemente tenga que comprar ese programa.

Figura 5-6: Windows a veces lo ayuda a encontrar el programa que abre un archivo huérfano.

Hacer la del Haragán con un Acceso Directo

Algunos elementos se encuentran enterrados *en lo más* profundo de su computadora. Si se cansa de atravesar bosques para encontrar su programa, carpeta, unidad de disco, documento o incluso sitio Web favoritos, le conviene crear un *shortcut (acceso directo)* — un ícono pulsador que lo lleva directamente al objeto deseado.

FreeCell

Como un acceso directo es apenas un pulsador que pone en marcha algo más, puede mover, borrar y copiar accesos directos sin dañar el original. Son seguros, convenientes y fáciles de crear. Y se distinguen con facilidad del original, porque muestran una pequeña flecha en el borde inferior izquierdo, como en el acceso directo al FreeCell que se muestra en el margen.

Siga estas instrucciones para crear accesos directos a estos populares artilugios de Windows:

- **Carpetas o Documentos:** Haga clic derecho en la carpeta o documento, elija Send To (Enviar A), y seleccione la opción Desktop (Create Shortcut) (Escritorio – Crear Acceso Directo)). Cuando el acceso directo aparece en su escritorio, arrástrelo y suéltelo en una rincón a mano, la barra de tareas, el área de Favoritos del Panel de Navegación o incluso en el menú Start.

- **Sitios Web:** ¿Ve ese pequeño ícono delante de la dirección del sitio Web en la Barra de Direcciones de Internet Explorer? Arrastre y suelte ese pequeño ícono en su escritorio — o en cualquier otro lugar que desee. (Se le facilitará la tarea si arrastra hacia adentro uno de los bordes de la ventana de Internet Explorer para que pueda ver parte de su escritorio.) También puede agregar sitios Web en la práctica lista de Favoritos de Internet Explorer, que describo en el Capítulo 8.

- **Todo en su menú Start:** Mantenga presionado el botón derecho del mouse y arrastre el ícono del menú Start hacia el escritorio. Cuando suelte el botón del mouse, elija Create Link in Desktop (Crear un Enlace en el Escritorio).

- **Casi todo:** Arrastre y suelte el objeto en su nueva ubicación mientras mantiene presionado el botón derecho del mouse. Cuando lo suelte, elija Create Shortcuts Here (Crear Acceso Directo Aquí), y el mismo aparece.

- **Control Panel (Panel de Control):** ¿Ha encontrado una configuración particularmente útil en el Control Panel, la caja de conmutadores incorporada de Windows? Arrastre el ícono en cuestión hacia el escritorio, el área de Favoritos del Panel de Navegación o cualquier otra ubicación práctica. El ícono se convierte en un acceso directo para un fácil acceso.

- **Unidades de Disco:** Abra Computer (Computadora) desde el menú Start, haga clic derecho en la unidad deseada, y elija Create Shortcut. Windows coloca de inmediato un acceso directo en su escritorio.

Aquí tiene algunos consejos adicionales sobre accesos directos:

- Para grabar rápidamente un CD o DVD, ponga un acceso directo de su grabadora de discos en el escritorio. Grabar archivos en un disco se convierte en algo tan sencillo como arrastrarlos y soltarlos sobre el nuevo acceso directo a la grabadora de discos. (Inserte un disco en blanco en la bandeja de la grabadora de discos, confirme la configuración y comience a grabar.)

- No dude en mover los accesos directos pero *no mueva* los ítems que ellos ejecutan. Si lo hace, el acceso directo no encontrará el ítem, haciendo que Windows entre en pánico, y se lance a buscar (generalmente en vano) los elementos que han sido trasladados.

✔ ¿Quiere averiguar qué programa ejecutará un acceso directo? Haga clic derecho en el acceso directo y luego clic en Open File Location (Abrir Ubicación de Archivo, si está disponible). El acceso directo lo llevará rápidamente con su líder.

La Guía Absolutamente Esencial para Cortar, Copiar y Pegar

Windows siguió los consejos del jardín de infantes y convirtió a *cortar y pegar* en parte integral de la vida. Puede *cortar* o *copiar* y luego *pegar* en algún otro lugar electrónicamente casi cualquier cosa, con poco ruido y mucho menos lío.

Los programas de Windows están diseñados para trabajar en forma conjunta y compartir información, haciendo que sea relativamente fácil colocar una foto escaneada dentro de los volantes que preparó para invitar a su fiesta. Puede mover archivos cortándolos o copiándolos de un lugar y pegándolos en otro. Y puede cortar y pegar párrafos en lugares diferentes dentro de un programa.

La belleza de Windows 7 reside en que, con todas esas ventanas en pantalla al mismo tiempo, puede recolectar partes y elementos de cualquiera de ellas, y pegarlas todas juntas en una ventana nueva.

No se olvide de usar la función copiar y pegar para las cosas pequeñas. Copiar un nombre y una dirección es mucho más rápido que tener que escribirlos a mano. O, cuando alguien le manda por correo electrónico una dirección Web, cópiela y péguela directamente en la Barra de Dirección de Internet Explorer. Resulta fácil también, copiar la mayoría de los elementos que se muestran en los sitios Web (para disgusto de muchos fotógrafos profesionales).

La guía rápida y de pacotilla para cortar y pegar

En cumplimiento con el Departamento No Me Molesten Con Detalles, aquí tiene una guía rápida con los tres pasos básicos usados para cortar, copiar y pegar:

1. **Seleccione el elemento a cortar o copiar: algunas palabras, una dirección Web o cualquier otro ítem.**

2. **Haga clic derecho en su selección y elija Cut (Cortar) o Copy (Copiar) del menú, dependiendo de lo que usted necesite.**

   Use *Cut* cuando quiera *mover* algo. Use *Copy* cuando quiera duplicar algo, dejando el original intacto.

Método abreviado de teclado: Mantenga presionado Ctrl y pulse X para cortar o C para copiar.

3. **Haga clic derecho sobre el destino deseado y elija Paste (Pegar).**

Puede hacer clic derecho dentro de un documento, carpeta o casi cualquier otro lugar.

Método abreviado de teclado: Mantenga presionado Ctrl y luego pulse V para pegar.

Las siguientes tres secciones explican cada uno de estos tres pasos con más detalle.

Seleccionar cosas para cortar o copiar

Antes de que pueda transportar piezas de información a nuevos lugares, deberá decirle a Windows 7 exactamente qué desea tomar. La forma más sencilla de hacerlo es *seleccionar* la información con el mouse. En la mayoría de los casos, seleccionar implica un truco rápido con el mouse, que a partir de ese momento resaltará lo que haya seleccionado.

✔ **Para seleccionar texto en un documento, sitio Web o planilla de cálculo:** Coloque el puntero del mouse o cursor al comienzo de la información que le interesa y mantenga presionado el botón del mouse. Luego mueva el mouse hasta el final de la información y suelte el botón. ¡Eso es todo! Quedará seleccionado todo lo que se encuentre entre que hizo clic y soltó el botón, como se muestra en la Figura 5-7.

Sea cuidadoso luego de resaltar un puñado de texto. Si accidentalmente presiona la letra *k,* por ejemplo, el programa reemplaza el texto seleccionado con la letra *k.* Para revertir esta calamidad, elija Undo (Deshacer) en el menú Edit del programa (o presione Ctrl+Z, que es el método abreviado de teclado para Undo).

✔ **Para seleccionar archivos o carpetas:** Simplemente haga clic en el archivo o carpeta para seleccionarla. Para seleccionar *varios* ítems a la vez, pruebe los siguientes trucos:

• **Si todos los archivos están en una hilera:** Haga clic en el primer ítem del conjunto, mantenga presionada la tecla Shift, y luego seleccione el último ítem. Windows resalta el primer y último ítem, así como todo lo que haya en el medio.

• **Si los archivos *no* están en hilera:** Mantenga presionada la tecla Ctrl mientras hace clic en cada archivo o carpeta que desea seleccionar.

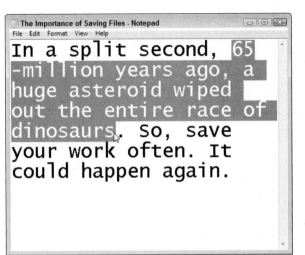

Figura 5-7:
Windows
resalta el
texto selec-
cionado,
cambi-
ando su
color para
facilitar su
visibilidad.

Ahora que seleccionó el ítem, la siguiente sección explica cómo cortarlo o copiarlo.

 ✔ Luego de haber seleccionado algo, córtelo o cópielo *de inmediato*. Si en un descuido hace clic con el mouse en algún otro lugar, su texto o archivo resaltado vuelve a su aburrida existencia anterior, y se verá obligado a empezar todo otra vez.

 ✔ Para borrar cualquier ítem seleccionado, ya sea un archivo, un párrafo o una foto, presione la tecla Delete (Suprimir).

Cortar o copiar sus bienes selectos

Luego de seleccionar alguna información (lo que describo en la sección precedente, en caso de que recién haya llegado), está preparado para comenzar a jugar con la misma. Puede cortarla o copiarla. (O simplemente pulsar Delete para borrarla.)

Vale la pena repetirlo. Luego de seleccionar algo, hágale clic derecho. Cuando aparezca el menú emergente, elija Cut o Copy, dependiendo de su necesidad, como se muestra en la Figura 5-8. Luego haga clic derecho en el destino y elija Paste.

Seleccionar letras individuales, palabras, párrafos y más

Cuando esté trabajando con palabras en Windows, estos accesos directos pueden ayudarlo a seleccionar rápidamente la información deseada:

- Para seleccionar una *letra o carácter* individual, haga clic frente al elemento en cuestión. Luego mientras mantiene presionada la tecla Shift, pulse su tecla →. Mantenga presionadas ambas teclas para seguir seleccionando texto en una línea.

- Para seleccionar una única *palabra,* apunte a la misma y haga doble clic. La palabra cambia de color, indicando que está resaltada. (En la mayoría de los procesadores de texto, puede mantener presionado el botón en el segundo clic, y luego si mueve el mouse, puede resaltar texto adicional palabra por palabra.)

- Para seleccionar una sola *línea* de texto, simplemente haga clic cerca de su margen izquierdo. Para resaltar texto adicional línea por línea, mantenga presionado el botón del mouse y mueva el mouse hacia arriba o hacia abajo. Puede también seleccionar líneas adicionales manteniendo presionada la tecla Shift y luego pulsando la tecla ↓ o la tecla ↑.

- Para seleccionar un *párrafo,* basta con hacer doble clic cerca de su margen izquierdo. Para seleccionar texto párrafo por párrafo, siga manteniendo presionado el botón del mouse en el segundo clic y mueva el mouse.

- Para seleccionar un *documento* entero, mantenga presionada la tecla Ctrl y luego pulse A. (O elija Select All (Seleccionar Todo) en el menú Edit.)

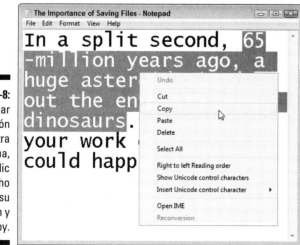

Figura 5-8: Para copiar información en otra ventana, haga clic derecho sobre su selección y elija Copy.

Las opciones Cut y Copy difieren dramáticamente. ¿Cómo saber cuál debe elegir?

✔ **Elija Cut para mover información.** *Cortar* elimina la información seleccionada de la pantalla, pero no ha perdido nada: Windows guarda la información cortada en un tanque de almacenamiento oculto denominado *Clipboard (Portapapeles),* esperando a que la pegue.

No dude en cortar y pegar archivos completos a carpetas diferentes. Cuando corta un archivo de una carpeta, el ícono queda atenuado hasta que lo pegue. (Hacer que el ícono desaparezca daría demasiado miedo.) ¿Se arrepintió en el medio del corte? Pulse Esc para cancelar el corte, y el ícono vuelve a la normalidad.

✔ **Elija Copy para copiar la información.** Comparado con cortar, *copiar* información es bastante decepcionante. Mientras que por un lado cortar quita el ítem de la vista, copiar un elemento seleccionado lo deja en la ventana, aparentemente intacto. La información copiada también va al Portapapeles hasta que la pegue.

Para copiar una imagen del escritorio de Windows (la *pantalla completa*) al Portapapeles, presione la tecla Print Screen (Imprimir Pantalla), que a veces está etiquetada con PrtScrn o algo similar. (Y no, la tecla Print Screen no envía nada a la impresora.) Puede pegar la imagen dentro del programa Paint e imprimirla desde ahí.

Pegar información en otro lugar

Luego de que corte o copie información en el Portapapeles de Windows, ésta se encuentra lista para viajar. Puede *pegar* la información en cualquier otro lugar.

Pegar es relativamente sencillo:

1. **Abra la ventana destino y mueva el puntero del mouse o el cursor hacia el lugar donde quiere que aparezcan sus cosas.**

2. **Haga clic derecho con el mouse y elija Paste en el menú emergente.**

   ¡Presto! El ítem que acaba de cortar o copiar salta inmediatamente hacia su nueva ubicación.

O, si desea pegar un archivo en el escritorio, haga clic derecho en él y luego elija Paste. El archivo cortado o copiado aparecerá en el lugar donde hizo clic derecho.

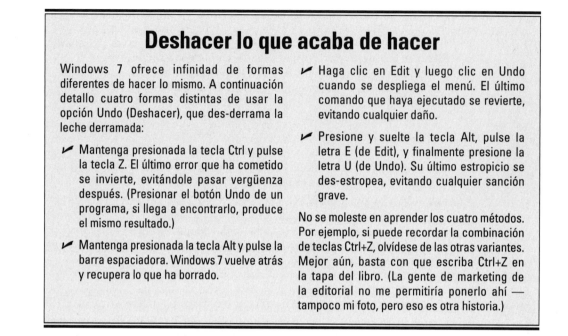

Deshacer lo que acaba de hacer

Windows 7 ofrece infinidad de formas diferentes de hacer lo mismo. A continuación detallo cuatro formas distintas de usar la opción Undo (Deshacer), que des-derrama la leche derramada:

- Mantenga presionada la tecla Ctrl y pulse la tecla Z. El último error que ha cometido se invierte, evitándole pasar vergüenza después. (Presionar el botón Undo de un programa, si llega a encontrarlo, produce el mismo resultado.)

- Mantenga presionada la tecla Alt y pulse la barra espaciadora. Windows 7 vuelve atrás y recupera lo que ha borrado.

- Haga clic en Edit y luego clic en Undo cuando se despliega el menú. El último comando que haya ejecutado se revierte, evitando cualquier daño.

- Presione y suelte la tecla Alt, pulse la letra E (de Edit), y finalmente presione la letra U (de Undo). Su último estropicio se des-estropea, evitando cualquier sanción grave.

No se moleste en aprender los cuatro métodos. Por ejemplo, si puede recordar la combinación de teclas Ctrl+Z, olvídese de las otras variantes. Mejor aún, basta con que escriba Ctrl+Z en la tapa del libro. (La gente de marketing de la editorial no me permitiría ponerlo ahí — tampoco mi foto, pero eso es otra historia.)

- El comando Paste inserta una *copia* de la información almacenada en el Portapapeles. La información permanece en el Portapapeles, así puede seguir pegando la misma en diferentes lugares si lo desea.

- Algunos programas tienen barras de herramientas en su parte superior, ofreciendo acceso a los comandos Cut, Copy y Paste con un clic, como se muestra en la Figura 5-9.

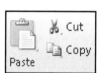

Figura 5-9: Los botones Cut, Copy y Paste.

¡Los Programas Gratuitos de Windows 7!

Windows 7, la versión más elegante de Windows existente hasta la fecha, viene con algunos programas gratuitos, tales como el reproductor de música, el grabador de DVD y un procesador de textos pequeño. Estos regalos adicionales dejan contentos a los clientes y hacen que los departamentos de lucha anti monopolio agiten sus largas togas negras.

Windows 7 viene con muchísimos menos programas gratis comparado con Windows Vista o Windows XP. Windows 7 no incluye Windows Mail (el programa de correo electrónico), Windows Photo Gallery (el editor de fotos), Windows Movie Maker (para editar videos), y Windows Calendar (el calendario). Microsoft reemplazó los primeros tres con programas que se pueden descargar y que cubro en la Parte V de este libro.

Este capítulo se concentra en los más útiles de estos pequeños programas de regalo: el procesador de textos WordPad, la Calculadora y el Mapa de Caracteres.

Escribir cartas con el WordPad

WordPad no es ni por asomo tan sofisticado como alguno de los procesadores de textos más caros disponibles en el mercado. No puede crear tablas ni múltiples columnas, como las que aparecen en los periódicos o boletines. Lo peor de todo, es que no trae corrección ortográfica.

WordPad funciona bien para escribir pequeñas cartas, informes simples y otras cosas básicas. Le permite además, cambiar la fuente. Y como todos los usuarios de Windows tienen un WordPad en sus computadoras, la mayoría de los usuarios de computadoras podrá leer cualquier cosa que haya creado con WordPad.

Para darle una oportunidad a WordPad, elija All Programs en el menú Start, seleccione Accessories (Accesorios), y luego haga clic en WordPad.

WordPad aparece en la pantalla, pero luciendo prendas nuevas. En Windows 7, WordPad posee un nuevo menú Ribbon (Cinta) lleno de íconos en su parte superior, como se ve en la Figura 5-10.

Si acaba de deshacerse de su máquina de escribir a cambio de Windows, recuerde lo siguiente: En una máquina de escribir eléctrica, tiene que presionar la tecla Return (Retorno de Carro) al final de cada línea, o comenzará a escribir en el borde del papel. Las computadoras evitan este problema al bajar automáticamente a la siguiente línea y continuar la frase. Los genios tecnológicos modernos llaman a este fenómeno *word wrap (ajuste de línea)*.

✔ Para cambiar de fuente en WordPad, seleccione las palabras que desea cambiar (o seleccione todo el documento eligiendo la opción Select All dentro de la sección Editing del Ribbon). Luego elija su fuente favorita dentro del menú desplegable de Font.

✔ WordPad puede abrir archivos creados con Microsoft Word 2007, pero elimina sus formatos más sofisticados.

✔ No, no hay manera de descartar el Ribbon del WordPad y volver a los viejos menús.

✔ ¿Busca los comandos con métodos abreviados de teclado para controlar al WordPad? Presione Alt, y una letra aparece al lado de cada porción del Ribbon. Presione la letra asignada en la sección del Ribbon deseada, y aparece una letra cerca de cada comando. Pulse una de esas letras para elegir el comando. (Sí, es más incomodo que el viejo menú.)

✔ Inserte rápidamente el día, la fecha o la hora actual en su documento eligiendo Date and Time (Fecha y Hora) dentro de la sección Insert (Insertar) del Ribbon. Elija el estilo de la fecha u hora deseada en el menú emergente, y WordPad lo insertará en su documento.

Figura 5-10:
El nuevo Ribbon del WordPad destaca más los botones que las palabras, y agrega pestañas para alternar entre menús.

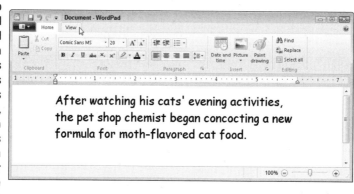

Convertir, sumar y saldar cuentas con la Calculadora

Por años, el pequeño programa Calculator (Calculadora) de Windows se veía como si se hubiese caído de la góndola de saldos de Wal-Mart. Sumaba, restaba, multiplicaba y dividía, pero eso era todo. Los símbolos eran pequeños y difíciles de leer.

Windows 7 rediseñó totalmente a la Calculadora; cuatro modos (estándar, científica, programador y estadísticas); conversión de datos; y plantillas para calcular el consumo de combustible, alquileres y cuotas de las hipotecas (como se muestra en la Figura 5-11).

Siga estas instrucciones para calcular la cuota de su hipoteca basándose en el precio de compra, pago inicial y duración del préstamo:

1. **Abra la Calculadora haciendo clic en el menú Start, elija All Programs, luego Accessories (Accesorios), y finalmente Calculator.**

   Se abre el programa de la Calculadora.

2. **Haga clic en el menú View (Vista), elija Worksheets (Planillas de Cálculo), y elija Mortgage (Hipoteca) dentro del menú emergente.**

   Ahora la Calculadora muestra cuatro cuadros: Purchase Price (Precio de Compra), Down Payment (Anticipo), Term (Duración), e Interest Rate (Tasa de Interés).

3. **Elija el valor que desea calcular dentro de la lista desplegable: Down Payment, Monthly Payment (Cuota Mensual), Purchase Price o Term (Duración en años).**

4. **Complete todos los cuadros.**

   Cuando haga clic en el botón Calculate (Calcular), la Calculadora completa el cuarto cuadro faltante. (La Figura 5-11 la muestra calculando la cuota mensual.)

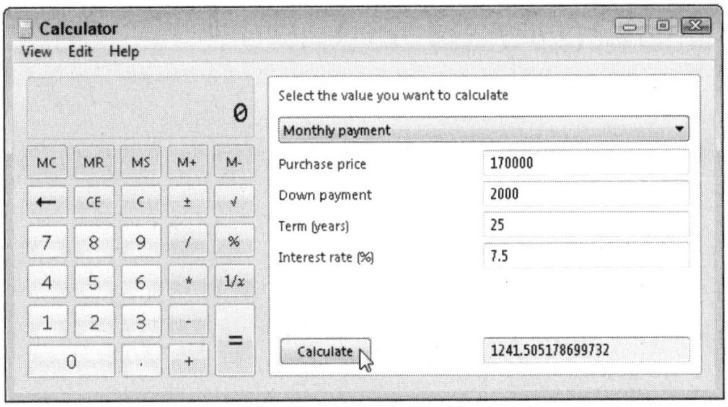

Figura 5-11: La Calculadora ofrece plantillas, que son formularios pequeños para realizar cálculos frecuentes.

Encontrar símbolos como © con Character Map

El Character Map (Mapa de Caracteres) le permite insertar los símbolos más utilizados y caracteres de idiomas extranjeros dentro del documento actual, dándole al mismo ese *coup de grâce* extra. Este práctico programita muestra un cuadro como el que se ve en la Figura 5-12, listando cada uno de los caracteres y símbolos disponibles.

Por ejemplo, los siguientes pasos le permitirán insertar el carácter de copyright (©) en algún lugar dentro de su carta redactada con esmero:

1. **Haga clic en el menú Start, luego elija All Programs, seleccione Accessories, luego System Tools (Herramientas del Sistema), y finalmente Character Map.**

    Asegúrese de que su *fuente* actual — el nombre del estilo de las letras en su procesador de texto — aparece en el cuadro de Font.

    Si no se ve la fuente que está usando en su documento, haga clic en la flecha hacia debajo del cuadro Font. A continuación desplácese hacia abajo y luego haga clic en su fuente cuando aparezca en la lista desplegable.

2. **Recorra el cuadro del Mapa de Caracteres hasta que encuentre el símbolo que busca; luego salte sobre ese carácter con un doble clic.**

    El símbolo aparece en el cuadro Characters to Copy (Caracteres a Copiar).

3. **Haga clic derecho en el documento donde desea que aparezca el símbolo y elija Paste.**

    El símbolo aparece, adoptando convenientemente la misma fuente utilizada en su documento.

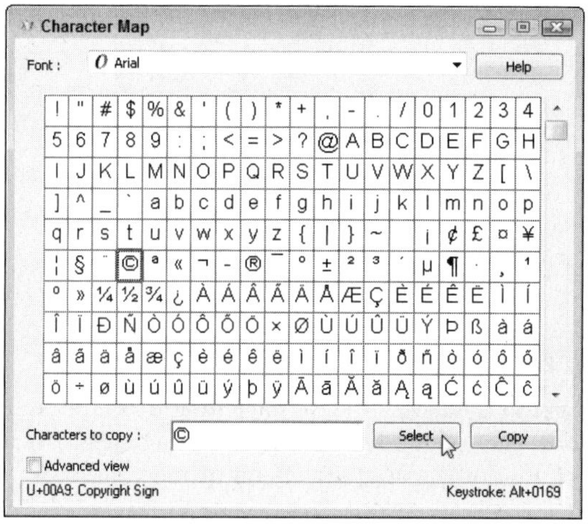

Figura 5-12:
Character Map (Mapa de Caracteres) encuentra caracteres foráneos y símbolos tales como © para insertarlos en su trabajo.

Capítulo 6

Perdido por un Rato, Encontrado de Inmediato

*T*arde o temprano, Windows 7 le dará esa sensación de querer rascarse la cabeza. "Vaya", dirá mientras sus dedos nerviosos tironean del cable del mouse, "esa cosa estaba *justo ahí* hace un segundo. ¿A dónde se fue?"

Si Windows 7 empieza a jugar a las escondidas con su información, este capítulo le dirá dónde buscar y cómo hacer que deje de jugar esos juegos absurdos.

Encontrar Ventanas Perdidas en el Escritorio

Windows 7 funciona más como un soporte para memorándum que como un escritorio real. Cada vez que abre una nueva ventana, tira otra pieza de información a la pila. La ventana que está en primer plano es fácil de identificar, pero ¿cómo llega a las ventanas que se esconden debajo? Si logra divisar cualquier parte del borde o la esquina de una ventana sepultada, un clic bien colocado irá en su busca, trayéndola al frente.

Cuando su ventana esté completamente enterrada, mire la barra de tareas del escritorio, esa franja que está en el extremo inferior de su monitor. (Si falta la barra de tareas, recupérela con solo presionar la tecla Windows, ⊞). Haga clic en el nombre de su ventana perdida en la barra de tareas para volver a traerla al frente. (Vea el Capítulo 2 para obtener más detalles sobre la barra de tareas).

¿Sigue perdido? Pruebe con la nueva vista Flip 3D de Windows 7, sosteniendo la tecla Windows mientras presiona Tab. Como se muestra en la Figura 6-1, Windows 7 hace un pase de cartas mágico con sus ventanas, permitiéndole verlas flotar en el aire. Mientras sostiene la tecla Windows, siga presionando Tab (o girando la rueda de desplazamiento de su mouse) hasta que su ventana perdida aparezca al frente del grupo. Suelte la tecla Windows para colocar esa ventana al frente de su escritorio.

Si su PC más vieja no puede manejar la vista Flip 3D (o si la tarjeta gráfica de su PC más nueva no está a la altura), mantenga presionado Alt y presione Tab para el substituto bidimensional que funciona igual o tal vez mejor. Mientras mantiene presionado Alt, siga presionando Tab hasta que Windows 7 resalte su ventana; suelte Alt para ubicar su ventana recién encontrada al frente de su escritorio.

Figura 6-1: Mantenga presionada la tecla Windows y pulse Tab varias veces para alternar entre sus ventanas; suelte la tecla Windows para dejar la ventana al frente del escritorio.

Si está convencido de que una ventana está abierta, pero aún no puede encontrarla, desparrame todas sus ventanas por el escritorio haciendo clic derecho en un espacio en blanco de la barra de tareas y elija Show Windows Side by Side (Mostrar ventanas en mosaico horizontal) desde el menú emergente. Es un último recurso, pero tal vez así pueda divisar su ventana perdida en la formación.

Localizar un Programa, Correo Electrónico, Canción, Documento o Cualquier Otro Archivo Perdido

Encontrar información en Internet rara vez toma más de unos pocos minutos, aunque esté buscando a través de millones de sitios Web de todo el mundo. Pero trate de encontrar un documento en su propia PC y puede tardar días — si es que aparece.

Para resolver el problema de la búsqueda, Windows 7 siguió el ejemplo de Google y creó un enorme índice con sus archivos y programas. Para encontrar algo que se haya perdido, abra el menú Start y haga clic en el cuadro Search (Búsqueda) en el extremo inferior del menú Start.

Comience a escribir las primeras letras de una palabra o frase que aparezca en algún lugar dentro del archivo que está buscando. O escriba el comienzo del nombre de un programa. Cualquiera sea el método que adopte, en cuanto empiece a escribir, el menú Start le ofrecerá una lista de coincidencias. Con cada letra que escribe, Windows 7 va reduciendo la lista. Luego de escribir suficientes letras, su elemento perdido flotará solo hasta el principio de la lista para que lo abra con un doble clic.

Por ejemplo, escribir las primeras letras de **Thelonious** dentro del cuadro de búsqueda del menú Start, como se muestra en la Figura 6-2, trajo cualquier mención de Thelonious Monk en mi PC.

Cuando vea su archivo, haga clic en su nombre en el menú Start para abrirlo. Para ver dónde se estaba escondiendo su archivo, haga clic derecho sobre su nombre y elija Open File Location (Abrir ubicación de archivo) desde el menú emergente.

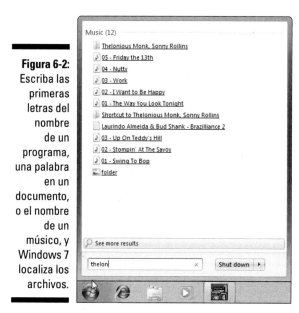

Figura 6-2:
Escriba las
primeras
letras del
nombre
de un
programa,
una palabra
en un
documento,
o el nombre
de un
músico, y
Windows 7
localiza los
archivos.

Para ver *todos* los resultados de su búsqueda, además de un fragmento del archivo que apareció en su búsqueda, presione Enter después de escribir su palabra o frase. Windows 7 abre una ventana de resultados de búsqueda, como se muestra en la Figura 6-3, con más información sobre sus archivos localizados.

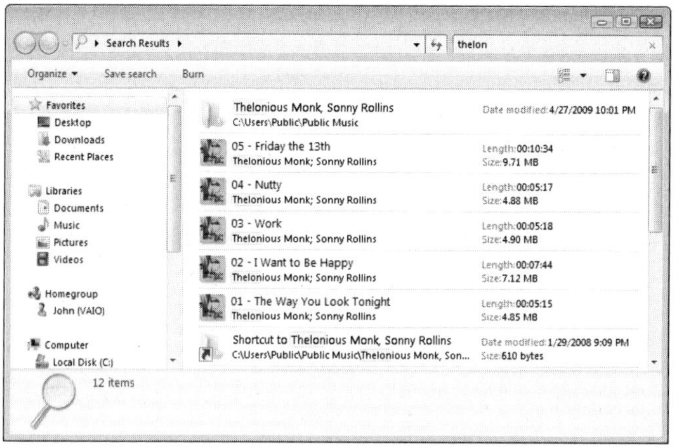

Figura 6-3:
Presione
Enter
después de
escribir una
palabra en
el cuadro
Search para
ver más
información
sobre los
resultados.

- El índice de Windows 7 incluye cada archivo de sus bibliotecas Documents, Pictures, Music y Videos, lo que hace más importante que nunca almacenar sus archivos en esas carpetas (Windows 7 no le permite buscar en archivos privados almacenados en cuentas de *otras* personas que puedan estar utilizando su PC).

- El índice también incluye cualquier archivo desparramado por su escritorio, archivos eliminados recientemente que languidecen en su Papelera de Reciclaje y cualquier archivo que esté compartiendo en las carpetas *públicas* — la carpeta a la que pueden acceder otras personas en su PC. (Quienes se conectan a su PC a través de una red, también puede acceder a las carpetas públicas). Explico más sobre las carpetas públicas en el Capítulo 13.

- Si está buscando una palabra común y Windows 7 da como resultado demasiados archivos, limite su búsqueda escribiendo una frase corta que esté dentro de su archivo tan buscado: **Justo antes de que el gato se comiera el bambú**, por ejemplo. Cuantas más letras de la frase escriba, mayores serán sus posibilidades de encontrar un archivo en particular.

- Cuando busca los archivos, comience a escribir la *primera* letra de una palabra o frase: la **b** de bambú, por ejemplo. Si escribe **ambú**, Windows 7 no encontrará bambú, aunque bambú contenga esa serie de letras.

- El cuadro Search ignora las mayúsculas. Considera que **Abeja** y **abeja** son el mismo insecto.

- Si Windows 7 encuentra más coincidencias de las que puede meter en el pequeño menú Start, como se muestra anteriormente en la Figura 6-2, haga clic en See More Results (Ver más resultados) sobre el cuadro Search. Eso llamará a la ventana desplazable que se muestra en la Figura 6-3, que facilita la navegación por listas largas.

- ¿Quiere dirigir su búsqueda a todo Internet en vez de buscar en su propia PC? Después de escribir su palabra o frase, haga clic en See More Results (Ver más resultados) para traer la ventana de resultados de búsqueda que se muestra en la Figura 6-3. Al final de esa ventana verá un icono que dirigirá su búsqueda a Internet a través de Internet Explorer. (El Capítulo 8 le explica cómo asignar su motor de búsqueda preferido — como Google — a Internet Explorer).

Encontrar un Archivo Perdido dentro de una Carpeta

El cuadro Search del menú Start sondea en todo el índice de Windows 7, asegurándose de buscar en todas partes. Pero esto implica un despliegue excesivo si usted está espiando en una sola carpeta y busca al azar un archivo perdido. Para resolver este problema de "un mar de nombres de archivo en una carpeta", Windows 7 incluye un cuadro de búsqueda en la esquina superior derecha de cada carpeta. Esta casilla de búsqueda limita su búsqueda a archivos dentro de esa carpeta *en particular*.

Para encontrar un archivo perdido dentro de una carpeta específica, haga clic dentro del cuadro de búsqueda de esa carpeta y comience a escribir una palabra o frase corta de su archivo perdido. A medida que escribe letras y palabras, Windows 7 comienza a filtrar archivos que no contienen esa palabra o frase. Sigue reduciendo los candidatos hasta que la carpeta muestra solamente unos pocos archivos, incluyendo, con suerte, su archivo fugitivo.

Cuando el cuadro de búsqueda localiza demasiadas coincidencias, permita que otros le den una mano: los encabezados de cada columna. (Para obtener un mejor resultado, seleccione Details desde el icono View de la carpeta, lo que alineará todos los nombres de archivos en una columna, como se muestra en la Figura 6-4). La primera columna, Name (Nombre), muestra los nombres de cada archivo; las columnas adyacentes muestran detalles específicos de cada archivo.

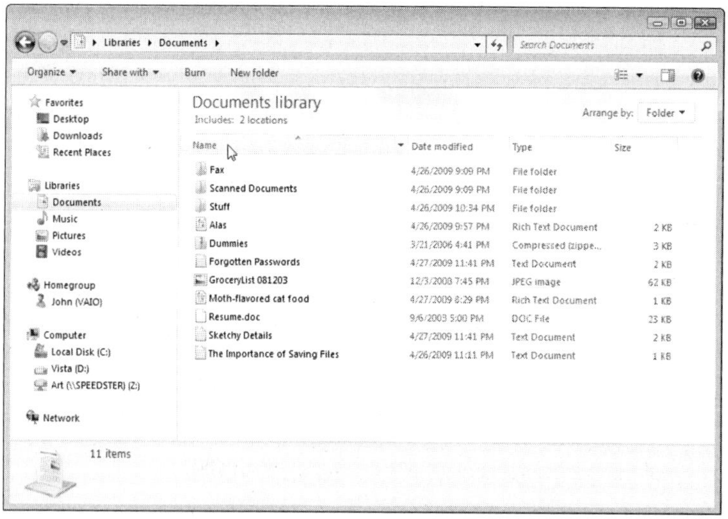

Figura 6-4: La vista de detalles le permite organizar sus archivos por nombre, facilitando su búsqueda.

¿Ve los encabezados de columna, tales como Name (Nombre), Date Modified (Fecha de modificación) y Type (Tipo) arriba de cada columna? Haga clic en cualquiera de esos encabezados para organizar sus archivos según ese valor. Así funciona la clasificación según los encabezados de columna en su carpeta Documents:

- ✔ **Name (Nombre):** ¿Sabe la primera letra del nombre de su archivo? Entonces haga clic aquí para ordenar sus archivos alfabéticamente. Luego, puede seleccionar su archivo de la lista. Haga clic en Name otra vez para invertir el orden.

- ✔ **Date Modified (Fecha de modificación):** Si recuerda la fecha aproximada en la que cambió por última vez un documento, haga clic en el encabezado Date Modified. Eso colocará sus archivos más nuevos al principio de la lista, lo que facilita su ubicación. (Al hacer clic en Date Modified nuevamente, se invierte el orden, una forma práctica de eliminar los archivos viejos que ya no necesita).

- ✔ **Type (Tipo):** Este encabezado ordena archivos según su contenido. Por ejemplo, todas sus fotos se agrupan juntas, al igual que sus documentos de Word. Es una forma práctica de encontrar algunas fotos errantes, nadando en un mar de archivos de texto.

- ✔ **Size (Tamaño):** Clasificar aquí coloca su informe de 45 páginas en un extremo con su pequeña lista de compras en el otro.

- ✔ **Authors (Autores):** Microsoft Word y otros programas le estampan su nombre en su trabajo. Un clic en esta etiqueta ordena los archivos alfabéticamente según el nombre de su creador.

- ✔ **Tags (Etiquetas):** Windows 7 permite asignar etiquetas a sus documentos y fotos, una tarea que describo más adelante en este capítulo. Agregar las etiquetas "Queso mohoso" a esa olorosa sesión de fotos le permite recuperar esas imágenes ingresando sus etiquetas o clasificando los archivos de una carpeta según sus etiquetas.

Ya sea que esté viendo sus archivos como miniaturas, iconos o nombres de archivo, los encabezados de columnas le brindarán una forma práctica de clasificar sus archivos rápidamente.

Las carpetas suelen mostrar aproximadamente cinco columnas de detalles, pero puede agregar más columnas. De hecho, puede clasificar archivos según su conteo de palabras, longitud de canción, tamaño de foto, fecha de creación y decenas de otros detalles. Para ver una lista de columnas de detalles disponibles, haga clic derecho en una etiqueta existente en el extremo superior de una columna. Cuando aparezca el menú desplegable, seleccione More (Más) para ver el cuadro de diálogo Choose Details (Seleccionar detalles). Haga clic para tildar con marcas de verificación las nuevas columnas de detalles que desee ver y luego haga clic en OK.

Clasificación avanzada

La vista Details (Detalles) de una carpeta (como se muestra en la Figura 6-4) organiza sus archivos en una sola columna, con montones de columnas de detalles que surgen hacia la derecha. Puede ordenar los contenidos de una carpeta haciendo clic en la palabra que encabeza cada columna. Name, Date Modified, Author, etc. Pero las funciones de clasificación de Windows 7 van mucho más allá, como notará al hacer clic en la flecha que apunta hacia abajo a la derecha del nombre de cada columna.

Haga clic en la pequeña flecha junto a las palabras *Date Modified*, por ejemplo, y se desplegará un calendario. Haga clic en una fecha y la carpeta mostrará rápidamente los archivos modificados en esa fecha en particular, filtrando todos las demás. Debajo del calendario, las casillas de verificación también le permiten ver archivos creados en distintos momentos, como Today (Hoy), Yesterday (Ayer), Last Week (La semana pasada), Earlier This Month (En el último mes), Earlier This Year (En el último año), o simplemente A Long Time Ago (Hace mucho tiempo).

De modo similar, haga clic en la flecha junto al encabezado de la columna Authors y un menú desplegable le mostrará la lista de los autores de cada documento que contenga la carpeta. Haga clic en las casillas de verificación junto a los nombres de los autores que desea ver y Windows 7 inmediatamente filtrará los archivos creados por otra gente, dejando solamente las coincidencias. (Esta característica funciona mejor con documentos de Microsoft Office).

Sin embargo, estos filtros ocultos pueden ser peligrosos, ya que puede olvidar fácilmente que los dejó encendidos. Si ve una marca de verificación junto a cualquier encabezado de columna, ha dejado un filtro encendido y la carpeta está ocultando algunos de sus archivos.Para apagar el filtro y ver *todos* los archivos de esa carpeta, haga clic en la casilla de verificación junto al encabezado de la columna y examine el menú desplegable. Haga clic en cualquier casilla marcada de ese menú desplegable. Eso eliminará las marcas de verificación y desactivará el filtro.

Las carpetas que viven fuera de sus bibliotecas *no están* incluidas en el índice. (Explico las bibliotecas en el Capítulo 4). Por lo tanto, buscar dentro de ellas tomará mucho más tiempo que buscar dentro de sus bibliotecas.

Organizar y Agrupar Archivos

Ordenar sus carpetas por nombre, fecha o tipo, como se describe en la sección anterior, brinda suficiente organización para la mayoría. Para complacer a los meticulosos, Windows 7 también le permite clasificar sus archivos de otras dos maneras: *organizar* y *agrupar*. ¿Cuál es la diferencia?

✔ **Arranging:** Organizar (conocido como "stacking" o "apilar" en Windows Vista), funciona muy parecido a ordenar papeles en pilas sobre el escritorio de su oficina. Puede apilarlos según la fecha en la que los creó, por ejemplo, arrojando el trabajo de hoy en una enorme pila y el trabajo de la última semana en otra. O tal vez quiera poner todas sus cuentas sin pagar en una pila, y los informes de cuenta de su banco en otra.

Windows 7 normalmente muestra los elementos en orden alfabético dentro de las carpetas, pero puede organizarlos de otras formas para facilitar su búsqueda. Para organizar sus fotos según el mes en que las sacó, por ejemplo, haga clic en el botón que está junto a Arrange By (Organizar por) en la esquina superior derecha de su biblioteca de fotos y luego seleccione Month (Mes) en el menú desplegable, como se muestra en la Figura 6-5.

✔ **Grouping (Agrupar):** La función Grouping de Windows 7 también aglutina elementos similares. Pero en vez de apilar los archivos en pilas verticales, Windows 7 los distribuye en forma plana, manteniendo los elementos relacionados unos junto a otros. Agrupar los elementos con la opción Date Modified (Fecha de modificación), como se muestra en la Figura 6-6, agrupa sus archivos por fecha, pero coloca una etiqueta encima de cada grupo: Last Week (La última semana), Earlier This Month (el último mes), Earlier This Year (El último año) y otras.

Figura 6-5: Haga clic en el botón Arrange By (Organizar por) y seleccione Month para organizar sus fotos digitales según el mes en el que las tomó.

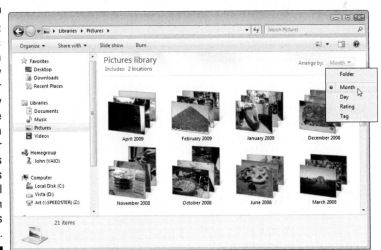

Figura 6-6:
Haga clic
derecho en
una sección
en blanco
de una
carpeta y
seleccione
Group
By para
organizar
su trabajo
en grupos
de archivos
similares.

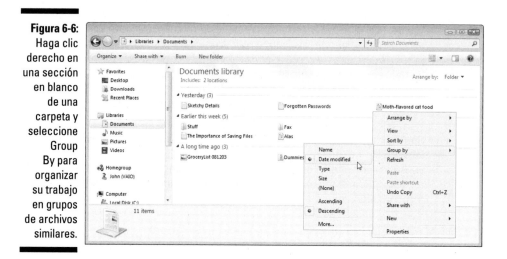

No hay un momento correcto o errado para utilizar Sort, Group o Arrange. Depende absolutamente de sus preferencias y los archivos con los que esté tratando en cada momento. Piense en Windows 7 como si fuera un crupier que reparte cartas y que puede apilar rápidamente todas sus fotos de Costa Rica en una sola pila. Para ver sus fotos, haga clic en la pila.

¿Quiere que su carpeta vuelva a su vista *sin* organizar y *sin* agrupar? Para volver a una vista normal, presione Alt y haga clic en el menú View (Ver). Luego, cuando aparezca el menú desplegable, seleccione Clear Changes (Eliminar Cambios) desde el menú Arrange By (Organizar por) y seleccione (None) desde el menú Group By (Agrupar por).

Encontrar Fotos Perdidas

Windows 7 crea un índice de sus correos electrónicos con hasta la última palabra, pero no puede diferenciar sus fotos de Yosemite de su sesión de fotos de Dog Beach. Cuando se trata de fotos, el trabajo de identificarlas está en sus manos, y estos cuatro consejos harán que la tarea sea lo más sencilla posible.

- ✔ **Etiquete sus fotos.** Cuando conecta su cámara a su PC, como se describe en el Capítulo 16, Windows 7 le ofrece amablemente copiar sus fotos a su PC. Antes de copiar, Windows 7 le pide que etiquete esas imágenes. Esta es su gran oportunidad de escribir una *etiqueta* — un término computacional que se refiere a una palabra o frase corta que describe su archivo. Las etiquetas le dan a Windows 7 un elemento para crear el índice, lo que facilita recuperar las fotos más adelante.

✔ **Almacene sesiones de fotos en carpetas separadas.** El programa de
importación de fotos de Windows 7, que se cubre en el Capítulo 16,
automáticamente crea una nueva carpeta para almacenar cada sesión,
la cual lleva como nombre la fecha actual y la etiqueta que usted elige.
Pero si está utilizando otro programa para guardar las fotos, asegúrese
de crear una nueva carpeta para cada sesión. Luego dé un nombre
a la carpeta con una breve descripción de su sesión: Cena de Sushi,
Hirviendo Papas o Cacería de Trufas.

✔ **Ordenar por fecha.** ¿Se topó con una enorme carpeta que contiene una
gigantesca mezcla de fotos digitales? Aquí tiene un truco para ordenar
rápidamente: Haga clic varias veces en el icono View (que aparece en la
esquina) desde el menú superior de la carpeta hasta que las fotos se
conviertan en miniaturas identificables. Luego haga clic derecho en una
sección en blanco de la carpeta, seleccione Sort By (Ordenar por) y elija
Date Modified (Fecha de modificación) o Date Taken (Fecha en la que
tomó la foto). Ordenar las fotos por fecha generalmente las coloca en el
orden en que las tomó, convirtiendo el caos en organización.

✔ **Renombre sus fotos.** En vez de dejar las fotos de sus vacaciones de
Belice con los nombres IMG_2421, IMG_2422, y así sucesivamente, déles
nombres significativos. Seleccione todos los archivos de su capeta de
Belice haciendo clic en el botón Organize (Organizar) y eligiendo Select
All (Seleccionar todos). Luego, haga clic derecho en la primera imagen,
seleccione Rename (Cambiar nombre) y escriba **Belice**. Windows los
nombra como Belice, Belice (2), Belice (3) y así sucesivamente.

Seguir estas cuatro reglas sencillas evitara que su colección de fotos se
convierta en un enjambre de archivos.

Asegúrese de hacer una copia de seguridad de sus fotos digitales en una
unidad de disco duro portátil, CD, DVD o cualquier otro método de copia de
seguridad que describo en el Capítulo 12. Si no guarda una copia de seguridad,
perderá la historia de su familia el día que casualmente se dañe el disco duro
de su PC.

Encontrar Otras Computadoras en Red

Una *red* es simplemente un grupo de PCs conectadas que pueden compartir
cosas tales como su conexión a Internet, archivos o impresora. La mayoría
de la gente utiliza una red todos los días sin saberlo: Cada vez que revisa su
correo electrónico, su PC se conecta con otra PC en Internet para tomar sus
mensajes en espera.

La mayor parte del tiempo no necesitará preocuparse por las otras PCs de
su red. Pero cuando quiera encontrar una PC conectada, tal vez para tomar
archivos de la PC de la sala de estar, Windows 7 estará feliz de ayudarlo.

La nueva red Homegroup (Grupo Hogar) de Windows 7 hace que sea más sencillo que nunca compartir archivos con otras PCs. Crear un Homegroup es tan sencillo como ingresar la misma contraseña en cada PC.

Para encontrar una PC en su Homegroup o una red tradicional, abra cualquier carpeta y mire en el extremo inferior del panel de navegación en el borde izquierdo de la carpeta, como se muestra en la Figura 6-7.

Haga clic en Homegroup dentro del Panel de Navegación para ver una lista de otras PCs con Windows 7 dentro de su Homegroup; haga clic en Network (Red) para ver todas las PCs conectadas a su propia PC en una red tradicional (pero más difícil de configurar). Para navegar por los archivos de cualquiera de esas PCs en cualquier categoría, simplemente haga doble clic en sus nombres.

Le muestro los pasos para crear su propio Homegroup y una red tradicional en el Capítulo 14.

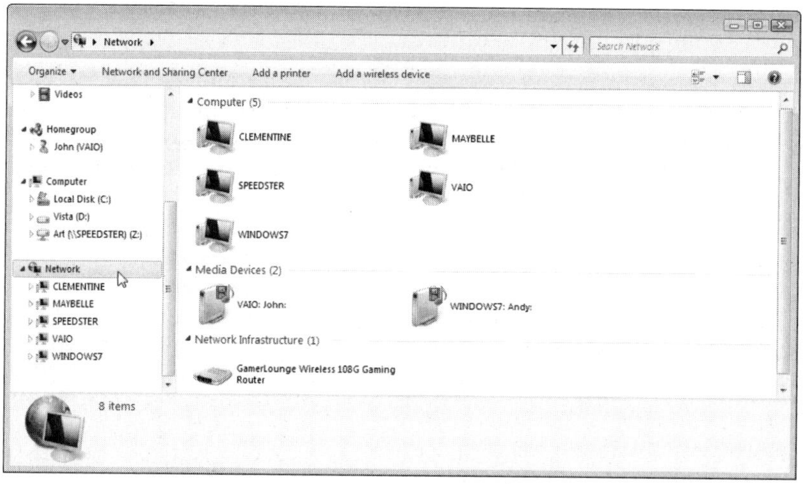

Figura 6-7:
Para encontrar computadoras conectadas a su PC a través de una red, haga clic en la categoría Network del Navigation Pane.

Encontrar Información en Internet

El práctico cuadro de búsqueda del menú Start le permite buscar rápidamente trozos de información en su PC. Pero cuando quiera buscar en Internet, abra su navegador Web. (El icono de Internet Explorer vive en la barra de tareas, generalmente junto al botón Start).

Escriba su consulta en el cuadro Search ubicado en la esquina superior derecha de Internet Explorer, presione Enter y su motor de búsqueda favorito mostrará los resultados. (Explico más sobre Internet Explorer, incluido cómo hacer que el cuadro de búsqueda utilice su motor de búsqueda favorito, en el Capítulo 8).

Guardar Sus Búsquedas

Cuando se percate de que está buscando repetidamente las mismas piezas de información, ahorre tiempo *guardando* su búsqueda. Una vez que ha guardado su búsqueda, Windows 7 la mantiene actualizada, agregando automáticamente cualquier elemento nuevo que haya creado que coincida con su criterio de búsqueda.

Save search

Para guardar una búsqueda, escriba la palabra o frase de búsqueda en el cuadro Search del menú Start y presione Enter. Cuando aparezca la ventana de resultados de búsqueda (se muestra anteriormente en la Figura 6-3), haga clic en el botón Save Search (Guardar búsqueda) (aparece en el margen). Escriba un nombre para su búsqueda guardada en el cuadro de diálogo Save As (Guardar como) y luego haga clic en Save (Guardar). Su búsqueda ahora aparece en el área Favorites (Favoritos) del Navigation Pane (Panel de Navegación).

Recrear el índice

Cuando la función de búsqueda de Windows 7 se torne considerablemente lenta, o no parece encontrar archivos que usted *sabe* que están en la pila, dígale a Windows 7 que vuelva a armar el índice desde cero.

Aunque Windows 7 recrea su índice en segundo plano mientras sigue trabajando, evite lentificar su PC enviando un comando de reconstruir por la noche. De ese modo, Windows 7 puede trabajar duro mientras usted duerme, garantizando que tendrá un índice completo la mañana siguiente.

Siga estos pasos para recrear su índice:

1. **Abra el menú Start (Inicio) y luego haga clic en Control Panel (Panel de Control).**

   Aparecerá una ventana que muestra el panel de control.

2. **Abra el icono Indexing Options (Opciones de Indexación).**

   ¿No lo ve? Escriba **Indexing Options (Opciones de Indexación)** en el cuadro de búsqueda hasta que aparezca el icono; luego haga clic en el icono.

3. **Haga clic en el botón Advanced (Avanzado) y luego haga clic en el botón Rebuild (Recrear).**

   Windows 7 le advierte, del mismo modo que yo, que recrear el índice tomará *mucho* tiempo.

4. **Haga clic en OK.**

   Windows 7 comienza a indexar otra vez y recién eliminará el viejo índice una vez que haya creado el nuevo.

Haga clic en el nombre de su búsqueda guardada y se abrirá como cualquier otra carpeta, pero con los contenidos de su búsqueda ya dentro. ¿Cansado de ver una vieja búsqueda en la lista de Favoritos? Haga clic derecho en su nombre y elija Remove (Quitar). (Esto eliminará solamente la búsqueda, no los archivos en la lista).

Capítulo 7

Imprimir Su Trabajo

● ●

En Este Capítulo

▶ Imprimir archivos, sobres y páginas Web

▶ Adaptar su trabajo para que se ajuste a una página

▶ Resolver problemas de la impresora

● ●

De vez en cuando querrá sacar algo de los electrones tormentosos de su PC y ponerlos en algún lugar más permanente: un trozo de papel.

Este capítulo aborda esa tarea explicándole todo lo que necesita saber sobre la impresión. Aquí descubrirá cómo hacer que ese documento problemático quepa en un trozo de papel sin que se salga del margen.

También cubro la misteriosa *print queue* (cola de impresión), un área poco conocida que le permite cancelar documentos enviados por error a la impresora — antes de que consuman todo el papel.

Imprimir Su Obra Maestra

Windows 7 lanza su trabajo a la impresora de una de seis maneras distintas. Es muy probable que utilice estos métodos con frecuencia:

✔ Seleccione Print (Imprimir) desde el menú File (Archivo) de su programa.

✔ Haga clic en el icono de impresora de su programa, que generalmente es una impresora pequeña.

✔ Haga clic derecho en el ícono de su documento y seleccione Print (Imprimir).

✔ Haga clic en el botón Print (Imprimir) de la barra de herramientas de un programa.

✔ Arrastre y suelte el icono de un documento en el icono de su impresora.

Si aparece un cuadro de diálogo, haga clic en el botón OK (Aceptar) y Windows 7 inmediatamente comenzará a enviar sus páginas a la impresora. Tómese un minuto o más para volver a llenar su taza de café. Si la impresora está encendida (y todavía tiene papel y tinta), Windows maneja todo en forma automática. Si su taza de café todavía está llena, siga trabajando o jugando al FreeCell. Windows imprime su trabajo en segundo plano.

Si las páginas impresas no se ven del todo bien — tal vez la información no se ajusta correctamente al tamaño de papel o se ve descolorida — entonces necesita manipular un poco la configuración de la impresora, o tal vez cambiar la calidad del papel, como se describe en las siguientes secciones.

✔ Si se encuentra con una página especialmente útil en el sistema de ayuda de Windows, haga clic derecho dentro del tema o la página y elija Print (Imprimir). (O haga clic en el icono de impresora de la página, si ve uno). Windows imprime una copia para que la pegue a su pared o la meta en este libro.

✔ Para un acceso rápido y sencillo a su impresora, agregue un atajo para la impresora en su escritorio: Abra el menú Start, seleccione Devices and Printers (Dispositivos e Impresoras), haga clic derecho en el icono de su impresora y seleccione Create Shortcut (Crear acceso directo). Para imprimir cosas, simplemente arrastre y suelte sus íconos en el nuevo acceso directo de la impresora en el escritorio. (Además puede hacer clic derecho en el icono del acceso directo y seleccionar Printing Properties (Propiedades de impresión) para ajustar la configuración de su impresora).

Espiar su página impresa *antes* de que llegue al papel

Imprimir suele demandar un acto de fe: Usted elige Print (Imprimir) desde el menú y cierra los ojos mientras la cosa se imprime. Si fue bendecido, la página se ve bien. Si ha sido desafortunado, desperdició otra hoja de papel.

La opción Print Preview (Previsualizar impresión), que se encuentra en casi cualquier menú File (Archivo) de un programa, le anticipa el destino de su impresión *antes* de que las palabras lleguen al papel. Print Preview compara su trabajo actual con la configuración de página de su programa y luego muestra una imagen detallada de la página impresa. Esa previsualización facilita detectar márgenes fuera de lugar, oraciones cortadas y otros errores de impresión.

Distintos programas usan pantallas de Print Preview diferentes, algunos ofrecen más detalle que otros. Pero casi toda pantalla Print Preview de cualquier programa le permite saber si la información entrará en la página correctamente.

Si la previsualización se ve bien, seleccione Print en el extremo superior de la ventana para enviar el trabajo a la impresora. Sin embargo, si algo se ve mal, haga clic en Close (Cerrar) para regresar a su trabajo y hacer cualquier ajuste necesario.

✔ Para imprimir un grupo de documentos rápidamente, seleccione *todos* sus iconos. Luego, haga clic derecho en los iconos seleccionados y elija Print (Imprimir). Windows 7 rápidamente los lanza todos a la impresora, desde donde emergen en papel, uno tras otro.

✔ ¿Todavía no ha instalado una impresora? Vaya al Capítulo 11, donde explico cómo conectar una y hacer que Windows 7 la acepte.

Adaptar su trabajo para que se ajuste a una página

En teoría, Windows *siempre* muestra su trabajo como si estuviera impreso en un papel. El departamento de marketing de Microsoft lo llama *What You See Is What You Get* (Lo que ve es lo que obtiene), deshonrado para siempre con la horrible sigla WYSIWYG y su extraña pronunciación: "wizzy-wig". Si lo que ve en la pantalla *no es* lo que quiere ver en el papel, un viaje al cuadro de diálogo Page Setup (Configurar página) del programa, como se muestra en la Figura 7-1, generalmente arregla las cosas.

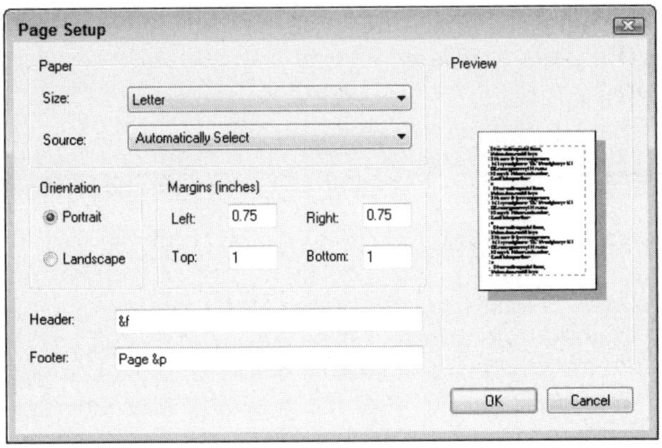

Figura 7-1: El cuadro de diálogo Page Setup (Configurar página) le permite ajustar la forma en la que su trabajo se organiza en un trozo de papel.

Page Setup (Configurar página), que se encuentra en el menú File (Archivo) de casi cualquier programa, ofrece varias maneras de distribuir su trabajo en una página impresa (y posteriormente en su pantalla). Los cuadros de diálogo Page Setup difieren entre programas y modelos de impresión, pero la siguiente lista describe las opciones que encontrará con más frecuencia y las configuraciones que suelen funcionar mejor.

✔ **Size (Tamaño):** Esta opción permite que el programa sepa qué tamaño de papel vive dentro de su impresora. Deje esta opción fija en Letter

(Carta) para imprimir en hojas estándar de 8,5 x 11 pulgadas (21,59 x 27,94 cm). Cambie esta configuración si está usando papel tamaño legal (8,5 x 14 pulgadas ó 21,59 x 36,56 cm), sobres o papeles de otros tamaños. (El apartado siguiente, "Imprimir sobres sin tanto jaleo", contiene más información sobre cómo imprimir sobres).

✔ **Source (Fuente):** Seleccione Automatically Select (Seleccionar automáticamente) o Sheet Feeder (Alimentador de papel) a menos que esté usando una de esas nuevas impresoras que aceptan papel de más de una bandeja de papel. La gente que tiene impresoras con dos o más bandejas puede seleccionar la bandeja que contiene el tamaño de papel correcto. Algunas impresoras ofrecen la opción Manual Paper Feed (Alimentación de papel manual), que obliga a la impresora a esperar hasta que usted deslice esa única hoja de papel.

✔ **Header/Footer (Encabezado/Pie de página):** Escriba códigos secretos en estos cuadros para personalizar lo que la impresora pone en el extremo superior e inferior de sus hojas: números de página, títulos y fechas, por ejemplo, además de su espaciado. Por ejemplo, ¿notó el *&f* en el cuadro de texto Header (Encabezado) y *Page &p* en el cuadro de texto Footer (Pie de página) de la Figura 7-1? Eso indica que debe imprimir el nombre del archivo en la parte superior de la página (el encabezado) y la palabra *Page* seguida del número de página en la parte inferior (el pie de página).

Desafortunadamente, distintos programas utilizan distintos códigos para su encabezado y pie de página. Si ve un pequeño signo de interrogación en la esquina superior derecha del cuadro de diálogo Page Setup, haga clic en él. Luego, haga clic dentro del cuadro Header o Footer para obtener pistas. ¿No hay un signo de interrogación? Entonces presione F1 y busque **page setup (configurar página)** en el menú Help (Ayuda) del programa.

✔ **Orientation (Orientación):** Deje esta opción configurada como Portrait (Vertical) para imprimir páginas normales que se leen verticalmente como una carta. Seleccione Landscape (Horizontal o Apaisado) solamente cuando quiere imprimir de lado, que es una buena forma de imprimir extensas hojas de cálculo. (Si selecciona Landscape, la impresora automáticamente imprime la página lateralmente; de modo que no necesita colocar el papel de lado en su impresora).

✔ **Margins (Márgenes):** Siéntase libre de reducir los márgenes para que todo entre en una sola hoja de papel. Es posible que también necesite cambiarlos para cumplir con los requisitos de una tarea.

✔ **Printer (Impresora):** Si tiene más de una impresora instalada en su computadora o red, haga clic en este botón para elegir en cuál imprimir su trabajo. También haga clic aquí para cambiar la configuración de la impresora, un trabajo que se describe en detalle en la siguiente sección.

Cuando haya terminado de ajustar la configuración, haga clic en el botón OK (Aceptar) para guardar sus cambios. (Haga clic en el botón Print Preview, si está disponible, para asegurarse de que todo se vea bien).

Imprimir sobres sin tanto jaleo

Aunque hacer clic en la opción *Envelopes* (sobres) del área de configuración de página es bastante fácil, imprimir las direcciones en el lugar correcto del sobre es extraordinariamente difícil. Algunos modelos de impresora quieren que inserte los sobres al revés, mientras que otras prefieren que los coloque al derecho. Su mejor opción es hacer varias pruebas, colocando el sobre en la bandeja de su impresora de distintas maneras hasta que finalmente encuentre el método mágico. (O puede sacar el manual de su impresora, si todavía lo tiene, y hojear las imágenes de "colocación correcta de sobres").

Luego de descifrar el método correcto para su impresora en particular, pegue un sobre impreso correctamente encima de su impresora y dibújele una flecha que le indique el modo correcto de inserción.

Si eventualmente se da por vencido en cuanto a imprimir sobres, intente usar las etiquetas de correo Avery. Compre su tamaño preferido de etiquetas Avery y luego descargue el programa gratuito Avery Wizard del sitio Web de Avery (www.avery.com/us/software/index.jsp). Compatible con Microsoft Word, el asistente coloca pequeños cuadros en su pantalla que coinciden perfectamente con el tamaño de sus etiquetas Avery. Escriba las direcciones en los cuadros pequeños, inserte la hoja de etiquetas en su impresora y Word imprime todo en las pequeñas etiquetas. Ni siquiera necesita lamerlas.

O haga como yo: Compre un sello de goma con su dirección. Es mucho más rápido que las calcomanías o impresoras.

Para encontrar el cuadro Page Setup (Configurar página) en algunos programas (incluido Internet Explorer), haga clic en la pequeña flecha junto al icono de la impresora y seleccione Page Setup desde el menú desplegable.

Ajustar la configuración de su impresora

Cuando selecciona Print (Imprimir) desde muchos programas, Windows ofrece una última oportunidad de mejorar el aspecto de su hoja impresa. El cuadro de diálogo Print, como se muestra en la Figura 7-2 le permite enviar su trabajo a cualquier impresora instalada en su computadora o red. Allí puede ajustar la configuración de la impresora, seleccionar la calidad de papel y elegir las páginas (y cantidades) que quiere imprimir.

Es posible que encuentre esta configuración esperándolo en el cuadro de diálogo:

✔ **Select Printer (Elegir impresora):** Ignore esta opción si tiene una sola impresora instalada, porque Windows la seleccionará automáticamente. Si su computadora tiene acceso a más de una impresora, haga clic en aquella que debe recibir el trabajo. Seleccione Fax para enviar su trabajo como fax a través del programa Windows Fax and Scan.

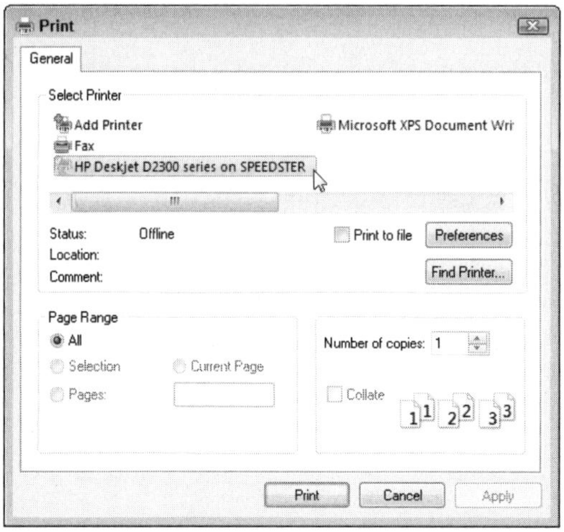

Figura 7-2:
El cuadro de diálogo Print (Imprimir) le permite elegir su impresora y ajustar la configuración.

La impresora llamada Microsoft XPS Document Writer envía su trabajo a un archivo con formato especial, generalmente para que se imprima o distribuya profesionalmente. Es muy probable que jamás la use.

✔ **Page Range (Intervalo de página):** Seleccione All (Todo) para imprimir su documento completo. Para imprimir solamente algunas de sus páginas, seleccione la opción Pages (Páginas) e ingrese los números de página que desea imprimir. Por ejemplo, ingrese **1-4, 6** para dejar afuera la página 5 de un documento de 6 páginas. Si ha resaltado un párrafo, elija la opción Selection (Selección) para imprimir ese párrafo en particular — un buen modo de imprimir la parte que importa de una página Web y descartar el resto.

✔ **Number of Copies (Número de copias):** La mayoría de la gente deja esto en 1 copia, a menos que todos en la sala de juntas quieran su propia copia. Puede elegir Collate (Intercalar) solamente si su impresora ofrece esa opción. (La mayoría no, así que deberá ordenar las páginas usted mismo).

✔ **Preferences (Preferencias):** Haga clic en este botón para ver un cuadro de diálogo como el de la Figura 7-3, en el que puede elegir opciones específicas para su modelo de impresora. El cuadro de diálogo Printing Preferences (Preferencias de impresión) generalmente le permite seleccionar distintas calidades de papel, elegir entre color y blanco y negro, establecer la calidad de impresión y hacer correcciones de último minuto al diseño de la página.

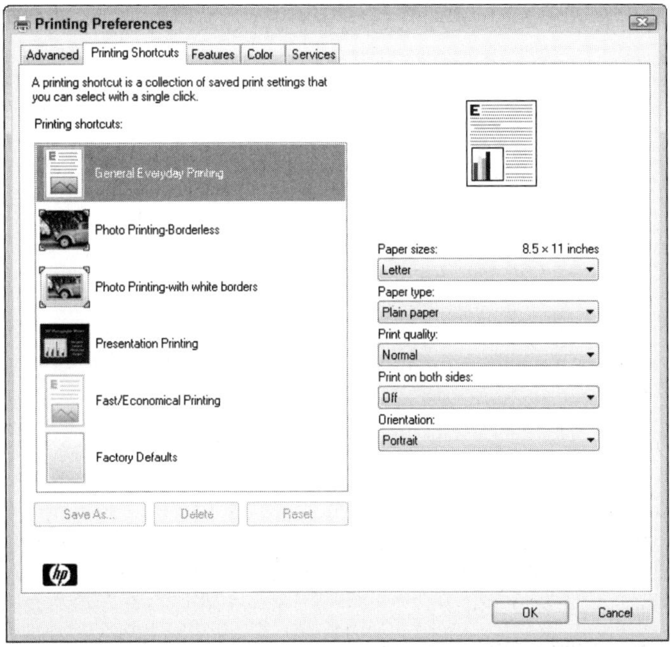

Figura 7-3:
El cuadro
de diálogo
Printing
Preferences
(Preferencias
de
impresión)
le permite
cambiar la
configuración
específica
de su
impresora,
incluido
el tipo de
papel y la
calidad de
impresión.

Figura 7-3: El cuadro de diálogo Printing Preferences (Preferencias de impresión) le permite cambiar la configuración específica de su impresora, incluido el tipo de papel y la calidad de impresión.

Cancelar un trabajo de impresión

¿Se acaba de dar cuenta de que envió el documento de 26 páginas equivocado a la impresora? Así que entra en pánico y presiona el botón de apagado de la impresora. Desafortunadamente, muchas impresoras reanudan el trabajo donde lo dejó automáticamente cuando las vuelve a encender, dejándolo a usted o a sus compañeros de trabajo para encargarse de ese desastre.

Para purgar el error de la memoria de su impresora, siga estos pasos:

1. **Haga clic en Start (Inicio) y seleccione Devices and Printers (Dispositivos e Impresoras).**

2. **Haga clic derecho en el nombre o el icono de su impresora y seleccione What's Printing (Qué se está imprimiendo).**

   Aparece la práctica *print queue* (cola de impresión), como se muestra en la Figura 7-4.

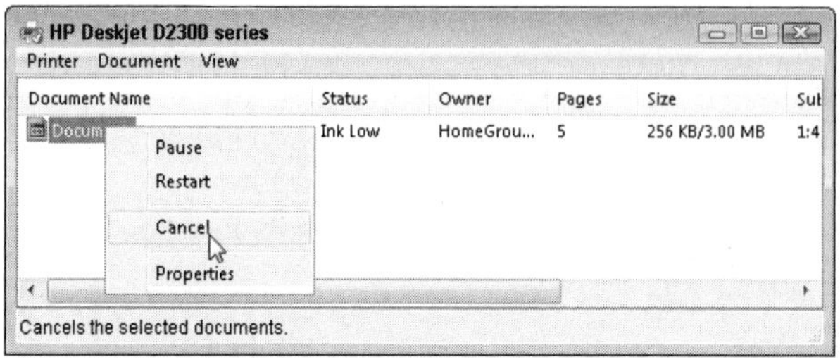

Figura 7-4:
Utilice la
cola de
impresión
para
cancelar un
trabajo de
impresión.

HP Deskjet D2300 series						
Printer Document View						
Document Name		Status	Owner	Pages	Size	Sub
Docum	Pause	Ink Low	HomeGrou...	5	256 KB/3.00 MB	1:4
	Restart					
	Cancel					
	Properties					
Cancels the selected documents.						

3. **Haga clic derecho en su documento equivocado y seleccione Cancel (Cancelar) para terminar el trabajo. Repita con cualquier otro documento no deseado.**

La cola de su impresora puede tomarse un minuto o dos para despejarse. (Para acelerar las cosas, haga clic en View y seleccione Refresh). Cuando la cola de la impresora esté despejada, encienda nuevamente su impresora; no seguirá imprimiendo ese mismo documento insufrible.

✔ La cola de impresión, también conocido como *spooler* (bobinadora) muestra una lista de cada documento que espera pacientemente llegar a su impresora. Siéntase libre de cambiar el orden de impresión arrastrando y soltando los documentos hacia arriba y hacia abajo en la lista. (Pero no podrá mover algo antes del documento que se esté imprimiendo actualmente).

✔ ¿Comparte su impresora en red? Los trabajos de impresión enviados desde otras PCs terminan en *su* cola de impresión, así que *usted* deberá cancelar los erróneos. (Y los tipos conectados en red que comparten *su* impresora deberán por su parte borrar los trabajos de impresión erróneos que usted genere).

✔ Si a su impresora se le acaba el papel durante un trabajo y se detiene tercamente, agregue más papel. Luego, para que las cosas vuelvan a fluir, abra la cola de impresión, haga clic derecho en su documento y seleccione Restart (Reiniciar). (Algunas impresoras le permiten presionar un botón llamado Online (En línea) para empezar a imprimir otra vez.)

✔ Puede enviar elementos a la impresora incluso cuando está trabajando en la cafetería con su equipo portátil. Más tarde, cuando conecte la portátil a la impresora, la cola de la impresora detecta esto y comienza a enviar sus archivos. (Cuidado: cuando están en la cola de impresión, los documentos tienen el formato de su modelo específico de impresora. Si luego conecta su portátil a un modelo de impresora *distinto*, los documentos en espera de la cola de impresión no se imprimirán correctamente).

Imprimir una página Web

Aunque las páginas Web atiborradas de información suelen ser terriblemente tentadoras, *imprimir* esas páginas rara vez resulta satisfactorio ya que se ven horribles en papel. Cuando se envían a la impresora, las páginas Web suelen exceder el margen derecho, consumir millones de páginas adicionales o son mucho más pequeñas para leer.

Para complicar las cosas, todos esos anuncios coloridos pueden agotar los cartuchos de color de su impresora bastante rápido. Existen solamente cuatro soluciones para que las páginas Web se impriman exitosamente y las escribo en orden de éxito demostrado:

✔ **Use la opción Print (Imprimir) incorporada a la página Web.** Algunos sitios Web, pero no todos, ofrecen una pequeña opción en el menú que se llama Print This Page (Imprimir esta página), Text Version (Versión sólo texto), Printer-Friendly Version (Versión para impresoras) o algo similar. Esa opción le dice al sitio Web que elimine la basura y reformatee la página para que se ajuste prolijamente a una hoja de papel. Esta opción es la forma más confiable de imprimir una página Web.

✔ **Seleccione Print Preview (Previsualizar impresión) desde el menú File (Archivo) o Print (Imprimir) de su navegador.** Después de 15 años, algunos diseñadores de páginas Web notaron que la gente quiere imprimir sus páginas, así que ajustaron la configuración para hacer que sus páginas cambien el formato *automáticamente* cuando se imprimen. Si tiene suerte, una visión nítida de la ventana Print Preview significa que se ha encontrado con uno de esos sitios amigables con las impresoras.

✔ **Copie la porción que desea y péguela en el WordPad.** Intente seleccionar el texto deseado desde la página Web, cópielo y péguelo en WordPad u otro procesador de texto. Borre cualquier sección restante no deseada, ajuste los márgenes e imprima la parte que le interesa. El Capítulo 5 explica cómo seleccionar, copiar y pegar.

✔ **Copie la página completa y péguela en un procesador de texto.** Aunque es mucho trabajo, es una opción. Use la opción Select All (Seleccionar todo) en el menú Edit (Edición) de Internet Explorer. Luego elija Copy ("copiar", también en el menú Edit) o presione Ctrl+C. A continuación, abra Microsoft Word o algún otro procesador de texto con funcionalidades completas y pegue la página Web dentro de un nuevo documento. Si corta todas las partes que no le interesan, es posible que termine con algo que vale la pena imprimir.

Estos consejos también pueden ser útiles para trasladar una página Web de la pantalla al papel:

✔ Si ve una opción de E-Mail (enviar por correo electrónico), pero no la opción Print, envíese la página por correo electrónico a usted mismo. Puede que tenga más éxito al imprimirla como mensaje de correo electrónico.

✔ Para imprimir solo algunos párrafos de una página Web, utilice el mouse para seleccionar la parte que le interesa. (Hablo de cómo seleccionar en el Capítulo 5). Seleccione Print (Imprimir) desde el menú File (Archivo) de Internet Explorer para abrir el cuadro de diálogo Print, mostrado anteriormente en la Figura 7-2, y luego opte por Selection (Selección) en el cuadro Page Range (rango de página).

✔ Si una tabla o una foto de la página Web insiste en desaparecer del borde derecho del papel, intente imprimir la página en modo Landscape (Horizontal) en vez de Portrait (Vertical). Vea la sección "Adaptar su trabajo para que se ajuste a una página", al principio de este capítulo, para obtener detalles del modo Landscape.

Resolver problemas de la impresora

Cuando no puede imprimir algo, comience con lo básico: ¿Está *seguro* de que la impresora está encendida, enchufada, llena de papel y conectada en forma segura con su computadora mediante el cable?

Si es así, intente conectar la impresora en distintos tomacorrientes, encendiéndola y probando si su luz de encendido se activa. Si la luz permanece apagada, probablemente se haya dañado el suministro de electricidad de su impresora.

Casi siempre es más barato reemplazar que reparar una impresora. Pero si está encariñado con su impresora, pida un presupuesto en una tienda de reparaciones — si es que encuentra una — antes de descartarla.

Si la luz de encendido de su impresora brilla intensamente, compruebe estas cosas antes de darse por vencido:

✔ Asegúrese de que no se haya trabado una hoja de papel dentro de la impresora. (Un tirón cuidadoso suele extraer el papel atascado; a veces con solo abrir y cerrar la tapa de la impresora las cosas vuelven a moverse.

✔ ¿Su impresora de inyección de tinta todavía tiene tinta en los cartuchos? ¿Su impresora láser tiene toner? Intente imprimir una página de prueba: Haga clic en Start (Inicio) y seleccione Devices and Printers (Dispositivos e Impresoras). Haga clic derecho en el icono de su impresora, seleccione Printer Properties (Propiedades de la impresora) y haga clic en el botón Print Test Page (Imprimir página de prueba) para ver si la computadora y la impresora pueden hablar entre sí.

Elegir el papel correcto para su impresora

Si ha caminado por los pasillos de una tienda de suministros para oficina últimamente, habrá notado una apabullante gama de opciones de papel. A veces el empaque del papel tiene una descripción de su aplicación. El papel marcado como Premium Inkjet Paper es para memorándums de alta calidad. Esta es una lista de distintos trabajos de impresión y los tipos de papel que requieren. Antes de imprimir, asegúrese de hacer clic en la sección Preferences (Preferencias) de la impresora para seleccionar la calidad de papel que utilizará para ese trabajo.

✔ **Junk (borradores):** Guarde papel barato o de descarte para probar la impresora, imprimir borradores rápidos, dejar notas en el escritorio e imprimir otros trabajos al vuelo. Los trabajos de impresión que salieron mal son geniales para esto; simplemente utilice el papel en la cara inversa.

✔ **Letter quality (Calidad de carta):** Con las palabras Premium o Bright White (Blanco brillante), este papel funciona bien para cartas, informes, memorándums y otras cosas pensadas para que otros las vean.

✔ **Photos (Fotos):** Puede imprimir fotos en cualquier tipo de papel, pero solamente parecen fotos si se imprimieron en papeles con calidad fotográfica — los costosos. Deslice el papel cuidadosamente en la bandeja de la impresora para que la imagen se imprima del lado satinado y brillante. Algunos papeles fotográficos requieren que coloque una pequeña hoja de cartón debajo, lo que ayuda a deslizar el papel fácilmente dentro de la impresora.

✔ **Labels (Etiquetas):** Nunca me han enviado una camiseta, pero sigo insistiendo con que el programa Avery Wizard (www.avery.com) facilita la impresión de etiquetas y tarjetas. El mismo trabaja en conjunto con Microsoft Word para combinarse perfectamente con las tarjetas de correo preformateadas de Avery, además de las tarjetas de felicitación, tarjetas de presentación, etiquetas de CD y muchos otros medios.

✔ **Transparencies (Trasparencias):** Para presentaciones de PowerPoint poderosas, compre hojas plásticas transparentes diseñadas para su tipo de impresora. Asegúrese de que la transparencia sea compatible con su impresora, ya sea láser o de inyección de tinta.

Antes de desembolsar dinero, asegúrese de que su papel esté diseñado específicamente para su tipo de impresora, ya sea láser o de inyección de tinta. Las impresoras láser calientan las páginas y algunos papeles y transparencias no pueden soportar el calor.

✔ Intente actualizar el *driver* (controlador) de la impresora, el pequeño programa que ayuda a que se comunique con Windows 7. Visite el sitio Web del fabricante, descargue el controlador más reciente para su modelo específico de impresora y ejecute el programa de instalación. (Hablo de los drivers en el Capítulo 12).

Finalmente, hay un par de consejos que lo ayudarán a proteger su impresora y sus cartuchos:

✔ Apague su impresora cuando no la esté utilizando. En especial, las impresoras de chorro de tinta deben apagarse cuando no estén en uso. El calor tiende a secar los cartuchos, acortando su vida útil.

✔ No desconecte el cable de alimentación de su impresora de chorro de tinta para apagarla. Siempre utilice el botón de encendido/apagado. El interruptor garantiza que los cartuchos se deslicen de nuevo hacia sus posiciones iniciales, evitando que se sequen o se obstruyan.

Parte III
Obtener Resultados en Internet

The 5th Wave   por Rich Tennant

"Enfréntalo Vinnie –te va a resultar muy difícil lograr que la gente se suscriba en línea con una tarjeta de crédito a un boletín llamado 'Interactiva de Delincuentes'."

En esta parte. . .

Internet supo ser un lugar limpio, silencioso y útil, lo mismo que una biblioteca nueva. Podía encontrar información detallada acerca de prácticamente todo, leer los periódicos y revistas de otras partes del mundo, escuchar música en la sección de medios, o navegar tranquilamente los catálogos de tarjetas.

Hoy en día, esta maravillosa biblioteca global ha sido bombardeada por gente ruidosa que le lanza anuncios a la cara cubriendo lo que está tratando de leer. Algunos ni siquiera le permiten cerrar el libro que abrió sin darse cuenta — el libro insiste en abrirse en la página equivocada. Carteristas y ladrones acechan en los pasillos.

Esta parte del libro lo ayuda a convertir nuevamente a Internet en la biblioteca apacible y útil que supo ser. Le muestra cómo detener la publicidad emergente, los secuestradores del navegador y el spyware. También explica cómo enviar y recibir correo electrónico para mantenerse en contacto con sus amigos.

Finalmente, explica cómo mantenerse a salvo mediante la Protección de Cuenta de Usuario, el firewall, el centro de seguridad y otros trucos de Windows 7 que lo ayudarán a recuperar el Internet de sus amores.

Capítulo 8

Navegar por la Web

. . . .

En Este Capítulo

▶ Averiguar sobre proveedores de servicios de Internet

▶ Configurar Internet Explorer por primera vez

▶ Navegar por la Web

▶ Encontrar información en Internet

▶ Entender los plug-ins

▶ Guardar información de Internet

▶ Resolver problemas de Internet Explorer

. . . .

*I*ncluso cuando lo está instalando, Windows 7 empieza a buscar cosas en Internet, hambriento por cualquier pista de una conexión. Después de conectarse con Internet, Windows 7 insta amablemente a su reloj a poner la hora exacta. Su motivación es menos pura: Windows 7 también se contacta con Microsoft para asegurarse de que no está instalando una copia pirata.

Este capítulo explica cuándo conectarse a Internet, visitar sitios Web y encontrar todas las cosas buenas que hay en línea. Para mantener lejos a las cosas malas, asegúrese de visitar el Capítulo 10 e incorporar una idea básica de lo que es la computación segura. Internet está llena de malos vecinos, y ese capítulo explica cómo evitar virus, spyware, secuestradores y otros parásitos de Internet.

Pero, una vez que su computadora esté usando el casco y las rodilleras reglamentarias, súbase a Internet y disfrute del paseo.

¿Qué es Internet?

Hoy la mayoría de la gente da por sentado a Internet, como lo hace con una línea telefónica. En vez de maravillarse con los engranajes internos de Internet, se han acostumbrado a esta nueva tierra llamada *ciberespacio* y su enorme cantidad de atracciones.

✔ **Biblioteca:** Internet está llena de material educacional: libros clásicos, actualizaciones de noticias cada hora, diccionarios en idiomas extranjeros, enciclopedias especializadas y más. Visite RefDesk (`www.refdesk.com`) para ver una lista detallada de los mejores materiales de referencia gratuitos de Internet.

✔ **Tienda:** Aunque Internet parecía una novedad hace diez años, hoy en día Internet gira en torno a hacer dinero. Puede comprar casi cualquier cosa disponible en tiendas (y algunas cosas *no* vendidas en tiendas) en Internet y enviarlas a su choza de paja. Sitios como Amazon (`www.amazon.com`) incluso permiten escuchar partes de canciones y leer críticas antes de cargar ese CD de John Coltrane en su tarjeta de crédito.

✔ **Comunicador:** Mucha gente trata a Internet como un servicio postal privado para enviar mensajes a amigos, compañeros de trabajo e incluso extraños alrededor del todo el mundo. Desafortunadamente, los comerciantes inoportunos hacen lo mismo, enviándole a la gente cada vez más desesperadas ofertas imperdibles —no solicitadas— conocidas como *spam*. (Cubro los programas de correo electrónico descargables que son compatibles con Windows 7 en el Capítulo 9).

✔ **Desperdicio de tiempo:** Cuando está sentado en una sala de espera, todo el mundo normalmente toma una revista de la mesita. Internet también ofrece montones de maneras de perder el tiempo. Saltar de un sitio Web a otro es muy parecido a hojear las páginas de una revista, pero con cada vuelta de página se revelará un tema completamente diferente, aunque extrañamente relacionado, que le ofrece información fascinante. O por lo menos eso parecía en el momento.

✔ **Entretenimiento:** Internet no solo le trae los horarios de una película, sino también el avance, las listas de elenco, críticas y los chismes de la farándula. Si está cansado de las películas, explore los juegos en línea, investigue destinos de viaje exóticos o busque estadísticas deportivas.

En resumen, Internet es una biblioteca internacional abierta las 24 horas que ofrece algo para cada quien.

✔ Del mismo modo que alguien surfea la televisión pasando de un canal a otro, cuando surfea la Web salta de página en página, probando un poco de los vastos y esotéricos montones de información.

✔ Casi cualquier gobierno, salvo China, ama Internet. En Estados Unidos, el FBI comparte fotos de sus diez criminales más buscados (`www.fbi.gov`), y el Servicio de Recaudación de Impuestos (`www.irs.ustreas.gov`) permite que los usuarios de Internet hagan copias de sus formularios de impuestos las 24 horas del día. ¿Quiere reclamar por una multa de estacionamiento? El sitio Web de su ciudad probablemente le dé el número correcto para llamar antes que la guía telefónica.

✔ Las universidades y los científicos también aman la red, porque pueden enviar formularios para subvenciones más rápido que nunca. ¿Preocupado por la sustancia viscosa que se coagula en las hendiduras de sus bromeliáceas? El famoso sitio de botánica (www.botany.net) le permite a los investigadores estudiar todo desde las Acacias australianas a los hongos zoospóricos.

✔ La mayoría de las compañías informáticas ofrecen soporte para sus productos a través de Internet. Los visitantes pueden intercambiar mensajes con los técnicos y otros usuarios acerca de sus últimos problemas con la computadora. Tal vez pueda descargar un parche o descubrir la secuencia mágica de tecleos que resuelva el problema.

¿Qué es un ISP y Por qué Necesito Uno?

Todos necesitan tres cosas para conectarse a la Web: una computadora, software de navegación Web y un proveedor de servicios de Internet (ISP, por las siglas en inglés de Internet Service Provider).

Usted ya tiene la computadora, y Windows 7 viene con un navegador Web llamado Internet Explorer. (Los europeos que se encuentran con la versión sin navegador de Windows 7 pueden contactar al fabricante de su PC para obtener asistencia).

Eso significa que la mayoría de la gente solamente necesita encontrar un ISP. Aunque las señales de televisión vienen flotando por los aires hasta su equipo de TV en forma gratuita, debe pagar a un ISP por el privilegio de surfear por la Web. Específicamente, le paga al ISP por una *contraseña* y un *nombre de usuario*. Cuando su computadora se conecta a las computadoras de su ISP, Internet Explorer automáticamente ingresa su nombre de cuenta y contraseña, y ya está listo para surfear por la Web.

¿No sabe qué ISP elegir? Primero, distintos ISP ofrecen sus servicios en distintas áreas geográficas. Pregunte a sus amigos, vecinos o bibliotecas locales cómo se conectan y qué ISP recomiendan. Llame a varios ISP para que le den un precio estimado y compare tarifas. La mayoría cobra el servicio en forma mensual; si no está contento, siempre puede cambiar de proveedor.

✔ Aunque algunos ISP cobran por cada minuto que está conectado, la mayoría cobra una tarifa mensual plana que oscila entre 15 y 50 dólares por un servicio ilimitado. Asegúrese de saber cuál es la tarifa antes de subir abordo, o se sorprenderá a fin de mes.

✔ Los ISP le permiten conectarse a Internet de varias maneras. Los ISP más lentos requieren un módem de conexión telefónica y una línea de teléfono común. Las conexiones *broadband* (banda ancha) son más rápidas: las líneas especiales DSL o ISDN provistas por algunas compañías telefónicas, y las conexiones de cablemódem aún más rápidas, provistas por su compañía de cable. Por desgracia, cuando busca ISP de banda ancha, su ubicación geográfica suele determinar sus opciones.

Configurar Internet Explorer por Primera Vez

Esta parte es fácil: Windows 7 constantemente busca una conexión a Internet en funcionamiento dentro de su PC. Si encuentra una, a través de una red cableada o inalámbrica, la banda ancha (cable o DSL), o un hotspot (punto de acceso o conexión) inalámbrico, ya está listo: Windows 7 le pasa la noticia a Internet Explorer y su PC se conecta de inmediato a Internet. Esto significa que no debería tener que abrirse paso por esta sección.

Sin embargo, si Windows 7 no puede localizar Internet — un incidente que sucede con frecuencia si se conecta a través de líneas telefónicas — este trabajo depende de usted, con la ayuda de esta sección.

Para guiarlo sin complicaciones a través del tumulto de configurar una conexión a Internet, Windows 7 le presenta un cuestionario que indaga acerca de los detalles. Finalizado este breve interrogatorio, Windows 7 lo ayuda a conectar su computadora a su ISP para que pueda navegar por la Web como uno de los mejores.

Si tiene problemas para conectarse con Internet a través de una red hogareña, lea el Capítulo 14 para obtener detalles sobre la detección y solución de problemas.

Para transferir la configuración de su cuenta de Internet actual a o desde otra computadora, utilice el programa Easy Transfer, que se cubre en el Capítulo 19. El programa copia la configuración de Internet de una PC a otra, ahorrándole la molestia de seguir estos pasos.

Esto es lo que necesita para configurar una conexión telefónica a Internet.

- **Su usuario, contraseña y número de acceso telefónico (username, password y access phone number, respectivamente).** Si no tiene un ISP aún, Windows 7 encontrará uno para usted, así que tome papel y lápiz. (Sin embargo, los ISP sugeridos pueden ser un tanto caros).

- **Un módem conectado.** Si planea conectarse a Internet a través de líneas de teléfono, necesita un módem de acceso telefónico. Para ver si su PC ya tiene un módem dial-up, busque una ranura de teléfono en la parte trasera de su computadora, de donde salen todos los otros cables. Luego, conecte un cable telefónico estándar entre ese conector (el de la computadora dice *Line* o Línea y no *Phone* o teléfono) y la ficha telefónica a la pared. ¿No tiene un módem dial-up? Compre uno que se conecte a su puerto USB, y le ofrecerá una ficha para conectar su línea telefónica.

Cada vez que su conexión a Internet le dé problemas de inicio de sesión, venga aquí y siga los siguientes pasos. El asistente lo guiará a través de su configuración actual, permitiéndole hacer cambios. Llame al asistente siguiendo estos pasos:

1. Haga clic en el botón Start, seleccione Control Panel (Panel de control) y en la sección Network and Internet (Red e Internet) seleccione Connect to the Internet (Conectarse a Internet).

Aparecerá la ventana Connect to the Internet, preguntándole de qué manera desea conectarse:

- **Broadband (PPPoE):** Seleccione esta opción si se suscribe a uno de los pocos ISP de banda ancha que requiere un nombre de usuario y contraseña. (Algunos llaman a este sistema Point-To-Point Protocol over Ethernet o Protocolo de punto a punto a través de Ethernet). Si hace clic aquí, ingrese su nombre de usuario y contraseña en las casillas y haga clic en Connect (Conectarse) para engancharse a Internet.

- **Dial-up:** Haga clic aquí si se conecta a Internet a través de una vieja y simple línea telefónica, luego siga con el siguiente paso.

- **Wireless:** Si su PC tiene un adaptador de Internet inalámbrico, Windows 7 comienza a buscar señales inalámbricas apenas instala el sistema operativo en su PC. Sin embargo, si tiene problemas, diríjase al Capítulo 14 y revise la sección sobre cómo conectarse en forma inalámbrica. (Le ofrezco información específica para portátiles en el Capítulo 22).

Si Windows 7 encuentra una red *wireless* (inalámbrica) por casualidad, está de suerte. Puede subirse a la señal haciendo doble clic en el nombre de la red. (Hablo de las redes inalámbricas en el Capítulo 14).

2. Seleccione Dial-up:

Si no está seleccionando redes inalámbricas o de banda ancha (PPPoE), dial-up es su única opción de conexión a Internet. Para acelerar las cosas, Windows 7 le facilita un cuestionario, como el que se ve en la Figura 8-1, listo para que ingrese la información de su ISP de acceso telefónico.

3. Ingrese la información de su ISP de dial-up.

Aquí es donde ingresa tres datos más que importantes y elige un par de opciones de configuración más.

- **Dial-Up Phone Number (Número telefónico de Dial-Up):** Ingrese el número telefónico provisto por su ISP, completo con el código de área.

- **User Name (Nombre de usuario):** Este no es necesariamente su propio nombre, sino el nombre de usuario que le asignó su ISP cuando creó su cuenta. (También suele ser la primera parte de su dirección de correo electrónico)

- **Password (Contraseña):** Escriba su contraseña aquí. Para asegurarse de que está ingresando su contraseña correctamente, active la casilla de verificación Show Characters (Mostrar caracteres). Luego, desactive la selección cuando haya ingresado la contraseña sin errores.

Asegúrese de activar la casilla de verificación Remember This Password (Recordar esta contraseña). Eso evita que deba ingresar nuevamente su nombre de usuario y contraseña cada vez que quiera conectarse a Internet. (*No* seleccione esa casilla de verificación si no desea que su compañero de cuarto u otros puedan usar su conexión).

- **Connection Name (Nombre de la conexión):** Windows 7 le da el nombre *Dial-Up Connection* (Conexión Dial-Up) a su conexión. Cámbiela a algo más descriptivo si está alternando cuentas dial-up de varios ISP.

- **Allow Other People to Use This Connection (Permitir a otras personas usar esta conexión):** Active esta opción para permitir que las personas con otras cuentas de su PC inicien sesión con esta conexión.

Figura 8-1: Ingrese el número de teléfono de su ISP, su nombre de usuario y su contraseña.

Al hacer clic en el vínculo I Don't Have an ISP (No tengo un ISP) se abre una ventana en la que puede insertar un CD de instalación provisto por su ISP.

Haga clic en el vínculo Dialing Rules (Reglas de marcado), junto al número de teléfono. Allí, puede ingresar los detalles clave tales como su país, código de área y si necesita marcar un número para conectarse a una línea externa. Windows recuerda esta información, asegurándose de marcar un 1 si está fuera de su código de área, por ejemplo. Los usuarios de equipos portátiles deben visitar las reglas de marcado por cada ciudad que visitan.

4. Haga clic en el botón Connect (Conectar).

Su PC se conecta a Internet. Para probar su conexión, cargue Internet Explorer desde el menú Start, si es que ya no está ejecutándose, y vea si le permite visitar sitios Web.

¡Pero yo *quiero* ver algunas ventanas emergentes!

Las primeras versiones de Internet Explorer no tenían manera de evitar que los anuncios emergentes explotaran por toda su pantalla. Internet Explorer ahora ofrece un bloqueador de anuncios que detiene al 90 por ciento de ellos. Para asegurarse de que esté encendido, seleccione Pop-Up Blocker (Bloqueador de elementos emergentes) desde el menú Tools de Internet Explorer y asegúrese de que no esté marcada la casilla de verificación Turn Off Pop-Up Blocker (Desactivar bloqueador de elementos emergentes).

Si *desea* ver ventanas emergentes en algunos sitios, ese mismo menú le permite elegir Pop-Up Blocker Settings (Configuración del bloqueador de elementos emergentes). Escriba la dirección del sitio Web para que Internet Explorer permita que las ventanas emergentes de ese sitio se abran libremente.

Si un sitio intenta enviar un anuncio o mensaje emergente, Internet Explorer abre una franja sobre el borde superior que dice A pop-up was blocked. To see this pop-up or additional options, click here. (Se bloqueó un elemento emergente. Para ver este elemento emergente o ver opciones adicionales, haga clic aquí). Haga clic en la franja para hacer una de estas tres cosas: permitir que ese elemento emergente aparezca, permitir los elementos emergentes de ese sitio en particular, o cambiar la configuración del bloqueador de elementos emergentes.

Finalmente, para evitar que la franja de información haga ese molesto ruido cuando detiene un elemento emergente, seleccione Pop-Up Blocker (Bloqueador de elementos emergentes) desde el menú Tools (Herramientas) del Internet Explorer, seleccione Pop-Up Blocker Settings (Configuración del bloqueador de elementos emergentes) y destilde la casilla de verificación de la opción Play a Sound When a Pop-Up is Blocked (Reproducir un sonido cuando se bloquea un elemento emergente).

En el futuro, conéctese a Internet simplemente cargando Internet Explorer. Su PC marca automáticamente la conexión a Internet utilizando la conexión que creó aquí.

 No tenga miedo de molestar a su ISP si necesita ayuda. La mayoría de los ISP tienen líneas de asistencia técnica. Un miembro del personal de ayuda puede guiarlo por el proceso de instalación. No se quede con un ISP poco amigable o que no lo ayude a conectarse.

A veces, Internet Explorer no cuelga el teléfono automáticamente cuando terminó de navegar. Para que su PC corte la comunicación al cerrar Internet Explorer, seleccione Internet Options (Opciones de Internet) desde el menú Tools (Herramientas) del programa y haga clic en la pestaña Connections (Conexiones). Haga clic en el botón Settings (Configuración) y luego en el botón Advanced (Avanzado). Finalmente, active la casilla de verificación Disconnect When Connection May No Longer Be Needed (Desconectarse cuando la conexión ya no se necesaria) y haga clic en OK (Aceptar).

Navegar por la Web con Internet Explorer 8

Su navegador Web es su tabla de surf para Internet — su medio de transporte hacia los millones de sitios Web de Internet. Internet Explorer viene gratis con Windows 7, así que mucha gente lo usa por conveniencia. Otras personas prefieren navegadores creados por otras compañías de software, como el Firefox de Mozilla (www.getfirefox.com).

En resumen, nadie lo obliga a quedarse con Internet Explorer 8, la versión que presenta Windows 7. Siéntase libre de probar navegadores Web de la competencia, ya que hacen prácticamente lo mismo: llevarlo de un sitio Web a otro.

Moverse de una página Web a otra

Todos los navegadores funcionan básicamente de la misma manera. Cada página Web viene con una dirección específica, como las casas. Internet Explorer le permite moverse entre páginas de tres formas distintas:

- ✔ Haciendo clic en un botón o enlace que automáticamente lo transporta a otra página.
- ✔ Escribiendo una complicada serie de palabras clave (la dirección Web) en el cuadro Address (Dirección) del navegador Web y presionando Enter.

✔ Haciendo clic en los botones de navegación de la barra de herramientas del navegador, que generalmente está en la parte superior de la pantalla.

Hacer clic en vínculos

La primera forma es la más sencilla. Busque *links* (vínculos) — palabras resaltadas o imágenes de una página — y haga clic en ellos. ¿Ve cómo el puntero del mouse se convirtió en una mano (se muestra en el margen) cuando señala la palabra *Books* en la Figura 8-2? Haga clic en esa palabra para ver una página Web con más información sobre mis libros. Muchas palabras de esta página son también vínculos; el puntero del mouse se convierte en una mano cuando está cerca de ellos y las palabras se subrayan. Haga clic en cualquier palabra para ver páginas que tratan sobre el tema de ese vínculo en particular.

Figura 8-2: Cuando el puntero del mouse se convierte en una mano, haga clic en la palabra o imagen para ir a una página Web con más información sobre ese elemento.

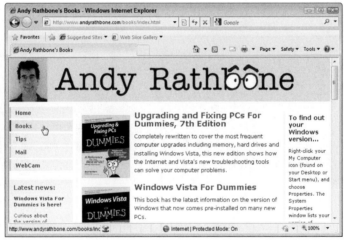

Los diseñadores de páginas Web se ponen muy creativos en estos días, y sin la pequeña mano del puntero suele ser difícil distinguir dónde señalar y hacer clic. Algunos botones se ven como botones típicos de un ascensor; otros se ven como dados peludos o pequeños vegetales. Pero cuando hace clic en un botón, el navegador lo lleva a la página relacionada con ese botón. Por ejemplo, si hace clic en los dados peludos puede aparecer una hoja de apuestas para casinos locales, y los vegetales pueden darle información sobre el mercado agrícola local.

Escribir direcciones Web en el cuadro Address

El segundo método es más difícil. Si un amigo le da una servilleta con la dirección de una página Web interesante escrita ahí, necesita escribir la dirección de su página Web en el cuadro Address (Dirección) de su navegador. Estará bien, siempre que no se equivoque al escribir. ¿Ve la dirección de mi sitio Web en el extremo superior de la Figura 8-4 (más adelante en este capítulo)? Yo escribí `www.andyrathbone.com` en la casilla Address. Cuando presioné Enter, Internet Explorer me llevó a mi página Web. (Gracias al Cielo, no necesita escribir la parte de `http://`.)

Usar la barra de herramientas de Internet Explorer

Finalmente, puede maniobrar a través de Internet haciendo clic en varios botones de la barra de herramientas de Internet Explorer, que se ubica en el extremo superior de la pantalla. La Tabla 8-1 ofrece una referencia práctica de los botones de navegación importantes.

Coloque el puntero del mouse sobre un botón de Internet Explorer que le resulte confuso para ver su propósito en la vida.

Tabla 8-1	Navegar con los botones del Internet Explorer	
Este botón . . .	*Se llama así . . .*	*y hace esto . . .*
←	Back (Atrás)	¿Apuntó, hizo clic y terminó en un callejón sin salida? Haga clic en el botón Back para volver a la última página Web que visitó. Si hace clic en el botón Back suficientes veces, terminará en la página de inicio, en donde comenzó.
→	Forward (Adelante)	Después de hacer clic en el botón Back, también puede hacer clic en Forward para revisitar una página.
☆ Favorites	Favorites (Favoritos)	Si hace clic en el botón Favorites del extremo superior, se revela la lista de Favoritos, una lista de vínculos que *podría* llevarlo a sus sitios Web favoritos. (Microsoft rellena el pastel con sus propios sitios Web; siéntase libre de borrarlos y agregar los suyos propios haciendo clic en el botón Add to Favorites, o "Agregar a favoritos").
☆	Add to Favorites Bar (Agregar a barra de favoritos)	¿Ve un sitio que quiere visitar más tarde? Haga clic en esta estrella con una flecha verde y agregue la página Web que está viendo actualmente a su barra de favoritos — esa franja cerca del extremo superior de Internet Explorer. (La barra de favoritos no está relacionada con el área Favoritos que se encuentra en cada carpeta del Panel de Navegación).

Este botón . . .	Se llama así . . .	y hace esto . . .
Suggested Sites ▼	Suggested Sites (Sitios sugeridos)	Internet Explorer le insistirá para que active esta función. Cuando está activada, Suggested Sites espía robóticamente sus hábitos de navegación y sugiere otros sitios que pueden interesarle.
Get More Add-ons ▼	Get More Add-Ons (Conseguir más complementos)	Estos mini programas mejoran su experiencia de navegación en la Web con tareas sencillas: por ejemplo, agregando un vínculo al sitio de Amazon para un libro mencionado en una página Web, que le permita comprarlo. (*Consejo:* busque complementos que bloqueen anuncios).
🏠 ▼	Home (Inicio)	Si se pierde mientras explora Internet, vuelva al terreno conocido haciendo clic en el botón Home (Inicio) que está en el extremo superior del programa. (Haga clic en la flecha junto al botón para cambiar su *home page* (página de inicio) — la primera página que ve cuando carga Internet Explorer — a la página que se muestra actualmente.)
📡 ▼	RSS Feed (Alimentadores RSS)	Cuando este botón naranja se enciende, usted sabe que el sitio ofrece Real Simple Syndication (Sindicación Realmente Simple, o RSS), una forma rápida de leer los encabezados de un sitio sin tener que visitarlo. Para ver los encabezados, haga clic en Favorites y luego clic en la pestaña Feeds (Alimentadores). (Nuevamente, Microsoft incorpora feeds de sus propios sitios en su carpeta; siéntase libre de borrarlos y agregar los suyos propios).
▣ ▼	Web Slices (Trozos de Web)	El clon del sistema de alimentadores RSS creado por Microsoft también ofrece una forma rápida de leer los encabezados de un sitio sin visitarlo. (Los Web Slices también aparecen en la pestaña Feeds de Favorites).
▢	Read Mail (Leer correo)	Esto hace absolutamente nada... hasta que instala un programa de correo electrónico, una tarea que abordo en el Capítulo 9 (A diferencia de las versiones anteriores de Windows, Windows 7 no incluye un programa de correo electrónico).

(continued)

Tabla 8-1 *(continued)*

Este botón . . .	Se llama así . . .	y hace esto . . .
	Print (Imprimir)	Haga clic aquí para imprimir el sitio Web como lo ve. (Haga clic en la pequeña flecha a la derecha para ver las opciones de impresión, incluida una previsualización).
Page ▼	Page (Página)	Estas opciones se relacionan con la página actual: Agrandar el tamaño del texto, por ejemplo, o guardar la página como un archivo.
Safety ▼	Safety (Seguridad)	Haga clic aquí para borrar su historial de navegación, navegar en privado (útil para sitios de bancos), o confirmar si un sitio Web sospechoso es peligroso.
Tools ▼	Tools (Herramientas)	Este botón abre un menú lleno de ajustes para Internet Explorer, permitiéndole optimizar el bloqueador de elementos emergentes y el filtro contra phishing (suplantación de identidad), entre otros.
	Help (Ayuda)	¿Confundido? Un clic aquí activa el menú de ayuda de Internet Explorer.

Hacer que Internet Explorer Se Abra en su Sitio Favorito

Su navegador Web automáticamente muestra un sitio Web cuando inicia sesión por primera vez. Ese sitio Web es lo que se conoce como *home page* (página de inicio), y puede decirle a Internet Explorer que utilice el sitio que usted prefiera como página de inicio siguiendo estos pasos:

1. Visite su sitio Web favorito.

Seleccione la página Web que quiera. A mí me gusta Google News (http://news.google.com) así Internet Explorer siempre abre con los últimos titulares de noticias.

2. **Elija la pequeña flecha a la derecha del icono Home (Inicio) y seleccione Add or Change Home Page (Agregar o cambiar página de inicio).**

El nuevo Internet Explorer, siempre pendiente de la seguridad, le pregunta si quiere usar esa página Web como su única página de inicio o agregarla a la pestaña de páginas de inicio. (Puede tener varias páginas de inicio, cada una con su propia pestaña en el extremo superior de la página.)

3. **Haga clic en Use This Webpage As Your Only Home Page (Usar esta página Web como su única página de inicio) y luego en Yes (Sí).**

Cuando hace clic en Yes (Sí), como se muestra en la Figura 8-3, Internet Explorer siempre se abre en la página que está viendo actualmente.

Si hace clic en No, se quedará con su página de inicio actual, que suele ser The Microsoft Network (`www.msn.com`).

Figura 8-3: Haga clic en Use This Webpage As Your Only Home Page e Internet Explorer siempre se abrirá en esa página.

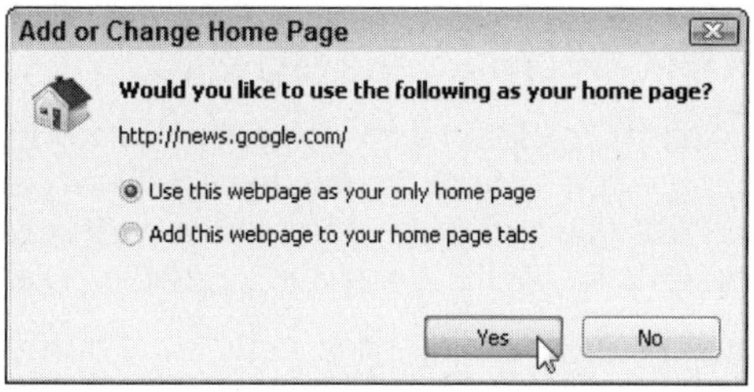

> **Add or Change Home Page**
>
> Would you like to use the following as your home page?
> http://news.google.com/
>
> ◉ Use this webpage as your only home page
> ◯ Add this webpage to your home page tabs
>
> [Yes]   [No]

Después de que Internet Explorer recuerda la página de inicio elegida, puede moverse por Internet, buscando temas en Google (`www.google.com`) u otros motores de búsqueda con sólo señalar y hacer clic en los distintos vínculos.

- Una página de inicio de un sitio Web es su "portada", como la portada de una revista. Cada vez que salta a un sitio Web, generalmente salta a la página de inicio del sitio, y puede empezar a navegar desde allí.

- Si su página de inicio de pronto cambia a otro sitio y estas instrucciones no lo arreglan, probablemente haya sido secuestrada por fuerzas oscuras. Vaya al Capítulo 10 y lea la sección sobre cómo navegar seguro en Internet, especialmente las secciones que tratan sobre eliminar secuestradores y programas espía.

✔ Internet Explorer le permite seleccionar varias páginas como páginas de inicio, cargando simultáneamente cada una y colocando una pestaña encima de cada página para que vaya alternando entre ellas. Para agregar páginas de inicio a su colección, elija Add This Webpage to Your Home Page Tabs (Agregar esta página Web a su pestaña de páginas de inicio) en el Paso 3 de la lista anterior (Figura 8-3).

Revisitar sitios favoritos

Tarde o temprano se encontrará con una página Web que es indescriptiblemente deliciosa. Para asegurarse de poder encontrarla nuevamente más tarde, agréguela a la lista de favoritos incorporada de Internet Explorer con estos pasos:

1. **Haga clic en el icono Add to Favorites Bar (Agregar a barra de favoritos) (como se muestra en el margen) en la barra de herramientas de Internet Explorer.**

    Se despliega un pequeño menú.

2. **Seleccione Add to Favorites (Agregar a favoritos) desde el menú desplegable y haga clic en el botón Add (Agregar).**

    Aparece un cuadro que le ofrece nombrar la página Web por su título — las palabras que aparecen en la pestaña ubicada en el extremo superior de la página. Siéntase libre de hacer clic derecho en el título y recortar las palabras para que el título se ajuste mejor a la angosta barra Favorites.

    Cuando esté satisfecho con el nombre, haga clic en el botón Add (Agregar) para agregar la página a su lista de favoritos.

Cada vez que quiera volver a esa página, haga clic en el botón Favorites de Internet Explorer. Cuando se despliega el menú de favoritos, haga clic en el nombre de su sitio favorito.

Los usuarios con afición de bibliotecarios prefieren organizar su menú de vínculos favoritos: Haga clic en el botón Favorites (Favoritos), luego en la flecha junto al botón Add to Favorites (Agregar a favoritos) y seleccione Organize Favorites (Organizar favoritos). Eso le permite crear carpetas para almacenar vínculos similares y grupos relacionados en carpetas individuales.

¿No ve sus favoritos en el menú desplegable cuando hace clic en el botón Favorites? Haga clic en la pestaña Favorites en el extremo superior del menú. (Puede estar viendo la pestaña History, o "historial", que cubro en el apartado, o la pestaña de noticias RSS, que muestra la lista de encabezados de un sitio).

La historia secreta de sus sitios Web visitados en Internet Explorer

Internet Explorer lleva un registro de cada sitio Web que visita. Si bien la lista del historial del Internet Explorer brinda un práctico registro de las actividades de su computadora, es el sueño de todo espía.

Para controlar lo que registra Internet Explorer, haga un clic en el botón Favorites (Favoritos) y seleccione el icono History (Historial) en el menú desplegable. Internet Explorer da una lista de todos los sitios Web que visitó en los últimos 20 días. Siéntase libre de ordenar las entradas haciendo clic en la pequeña flecha a la derecha de la palabra History. Puede ordenarlas por fecha, orden alfabético, frecuencia de visitas o el orden en el que las visitó ese día en particular — una forma útil de volver a ese sitio que le resultó interesante esta mañana.

Para eliminar una sola entrada del historial haga clic derecho en ella y seleccione Delete (Eliminar) desde el menú. Para borrar la lista completa, salga del área de favoritos. Luego, elija Internet Options (Opciones de Internet) desde el menú Tools (Herramientas) y haga clic en el botón Delete (Eliminar) de la sección Browsing History (Historial de navegación). Aparece un menú que le permite eliminar su historial y otros elementos.

Para desactivar el historial, haga clic en el botón Settings (Configuración) en vez de el botón Delete. Luego, en el botón History, cambie la opción Days to Keep Pages in History (Días para guardar las páginas en el historial) a 0.

Encontrar cosas en Internet

Cuando busca un libro en una biblioteca, suele dirigirse directamente al índice computarizado. Para encontrar un sitio Web en particular dentro de Internet, debe ir a un índice también. Para ayudarlo, Internet Explorer le permite acceder a un índice de Internet — conocido como motor de búsqueda — a través de la casilla Search (Búsqueda) del extremo superior derecho.

Escriba unas pocas palabras en la casilla Search sobre lo que está buscando — por ejemplo, **orquídeas exóticas** — y luego presione Enter. Internet Explorer activa su búsqueda desde Bing, el motor de búsqueda propio de Microsoft. ¿No le gusta Bing? Puede cambiar ese motor de búsqueda a Google (www.google.com) o a cualquier otro que desee.

De hecho, puede agregar una variedad de motores de búsqueda, por ejemplo, dirigiendo la mayoría de sus búsquedas a Google, pero enviando sus búsquedas de libros y CDs a Amazon. Siga estos pasos para personalizar el cuadro Search de Internet Explorer según sus preferencias:

1. **Haga clic en la flecha que apunta hacia abajo en el borde derecho de la casilla Search.**

   Aparece un menú desplegable.

2. **Seleccione Find More Providers (Encontrar más proveedores).**

   Internet Explorer visita el sitio Web de Microsoft y le brinda una lista con un par de decenas de motores de búsqueda populares.

3. **Haga clic en el botón Add to Internet Explorer (Agregar a Internet Explorer) junto a su motor de búsqueda favorito.**

   Se abre un cuadro de diálogo que le preguntará si quiere agregar ese proveedor de búsquedas.

   Si quiere que todas sus búsquedas vayan a un mismo motor de búsqueda — por ejemplo, Google — también seleccione la casilla de verificación marcada como Make This My Default Search Provider (Establecer este proveedor de búsqueda como predeterminado) antes de pasar al Paso 4. Esta opción le dice a Internet Explorer que envíe automáticamente todas sus búsquedas a ese proveedor.

4. **Haga clic en el botón Add (Agregar).**

5. **Además, siéntase libre de agregar cualquier otro motor de búsqueda que quiera.**

   Para agregar cualquier otro motor de búsqueda, repita los Pasos 3 y 4. Todos aparecerán en el menú desplegable de la casilla Search, como se muestra en la Figura 8-4.

✔ Puede cambiar su motor de búsqueda predeterminado en cualquier momento si selecciona Manage Search Providers (Administrar proveedores de búsqueda) en el extremo inferior del menú desplegable de la Figura 8-4. Aparecerá una ventana con una lista de todos sus motores de búsqueda; haga clic en su favorito e Internet Explorer le enviará todas sus búsquedas.

✔ Si Google encuentra sitios Web en idiomas extranjeros, suele traducirlos a su propio idioma.

✔ A veces Google trae un sitio Web que se ha actualizado y ya no muestra lo que está buscando. Si eso ocurre, haga clic en el vínculo que dice Cached (En caché) en vez del nombre del sitio. Eso trae una instantánea del sitio Web tal cual se veía cuando contenía lo que está buscando.

✔ En la página de inicio de Google puede ingresar el término de su búsqueda y luego hacer clic en el botón I'm Feeling Lucky (Voy a tener suerte) y Google le muestra el sitio que más probablemente contenga lo que está buscando. Esta opción funciona mejor cuando está buscando información común.

✔ Los nuevos Accelerators (Aceleradores) de Internet Explorer 8 ofrecen otra forma de buscar información. Cuando resalta palabras en una página Web, aparece una pequeña flecha; haga clic en esta para ver un menú desplegable con sugerencias de lo que puede hacer con esas palabras: Puede buscarlas en un mapa, buscar más información sobre ellas, escribirlas en un blog y más. Los Aceleradores vienen con vínculos a los sitios propios de Microsoft, pero puede agregar otros si elige Add Accelerators (Agregar aceleradores) desde el menú desplegable.

Figura 8-4: Llene su casilla Search con diferentes motores de búsqueda para buscar distintos sitios.

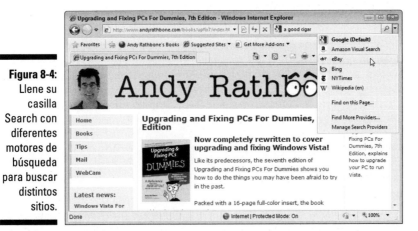

¡La Página Web Dice que Necesita una Cosa Rara de Complemento!

Los programadores de computadoras abandonaron sus viejos y aburridos equipos de TV y se volcaron a sus excitantes y nuevas computadoras en busca de entretenimiento. Ahora, están tratando de convertir a sus computadoras nuevamente en equipos de TV. Están utilizando técnicas de programación extravagantes llamadas Java, Flash, RealPlayer, QuickTime, Silverlight y otras delicias para agregar animación, películas y anuncios llamativos a Internet.

Los programadores crean pequeñas piezas de software llamadas *plug-ins* (conocidos como "complementos" o "agregados" en español) que permiten que el navegador Web de su computadora muestre estos elementos vistosos. Sabrá que está instalando un complemento cuando Internet Explorer le ponga un aviso amenazante en la cara, como se muestra en la Figura 8-5.

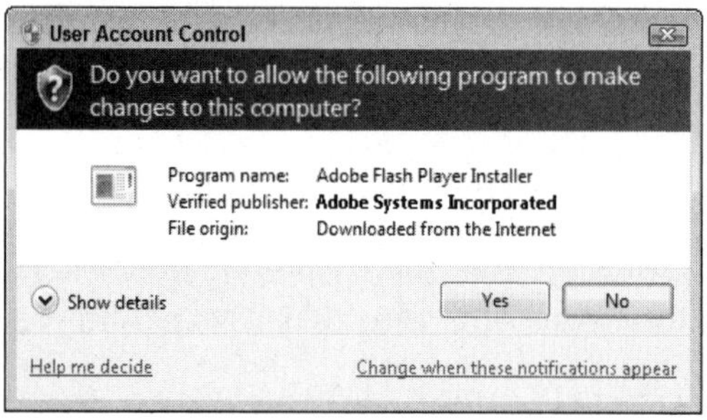

Figura 8-5:
Un sitio le
pide que
instale
software.

¿Cuál es el problema? Si Internet Explorer dice que necesita un plug-in o la última versión del software, haga clic en el botón Install (Instalar) o Yes (Sí) — *solamente si puede confiar en el programa.* Aunque suele ser difícil diferenciar los programas buenos de los malos, explico en el Capítulo 10 cómo juzgar la fiabilidad de un complemento. Los siguientes complementos son gratuitos y seguros:

- ✔ **QuickTime (www.apple.com/quicktime):** La versión gratuita de QuickTime ejecuta formatos de video que el Media Player de Microsoft no puede manejar.

- ✔ **RealPlayer (www.real.com):** Aunque odio muchas cosas de este software, a veces es la única manera de ver o visualizar algunas cosas de Internet. Asegúrese de descargar la versión *free* (gratuita), sin importar cuánto los muchachos de Real traten de esconderla detrás de la versión paga en su sitio Web.

- ✔ **Adobe Flash (www.adobe.com/products/flashplayer):** Esta descarga gratuita de doble filo reproduce los anuncios más molestos en los sitios Web, además de la mayoría de los videos y animaciones en línea.

- ✔ **Microsoft Silverlight (www.silverlight.net):** El desafío de Microsoft al enormemente popular Flash, este software también reproduce videos y anuncios.

- ✔ **Adobe Acrobat Reader (www.adobe.com/products/reader):** Otro programa gratuito popular, Acrobat Reader le permite ver documentos como si estuvieran impresos en papel. (Sin embargo, a veces no le permite copiar parte de esos documentos o leerlos con su procesador de textos).

Tenga cuidado con sitios que tratan de meter otros programas cuando descarga el plug-in. Por ejemplo, algunos programas tratan de meter la barra de herramientas de un socio junto con su plug-in. Examine las casillas de verificación cuidadosamente y anule la selección de aquellas que no desee, no necesite o no considere de confianza antes de hacer clic en el botón Install (Instalar) o Download (Descargar). Si es demasiado tarde, describo cómo eliminar agregados no deseados en la sección "Retirar plug-ins innecesarios", más adelante en este capítulo.

Guardar Información de Internet

Internet pone un servicio completo de biblioteca en su casa, sin largas filas en el mostrador de salida. Y como cualquier biblioteca, viene con una máquina copiadora, porque Internet Explorer le ofrece varias maneras de guardar piezas de información interesantes para su uso personal. (Revise las leyes de propiedad intelectual de su país para obtener información específica).

Las siguientes secciones explican cómo copiar algo de Internet a su computadora, ya sea una página Web completa, una sola imagen, un sonido o video, o un programa.

Explico cómo imprimir una página Web (o la información que contiene) en el Capítulo 7.

Guardar una página Web

¿Anda deseando una práctica tabla de conversión de Grados Fahrenheit a Celsius? ¿Necesita esa tabla de identificación de sushi para la cena? ¿Quiere guardar el itinerario para su viaje a Noruega del próximo mes? A veces, cuando encuentra una página Web con información indispensable, no puede resistirse a guardar una copia en la computadora para ver, utilizar o imprimir más adelante.

Cuando guarda una página Web, está guardando la página como *existe actualmente* en su pantalla. Para ver cualquier cambio posterior, debe volver a visitar el sitio en sí.

Guardar la página Web que está viendo actualmente es fácil:

1. Haga clic en el botón Page (Página) de Internet Explorer y seleccione Save As (Guardar como) del sobrecargado menú desplegable.

Cuando aparezca el cuadro Save Webpage (Guardar página Web), Internet Explorer coloca el nombre de la página Web en el cuadro de texto File Name (Nombre de archivo), como se muestra en la Figura 8-6.

Para guardar toda la página como un solo archivo en su carpeta Documents, haga clic en Save (Guardar). Pero si quiere guardar el archivo en un lugar distinto o en un formato distinto, vaya al Paso 2.

2. Seleccione una ubicación en el Navigation Pane para guardar el archivo.

Internet Explorer normalmente guarda la página Web en su carpeta Documents, que es accesible desde el Panel de Navegación que se monta sobre el borde izquierdo de cualquier carpeta. Para guardar la página Web en un lugar distinto, tal vez Downloads (Descargas), haga clic en el elemento Downloads de la sección Favorites del Panel de Navegación.

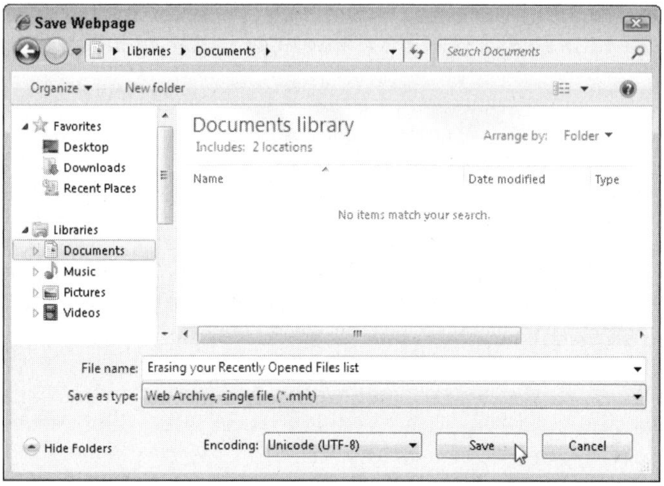

Figura 8-6:
El formato
Web
Archive
(Archivo
Web) de
Internet
Explorer
guarda la
página en
un único
archivo.

3. **Seleccione cómo desea guardar la página en la lista del menú desplegable Save As Type (Guardar como tipo).**

    Internet Explorer le ofrece *cuatro* formas distintas de guardar la página Web:

    • **Web Archive, Single File (*.mht) (Archivo Web, Archivo Único):** Esta opción predeterminada guarda una copia exacta de la página Web empaquetada prolijamente en un solo archivo con el nombre del título de la página Web. Desafortunadamente, sólo Internet Explorer puede abrir este tipo de archivo, descartando su uso para la gente que utiliza otros programas de navegación Web.

    • **Webpage, Complete (*.htm;*.html) (Página Web, completa):** Más complicado, pero más compatible, esta opción guarda la página Web en dos partes separadas: una carpeta que contiene las imágenes de la página y un vínculo que le dice a la computadora que muestre el contenido de esa carpeta. No es simple, pero puede abrirse en cualquier navegador Web.

    • **Webpage, HTML Only (*.htm;*.html) (Página Web, sólo HTML):** Esta opción guarda el texto y la disposición de la página, pero le quita las imágenes. Es práctico para quitar imágenes y anuncios publicitarios de tablas, cuadros y otros fragmentos de texto con formato.

    • **Text File (*.txt) (Archivo de texto):** Esta opción desprende todo el texto de la página y lo tira en el archivo de Notepad sin preocuparse mucho por conservar el formato. Es práctico para guardar listas sencillas, pero no para mucho más que eso.

4. **Haga clic en el botón Save (Guardar) cuando haya terminado.**

Para revisitar su página Web guardada, abra su carpeta Downloads y haga clic en el archivo guardado. Internet Explorer cobra vida otra vez y muestra la página.

Guardar texto

Para guardar solamente un fragmento de texto, seleccione el texto que quiere tomar, haga clic derecho sobre él y elija Copy (Copiar). (Le explico cómo seleccionar texto en el Capítulo 5). Abra su procesador de textos, pegue el texto en un nuevo documento y guárdelo en su carpeta Documents con un nombre descriptivo.

Si desea guardar *todo* el texto de un sitio Web, le resultará más fácil guardar la página Web completa, como se describe en la sección anterior.

Para guardar el texto de un sitio Web pero quitarle todo el formato y las fuentes, pegue el texto copiado en Notepad. Luego cópielo desde Notepad y péguelo en el procesador de textos de su preferencia.

Guardar una imagen

Cuando navegue por sitios Web y vea una imagen demasiado buena para dejarla pasar, guárdela en su PC: Haga clic derecho en la imagen y seleccione Save Picture As (Guardar imagen como), como se muestra en la Figura 8-7.

Aparecerá la ventana Save Picture (Guardar imagen) y le permitirá elegir un nombre de archivo nuevo para la imagen o quédese con el nombre utilizado en la página Web. Haga clic en Save (Guardar) para ubicar su imagen robada en la carpeta Pictures.

El menú abarrotado del clic derecho que se muestra en la Figura 8-7 también ofrece opciones útiles que le permiten elegir si desea imprimir o enviar la imagen por correo electrónico, o incluso colocarla como fondo del escritorio.

¿Recuerda la pequeña imagen junto a su nombre en la pantalla de bienvenida de Windows 7? Siéntase libre de usar cualquier imagen tomada de Internet. Haga clic derecho en la nueva imagen y guárdela en la carpeta Pictures. Luego utilice el Control Panel (vea el Capítulo 11) para transformar esa imagen en su nueva imagen de cuenta de usuario.

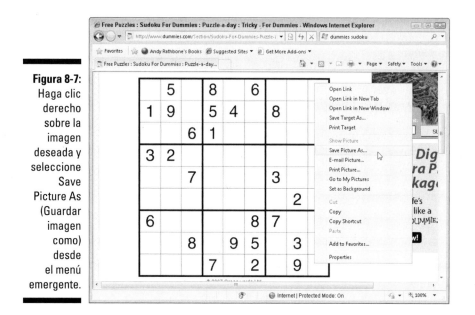

Figura 8-7:
Haga clic derecho sobre la imagen deseada y seleccione Save Picture As (Guardar imagen como) desde el menú emergente.

Descargar un programa, una canción o cualquier otro tipo de archivo

A veces descargar es tan fácil como hacer clic en el botón que dice Click to Download Now (Haga clic aquí para descargar ahora) en un sitio Web. El sitio Web le pregunta dónde quiere guardar su archivo y usted puede elegir la carpeta Downloads (Descargas) para recuperar el archivo fácilmente. El archivo llega en pocos segundos (si tiene cable módem) o de unos pocos minutos a unas horas (si usa una conexión telefónica).

Pero a veces descargar toma algunos pasos adicionales:

1. **Hacer clic derecho en el vínculo que lleva a su archivo deseado y elegir Save Target As (Guardar destino como).**

   Por ejemplo, para descargar una canción de un sitio Web, haga clic derecho en su vínculo (el título de la canción, en este caso). Luego seleccione Save Target As desde el menú emergente, similar al menú que se muestra anteriormente, en la Figura 8-7.

   Cuando trata de descargar un programa, Windows le pregunta si desea guardar el archivo (Save This File) o ejecutarlo desde la ubicación actual (Run From Its Current Location). Seleccione Save the File.

2. **Navegar hasta su carpeta de descargas, si es necesario, y hacer clic en el botón Save (Guardar).**

Windows 7 normalmente ofrece guardar el archivo entrante en la misma carpeta en la que aterrizó su última descarga, ahorrándole el problema de navegar hasta ella. (Puede ver la lista de descargas en el Panel de Navegación de la Figura 8-8). Pero si prefiere descargarlo a un lugar distinto — por ejemplo, su biblioteca Music, cuando descarga una canción — busque esa ubicación y haga clic en el botón Save.

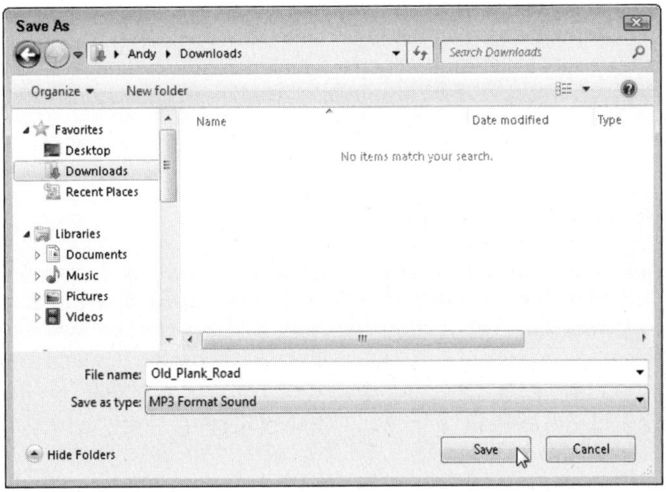

Figura 8-8:
Navegue hasta una carpeta o biblioteca y haga clic en el botón Save (Guardar).

No importa qué tipo de archivo esté descargando, Windows 7 comienza a copiar el archivo desde el sitio Web a su disco duro. Aparecerá una ventana que le avisará cuando termine de descargar, y podrá hacer clic en el botón Open Folder (Abrir carpeta) para abrir la carpeta que aloja a su archivo descargado.

✔ Antes de ejecutar cualquier programa, salvapantallas, tema, o cualquier otro elemento que haya descargado, asegúrese de revisarlo con su programa antivirus. Windows 7 no viene con uno incorporado, así que depende de usted comprarlo.

✔ Muchos programas descargados vienen empaquetados en una pequeña carpeta con una cremallera, conocida como *Zip file* (Archivo Zip). Windows 7 las trata como carpetas normales; solamente haga doble clic en ellas para ver el contenido. (En realidad, los archivos están comprimidos adentro de esa carpeta para ahorrar tiempo de descarga, si le preocupa la ingeniería en torno de ellos). Para extraer copias de los archivos comprimidos, haga clic derecho en el archivo comprimido y seleccione Extract All (Extraer todo).

¡No Funciona!

Si algo no funciona, no se sienta mal. Internet ha estado dando vueltas por un tiempo, pero todo este asunto de la Web es relativamente nuevo, complicado y cambia rápidamente. No se supone que funcione tan sencillo como una televisión todavía, y no es algo que pueda dilucidar de un día para otro. Esta sección explora problemas comunes y sus posibles soluciones.

La persona que tiene la cuenta Administrator (Administrador) — generalmente el dueño de la computadora — es el único que está autorizado a hacer algunos de los cambios que describo en esta sección. Si aparece algún mensaje agresivo, agitando el dedo y mascullando algo sobre restricciones del administrador, quedará bloqueado. Es mejor que encuentre al dueño de la computadora para continuar.

Aquí hay algunos consejos generales que tal vez quiera probar antes de explorar las siguientes secciones:

- ✔ Cuando un sitio Web le da problemas, pruebe vaciar la papelera de Internet Explorer. Haga clic en el botón Tools (Herramientas) de Internet Explorer, seleccione Internet Options (Opciones de Internet) y haga clic en el botón Delete (Eliminar). Marque la casilla de verificación llamada Temporary Internet Files (Archivos temporales de Internet), elimine las marcas de verificación para los elementos que *no* desea eliminar y haga clic en el botón Close. Vuelva a visitar el sitio problemático e inténtelo nuevamente.

- ✔ Si la configuración de su conexión parece estar desencajada, intente configurar nuevamente su conexión a Internet. En la sección anterior "Configurar Internet Explorer por primera vez" de este capítulo lo guío por los pasos para la configuración actual, permitiéndole cambiar cosas que se vean sospechosas.

- ✔ ¿Cree que ha complicado el Internet Explorer y ya no se puede reparar? Cuando todo parece perdido, vuelva el programa a su configuración original haciendo esto: Haga clic en Tools (Herramientas), seleccione Internet Options (Opciones de Internet), haga clic en la pestaña Advanced (Avanzado) y haga clic en Reset (Reiniciar). Esto limpia *toda* su configuración, incluida su lista de sitios favoritos.

- ✔ Si no puede conectarse a Internet del todo, su mejor opción es llamar al número de soporte técnico de su ISP y pedir ayuda. (Asegúrese de llamar a su proveedor de servicios de Internet y no a Microsoft).

- ✔ Si una página no parece mostrarse correctamente, busque la franja de advertencia en el extremo superior de la página. Haga clic en la franja y dígale a Internet Explorer que *no* bloquee lo que está tratando de bloquear.

Eliminar Plug-Ins Innecesarios

Muchos sitios Web instalan pequeños programas dentro de Internet Explorer para ayudarlo a navegar por la Web o jugar con algunos sitios Web. No todos estos pequeños programas se portan bien. Para ayudarlo a tener las sanguijuelas a raya, Internet Explorer le permite ver una lista de todos los pequeños programas instalados conocidos como *add-ons* (complementos).

Para ver qué tiene prendido en su copia de Internet Explorer, haga clic en el botón Tools (Herramientas) del programa y seleccione Manage Add-ons (Administrar complementos). La ventana Manage Add-ons de Internet Explorer aparecerá, como se muestra en la Figura 8-9, permitiéndole ver todos los complementos, barras de herramientas, motores de búsqueda y más.

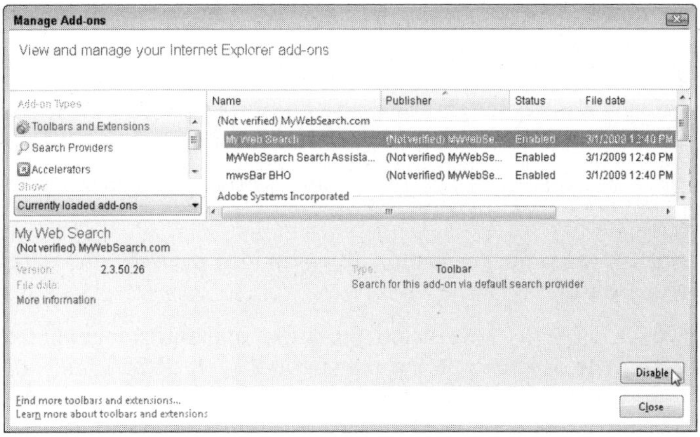

Figura 8-9:
Seleccione un complemento sospechoso y haga clic en el botón Disable (Deshabilitar).

La mayoría de los add-ons que aparecen en la lista de la ventana Manage Add-ons están bien. (En general, los que son de Microsoft son inofensivos). Pero si ve un add-on que no reconoce, o cree que le está dando problemas, busque su nombre en Google (www.google.com) para ver lo que la mayoría de la gente piensa de él. Si encuentra uno que parece malo, haga clic en su nombre y luego en el botón Disable (Deshabilitar).

Si deshabilitar un add-on evita que algo funcione correctamente, vuelva a la ventana Manage Add-ons, haga clic en el nombre del add-on y luego en el botón Enable (Habilitar).

Administrar complementos se convierte en un juego de ensayo y error, pero es una forma práctica de desactivar un add-on instalado por algún sitio Web malicioso.

Las Páginas No Entran en Mi Pantalla

Hay quienes pueden pagar monitores enormes que juntan montones de información en una pantalla. Otros tienen monitores más pequeños que simplemente no cuentan con suficiente espacio inmobiliario para mostrarlo todo. Así que, ¿cómo se transforma un sitio Web para entrar en la pantalla de cada visitante? No puede.

Algunos entran perfectamente en monitores más pequeños, pero dejan un espacio en blanco en los bordes de monitores más grandes. Otros tratan de adivinar el tamaño de un monitor y cambian el tamaño automáticamente para ajustarse. Otros simplemente se caen del borde derecho de su pantalla.

La mejor manera de devolver el golpe es experimentar con la *resolución de pantalla* — la cantidad de información que puede mostrar su pantalla. Aunque describo el proceso en el Capítulo 11, aquí hay unas indicaciones rápidas para salir del paso:

1. **Haga clic derecho en una parte en blanco de su escritorio y seleccione Screen Resolution (Resolución de pantalla).**

2. **Haga clic en el cuadro Resolution (Resolución) para ver el control deslizable.**

3. **Deslice la barra Resolution (Resolución) para ajustar la resolución de su pantalla.**

   Mover la barra hacia arriba amontona más información en la pantalla, pero hace que todo se vea más pequeño. Deslizarla *hacia abajo* hace todo más grande pero a veces deja escapar por el borde partes de la pantalla.

Aunque la configuración de resolución de 800 x 600 pixeles funciona bien en promedio para los monitores pequeños, muchos sitios ahora amontonan su información en una resolución de 1024 x 768.

Si una página Web todavía se ve demasiado pequeña para leer, agrande el texto y las imágenes manteniendo presionada la tecla Ctrl mientras pulsa +. (Mantenga presionada Ctrl y pulse – para reducir todo; sostenga Ctrl y presione 0 [cero] para que las letras vuelvan a la normalidad).

¡Internet Explorer Ahora Ocupa Mi Pantalla Completa!

Internet Explorer normalmente vive tranquilo dentro de su propia ventana llena de menús. Pero, en ocasiones, se infla hasta cubrir la totalidad de la pantalla, recortando prolijamente sus menús y la barra de tareas del escritorio. El modo de pantalla completa se ve genial para videos, pero la falta de menús lo deja sin opciones para pasar a otro programa.

Para desactivar el modo de pantalla completa, presione F11. Eso activa y desactiva el modo de pantalla completa, volviendo a ubicar sus menús a su alcance. Presione F11 nuevamente para ver el video.

Incluso cuando Internet Explorer se ejecuta en modo de pantalla completa, si presiona la tecla Windows (⊞), siempre busca el menú Start y la barra de tareas, lo que es útil para ejecutar un programa rápidamente y luego volver a su Internet Explorer en pantalla completa.

Capítulo 9

Enviar y Recibir E-Mail

. . . .

En Este Capítulo

▶ Configurar el correo electrónico

▶ Enviar y recibir archivos

▶ Enviar y recibir fotos

▶ Buscar mails perdidos

▶ Administrar sus contactos

. . . .

*U*n navegador Web convierte a Internet en una revista multimedia, pero un programa de e-mail (correo electrónico) la convierte en su oficina de correos personalizada, donde nunca necesitará andar hurgando por una estampilla. Windows 7, lamentablemente, lo deja hurgando por algo más: un programa de e-mail para enviar y recibir sus correos.

Para reemplazar el programa de e-mail ausente, Microsoft espera que usted baje e instale el programa gratuito Windows Live Mail de Microsoft. Encontrará menciones a Windows Live distribuidas en los menús de Windows 7, rogándole por un clic.

Este capítulo describe el Windows Live Mail, y también algunos programas de e-mail que puede preferir como alternativa. Si decide dar el paso con Windows Live Mail, este capítulo explica cómo descargar e instalar el programa, configurarlo para trabajar con una cuenta de e-mail nueva o ya existente, y así mantener su correo electrónico fluyendo en ambas direcciones.

Comprender las Opciones de E-Mail en Windows 7

Los programas de E-mail vienen de dos tipos: los programas que se manejan dentro de un sitio Web y los que se ejecutan en forma independiente en su PC. Ambas variantes tienen sus fans, por las razones que esbozo en las siguientes secciones.

E-mail basado en Web

Los programas de e-mail Web-based (basados en la Web), tales como los que ofrecen Google (www.gmail.com), Yahoo! (http://mail.yahoo.com) y AOL (www.aol.com), le permiten enviar y recibir e-mail directamente desde un sitio Web. Para verificar o enviar e-mail, visita la pagina Web, ingresa su nombre y contraseña, y comienza a rastrear los correos recibidos.

- ✔ **Pros:** Los programas basados en Web le permiten acceder a su e-mail desde cualquier PC que se encuentre conectada a Internet, ya sea desde su casa, en un hotel o en la casa de un amigo. También son prácticos si posee varias PCs: Todo su correo queda en un mismo lugar, en vez de estar distribuido entre su PC de escritorio y la laptop.

- ✔ **Contras:** Como su e-mail vive en la Web, no en su propia PC, no puede navegarlo a menos que se encuentre conectado a Internet. Si Internet está "caído", o su laptop está fuera del alcance de una conexión inalámbrica, no podrá ver el número de teléfono que su amigo le envió la semana pasada por e-mail. Es más difícil hacer una copia de seguridad de sus correos. Para finalizar, la mayoría de los servicios de e-mail por Web cobran su prestación insertando publicidad junto a su correo electrónico.

Si siente curiosidad respecto a los servicios de e-mail basados en Web, Gmail de Google gana fácilmente su lugar como mi favorito. Es relativamente fácil de configurar, automáticamente filtra la mayoría del spam (correo no deseado), funciona en varios teléfonos móviles, y le brinda una capacidad de almacenamiento de 7GB.

Y además, Gmail es expandible. Lo puede configurar para recuperar y almacenar sus mensajes de otras direcciones de correo, si lo desea. La funcionalidad de búsqueda del Gmail funciona tan rápida y eficientemente como la búsqueda en la Web de Google. Le permite recibir archivos adjuntos de hasta 20MB — más que suficiente por un puñado de fotos de tamaño completo.

Una cosa más: Gmail es gratis.

Programas de e-mail basados en PC

Si ha trabajado anteriormente con Windows, seguro ya está familiarizado con los programas de e-mail que venían incluidos: ya sea el Outlook Express o Windows Mail de Vista. Estos programas almacenan su correo en su propia PC en vez de un sitio Web.

✔ **Pros:** Muchos de los programas de e-mail que corren en su PC, incluyendo Windows Live Mail, pueden enviar y recibir e-mails desde direcciones que no sean las propias. (Por ejemplo, si ya tiene una cuenta de correo en AOL, puede configurar a Windows Live Mail para enviar y recibir e-mails con esa dirección, sin necesidad siquiera de crear una cuenta de e-mail en Windows Live Mail.)

Además, a diferencia de los sitios Web, que a veces cambian sus menús, los programas de e-mail permanecen igual, permitiéndole ir aprendiendo en detalle sus controles.

✔ **Contras:** Los programas de e-mail basados en PC son mucho más difíciles de configurar. No funcionan con todas las cuentas de e-mail porque compañías poco amistosas como Yahoo! le hacen pagar por el privilegio de enviar o recibir e-mail a través de un programa en vez de usar su sitio Web.

Si bien Windows Live Mail funciona parecido tanto a Outlook Express de Windows XP como Windows Mail del Vista, ciertamente no son los únicos programas gratuitos de e-mail. Su mayor competencia proviene de Thunderbird (`www.mozilla.com/thunderbird`), lanzado por la misma gente detrás del navegador de Web Firefox.

Si no está conforme con Windows Live Mail pero necesita un buen programa de e-mail basado en PC, pruebe Thunderbird (`www.getthunderbird.com`).

Instalar Windows Live Mail

Windows 7 presenta un primer obstáculo para poner su e-mail en orden. Debe configurar su cuenta de Internet, tarea que describo en el Capítulo 8, antes de poder descargar el programa Windows Live Mail.

Cuando su conexión a Internet fluya sin problemas, siga estos pasos para descargar e instalar Windows Live Mail:

1. **Visite el sitio Web de Windows Live (`www.download.live.com`) y descargue el programa de instalación Windows Live Essentials.**

   Guarde el programa de instalación en su carpeta Downloads, accesible desde el Panel de Navegación de cualquier carpeta, que es esa franja ubicada en el borde izquierdo.

2. **Haga doble clic sobre el programa de instalación recién descargado en la carpeta Downloads.**

 El programa lleva puesto el ícono que se muestra en el margen y se hace llamar `wlsetup-web`. Windows 7 puede alarmarse con un programa que intenta instalarse en su PC y arrojará un mensaje de advertencia. Si es así, haga clic en Yes, se iniciará la instalación del programa.

3. **Elija qué programas de Windows Live desea instalar, y haga clic en Install.**

El astuto Microsoft intenta que usted instale *todos* los programas del paquete Live, como describo en el próximo apartado. Quite las marcas de verificación a los programas que no desea instalar, pero asegúrese de dejar seleccionada la marca al lado de Mail.

4. **Quite las marcas de selección para mantener su proveedor actual de búsqueda y su página inicial, si así lo desea, y haga clic en Continue.**

Los buscadores y las páginas de inicio son grandes negocios lucrativos, lo que los conviertes en objetivos para hijacking ("secuestro" – forzar a navegar en esa dirección): Cada compañía desea que usted se cambie a sus *propios* servicios.

Así las cosas, cuando instale cualquier programa de Windows Live, Microsoft intentará cambiar su proveedor de búsqueda en Internet al motor de búsqueda de *su propiedad* (llamado Bing), y quiere que su página inicial en el navegador sea Microsoft Network (MSN). Si usted está conforme con su motor de búsqueda actual y su página inicial, quite las dos marcas de verificación de ambas casillas en este etapa del proceso de instalación.

5. **Si no está conforme con su cuenta de correo, o necesita tener otra más, puede crear una cuenta Windows Live. (Windows Live le permite usar su cuenta de e-mail existente, si así lo prefiere.) En caso contrario, haga clic en Close (Cerrar).**

Windows Live Mail puede enviar y recibir e-mails usando cualquier cuenta de mail que no sea de Microsoft, y el programa funcionará probablemente bien con su cuenta de e-mail actual. Pero si no tiene ninguna cuenta e-mail o quiere una adicional, haga clic en Sign Up (Registrarse) para crear una cuenta de e-mail de Windows Live. (Una cuenta de e-mail del servicio Hotmail de Microsoft funciona también como cuenta de e-mail Windows Live.)

Cuando haya finalizado, el ícono de Windows Live Mail aparece en su menú Start, listo para configurarlo.

¿Para qué sirven esos otros programas de Windows Live?

Google, el gigante de los motores de búsqueda, comenzó a ofrecer una suite de programas gratuitos en línea desde hace varios años. Cuando los programas demostraron ser populares (y lucrativos), Microsoft creó sus programas Windows Live para competir con Google. Cuando pide descargar el Windows Live Mail (o cualquier otro programa Microsoft Live), el programa de instalación le ofrece añadir además *todos* estos programas gratuitos descargables:

✔ **Messenger (Mensajero):** Esta pequeña ventana en su escritorio le permite enviar mensajes cortos a sus amigos, algo parecido a enviar mensajes de textos con su teléfono móvil.

✔ **Mail (Correo):** Descrito en este capítulo, Mail le permite enviar, recibir, almacenar y organizar su correo electrónico.

✔ **Photo Gallery (Galería de Fotos):** Como reemplazo a la suite de herramientas de edición fotográfica de Windows Vista, Photo Gallery ofrece edición básica de fotos y también le permite compartir las fotos en línea. (Cubro este tema en el Capítulo 16.)

✔ **Toolbar (Barra de Herramientas):** Agrega una tira de menús en la parte superior de

Internet Explorer para brindar fácil acceso a la serie de programas de Live.

✔ **Writer (Escritor):** Contradiciendo su nombre, Writer *no es* un procesador de texto, sino un editor de *blog*: Una herramienta para publicar textos y fotos en los diarios personales en línea conocidos como blogs. Es compatible con los principales servicios de blogging como WordPress, Blogger, LiveJournal, TypePad, SharePoint, Windows Live y otros.

✔ **Family Safety (Seguridad Familiar):** Este programa mejora el sistema de Control Parental de Windows Vista para monitorear la navegación Web de sus hijos.

✔ **Silverlight:** Este programa no tiene nada que ver con Windows Live, pero Microsoft intenta infiltrar su sistema de video basado en Web que compite con Adobe Flash.

✔ **Movie Maker:** Este editor de video minimalista reemplaza a la versión saturada de funciones del programa Movie Maker integrado a Windows XP y Vista. (Lo analizo en el Capítulo 16.)

Cuando ejecute el programa de instalación de Windows Live, quite las marcas de verificación a los programas que no desee instalar.

Configurar Windows Live Mail

A menos que haya creado una cuenta en Windows Live Mail, el programa no sabe cuál es su dirección de e-mail, ni donde enviar y recibir sus correos. Para que el programa disponga de esa información, deberá completar los formularios de ingreso, que se detallan en esta sección.

Completar la configuración de su cuenta Gmail en Windows Live Mail

Luego de configurar su cuenta Gmail, necesitará completar unos pocos pasos más para poder utilizarla dentro de Windows Live Mail:

1. **Ingrese en su cuenta Gmail (`www.gmail.com`), haga clic en el enlace Settings (Configuraciones) en la parte superior de la página, y luego clic en el enlace Forwarding and POP/IMAP (Reenvío y POP/IMAP).**

2. **Seleccione la opción Enable POP for All Mail (Habilitar POP para todas las cuentas) y haga clic en Save Changes (Guardar Cambios).**

3. **Abra Windows Live Mail, haga clic derecho en el nombre de su cuenta de Gmail en el panel izquierdo, y elija Properties (Propiedades).**

4. **Cuando aparece la ventana Properties, haga clic en la pestaña Servers (Servidores).**

5. **En la sección Outgoing Mail Server (Servidor de Correo Saliente), seleccione la casilla de verificación My Server Requires Authentication (Mi Servidor Requiere Autenticación) y luego haga clic en Apply (Aplicar).**

6. **Haga clic en la pestaña Advanced (Avanzado).**

7. **En la sección Server Port Numbers (Números de Puerto del Servidor), seleccione las dos casillas de verificación llamadas This Server Requires a Secure Connection (SSL) (Este Servidor Requiere una Conexión Segura SSL).**

   El puerto de Incoming Mail cambia a 995.

8. **En la casilla de Outgoing mail (SMTP), cambie el número de 25 a 465.**

9. **Haga clic en Apply, clic en OK y finalmente clic en Close.**

Si elije instalar cualquier otro programa de e-mail, como Thunderbird de Mozilla, también deberá seguir pasos similares a los siguientes que lo obligarán a ingresar la misma información.

Siga estos pasos para decirle a Windows Live Mail que comience a administrar su e-mail:

1. **Abra Windows Live Mail.**

   Para invocar a Windows Live Mail por primera vez, abra el menú Start y haga clic en el ícono de Windows Live Mail (que se muestra en el margen). Si no ve este ícono, elija All Programs (Todos los Programas), clic en la carpeta Windows Live Mail, y luego clic en el ícono de Windows Live Mail que se esconde allí.

   Windows Live Mail salta a la pantalla, listo para ser configurado para enviar y recibir e-mails, como se ve en la Figure 9-1.

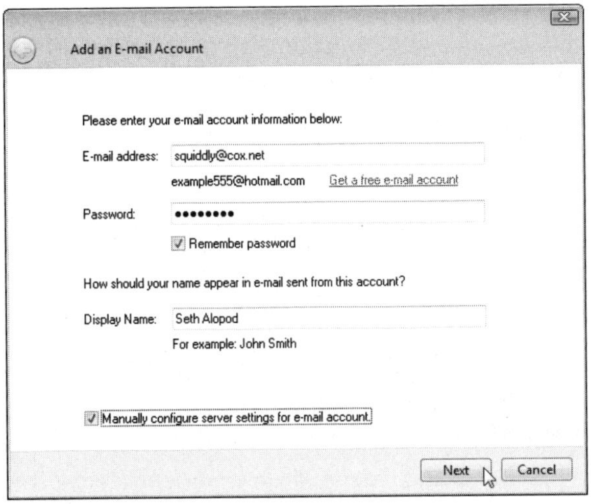

Figura 9-1:
Cuando se carga por primera vez, Windows Live Mail le ofrece configurar su cuenta de e-mail.

Si la pantalla en la Figura 9-1 no aparece automáticamente, abra el Windows Live Mail y haga clic en las palabras Add E-Mail Account (Agregar una Cuenta de Correo) en el costado izquierdo del programa. La ventana aparece, lista para agregar una cuenta de e-mail.

2. **Escriba su dirección de e-mail, contraseña y su nombre visible en los tres primeros cuadros.**

Si registró una cuenta de Windows Live o planea utilizar su cuenta de Hotmail, simplemente haga clic en Next (Siguiente), y es suficiente: Windows Live Mail completará el resto de los datos de esta ventana por usted.

Sin embargo, si está utilizando alguna otra dirección de e-mail, Windows Live Mail necesita saber estas tres cosas:

- **E-Mail Address (Dirección de E-Mail):** Su dirección de e-mail es su nombre de usuario, el signo @, y su proveedor de servicios de internet (ISP), toda información que su ISP debió haberle brindado. Por ejemplo, si su nombre de usuario es *jeff4265* y el nombre de su ISP es *charternet.com,* escriba **jeff4265@charternet.com** en el cuadro de texto E-Mail Address.

- **Password (Contraseña):** Probablemente haya creado una contraseña en línea cuando registró su cuenta. O puede haber recibido su contraseña de su ISP junto con su nombre de usuario. En cualquier caso, su contraseña distingue entre mayúsculas y minúsculas (significa que la contraseña **Cebollas** es diferente a **cebollas**). Elija el cuadro de verificación Remember Password (Recordar Contraseña) para recuperar su correo en forma automática en segundo plano, sin tener que ingresar la contraseña cada vez.

- **Display Name (Nombre Visible):** Este nombre es el que aparece en el cuadro de texto From (De) en todos sus mensajes, la mayoría de la gente simplemente escribe su nombre real. Nombres como *DragonSlayer* pueden volverse en su contra.

Si está usando una cuenta de e-mail diferente, sin embargo, vaya al Paso 3.

3. **Seleccione la marca de verificación etiquetada Manually Configure Server Settings for E-Mail Account (Configurar Manualmente los Parámetros del Servidor para una Cuenta E-mail) y haga clic en Next (Siguiente).**

Aparece la ventana que se muestra en la Figura 9-2.

4. **Elija el tipo de servidor y los nombres de sus servidores de correo entrantes y salientes y luego haga clic en Next.**

Por lejos la parte más angustiante de la experiencia e-mail, es completar los datos sobre su servidor de correo que aparecen en la ventana de la Figura 9-2. Consisten en lo siguiente:

- **Incoming server information (Información de servidor entrante):** Debe ingresar el nombre del servidor de correo entrante y si soporta los protocolos POP3, IMAP o HTTP.

- **Outgoing server information (Información de servidor saliente):** Escriba el nombre del servidor de correo saliente. Suele ser una serie de palabras separadas por puntos, y una de las palabras es **SMTP.**

- **Login ID (if different from e-mail address) (Nombre de usuario – si es diferente de la dirección de e-mail):** El programa automáticamente coloca la primera parte de su dirección de e-mail en este cuadro. No lo cambie a menos que su ISP le indique específicamente que debe ingresar algo diferente.

Esta ventana apesta de otras configuraciones confusas relacionadas con las conexiones seguras, números de puerto y otros términos estrafalarios. No las cambie a menos que su ISP le indica específicamente que lo haga.

Algunos ISP le envían estos datos de configuración e instrucciones por correo (estándar). Si el suyo no lo hizo, diríjase al sitio Web de su ISP y busque la sección de soporte. Si *todavía* no puede encontrar esta información, llame a los muchachos de soporte técnico de su ISP y pregúnteles el *nombre* y el *tipo* de servidor de correo. (Ellos han respondido estas preguntas muchas veces.)

Para darle una oportunidad de triunfar, he incluido la Tabla 9-1 con los datos de servidores requeridos por algunos servicios de e-mail más conocidos.

5. **Haga clic en Finish (Finalizar).**

La última ventana lo felicita por haber completado las configuraciones de su e-mail. Lamentablemente, no le permite saber si escribió algo mal en los Pasos 2 ó 3. Esto sucede la primera vez que intenta enviar o recibir correo, tarea que se describe en la sección "Redactar y enviar un e-mail", más adelante en este capítulo.

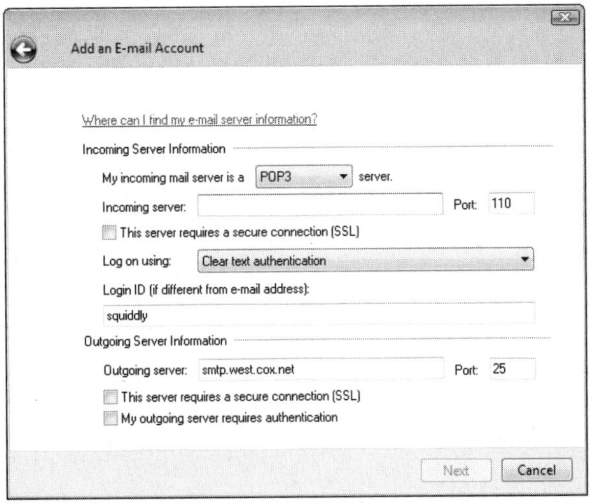

Figura 9-2: Complete la información sobre su servidor de correo entrante y saliente.

Completar la configuración de su cuenta AOL en Windows Live Mail

Aun habiendo completado todos los pasos descritos en la sección "Configuración de Windows Live Mail", su cuenta de correo AOL no funcionará correctamente hasta que complete los siguientes pasos:

1. **Haga clic derecho sobre su cuenta AOL dentro del panel en el extremo izquierdo de Windows Live Mail, elija Properties (Propiedades), y luego clic en la pestaña Servers (Servidores).**

2. **En la sección Outgoing Mail Server (Servidor de Correo Saliente), haga clic en el cuadro My Server Requires Authentication (Mi Servidor Requiere Autenticación) y luego clic en Apply (Aplicar).**

3. **Clic en la pestaña Advanced (Avanzado).**

4. **En el cuadro Outgoing Mail (SMTP) (Correo Saliente – SMTP), cambie el número a 587 y haga clic en Apply.**

5. **Haga clic en la pestaña IMAP y quite la marca de verificación en el cuadro Store Special Folders on IMAP Server (Almacenar las Carpetas Especiales en el Servidor IMAP).**

6. **Haga clic en Apply, clic en OK, y finalmente clic en Close.**

Si un mensaje le pide que descargue las carpetas desde su servidor de correo, haga clic en Yes (Sí).

Tabla 9-1   Configuraciones de E-Mail para los ISP más populares

Servicio	Tipo de E-Mail	Servidor de Correo Entrante	Servidor de Correo Saliente
Google Gmail (Vea el apartado sobre Gmail para las configuraciones adicionales.)	POP3	`pop.gmail.com`	`smtp.gmail.com`
America Online (AOL) (Vea el apartado sobre AOL para las configuraciones adicionales.)	IMAP	`imap.aol.com`	`smtp.aol.com`
Yahoo! Mail Plus (Vea el apartado Yahoo! para otras configuraciones.)	POP3	`plus.pop.mail.yahoo.com`	`plus.smtp.mail.yahoo.com`

¿Algo no está funcionando bien? Estos consejos lo ayudarán a abrirse paso ante situaciones intransigentes:

✔ ¿Su configuración no funciona? Entonces cámbiela dentro de Windows Live Mail. Haga clic derecho en el nombre de su cuenta que se encuentra en el costado izquierdo y elija Properties (Propiedades). Aparece la información que ingresó en los cuatro pasos previos en las pestañas etiquetadas General, Servers (Servidores) y Advanced (Avanzado).

✔ ¿Posee más de una cuenta e-mail? Agregue la segunda cuenta haciendo clic en Add E-Mail Account (Agregar Cuenta de E-mail) sobre el lateral izquierdo de Windows Live Mail. Esta acción lo llevará nuevamente al Paso 1, permitiéndole ingresar la información sobre su segunda cuenta de e-mail.

✔ La cuenta de e-mail que haya configurado en primer lugar es considerada por Windows Live Mail como su cuenta *default (predeterminada)* — figurará como su dirección de retorno en cada mail que envíe. Para otorgarle el estatus de predeterminada a otra cuenta, haga clic derecho en el nombre de la otra cuenta sobre el lateral izquierdo de Windows Live Mail y elija Set as Default Account (Configurar como Cuenta Predeterminada) en el menú emergente.

✔ Haga una copia de seguridad de estas configuraciones para evitar la molestia de tener que volver a completar todo de nuevo: Presione Alt para revelar los menús ocultos del programa, elija Tools (Herramientas), luego Accounts (Cuentas), y haga clic en el nombre de su cuenta. Luego clic en el botón Export (Exportar) para guardar la información de su cuenta en un archivo IAF (Internet Account File – Archivo de Cuenta de Internet). Para importar estas configuraciones nuevamente dentro de Windows Live Mail — o en el programa de mail de su laptop — siga los mismos pasos, pero elija Import (Importar) en vez de Export.

Completar la configuración de su cuenta Yahoo! Mail Plus en Windows Live Mail

Sólo las cuentas *pagas* de Yahoo! conocidas como Yahoo! Mail *Plus* funcionan con Windows Live Mail. Luego de pagarle a Yahoo! el importe correspondiente y de seguir los pasos enumerados en la sección "Configuración de Windows Live Mail", deberá completar estos pasos adicionales antes de que su cuenta funcione con Windows Live Mail:

1. **Haga clic derecho en la cuenta Yahoo! que aparece en el panel del extremo izquierdo de Windows Live Mail, elija Properties (Propiedades), y luego haga clic en la pestaña Servers (Servidores).**

2. **En la sección Outgoing Mail Server (Servidor de Correo Saliente), haga clic en el cuadro My Server Requires Authentication (Mi Servidor Requiere**

Autenticación) y luego clic en Apply (Aplicar).

3. **Haga clic en la pestaña Advanced (Avanzado).**

4. **Ingrese** 465 **en el campo Outgoing mail (SMTP) (Correo Saliente – SMTP).**

5. **Dentro de Incoming Mail (SMTP) (Mail Entrante – SMTP), elija la casilla de verificación etiquetada This Server Requires a Secure Connection (SSL) (Este Servidor Requiere Conexión Segura SSL).**

   El puerto del Incoming Mail cambia a 995.

6. **Haga clic en Apply, luego clic en OK, y finalmente clic en Close (Cerrar).**

Enviar y Recibir E-Mail en Windows Live Mail

La pantalla del Windows Live Mail, que se muestra en la Figura 9-3, divide su e-mail en tres secciones: El panel Folder (Carpeta), a lo largo del borde izquierdo, almacena automáticamente y ordena sus mails en carpetas y cuentas; la sección Message list (Lista de Mensajes), en el medio, le permite ver y jugar con su lista de mensajes; finalmente, el panel de la sección Reading (Lectura), a la derecha, le muestra el contenido del mensaje seleccionado.

Las carpetas en el panel Folder del Windows Live Mail funcionan como las tradicionales bandejas de entrada y salida para almacenar memos. Haga doble clic en cualquier nombre de cuenta para espiar su contenido, y se encontrará con una agradable sorpresa. A diferencia de los papeles en su oficina, Windows Live Mail ordena automáticamente su información en las siguientes carpetas:

✔ **Inbox (Bandeja de Entrada):** Cuando se conecta a Internet, Windows Live Mail recupera los correos que tenga pendiente de recepción y los coloca en la carpeta Inbox. En PCs con conexión a Internet de banda ancha, Windows Live Mail verifica su correo cada 30 minutos — o cada vez que haga clic en el botón Sync (Sincronizar – se muestra en el margen) en la barra de herramientas.

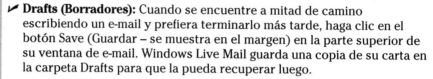

Puede reducir la espera de 30 minutos haciendo clic en el botón Menus que se encuentra en la parte superior derecha del programa (se muestra en el margen), eligiendo Options (Opciones), y cambiando la cantidad de minutos en el cuadro Check for New Messages Every X Minutes (Comprobar Si Hay Mensajes Nuevos Cada X Minutos).

✔ **Drafts (Borradores):** Cuando se encuentre a mitad de camino escribiendo un e-mail y prefiera terminarlo más tarde, haga clic en el botón Save (Guardar – se muestra en el margen) en la parte superior de su ventana de e-mail. Windows Live Mail guarda una copia de su carta en la carpeta Drafts para que la pueda recuperar luego.

✔ **Sent Items (Elementos Enviados):** *Todo* e-mail que haya enviado descansa aquí, dejando un registro permanente. (Para eliminar cualquier e-mail embarazoso de cualquier carpeta, haga clic derecho en el e-mail ofensivo y elija Delete (Borrar).

✔ **Junk E-Mail (Correo Basura):** Windows Live Mail olfatea los mensajes para comprobar si son potencialmente basura y deja los sospechosos en esta carpeta. Revise con regularidad esta carpeta para verificar que ningún correo aterrice aquí por error.

✔ **Deleted Items (Elementos Eliminados):** La carpeta Deleted Items cumple la función de la Papelera de Reciclaje en Windows Live Mail, permitiendo recuperar elementos eliminados por error. Para eliminar algo en forma permanente, haga clic derecho en la carpeta Deleted Items, y elija Delete (Eliminar) en el menú emergente.

Para evitar que los correos eliminados saturen su carpeta Deleted Items, haga clic en el ícono de Menus, elija Options (Opciones), luego clic en la pestaña Advanced (Avanzado), y finalmente clic en el botón Maintenance (Mantenimiento). Desde ahí, seleccione el cuadro de verificación llamado Empty Messages from the 'Deleted Items' Folder on Exit (Vaciar la Carpeta Elementos Eliminados al Salir).

✔ **Outbox (Bandeja de Salida):** Cuando envíe o responda a un mensaje, Windows Live Mail intentará conectarse a Internet y enviarlo de inmediato. Si ya se encuentra conectado, Windows Live Mail lo dispara directo hacia el destinatario. ¿No está conectado? Entonces su mensaje queda flotando aquí. Pruebe haciendo clic en el botón Sync (Sincronizar) para conectarse a Internet y poder despacharlo.

Para ver el contenido de cualquier carpeta, haga clic en la misma. El contenido de la carpeta se despliega a la derecha. Haga clic en cualquier e-mail, y su contenido aparecerá en el panel Reading (Lectura) en el extremo derecho.

Lista de mensajes
(Message list)

Panel de carpetas
(Folder pane)

Panel de lectura
(Reading pane)

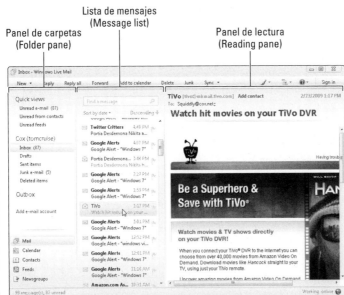

Figura 9-3:
Windows
Live Mail
muestra
información
en tres
secciones.

¿Quiere transferir sus archivos almacenados en una computadora hacia otra? Explico esa tarea en el Capítulo 19.

Redactar y enviar un e-mail

¿Preparado para enviar su primer e-mail? Luego de configurar su cuenta de correo en Windows Live Mail, siga estos pasos para redactar una carta y arrojarla al buzón electrónico, enviándola a través del espacio virtual hacia la computadora del destinatario:

1. **Abra Windows Live Mail y haga clic en el botón New (Nuevo) en la barra de menú del programa.**

¿No le gustan los ratones? Mantenga presionado Ctrl y luego pulse N para abrir un e-mail nuevo. De ambas maneras, aparece una ventana de New Message (Mensaje Nuevo), como se muestra en la Figura 9-4.

Si tiene configuradas más de una cuenta, como se describe en la sección previa, Windows Live Mail automáticamente dirige su correo a la cuenta *predeterminada* — por lo general, la primera cuenta de correo que haya creado en Windows Live Mail.

Para enviar un correo desde otra de sus cuentas de e-mail, si es que tiene otra, haga clic en la flecha que apunta hacia abajo en el cuadro From (De) — el cuadro muestra en este momento su dirección de e-mail — y seleccione la cuenta que prefiera usar.

Figura 9-4:
Haga clic
en el botón
New y
aparecerá
una ventana
que le
permitirá
redactar y
enviar un
e-mail.

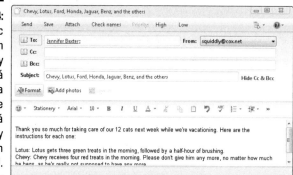

2. **Ingrese la dirección de e-mail de su amigo en el cuadro To (Para) y luego presione Tab para moverse al cuadro de Subject (Asunto).**

Si sabe con certeza que la dirección e-mail de esa persona ya se encuentra en su lista de Contactos, acelere las cosas así: haga clic en el botón To (se muestra en el margen), y aparece una ventana, con una lista que contiene los nombres y direcciones de sus contactos. Haga clic en el nombre de su contacto, luego clic en el botón To de la ventana, y luego clic en OK. El programa dirigirá su e-mail a esa persona, tal como si lo hubiera ingresado manualmente.

Repita el proceso por cada persona que desee que reciba el mensaje.

¿Quiere enviar o re-enviar un mensaje a varias personas? Preserve su privacidad haciendo clic en el botón Bcc (CCO – Con Copia Oculta – que se muestra en el margen) en vez del botón To. Esta opción enviará igualmente el mismo mensaje, pero oculta las direcciones de los destinatarios entre sí, preservando su privacidad. (Si le falta el botón Bcc, hágalo aparecer haciendo clic en Show Cc & Bcc (Mostrar Cc y Bcc) a la derecha del cuadro de Subject.)

Para permitir que *todo el mundo* pueda leer la dirección de e-mail de los demás, seleccione sus nombres y haga clic en los botones To o Cc, que se muestran en el margen. (A menos que los destinatarios se conozcan todos entre sí, se considera una falta de etiqueta hacer esto.)

3. **Complete el cuadro de Subject (Asunto).**

Aunque es opcional, la línea de Subject permite a sus amigos saber por qué asunto los está molestando. Esto facilita la clasificación de sus mails a sus amigos.

4. **Escriba su mensaje dentro del cuadro grande que se encuentra en la parte inferior de la ventana.**

   Escriba todas las palabras que quiera. No hay límite.

5. **(Opcional) Adjunte los archivos o las fotos que desee a su e-mail, como se describe en este capítulo, en las próximas secciones, "Adjuntar un archivo o archivos a un e-mail" y también "Incrustar fotos en un e-mail."**

   La mayoría de los ISP se niegan a enviar archivos de mayor tamaño que aproximadamente 5MB, lo que excluye a la mayoría de los archivos MP3 y algunas fotos digitales. Describiré con más detalle el envío y recepción de archivos adjuntos más adelante en este capítulo.

6. **Haga clic en el botón Send (Enviar) en la esquina superior izquierda del cuadro.**

   ¡Magia! Windows Live Mail disca su modem, si es necesario, y envía su mensaje a través de Internet hasta el buzón de su amigo. Dependiendo de la velocidad de su conexión de Internet, los e-mails pueden llegar a cualquier parte desde 5 segundos después hasta un par de días después, siendo el promedio unos pocos minutos.

Por alguna razón, Windows Live Mail no verifica automáticamente su ortografía antes de enviar un mensaje. Para activar el corrector ortográfico, haga clic en el ícono Menus en la parte superior de la ventana, elija Options (Opciones), luego haga clic en la pestaña Spelling (Ortografía), y luego marque la casilla de verificación Always Check Spelling Before Sending (Comprobar Siempre la Ortografía Antes de Enviar).

Leer un e-mail recibido

Si mantiene a Windows Live Mail ejecutándose mientras está conectado a Internet, se enterará cuando llegue una carta nueva. Su computadora soltará un pequeño hipo para anunciar su llegada.

Para verificar si llegó algún correo mientras Windows Live Mail no está ejecutándose, cargue el programa desde el menú Start. Cuando arranque, haga clic en el botón Sync (Sincronizar). Windows Live Mail se conecta a Internet, envía cualquier e-mail pendiente de envío que tenga, y recupera cualquier e-mail entrante para colocarlo en su bandeja de entrada.

¿Exactamente qué necesito para enviar un e-mail?

Para enviar un e-mail a un amigo o enemigo con Windows Live Mail, necesita tres cosas:

✔ **Una cuenta de e-mail:** Este capítulo describe cómo configurar Windows Live Mail para funcionar con su cuenta de correo electrónico. La mayoría de los ISP (Internet service providers - Proveedores de Servicios de Internet, descritos en el Capítulo 8) ofrecen cuentas de correo gratuitas además de acceso a Internet.

✔ **La dirección de correo de sus amigos o enemigos:** Averigüe la dirección e-mail de sus amigos usando un método sencillo: pregúnteles. (O importe las direcciones desde otro programa de e-mail, como describo en la sección Administrar Sus Contactos.) Una dirección consiste en un *nombre de usuario* (que en ocasiones se asemeja al nombre verdadero de la persona), seguido por el signo @, seguido por el nombre del proveedor de Internet de su amigo. La dirección e-mail de un usuario de America Online cuyo nombre de usuario es Jeff9435 sería entonces `jeff9435@aol.com`. (A diferencia de nuestra oficina de correo local, el e-mail no tolera ningún error de escritura. La precisión es requisito imprescindible.)

✔ **Su mensaje:** Aquí es donde empieza finalmente la parte divertida: escribir su carta. Luego de escribir la dirección de e-mail del destinatario y su mensaje, haga clic en el botón Send (Enviar). Windows Live Mail encaminará su mensaje hacia el destino correcto.

Encontrará direcciones e-mail en las tarjetas personales, sitios Web e incluso cuando rebota un mensaje. Cuando un e-mail llega a Windows Live Mail, haga clic en las palabras Add Contact (Agregar Contacto) ubicadas cerca de la dirección de e-mail del remitente. En ese momento Windows Live Mail agrega el nombre y la dirección de e-mail de esa persona a su lista de contactos.

Si escribe mal parte de una dirección e-mail, su envío rebota nuevamente a su Inbox, con un confuso mensaje adjunto de *undeliverable (imposible de entregar)*. Verifique la ortografía de la dirección e inténtelo otra vez. Si rebota nuevamente, sea humilde: Levante el teléfono y pida a la persona que le confirme su dirección e-mail.

Siga estos pasos para leer las cartas en su Inbox (Bandeja de Entrada) y responderlas o bien archivarlas:

1. **Abra Windows Live Mail y haga clic en su Inbox (Bandeja de Entrada).**

   Windows Live Mail le muestra los mensajes que tiene en su Inbox, se ven parecido a lo que muestra la Figura 9-5. Cada asunto aparece en la lista, uno por uno, con los mensajes más nuevos en la parte superior.

    Para encontrar un e-mail en particular rápidamente, escriba el nombre del remitente o una palabra clave en el cuadro Search (Buscar), que se muestra arriba de la lista de mensajes recibidos en la Figura 9-5. (También puede buscar e-mails directamente en el cuadro de Search del menú Start.)

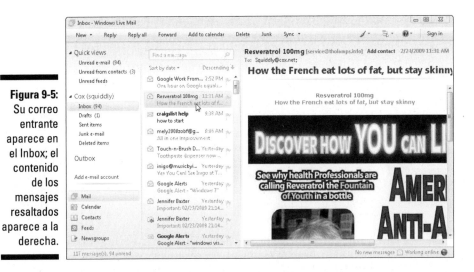

Figura 9-5:
Su correo
entrante
aparece en
el Inbox; el
contenido
de los
mensajes
resaltados
aparece a la
derecha.

2. **Haga clic en el asunto de algún mensaje para leerlo.**

   Haga clic en cualquier mensaje, y Windows Live Mail derrama su
   contenido en el panel Reading (Lectura) sobre el lateral derecho de
   la ventana, como se muestra en la figura Figura 9-5, listo para ser
   examinado. O bien, para ver el mensaje completo en su propia ventana,
   haga doble clic sobre él.

3. **A partir de aquí Windows Live Mail le ofrece varias alternativas,
   y podrá acceder a cada una de ellas haciendo clic en los botones
   ubicados en el borde superior del e-mail:**

   • **Nada:** ¿Está indeciso? No haga nada, y el mensaje acampará en su
     carpeta Inbox hasta que lo borre.

   • **Reply (Responder):** Haga clic en el botón Reply en la parte
     superior del Windows Live Mail, y aparecerá una ventana nueva,
     preparada para que usted escriba su respuesta. La ventana es
     exactamente igual a la que aparece cuando usted redacta un
     mensaje pero con una práctica diferencia: Esta ventana viene con
     el destinatario y el asunto ya escrito. Asimismo, el mensaje original
     aparece en la parte inferior de su respuesta como referencia.

   • **Reply All (Responder a Todos):** Algunas personas envían e-mails a
     muchos destinatarios simultáneamente. Si ve otras personas
     enumeradas en la línea To de un e-mail, puede responder a todas a
     la vez haciendo clic en Reply All en vez de Reply.

   • **Forward (Reenviar):** ¿Recibió algo que podría interesarle a un
     amigo? Haga clic en Forward para enviar el e-mail a ese amigo.

- **Add to Calendar (Agregar al Calendario):** Windows Live Mail incluye un calendario básico para anotar sus citas. Haga clic en este botón para obtener una nueva ventana, donde podrá insertar el mensaje de e-mail en la fecha de su elección.

- **Delete (Eliminar):** Haga clic en el botón Delete para enviar el mensaje a la carpeta Deleted Items (Elementos Eliminados). Su mensaje quedará ahí hasta que haga clic derecho en la carpeta Deleted Items y elija la opción Empty 'Deleted Items' Folder (Vaciar la Carpeta Elementos Eliminados). Para configurar el borrado automático, haga clic en el ícono Menus, seleccione Options (Opciones), luego la pestaña Advanced (Avanzado), clic en Maintenance (Mantenimiento), y elija Empty Messages from the Deleted Items folder on Exit (Vaciar la carpeta Elementos Eliminados al Salir).

- **Junk (Basura):** Windows Live Mail filtra el spam (correo no deseado), pero si tropieza con una pieza que se las arregló para saltar el filtro, haga clic en el botón Junk en la barra de herramientas de Windows Live Mail. Esto mueve rápidamente el e-mail hediondo fuera de su Inbox y directo a la carpeta Junk.

- **Print (Imprimir):** Haga clic en Print, y Windows Live Mail dispara el mensaje abierto hacia la impresora para hacer una copia en papel.

- **Previous/Next (Anterior/Siguiente):** Haga clic en uno de estos botones para ver ya sea el mensaje siguiente o el que acaba de leer. (Si no ve esta opción, expanda un poco más la ventana hasta que quede visible.)

Estos consejos le ayudarán a exprimir al máximo las características del Windows Live Mail:

- ✔ Cuando esté leyendo un e-mail que ha recibido, haga clic en las palabras Add Contact (Agregar Contacto, ubicadas a la derecha del nombre del remitente) para agregar el nombre y el e-mail de ese remitente a su lista de contactos. Luego de hacer esto, el nombre de la persona y su e-mail estarán a un clic de distancia del botón To en un mensaje nuevo.

- ✔ Para organizar sus mensajes entrantes, haga clic derecho en su Inbox y elija New Folder (Carpeta Nueva) para crear otra carpeta. Cree tantas carpetas como necesite para categorizar su correo.

- ✔ Para mover un e-mail a otra carpeta, arrástrelo hasta allí desde el Inbox.

- ✔ Los e-mails de algunas personas no incluyen solamente palabras, sino también un archivo, que los muchachos informáticos denominan *attachment (adjunto)*. Los adjuntos causan suficientes problemas como para merecer una sección propia, que aparece a continuación.

✔ Si recibe un correo inesperado de un banco, eBay, o cualquier otro sitio Web con estructura monetaria, piense dos veces antes de hacer clic en cualquier enlace Web que pueda incluir el mensaje. Existe una industria criminal llamada *phishing (suplantación de identidad)* que envía e-mails tratando de engañarlo para que ingrese su nombre y contraseña en una página Web falsa. Eso le brinda a los chicos malos la codiciada información, que les permitirá rápidamente hacerse con su dinero. Windows Live Mail le muestra una advertencia cuando detecta un e-mail sospechoso de ser phishing; escribo más sobre phishing en el Capítulo 10.

✔ Cuando vea una pequeña *X* roja en el lugar de una foto o imagen dentro de su e-mail, eso significa que Windows Live Mail está bloqueándola. Para ver la imagen, haga clic en el mensaje Show Images (Ver Imágenes) escrito en azul que aparece en el cartel amarillo encima de su mensaje. Para evitar que Windows Live Mail bloquee imágenes, haga clic en el botón Menus (que se muestra en el margen), elija Safety Options (Opciones de Seguridad), haga clic en la pestaña Security (Seguridad), y destilde la casilla de verificación llamada Block Images and Other External Content in HTML E-Mail (Bloquear Imágenes y Otro Contenido Externo en correo electrónico HTML).

Enviar y Recibir Archivos a través del E-Mail

Como un par de boletos de cine dentro de un sobre con una nota de agradecimiento, un *attachment (adjunto)* es cualquier tipo de archivo que viene a cuestas de un mensaje de correo electrónico. Se pueden enviar y recibir todo tipo de archivos como adjunto. Al ser enviados, los adjuntos se representan como íconos clavados prolijamente en la parte superior de su e-mail.

Los adjuntos funcionan bien para transportar archivos, pero son una herramienta bastante aburrida para enviar fotos digitales. Para condimentar las cosas, Windows Live Mail ofrece una opción para *incrustar* fotos directamente en su e-mail: En vez de mostrar las fotos como íconos aburridos, Windows Live Mail muestra miniaturas de cada foto directamente en su e-mail para visualizarlas rápida y fácilmente.

Ya sea que adjunte o incruste archivos, tenga en cuenta lo siguiente: Muchos ISP limitan el tamaño de los adjuntos a 5MB o menos — un pequeño puñado de fotos digitales. (Gmail de Google le permite enviar adjuntos de hasta 20MB.)

La siguiente sección explica cómo enviar y recibir adjuntos, y también cómo enviar y recibir fotos digitales incrustadas dentro de un e-mail.

Adjuntar un archivo o varios a un e-mail

New ▾

Para enviar por mail cualquier archivo, comience por crear un nuevo e-mail: haga clic en el botón New (Nuevo), como se describe en la sección "Redactar y enviar un e-mail", previamente en este capítulo. Cuando la ventana de New Message (Mensaje Nuevo) aparece, escriba su mensaje como de costumbre.

Cuando esté preparado para agregar un archivo como adjunto, siga estos pasos:

Attach

1. **Haga clic en el botón Attach (Adjuntar) y localice el o los archivos que desea enviar.**

   Aparece una ventana, que convenientemente muestra el Navigation Pane (Panel de Navegación) y sus bibliotecas, llenas de documentos, música, fotos y videos. Recorra los archivos y carpetas en su biblioteca hasta encontrar los que quiere enviar por e-mail.

2. **Para adjuntar un único archivo, haga doble clic en su nombre. Para adjuntar varios archivos, seleccione a todos y luego haga clic en el botón Open (Abrir).**

   Curiosamente, hacer clic en Open no *abre* ningún archivo. En cambio, los adjunta a su mensaje de correo.

   Sin importar el método que elija, Windows Live Mail clava el o los archivos a su e-mail. Puede visualizar el nombre de un archivo adjunto — adyacente al ícono del sujetapapeles — debajo de la línea de Subject (Asunto), que muestra la Figura 9-6. (El puntero del mouse está señalándolo.)

   ¿Agregó sin querer el archivo equivocado? Quítelo haciendo clic derecho en su nombre y eligiendo Remove (Quitar).

3. **Haga clic en el botón Send.**

   Windows Live Mail envía al destinatario su correo y sus adjuntos.

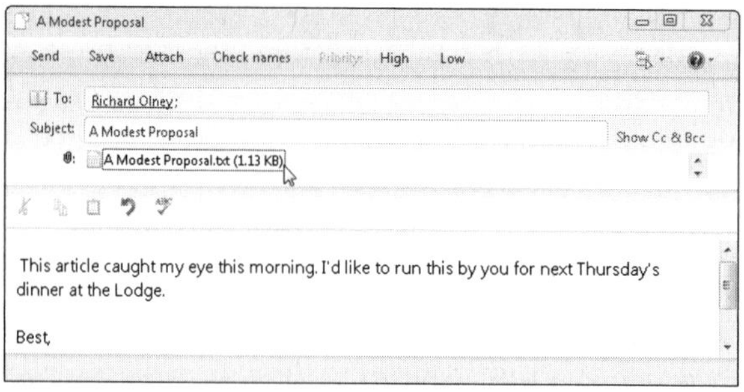

Figura 9-6:
Los archivos
adjuntos
aparecen
listados
en la línea
de Attach
(Adjuntos)
en un
e-mail.

Los pasos anteriores le permiten agregar un adjunto mientras redacta un e-mail, pero puede enviar un archivo también usando cualquiera de los siguientes métodos:

✔ Haga clic derecho en el nombre del archivo dentro de su carpeta, elija Send To (Enviar A) desde el menú emergente, y elija Mail Recipient (Destinatario). Windows Live Mail (o cualquiera sea el programa que haya instalado) abre una nueva ventana de e-mail con el archivo ya adjunto.

✔ Mientras su nuevo mensaje de e-mail se encuentre abierto en pantalla, arrastre y suelte sobre cualquier parte de su ventana un archivo. Este archivo aparece como adjunto, listo para ser enviado.

Guardar un archivo adjunto

Guardar archivos adjuntos que haya recibido es más fácil que enviarlos. Para guardar un archivo adjunto, siga estos pasos:

1. **Abra el e-mail con el adjunto.**

   El archivo adjunto aparece como un nombre con un sujetapapeles cerca, como se mostró previamente en la Figura 9-6.

2. **Haga clic derecho en el nombre del archivo adjunto y elija Save As (Guardar Como) desde el menú emergente.**

   ¿Tiene varios archivos adjuntos? Entonces mantenga presionada la tecla Ctrl y haga clic en todos. Luego haga clic derecho en los archivos seleccionados y elija Save As desde el menú.

   De ambas maneras, aparece la ventana Save Attachment As (Guardar el Adjunto Como), permitiéndole elegir un lugar donde almacenar sus bienes recibidos. Guarde las fotos recibidas en la biblioteca Pictures (Imágenes); la mayoría de los otros ítems deberían ir a parar a la biblioteca Documents.

3. **Elija un lugar donde guardar su archivo, y haga clic en Save.**

   Windows Live Mail guarda una copia del archivo en el lugar elegido, dejando otra copia todavía adjunta al e-mail como copia de seguridad.

Los e-mails facilitan el intercambio de archivos entre amigos alrededor del mundo. Los archivos son tan fáciles de enviar, de hecho, que los autores de virus rápidamente se sumaron a esta tendencia, creando virus que se propagan enviando una copia por e-mail a todos los destinatarios que encuentran en la libreta de direcciones.

Esto me lleva a las siguientes advertencias:

✔ Si un amigo le envía un archivo adjunto en forma inesperada, *no lo abra.* Envíe un e-mail a su amigo preguntándole si *realmente* él o ella fue quien lo envió. Ese adjunto pudo haber sido enviado por un virus sin que su amigo lo sepa. Para estar a salvo, arrastre el archivo recibido a su escritorio y verifíquelo con su programa antivirus antes de abrirlo. No lo abra directamente desde el e-mail.

✔ Para evitar que abra un virus, Windows Live Mail se niega a permitirle abrir casi *todos* los archivos adjuntos. Si Windows Live Mail no le permite abrir un archivo que espera de un amigo, desactive esta protección: Elija Options (Opciones) dentro del menú Tools (Herramientas), haga clic en la pestaña Security (Seguridad), y quite la selección de la casilla de verificación llamada Do Not Allow Attachments to Be Saved or Opened That Could Potentially Be a Virus (No Permitir Guardar o Abrir Adjuntos que Puedan Potencialmente Contener Virus).

Incrustar fotos en un e-mail

Puede enviar fotos digitales como adjuntos tal como se describió en la sección previa. Pero para facilitar que sus amigos puedan ver sus obras maestras, *incruste*, en cambio, las fotos en su e-mail.

Siga estos pasos para colocar miniaturas de sus fotos directamente dentro de su e-mail, como se muestra en la Figura 9-7, todos alineados primorosamente en una grilla con lugar para una leyenda debajo de cada una.

El destinatario puede ver las miniaturas, hacer clic en una para ver la versión más grande de la foto, o incluso verlas en una presentación de diapositivas.

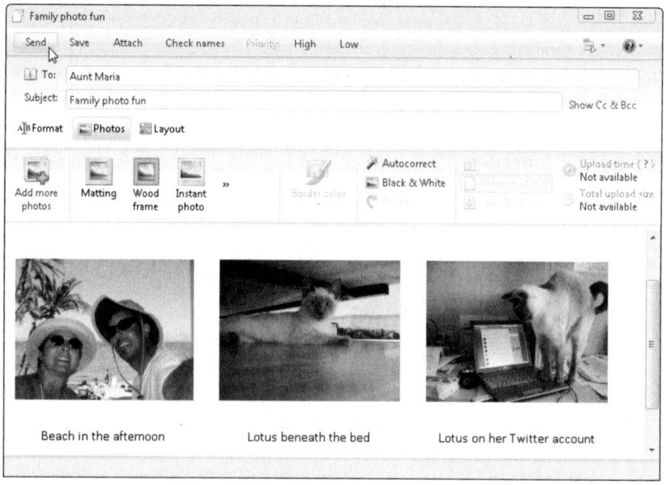

Figura 9-7: Las fotos incrustadas aparecen dentro del mismo e-mail; haga clic debajo de cada una para agregar una leyenda.

New ▾

Para incrustar fotos digitales en un e-mail, comience un mensaje nuevo haciendo clic en el botón New del Windows Live Mail, como hemos descrito previamente en este capítulo, en la sección "Redactar y enviar un e-mail". Cuando la ventana de New Message aparece, escriba su mensaje como siempre.

Cuando esté preparado para agregar sus fotos, siga estos pasos:

Add photos

1. **Haga clic en el botón Add Photos (Agregar Fotos).**

   La ventana Add Photos aparece, abriendo convenientemente su biblioteca Pictures (Imágenes).

2. **Elija la o las fotos que desea adjuntar, y haga clic en Done (Listo).**

   Para agregar una *única* foto, haga clic en su nombre y luego clic en Add (Agregar).

   Para agregar *varias* fotos, mantenga presionado la tecla Ctrl mientras hace clic en sus fotos. Luego haga clic en el botón Add.

   Sin importar que método utilice, al hacer clic en Done le está indicando a Windows Live Mail que incruste la(s) foto(s) en su e-mail, como se mostró previamente en la Figura 9-7.

   ¿Agregó accidentalmente el archivo equivocado? Quítelo de su e-mail haciendo clic derecho en su nombre y eligiendo Remove (Quitar).

3. **Agregue leyendas, si lo desea, haciendo clic debajo de cada foto y escribiendo sus palabras.**

   No necesita escribir más de una o dos líneas de texto.

4. **Si lo desea, puede opcionalmente agregar personalización a su foto haciendo clic en los otros botones disponibles en la franja por encima del área del mensaje.**

   Haciendo clic en Matting (Quitar Brillo), Wood Frame (Marco de Madera), Instant Photo (Foto Instantánea), o los botones agregan marcos a su foto. El botón Autocorrect (Autocorrección) mejora la relación de contraste y brillo de su foto.

5. **Haga clic en el botón Send para enviar su mensaje y adjuntos.**

   Windows Live Mail despacha su mail y las fotos al destinatario.

Guardar fotos incrustadas

Para guardar fotos que se encuentren visiblemente incrustadas en su e-mail, haga clic derecho en las mismas y elija Save Picture As (Guardar Imagen Como) en el menú emergente. Cuando aparezca la ventana de Save Picture, escriba el nombre para la imagen entrante, haga clic en la biblioteca Pictures, y luego clic en Save.

Encontrar el correo perdido

Eventualmente, un e-mail importante desaparecerá perdido entre una pila de carpetas y nombres de archivo. Windows 7 le ofrece varias maneras de recuperarlo:

✔ **El cuadro de Search (Búsqueda) de Windows Live Mail:** En la parte superior del panel central del programa vive el cuadro Search. Escriba un nombre o palabra que pueda estar en el mail buscado, y el cuadro Search mostrará todas las coincidencias. ¿Ve ese pequeño cuadro azul debajo del cuadro de Search? El menú de ese cuadro le permite elegir si va a buscar dentro de una carpeta específica o en todos sus correos.

✔ **Cuadro Search de las Carpetas:** Si guardó su e-mail en una carpeta en particular, haga clic en esa carpeta y luego ingrese su búsqueda en el cuadro de Search. El cuadro limita su búsqueda a esa carpeta en particular.

✔ **El cuadro Search del menú Start:** ¿No tiene idea en qué carpeta puede estar su e-mail perdido? El cuadro Search del menú Start, que explico en el Capítulo 6, indexa constantemente sus e-mails — el cuadro Search del menú Start funciona como un mini-Google para encontrarlo.

Si recibió fotos enviadas a través de una cuenta de Windows Live Mail, guarde las fotos siguiendo estos pasos:

1. **Abra el e-mail con las fotos incrustadas.**

   El mail parece casi una página Web, como se ve en la Figura 9-7. En realidad lo es, en este sentido: El e-mail contiene enlaces al sitio Web de Microsoft, donde realmente se encuentran almacenadas las fotos.

2. **Haga clic en el enlace Save All Photos (Guardar Todas las Fotos).**

   Aparece la ventana Browse for Folder (Buscar Carpeta), que le permite elegir una carpeta donde guardar las fotos recibidas. Navegue hacia su biblioteca Pictures (Imágenes), un práctico tanque de almacenamiento para sus fotos digitales.

3. **Haga clic en Save.**

   Windows Live Mail descarga una copia de las fotos al lugar elegido, dejando otra copia aún adjuntada al e-mail, como medida de seguridad.

Aunque Windows Live Mail puede resultar práctico para enviar una serie de fotos digitales, tenga presente lo siguiente: Microsoft le da un plazo de un mes para que descargue las fotos. Vencido el plazo, se eliminan las de alta resolución, dejando solamente las versiones en miniatura incrustadas.

Administrar Sus Contactos

Windows Vista almacenaba sus contactos en archivos separados dentro de la carpeta Contacts (Contactos). Windows Live Mail hace lo mismo a menos que haya configurado una cuenta de e-mail de Windows Live. La cuenta de e-mail de Windows Live le permite almacenar sus contactos en *dos* lugares: dentro del programa mismo y en línea. Cuando se registra en Windows Live Mail, la versión en línea imita su versión de escritorio, completa con los mismos contactos e incluso los mismos e-mails enviados y recibidos.

Para ver su lista de contactos en Windows Live Mail versión PC, haga clic en el ícono Contact (que se muestra en el margen) en la parte inferior del panel izquierdo. Aparece la ventana Windows Live Contacts (Contactos de Windows Live), mostrando una lista con todos los datos ingresados a la lista de Contactos.

Puede reforzar su lista de contactos:

  ✓ **Deje que Windows Live Mail lo haga en forma automática.** Cuando responde a alguien por tercera vez, Windows Live Mail automáticamente inserta el nombre y el e-mail de esa persona en su lista de Contactos. Si Windows Live Mail en algún momento deja de hacerlo, arréglelo: Haga clic en el ícono Menus, elija Options (Opciones), haga clic en la pestaña Send (Enviar), y seleccione la casilla de verificación llamada Automatically Put People I Reply to in My Address Book After the Third Reply (Agregar Contactos Automáticamente a mi Libreta de Direcciones Luego de la Tercera Respuesta).

  ✓ **Importe una antigua libreta de direcciones.** Para importar un archivo de Address Book (Libreta de Direcciones) desde otra computadora, abra su lista de contactos, haga clic en el ícono de Menus, y elija Import (Importar). Desde aquí, puede importar contactos en una variedad de formatos de archivo. (Por supuesto, eso significa que primero necesita *exportar* esos contactos desde el otro programa en cualquiera de los formatos WAB, VCF, CSV o el formato de libreta de direcciones de Outlook de Microsoft Office.)

  ✓ **Agregar contactos manualmente.** Cuando alguien le da su tarjeta comercial, deberá ingresar la información a mano. Dentro de la ventana Contacts de Windows Live Mail, elija New (Nuevo) y seleccione Contact. Escriba el nombre y la dirección e-mail de la persona, o ingrese un dossier detallado completando cada campo en cada sección. Haga clic en OK cuando haya finalizado.

Estas otras funciones también son muy útiles cuando se encuentre mirando su ventana de Contacts:

✔ Para enviar un mensaje rápido a un contacto dentro de su ventana de Contacts, haga clic derecho en el nombre de la persona, y elija Send E-Mail (Enviar E-Mail). Windows 7 abre a una práctica ventana de New Message (Mensaje Nuevo), con los campos de dirección e-mail ya completos, listo para que sólo tenga que escribir su mensaje y hacer clic en Send (Enviar).

✔ Para hacer una copia de seguridad de su lista de Contactos, haga clic en el ícono Menu, elija Export (Exportar), y expórtelos ya sea como archivos CSV (Comma Separated Values – Valores Separados por Coma) o VCF (Business Card – Tarjetas Comerciales o vCards). (En caso de desastre, puede importar cualquiera de estos archivos nuevamente a su programa.)

✔ También puede copiar su lista de contactos en su iPod. Luego de conectar su iPod, exporte su lista de Contactos con la gente más esencial en formato VCF, como se describe en el punto anterior. Cuando Windows 7 le pida que seleccione la carpeta para exportar el archivo VCF, elija la carpeta Contacts de su iPod. (Windows 7 muestra al iPod como un disco duro.)

Reducir Su Spam

Lamentablemente, nunca podrá eliminar completamente el spam (correo no deseado) de su Inbox. Créase o no, todavía hay gente que compra cosas de los spammers, haciendo que el correo basura siga siendo lo suficientemente rentable como para que los spammers continúen. Mire con resentimiento a cualquier vecino que confíe en comprar mercadería de los spammers.

Por suerte, Windows Live Mail se ha vuelto más astuto a la hora de reconocer spam. De hecho, cuando el programa encuentra un e-mail que huele sospechosamente a spam, le muestra un mensaje como el de la Figura 9-8, y deposita al sospechoso en su carpeta Junk E-mail (Correo Basura).

Si visualiza un mail en la carpeta Junk E-mail que *no* es basura, haga clic en el valioso mensaje y luego clic en el botón Not Junk (No Es Basura) en la barra de herramientas. Windows Live Mail rápidamente devuelve esa pieza de correo a su Inbox.

Figura 9-8:
El filtro anti
spam de
Windows
Live Mail
remueve
automáti-
camente
el spam
enviándolo
a la carpeta
Junk E-Mail
(Correo
Basura).

Aunque no puede detener completamente el spam, puede remover bastante si cumple con las siguientes reglas:

✔ Dar su dirección e-mail sólo a sus amigos más cercanos, familiares y contactos comerciales confiables. No se la dé a extraños ni la publique en sitios Web.

✔ Crear una segunda cuenta *descartable* de e-mail para usar cuando debe registrarse al aceptar ofertas en línea, completar formularios en una página o mantener cualquier correspondencia de corto plazo. Borrar esa dirección cuando se llene de spam y crear una nueva.

✔ Nunca publique su dirección de e-mail real en un foro de chat en Internet, grupo de noticias, o cualquier área de conversación pública. Y nunca responda a un spammer, ni siquiera aunque se trate de hacer clic en un enlace para cancelar la suscripción. Al hacer clic en ese enlace, sencillamente se está agregando a la lista de direcciones e-mail confirmadas del spammer.

✔ Averigüe si su ISP ofrece filtros anti-spam incorporados. Los filtros funcionan tan bien que muchos spammers ahora tratan de evadir los filtros usando palabras sin sentido. Si logran pasar los filtros, un texto sin sentido en el asunto revelará que ese mensaje es spam.

Capítulo 10
Computación Segura

· ·

· ·

Al igual que conducir un auto, trabajar con Windows es razonablemente seguro, siempre que se mantenga lejos de los malos vecinos, obedezca las señales de tránsito y no conduzca con los pies mientras asoma la cabeza por el techo solar.

Pero en el mundo de Windows e Internet, no existe un método simple para reconocer a un mal vecino, visualizar las señales de tránsito o incluso poder distinguir entre su pie, el volante y el techo solar. Cosas que parecen totalmente inocentes — el e-mail de un amigo o un programa en Internet — pueden ser un virus o una broma pesada que furtivamente reacomoda todo en su escritorio o hace colgar la máquina.

Este capítulo lo ayuda a reconocer las calles peligrosas en el vecindario virtual de Windows y le explica los pasos a seguir para protegerse del peligro y minimizar cualquier daño.

Comprender Esos Molestos Mensajes sobre Permisos

Luego de 20 años de desarrollo de la plataforma Windows, Windows 7 es todavía bastante inocente. Oh, es mucho mejor que Vista, por supuesto. Pero a veces al ejecutar un programa o intentar cambiar las configuraciones de su PC, Windows 7 no puede distinguir si *usted* está haciendo el trabajo o un *virus* está intentando meterse con su PC.

Desactivar los permisos

Si logra hacer desaparecer a las molestas pantallas de permiso, su PC queda más vulnerable al ataque de las fuerzas oscuras de la computación. Pero si ve que se la pasa más tiempo rechinando los dientes que trabajando, puede pedirle a algún usuario con permiso de Administrador que le ajuste el nivel de paranoia de Windows 7 siguiendo los siguientes pasos:

1. **Haga clic en el botón Start, elija Control Panel (Panel de Control), y luego clic en System and Security (Sistema y Seguridad).**

   El Panel de Control, que explico en el Capítulo 11, le permite afinar la forma en que Windows ejecuta en su PC.

2. **En la sección Action Center (Centro de Acción), haga clic en Change User Account Control Settings (Cambiar la Configuración del Control de Cuenta de Usuario).**

   Una barra de desplazamiento aparece en la pantalla, colóquela en tres cuartos de todo el recorrido hasta Default (Nivel Predeterminado).

3. **Para relajar el User Account Control, deslice la barra de desplazamiento hacia abajo; para aumentar su rigor, deslícela hacia arriba.**

   La barra de desplazamiento ofrece cuatro configuraciones:

   Always Notify Me When (Notificarme Siempre Cuando): Esta configuración hace que su PC sea muy segura pero la convierte en un entorno de trabajo muy difícil porque se la va a pasar recibiendo falsas alarmas.

Default (Predeterminado): Esta configuración muestra un bonito equilibrio entre seguridad y molestias. Windows 7 viene configurado en este nivel.

Notify Me Only When Programs Try to Make Changes to My Computer (Do Not Dim My Desktop) (Notificarme Sólo Cuando los Programas Tratan de Cambiar Algo en Mi Computadora – No oscurecer el escritorio): Esta configuración, menos segura, sólo le envía una advertencia cuando un programa intenta ejecutar cambios. (Y además, no oscurece su escritorio mientras muestra la advertencia.)

Never Notify Me When (Nunca Notificarme Cuando): Es la configuración menos segura, que hace que no le llegue ninguna advertencia cuando usted o algún programa aplica cambios. Debe reiniciar su PC antes de que surta efecto.

Elija la configuración con la que se sienta más cómodo. Yo dejo la mía en la configuración por defecto porque realmente brinda un buen balance entre seguridad y confort.

4. **Haga clic en OK luego de elegir su nivel de confort.**

Si se arrepiente, vuelva al nivel anterior de las pantallas de Permissions (Permisos) siguiendo los Pasos 1 a 4, asegurándose de restablecer la configuración al nivel Default en el Paso 3.

¿Cuál es la solución de Windows 7? Cuando Windows 7 se da cuenta que alguien (o algo) está intentando cambiar algo que puede potencialmente dañar a Windows o su PC, oscurece la pantalla y despacha un mensaje pidiéndole permiso, como el que se muestra en la Figura 10-1.

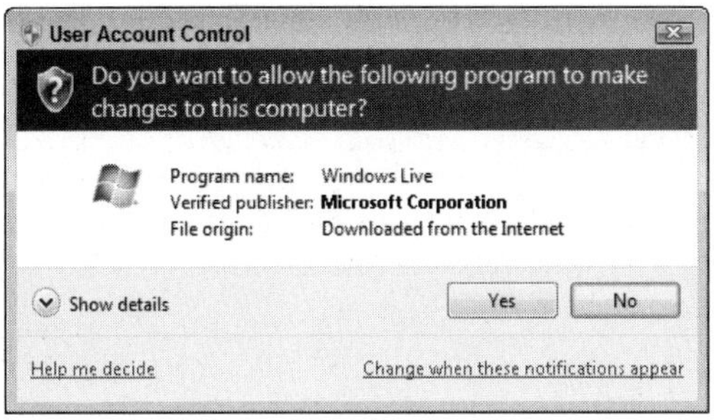

Figura 10-1:
Haga clic en No si este mensaje aparece de improviso.

Si uno de estos mensajes de permiso aparece de la nada, Windows 7 puede estar advirtiéndole sobre algún elemento malicioso intentando infiltrarse. Así que haga clic en No para denegarle permiso. Pero si en cambio, es *usted* quien está intentando hacer algo específico con su PC y Windows 7, colóquese los guantes de boxeo y haga clic en Yes. Windows 7 baja la guardia y lo deja ingresar.

Sin embargo, si no tiene permisos de la cuenta Administrator (Administrador), no alcanza con hacer simplemente clic en Yes. Deberá rastrear a alguien con una cuenta con permisos de Administrador y pedirle que ingrese su contraseña.

Y sí, un guardia de seguridad con pocas luces custodia la puerta de entrada de Windows 7, pero también es un obstáculo adicional que tienen que sortear los que escriben virus.

Las pantallas de permiso de Windows 7 se llaman *User Account Control (Control de Cuenta de Usuario)* o *User Account Protection (Protección de Cuenta de Usuario),* dependiendo de la persona a la que le pregunte.

Evaluar su Seguridad en el Action Center

Tómese un minuto para verificar la seguridad de su PC con el Action Center (Centro de Acción) de Windows 7. Siendo parte integrante del Panel de Control, el Action Center muestra cualquier problema que encuentre dentro de los principales mecanismos de defensa de Windows 7, y provee soluciones prácticas y al alcance de un clic. Su ícono de barra de tareas, la bandera blanca que se muestra en el margen, siempre muestra el estado actual del Action Center.

La ventana del Action Center se muestra en la Figura 10-2. Los códigos de colores indican el grado de gravedad de los problemas; una banda color rojo sangre muestra un problema crítico que requiere acción inmediata, y la banda amarilla indica que el problema necesitará atención en breve.

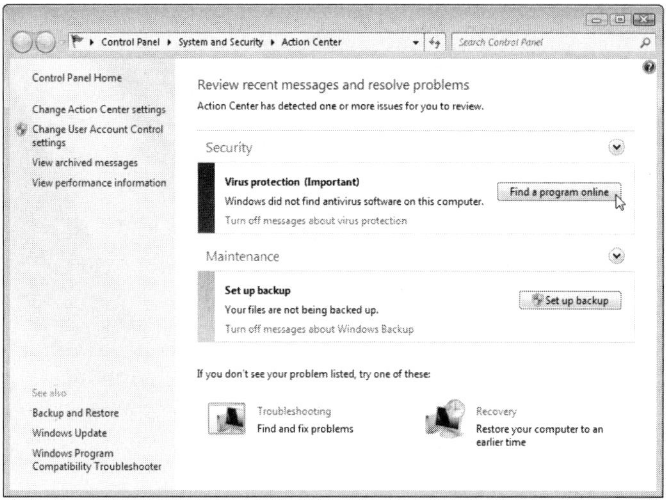

Figura 10-2:
El Action Center le permite levantar las defensas principales de su computadora, incluyendo Windows Firewall, Automatic Updates y un antivirus.

Por ejemplo, la Figura 10-2 muestra una banda roja en el primer ítem, Virus Protection (Protección Antivirus). El segundo ítem, Set Up Backup (Configurar las Copias de Seguridad), tiene puesta una banda amarilla.

Todas estas defensas deben estar activas y funcionando para obtener el máximo de seguridad, porque cada una lo defiende de diferentes cosas.

Si alguno de los grandes cañones de defensa de su computadora no está cargado y apuntando en la dirección correcta, el pequeño ícono de la barra de tareas del Action Center, que se muestra en el margen, aparece con una X roja.

Cuando vea el ícono con la X roja en la barra de tareas, siga estos pasos para visitar el Action Center y arreglar el problema:

1. **Haga clic en el ícono de Action Center con la bandera roja y elija Open Action Center (Abrir el Centro de Acción) en el menú emergente.**

   El Action Center, que mostramos previamente en la Figura 10-2, salta a la pantalla para mostrar el estado de la computadora, tanto a nivel de seguridad como de mantenimiento.

Mensajes de seguridad: El Action Center (Centro de Actividad) puede mostrar problemas en cualquiera de estas categorías, pero rara vez muestra más de uno o dos simultáneamente:

- **Windows Update (Actualización de Windows):** el programa Windows Update visita automáticamente a Microsoft a través de Internet, descarga cualquiera de los parches de seguridad nuevos, y los instala, todo esto en forma gratuita y sin ningún tipo de esfuerzo de su parte.

- **Internet Security Settings (Configuraciones de Seguridad de Internet):** Esta categoría cubre las configuraciones de protección para Internet Explorer, que ayuda a que no se le pegue basura a su navegador Web.

- **Network Firewall (Firewall de Red):** El nuevo y más potente firewall de Windows 7, monitorea cada conexión entrante y saliente de su PC. Cuando el firewall se da cuenta de que una conexión no solicitada está intentando ingresar, la bloquea, deteniendo a cualquier intruso potencial.

- **Spyware and Related Protection (Protección contra Software Espía y Similares):** Windows 7 incluye un removedor de spyware llamado Windows Defender, y el Activity Center se pone a gritar si no está ejecutándose correctamente.

- **User Account Control (Control de Cuenta de Usuario):** el Activity Center le permite saber si algo no está andando bien con el User Account Control, descripto en la sección anterior, con sus fastidiosas pantallas.

- **Virus Protection (Protección contra Virus):** Windows 7 carece de programa antivirus, pero se fija que usted haya instalado uno. Si el Action Center se da cuenta de que no ha comprado un programa antivirus o no está al día con los pagos de la licencia del mismo, levanta la bandera roja.

Maintenance (Mantenimiento): Además de vigilar las cuestiones de seguridad, el Action Center monitorea tres tareas de mantenimiento:

- **Windows Backup:** Windows Backup (que se cubre más adelante en este capítulo) crea automáticamente copias de seguridad de sus archivos más importantes para recuperarlos en caso de emergencia.

- **Windows Troubleshooting (Resolución de Problemas de Windows):** Cuanto Windows detecta problemas en su PC o sus programas, le envía un mensaje ofreciéndole tratar de solucionarlos. Si no hizo clic en ese mensaje por la frustración, puede venir aquí para aceptar la oferta de Windows.

¿No puede ver la oferta previa que había hecho el solucionador de problemas? En el panel izquierdo de la ventana del Action Center, haga clic en View Archived Messages (Ver Mensajes Archivados). Aparece una ventana, mostrando todas las ofertas de ayuda que Windows le brindó para solucionar problemas anteriores.

• **Check for Updates (Buscar Actualizaciones):** Esto significa que Windows Update y Windows Defender han dejado de verificar si hay actualizaciones de software nuevas.

2. **Haga clic en el botón al lado del ítem señalado para solucionar cualquier problema de seguridad potencial.**

Cada vez que encuentre alguna de las defensas de Windows 7 desactivadas en el Action Center, haga clic en el botón al lado del ítem. Por ejemplo, en la Figura 10-2, haciendo clic en los botones llamados Find a Program Online (Encontrar un Programa En Línea) y Set Up Backup (Configurar la Copia de Seguridad) logrará ya sea solucionar el problema automáticamente o bien encender el interruptor correcto para devolver las cosas a su estado normal.

Siguiendo los dos pasos anteriores, su computadora estará mucho más segura que cualquier otra versión de Microsoft Windows.

Cambiar la configuración del firewall

Casi todo el mundo ha dejado caer su tenedor para atender el teléfono, y cuando atiende escucha una de esas grabaciones de ventas telefónicas. Esto se debe a que los telemarketers ejecutan programas que discan números telefónicos hasta que alguien atienda. Los buscapleitos de Internet ejecutan programas similares que intentan irrumpir dentro de cualquier computadora conectada en ese momento a Internet.

Los usuarios de banda ancha de Internet son especialmente vulnerables debido a que sus computadoras están constantemente conectadas a Internet. Esto incrementa las chances de que los hackers los localicen e intenten explotar cualquier vulnerabilidad disponible.

Ahí es cuando Windows Firewall entra en juego. El firewall se sienta entre su computadora e Internet, actuando como un portero inteligente. Si algo intenta conectarse, pero ni usted ni uno de sus programas lo ha solicitado, el firewall detiene la conexión.

Ocasionalmente, sin embargo, usted va a *querer* que otra computadora interactúe con la suya a través de Internet. Puede estar jugando un juego para varios jugadores, por ejemplo, o estar usando un programa para compartir archivos. Para evitar que el firewall bloquee esos programas, agregue sus nombres a la lista de Exceptions (Excepciones) del firewall siguiendo estos pasos:

1. **Elija el Panel de Control desde el menú Start, luego clic en System and Security (Sistema y Seguridad), y luego clic en el ícono del Windows Firewall (que se muestra en el margen).**

Aparece la ventana de Windows Firewall, mostrando las configuraciones de Windows 7 para dos tipos diferentes de redes a las que podría conectarse:

- **Home or Work (Private) (Hogar o Trabajo – Red Privada):** Como las redes del hogar y el trabajo son más seguras, Windows firewall relaja su control para permitirle compartir archivos con las PCs de sus compañeros de trabajo y miembros de su familia.

- **Public (Red Pública):** Las redes públicas, como las que encuentra en cafeterías y aeropuertos no son seguras. Por lo tanto, el firewall refuerza su control, prohibiéndoles a las PCs de alrededor ver o extraer cualquier tipo de información de su PC.

2. **En el lado izquierdo de la ventana de Windows Firewall, haga clic en las palabras Allow a Program or Feature Through Windows Firewall (Permitir que un Programa o Función Pase a través de Firewall de Windows).**

Como se ve en la Figura 10-3, el Firewall de Windows lista cada programa con permiso para comunicarse a través de su firewall. (Windows 7 agrega muchos de estos programas en forma automática, así que no se sorprenda si ve millones de programas ya incluidos en la lista.)

3. **Haga clic en el botón Change Settings (Cambiar Configuraciones).**

Haga clic en Continue o ingrese la contraseña del usuario Administrator si le protesta la pantalla de permisos de Windows 7.

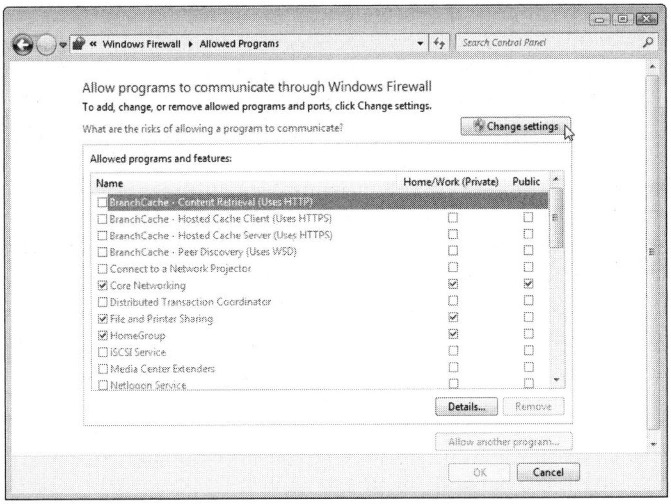

Figura 10-3:
Haga clic en el botón Change Settings para agregar un programa a la lista de Excepciones del firewall.

228 Parte III: Obtener Resultados en Internet

4. **Haga clic en el botón Allow Another Program (Autorizar Otro Programa), elija el programa (o haga clic en Browse (Explorar) para ubicarlo), y luego clic en OK.**

   Si hace clic en Browse, encontrará casi todos los programas que viven en su disco C dentro de la carpeta Program Files (Archivos de Programas). El nombre de su programa muestra el mismo ícono que se ve cuando aparece listado en el menú Start.

   El firewall agrega su programa elegido a su lista de Excepciones y comienza a permitir que otras computadoras se conecten con él.

✔ No agregue programas en la lista de Excepciones a menos que esté *seguro* de que el problema está en el firewall. Cada vez que agrega un programa a la lista, su computadora queda un poco más vulnerable.

✔ Si piensa que ha hecho lío con las configuraciones del firewall, es fácil revertir a sus configuraciones originales. En el Paso 1 previamente en esta sección, haga clic en el botón Restore Defaults (Restaurar Valores Predeterminados) dentro de la lista en el panel izquierdo de la ventana. Cuando aparezca la ventana Restore Defaults, haga clic en el nuevo botón Restore Defaults, y haga clic en el botón Yes dentro de la siguiente ventana para completar los cambios. El firewall elimina *todos* los cambios que usted o sus programas hayan realizado, permitiéndole volver a empezar desde cero.

Cambiar las configuraciones de Windows Update

Cada vez que alguien se las arregla para ingresar ilícitamente en Windows, Microsoft publica otro parche para mantener seguros a los usuarios de Windows. Lamentablemente, los chicos malos suelen encontrar agujeros en Windows tan rápido como Microsoft puede emparcharlos. ¿El resultado? Microsoft termina publicando un flujo constante de parches.

De hecho, el flujo de parches se ha vuelto tan intenso que muchos no pueden mantenerse al día. La solución de Microsoft fue hacer que Windows Update funcione en forma *automática:* Cada vez que usted se conecta, ya sea para verificar su e-mail o navegar la Web, su computadora automáticamente visita el sitio de Microsoft dedicado a Windows Update y baja cualquier parche nuevo en segundo plano.

Cuando su computadora haya terminado de descargar los parches nuevos, los instala a las 3 a.m., evitando así interrumpir su trabajo. Ocasionalmente, a la mañana siguiente se le pedirá que reinicie la computadora para poder aplicar el parche; otras veces, ni siquiera se dará cuenta de lo que está sucediendo.

El Action Center de Windows 7, que cubrimos previamente en este capítulo, explica cómo asegurarse de que Windows Update está activado y ejecutándose. Pero si quiere ajustar sus configuraciones, quizás no instalar los parches hasta que pueda revisarlos, siga estos pasos:

1. **Haga clic en el botón Start, elija All Programs (Todos los Programas), y elija Windows Update.**

   Aparece la ventana de Windows Update.

   ¿No está seguro de si Windows Update *realmente* está verificando las actualizaciones? Haga clic en el enlace Check for Updates (Comprobar Actualizaciones) en el panel izquierdo de la ventana. Windows Update e irá directamente a Microsoft para ver si hay alguna actualización pendiente.

2. **Elija Change Settings (Cambiar Configuraciones) en el panel del extremo izquierdo.**

   La página Change Settings aparece, como se ve en la Figura 10-4.

3. **Si es necesario, elija Install Updates Automatically (Recommended) (Instalar Actualizaciones Automáticamente – Recomendado).**

   Normalmente activado en forma predeterminada, la opción Install Updates Automatically (Recommended) mantiene su PC actualizada en forma automática.

   En este punto, algunos usuarios de computadoras experimentados elijen la opción Download Updates but Let Me Choose Whether to Install Them (Descargar Actualizaciones pero Dejarme Elegir Si Se Instalan). Esta opción brinda la oportunidad de examinar con detalle los parches entrantes antes de darle el visto bueno a su instalación.

4. **Haga clic en OK para guardar sus cambios.**

   Hay buenas probabilidades de que no tenga necesidad de hacer cambios. Pero los trasnochadores van a querer cambiar la hora de instalación automática de las 3 a.m. haciendo clic en las listas desplegables dentro del área Install New Updates (Instalar Actualizaciones Nuevas).

Evitar los virus

Cuando de virus se trata, *todo* es sospechoso. Los virus viajan no sólo a través de mensajes de e-mail, programas, archivos y unidades flash, sino también protectores de pantallas, temas, barras de tareas y otros elementos add-on (adicionales) de Windows.

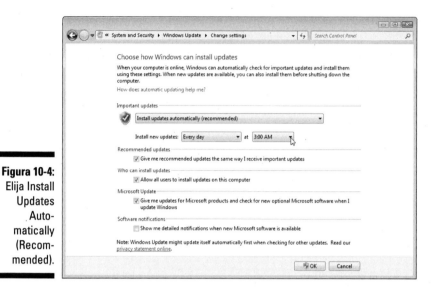

Figura 10-4:
Elija Install
Updates
Auto-
matically
(Recom-
mended).

Si cree que su computadora tiene un virus y no tiene ningún programa
antivirus, desconéctela de la red o cable telefónico antes de ir a una tienda a
comprar el programa antivirus. Instale y ejecute el programa *antes* de volver
a conectar su computadora a Internet. (Puede necesitar reconectar los cables
para que el nuevo programa antivirus descargue sus actualizaciones.)

McAfee ofrece una herramienta para remover virus gratuita que elimina 50 de
los virus más comunes. Se puede descargar desde `http://vil.nai.com/`
`vil/stinger`, es una herramienta práctica para tiempos difíciles.

¿No puede pagar un programa antivirus, o no quiere abonar las tarifas de
suscripción? Busque programas antivirus gratuitos tales como Windows
Security Essentials de Microsoft, (`www.microsoft.com/security`),
ClamWin (`www.clamwin.com`), avast! Home Edition (`www.avast.com`), AVG
Anti-Virus Free Edition (`http://free.avg.com`), o el Avira AntiVir Personal
(`www.free-av.com`). Esté preparado para ver molestas pantallas en alguno
de estos programas, pidiéndole que compre la versión paga (más completa).

Sin importar cuál es el programa antivirus que posea, siga estas reglas para
reducir su riesgo de infección:

✔ Asegúrese de que el programa antivirus revise todo lo que usted descarga,
   incluyendo lo que venga a través de e-mail o programas de mensajería.

✔ Sólo abra los adjuntos que usted *estaba esperando*. Si recibe algo
   inesperado de parte de un amigo, no lo abra. En vez de abrirlo, envíele
   un mail o llame por teléfono a esa persona para ver si ella o él *realmente*
   le enviaron algo.

✔ No instale *dos* programas antivirus porque se la pasarán peleándose. Si desea probar un programa diferente, primero desinstale el que tenga actualmente dentro del área Programs (Programas) del Panel de Control. (Puede necesitar reiniciar su PC posteriormente.) Luego, será seguro instalar otro programa antivirus que quiera probar.

✔ No basta con comprar un programa antivirus. La mayoría de los programas pagos también requieren pagar una cuota anual para mantener el programa lo suficientemente astuto como para reconocer los últimos virus. Sin las últimas definiciones de virus, el programa antivirus sólo detecta los virus viejos, no a los nuevos que aparecen todo el tiempo en Internet. (Los virus más nuevos siempre se diseminan en forma más veloz, causando el mayor daño.)

Permanecer a Salvo en Internet

Internet no es un lugar seguro. Algunos individuos diseñan sitios Web específicamente para explotar las últimas vulnerabilidades en Windows — aquellas que Microsoft todavía no ha tenido tiempo de emparchar. Esta sección explica algunas de las características de seguridad del Internet Explorer, así como otros consejos de seguridad para el viajero que navega por Internet.

Evitar los complementos malévolos y los secuestradores

Microsoft ha diseñado Internet Explorer para permitir que los programadores puedan agregar características extras a través de *add-ons (complementos)*. Al instalar un complemento — barras de herramientas, información instantánea de cotizaciones de bolsa, y disparadores de programas, por ejemplo — los usuarios pueden lograr un poco más de funcionalidad del Internet Explorer. De manera análoga, muchos sitios usan *ActiveX* — una palabra elegante para aquellos programas que agregan animación, sonido, video y otros trucos deslumbrantes en un sitio Web.

Lamentablemente, programadores ruines han comenzado a crear complementos y programas ActiveX que *dañan* a los usuarios. Algunos complementos espían sus actividades, bombardean su pantalla con publicidad adicional, re-direccionan su página inicial a otro sitio, o hacen que su modem disque llamadas de larga distancia a sitios porno. Peor aún, algunos complementos renegados se instalan a sí mismos apenas usted visita un sitio Web — sin pedirle permiso.

Configurar las zonas de seguridad de Internet Explorer

Existen buenas probabilidades de que no necesite toquetear las zonas de seguridad de Internet Explorer. Viene configurado para ofrecer la mayor protección con el menor esfuerzo. Pero si siente curiosidad respecto a las zonas de Internet Explorer, elija Internet Options (Opciones de Internet) dentro del menú Tools (Herramientas), y haga clic en la pestaña Security (Seguridad).

Internet Explorer ofrece cuatro zonas de seguridad, cada una con un nivel de protección distinto. A medida que se agregan diferentes sitios Web en distintas zonas, Internet Explorer tratará cada sitio de manera diferenciada, imponiendo restricciones en algunos y levantándolas en otros. Este es el resumen:

✔ **Internet:** Si no se cambian las zonas de Internet Explorer, éste trata a cada sitio Web como perteneciente a esta zona. Esta zona ofrece seguridad de nivel medio-alto, que funciona muy bien en la mayoría de los casos.

✔ **Local Intranet (Intranet Local):** Esta zona está destinada a los sitios Web que se ejecuten en su red *interna*. (Los usuarios particulares rara vez tienen que vérselas con intranets porque éstas se encuentran mayormente en corporaciones y grandes compañías.) Como las Web Internas se crean internamente y son autónomas, esta zona quita algunas restricciones, permitiéndole hacer más cosas.

✔ **Trusted Sites (Sitios de Confianza):** Al colocar sitios aquí significa que usted confía en ellos *totalmente*. (Yo no confío totalmente en ningún sitio Web.)

✔ **Restricted Sites (Sitios Restringidos):** Si no confía para nada en un sitio, colóquelo aquí. Internet Explorer le permite visitarlo, pero no descarga nada de ese sitio ni usa ninguno de sus *plug-ins* — pequeños programas descargables que agregan gráficos extras, animación y mejoras similares. Solía colocar algunos sitios aquí para evitar sus mensajes publicitarios de ventanas emergentes, pero el nuevo bloqueador de mensajes emergentes incorporado al Internet Explorer ha eliminado la necesidad de hacerlo.

Si estuvo jugando con las configuraciones de seguridad y piensa que sus cambios fueron para peor, no todo está perdido. Basta con hacer clic en el botón llamado Reset All Zones to Default Level (Restablecer Todas las Zonas al Nivel Predeterminado) en la pestaña Security.

Windows 7 cuenta con varias armas de fuego para combatir a los buscapleitos. Por empezar, si un sitio trata de infiltrar un programa en su computadora, Internet Explorer rápidamente lo bloquea y envía una advertencia (que se muestra en la Figura 10-5) en la parte superior de la pantalla de Internet Explorer. Si hace clic en la advertencia aparecerán sus opciones, como se muestran en la Figura 10-6.

Lamentablemente, Internet Explorer no puede distinguir una descarga buena de una mala, dejando el deber de la prueba en usted. Por lo tanto, si ve un mensaje como el que se muestra en la Figura 10-5 y *no ha solicitado* ninguna descarga, hay muchas posibilidades de que ese sitio esté intentando dañarlo:

No descargue el programa ni instale el control ActiveX. En vez de eso, haga clic en alguno de sus enlaces Favoritos o en el ícono Home (Inicio) para salir rápidamente hacia un nuevo sitio Web.

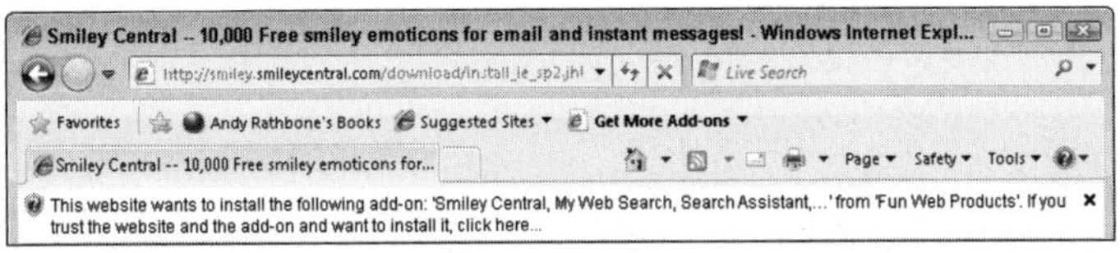

Figura 10-5: Internet Explorer bloquea un programa.

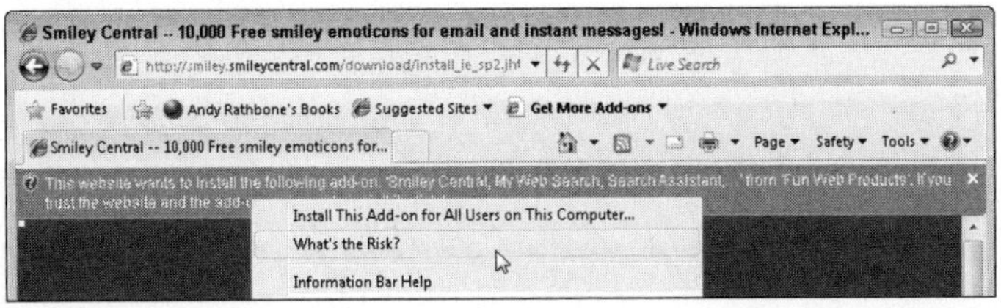

Figura 10-6: La franja de advertencia le muestra sus opciones.

Si una dirección peligrosa logra infiltrarse de alguna manera, usted no ha caído completamente en desgracia. El Add-On Manager (Administrador de Complementos) del Internet Explorer le permite deshabilitarlo. Para ver todos los programas de complementos instalados en Internet Explorer (y eliminar algunos en caso de que sepa que son malos, innecesarios o simplemente molestos), siga estos pasos:

Tools ▼

1. **Haga clic en el menú Tools (Herramientas) de Internet Explorer y elija Manage Add-Ons (Administrar Complementos).**

   Aparece la ventana Manage Add-Ons, como se muestra en la Figura 10-7, permitiéndole ver todos los complementos cargados actualmente.

2. **Haga clic en el complemento que le esté dando problemas y clic en el botón Disable (Deshabilitar).**

   ¿No encuentra el complemento indeseable? Haga clic en el menú desplegable Show para alternar entre ver All Add-Ons (Todos los Complementos), Currently Loaded Add-Ons (Complementos Cargados Actualmente), Run Without Permission (Se ejecutan sin permiso), y Downloaded Controls (Controles Descargados).

   Cuando vea el nombre de la barra de herramientas no deseada o cualquier otro programa adverso, quítelo haciendo clic en su nombre y luego clic en el botón Disable (Deshabilitar).

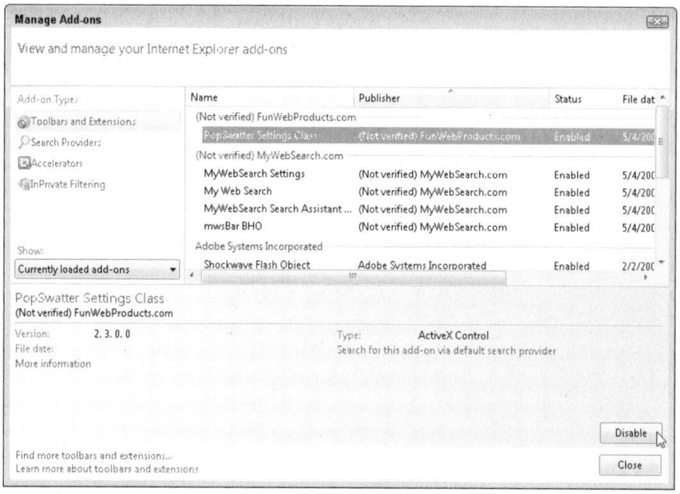

Figura 10-7:
La ventana
Manage
Add-Ons
de Internet
Explorer le
permite ver
los comple-
mentos
instalados y
deshabilitar
los que no le
gusten.

Manage Add-ons

View and manage your Internet Explorer add-ons

Add-on Types		Name	Publisher	Status	File dat
Toolbars and Extensions		(Not verified) FunWebProducts.com			
Search Providers		PopSwatter Settings Class	(Not verified) FunWebProducts.com	Enabled	5/4/200
Accelerators		(Not verified) MyWebSearch.com			
InPrivate Filtering		MyWebSearch Settings	(Not verified) MyWebSearch.com	Enabled	5/4/200
		My Web Search	(Not verified) MyWebSearch.com	Enabled	5/4/200
		MyWebSearch Search Assistant ...	(Not verified) MyWebSearch.com	Enabled	5/4/200
		mwsBar BHO	(Not verified) MyWebSearch.com	Enabled	5/4/200
Show:		Adobe Systems Incorporated			
Currently loaded add-ons		Shockwave Flash Object	Adobe Systems Incorporated	Enabled	2/2/200

PopSwatter Settings Class
(Not verified) FunWebProducts.com

Version:	2. 3. 0. 0	Type:	ActiveX Control
File date:		Search for this add-on via default search provider	
More information			

Find more toolbars and extensions...
Learn more about toolbars and extensions

Disable

Close

3. **Repita el proceso por cada complemento no deseado y luego haga clic en el botón Close (Cerrar).**

   Puede que necesite reiniciar Internet Explorer para que surtan efecto los cambios.

No todos los complementos son malos. Muchos de los buenos le permiten ver películas, escuchar sonidos o visualizar un contenido especial dentro de un sitio Web. No borre un complemento sólo porque aparezca en la lista del Add-On Manager.

✔ En la rara instancia de que deshabilitar un complemento le impida cargar un sitio Web importante, haga clic en el nombre del complemento en el Paso 2 de los pasos anteriores y haga clic en el botón Enable para volverlo a poner en funciones.

✔ ¿Cómo cuernos puede usted diferenciar los complementos buenos de los malos? Lamentablemente, no hay un método seguro para diferenciarlos, aunque el nombre que aparece bajo Publisher (Editor) nos brinda una buena pista. ¿Reconoce al editor o recuerda haber instalado el programa? En vez de tener que rascarse la cabeza después, piénselo dos veces antes de instalar cosas que Internet Explorer ha intentado bloquear.

✔ ¿No le gustan los aceleradores de Internet Explorer que aparecen cada vez que hace clic derecho en una página Web? Descártelos haciendo clic en la categoría Accelerators (Aceleradores) dentro de los complementos, que puede ver en el panel izquierdo en la Figura 10-7. Haga clic derecho en cada acelerador que no use y elija Remove (Eliminar) desde el menú emergente.

✔ Asegúrese de que el bloqueador de mensajes emergentes esté funcionando en su Internet Explorer eligiendo Pop-Up Blocker

(Bloqueador de Ventanas Emergentes) en el menú Tools (Herramientas). Si ve Turn Off Pop-Up Blocker (Desactivar el Bloqueador de Ventanas Emergentes) en el menú emergente, está todo en orden. Si lo que ve es Turn On Pop-Up Blocker (Activar el Bloqueador de Ventanas Emergentes), haga clic en el comando que lo encenderá nuevamente.

Evitar estafas de phishing (sustitución de identidad)

En algún momento puede recibir un e-mail de parte de su banco, eBay, PayPal o sitio Web similar anunciándole que hay un problema con su cuenta. Invariablemente, el e-mail le ofrece un enlace a mano para hacer clic, diciendo que debe ingresar su usuario y contraseña para poder poner las cosas en orden.

No lo haga, no importa que tan realista parezca el e-mail y el sitio Web. Está ante la presencia de una industria desagradable llamada *phishing (sustitución de la identidad):* Estos estafadores envían millones de estos mensajes alrededor del mundo, con la esperanza de convencer a unas pocas almas asustadas para que escriban sus invaluables nombres de cuenta y contraseñas.

¿Cómo diferenciar los e-mails verdaderos de los falsos? Es fácil, en realidad, porque *todos* estos e-mails son falsos. Los sitios relacionados con las finanzas pueden enviarle un resumen de cuentas legítimo, recibos o avisos de confirmación, pero nunca jamás le enviarán un mail con un enlace donde hacer clic y escribir su contraseña. Si tiene sospechas, visite el sitio Web *verdadero* de esa compañía — ingresando la dirección Web a mano. Luego busque el área de seguridad y reenvíe el e-mail a la compañía y pregunte si es legítimo. Lo más probable es que no.

Windows 7 utiliza varias salvaguardias para frustrar las estafas de phishing:

- ✔ Cuando ejecute por primera vez Internet Explorer, asegúrese de tener encendido el filtro SmartScreen haciendo clic en Safety (Seguridad) dentro del menú superior y resalte SmartScreen Filter (Filtro SmartScreen). Si ve una opción emergente de Turn Off SmartScreen Filter (Apagar el Filtro SmartScreen), entonces el filtro ya estaba activado.

- ✔ Internet Explorer examina cada página Web para detectar señales sospechosas. Si un sitio parece sospechoso, la Address Bar (Barra de Direcciones) de Internet Explorer — el área que normalmente es blanca y muestra la dirección Web de un sitio, — se torna amarilla. Internet Explorer envía una advertencia en una ventana emergente indicando que está visitando un sitio sospechado de phishing.

- ✔ Internet Explorer compara la dirección de un sitio Web con una lista de sitios de phishing comprobados. Si encuentra alguno en esa lista, el Phishing Filter (Filtro Antiphishing) evita que ingrese al sitio, como se ve en la Figura 10-8. Si le aparece esa pantalla, entonces cierre la página Web.

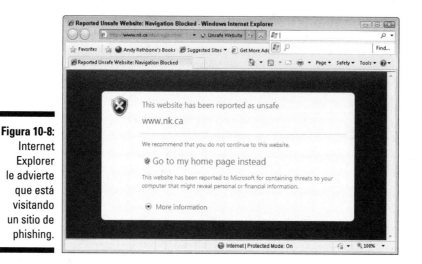

Figura 10-8:
Internet
Explorer
le advierte
que está
visitando
un sitio de
phishing.

Entonces, ¿por qué las autoridades no pueden simplemente arrestar a los responsables de este delito? Porque los ladrones de Internet son notablemente difíciles de localizar y llevar a juicio. El alcance de Internet les permite trabajar desde cualquier lugar en el mundo.

✔ Si ya ingresó su nombre y contraseña en un sitio phishing, tome una acción inmediata: Visite el sitio Web *real* y cambie su contraseña. También cambie el nombre de usuario, si es posible. Luego contacte a la compañía involucrada y pídales ayuda. Podría ser posible detener a los ladrones antes de que metan sus garfios electrónicos en su cuenta.

✔ Puede advertirle a Microsoft que ha encontrado un sitio que huele sospechosamente a phishing. Elija dentro del menú Safety (Seguridad) de Internet Explorer el SmartScreen Filter (Filtro SmartScreen) y elija Report Unsafe Website (Informar sobre Sitios Inseguros). Internet Explorer lo lleva al sitio Web del SmartScreen Filter de Microsoft. Al avisar a Microsoft sobre sus sospechas de phishing, está ayudando a advertir sobre ese sitio a otros visitantes.

✔ Para obtener más información acerca del phishing, dese una vuelta por el Anti-Phishing Working Group (www.antiphishing.org).

Evitar y eliminar spyware y parásitos con el Windows Defender

El spyware (software espía) y los *parásitos* son programas que se enganchan de su Internet Explorer sin que se dé cuenta. Los programas más insidiosos pueden intentar cambiar su página de inicio, discar números con su modem, o espiar su actividad en la Web, registrando furtivamente sus hábitos de navegación para los editores de programas spyware.

La mayoría de los programas spyware admiten abiertamente que son espías — generalmente en la página 43 de las 44 páginas del acuerdo que se supone debe leer antes de instalar el programa.

Nadie quiere estos feos programas, por supuesto, así que sus creadores emplean diversos trucos para evitar que los remuevan. En este punto es donde Windows Defender entra en acción. Evita que cierto spyware se instale automáticamente y evita que el spyware ya instalado espíe su PC. Mejor aún, Windows Update mantiene actualizado el Windows Defender para reconocer y destruir las creaciones más recientes del software espía.

Para hacer que el Windows Defender escanee su PC de inmediato, lo que sería una potencial solución cuando su PC se comporta extrañamente, siga estos pasos:

1. **Haga clic en el menú Start, escriba** Windows Defender **en el cuadro Search (Búsqueda), y haga clic en su nombre dentro de la lista.**

   Windows Defender ya no vive más en el menú Start, como supo hacerlo en Windows Vista. Tampoco aparece en ninguna categoría dentro del Control Panel (Panel de Control). Lamentablemente, escribir su nombre en el cuadro Search es la forma más rápida de ubicar el programa.

2. **Haga clic en el botón Scan del Windows Defender en el menú superior.**

   Windows Defender de inmediato realiza un escaneo rápido de su PC. Cuando haya finalizado, siga con el Paso 3.

3. **Haga clic en Tools (Herramientas), elija Options (Opciones) y seleccione la casilla de verificación Automatically Scan My Computer (Recommended) (Escanear Mi Computadora en Forma Automática – Recomendado), y luego clic en Save (Guardar).**

   Al hacer esto programa en forma automática su ejecución a las 2 a.m. cada día, una forma sencilla de mantener a salvo su PC.

Muchos otros programas antispyware pueden escanear su computadora en busca de spyware, recortando con cuidado cualquier elemento de este tipo que puedan encontrar a su paso. Algunos programas son gratis con la esperanza de que posteriormente compre la versión completa del mismo. Ad-Aware (www.lavasoft.com) y Spybot – Search & Destroy (www.safer-networking.org) son dos de los programas más populares.

No tema ejecutar más de un programa antispyware en su PC. A diferencia de los antivirus, los programas antispyware son compatibles entre sí. Cada uno realiza su propio escaneo, matando cualquier spyware que encuentren en el camino.

Configurar Controles Parentales

Siendo una característica muy bien recibida por los padres y muy abucheada por sus hijos, el Parental Controls (Controles Parentales) de Windows 7 ofrece varias maneras de custodiar cómo la gente puede acceder a su computadora y también, Internet. De hecho, quienes comparten su PC con compañeros de cuarto también pueden disfrutar de los Controles Parentales.

Los Controles Parentales en Windows 7 no son ni remotamente tan exhaustivos como la versión que se encuentra en Windows Vista. Ya no le permiten filtrar los sitios Web por categorías, por ejemplo, ni tampoco lista los sitios Web y programas accedidos por sus hijos. En lugar de esto, los Controles Parentales ofrecen sólo tres categorías:

- **Time Limits (Límites de Tiempo):** Puede definir en qué horarios sus hijos (u otros usuarios que tengan cuenta) pueden iniciar sesión en su PC.

- **Games (Juegos):** Algunos de los juegos de computadora de venta libre vienen calificados por niveles. Este área le permite elegir qué nivel de calificación le permite jugar a sus hijos, para mantenerlos alejados de contenidos adultos o violentos.

- **Allow or block programs (Permitir o bloquear programas):** ¿No quiere que nadie inspeccione su programa de contabilidad personal? Esta categoría le permite restringir el acceso a ciertos programas y autorizar el acceso a otros.

Para configurar los Controles Parentales, debe poseer una cuenta de Administrator (Administrador). (Explico los distintos tipos de cuentas en el Capítulo 13.) Si todo el mundo comparte una PC, asegúrese de que los otros titulares de cuentas — normalmente, los niños o sus compañeros de cuarto — tengan cuentas Standard (Estándar). Si sus hijos tienen sus propias PCs, cree una cuenta de Administrador en sus PCs para usted y modifique las cuentas de ellos a Standard (Estándar).

Para configurar los Controles Parentales, siga estos pasos:

1. **Abra el menú Start, elija Control Panel (Panel de Control), ubique la sección User Accounts and Family Safety (Cuentas de Usuario y Seguridad Familiar), y elija Set Up Parental Controls For Any User (Configurar los Controles Parentales Para Cualquier Usuario).**

   Si el policía incorporado en Windows 7 dice, "A program needs your permission to continue, (Un programa necesita su permiso para continuar)" no dude en hacer clic en el botón Continue (Continuar).

2. **Haga clic en la cuenta de usuario que desee restringir.**

   Windows 7 le permite agregar Controles Parentales a una cuenta por vez, un proceso que le habría causado un considerable pesar al Sr. y la Sra. Brady.

Cuando selecciona una cuenta de Usuario, aparece la pantalla de los Controles Parentales, como se muestra en la Figura 10-9. Los pasos siguientes lo guiarán a través de cada sección de los controles.

3. **Active o desactive los Controles Parentales.**

El área de Parental Controls (Controles Parentales) muestra primero dos interruptores, permitiéndole alternar el estado entre On (Activados) y Off (Desactivados). Enciéndalos para implementar las reglas que está configurando; y haga clic en Off para suspenderlas temporariamente.

4. **Elija las categorías que le gustaría implementar y establecer límites.**

Haga clic en cualquiera de estas tres categorías y aplique sus cambios:

- **Time limits (Límites de tiempo):** Esta opción muestra una grilla, permitiéndole hacer clic en los horarios en los que su hijo va a estar restringido para usar la PC. (Los cuadros sobre los que haga clic se oscurecen, representando horas prohibidas. Los cuadros restantes son los permitidos.) Es una forma fácil de restringir el uso de la PC luego de la hora de irse a dormir, por ejemplo.

- **Games (Juegos):** Aquí puede permitir o prohibir *todos* los juegos, restringir el acceso a juegos con cierta calificación (las calificaciones aparecen en las cajas del software), y bloquear o permitir juegos en forma individual.

- **Allow and Block Specific Programs (Permitir o Bloquear Programas Específicos):** Aquí es donde puede evitar que sus hijos se metan, por ejemplo, con su programa de contabilidad personal; puede bloquear *todos* los programas; o puede permitir el acceso a algunos pocos seleccionando los cuadros al lado de sus nombres en una larga lista.

5. **Haga clic en OK para salir de Parental Controls.**

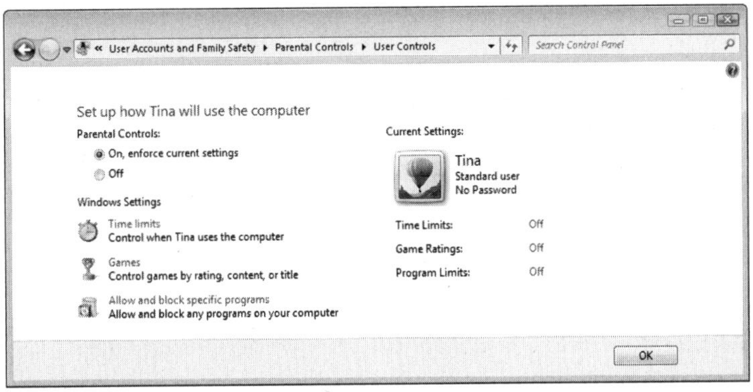

Figura 10-9:
Windows 7 le permite configurar controles sobre la manera en que sus hijos (o cualquier otro usuario con cuenta Standard) pueden usar su PC.

Existen programas de terceros que le pueden agregar controles adicionales a los Controles Parentales, añadiendo filtrado de Web, por ejemplo, para evitar que sus hijos visiten ciertos sitios Web.

Encriptar su PC con BitLocker

La característica BitLocker de Windows 7 codifica el contenido del disco duro de su PC. Luego lo decodifica rápidamente cada vez que ingresa la contraseña de su cuenta de usuario. ¿Para qué molestarse? Para mantener su información a salvo de los ladrones. Si le roban su PC o incluso su disco duro, no podrán acceder a sus datos, y quedarán ocultas sus contraseñas, números de tarjeta de crédito y otra información personal.

Lamentablemente, BitLocker provee más protección de lo que la gente necesita. Es difícil de configurar para los que no son expertos, y si alguna vez pierde su contraseña, también perderá todos sus datos. BitLocker también requiere que su PC sea configurada de cierta manera especial, con una *partición* extra — un área separada de almacenamiento — en su disco duro. Para obtener una protección completa, es necesario que la PC cuente con un chip especial, algo que no se encuentra en muchas PCs hoy en día.

Si está interesado en BitLocker, lleve su PC a la oficina de un experto en tecnología informática y pídale ayuda o consejos en la configuración. O para empezar, pruebe BitLocker en una unidad flash portátil. Como muchas unidades flash viven en bolsillos y llaveros, es mucho más fácil que terminen cayendo en manos extrañas. Si se siente cómodo usando su unidad flash solamente con PCs que tengan instalados Windows 7 o Windows Vista, siga estos pasos para encriptar su unidad flash con BitLocker:

1. **Inserte su unidad flash en el puerto USB de su PC, haga clic en Start, luego clic en Computer y busque el ícono de su unidad.**

2. **Haga clic en el ícono de la unidad y elija Turn On BitLocker (Activar BitLocker) en el menú emergente.**

3. **Cuando aparezca la ventana de BitLocker Drive Encryption (Encriptación de Unidad BitLocker), elija Use a Password to Unlock the Drive (Usar una Contraseña para Desbloquear la Unidad), ingrese una contraseña y luego clic en Next (Siguiente).**

   El programa le ofrece consejos para elegir una contraseña robusta.

4. **Elija Print the Recovery Key (Imprimir la Clave de Recuperación), y haga clic en Next.**

   Este punto importante imprime una secuencia de caracteres a escribir en caso de que pierda la contraseña.

5. **Haga clic en el botón Start Encrypting (Iniciar Encriptación) y espere a que termine la encripción.**

La próxima vez que inserte su unidad flash en una PC ejecutando Windows 7 o Windows Vista, usted — o el ladrón — deberán escribir la contraseña ingresada en el Paso 3, o el contenido de la unidad seguirá encriptado e inaccesible. (*Advertencia:* Las unidades encriptadas con BitLocker no pueden abrirse en ninguna computadora Apple o PC ejecutando Windows XP o versiones anteriores de Windows.)

Parte IV
Personalizar y Actualizar Windows 7

The 5th Wave   por Rich Tennant

@RICHTENNANT

"¡Santo Dios! Pensé que el Registro sólo deinia el papel tapiz de la pantalla."

En esta parte. . .

Cuando su vida cambia, usted desea que Windows 7 lo acompañe en el cambio y aquí es donde esta parte del libro viene a cuento. Descubrirá la nueva organización del Panel de Control en Windows 7, que le permite modificar prácticamente todo excepto el estado de ánimo de su computadora.

El Capítulo 12 describe fáciles y rápidos ajustes de unos pocos clics que le permiten mantener a su computadora en estado óptimo, con copias de seguridad y ejecutándose sin problemas. Si comparte su computadora con otros, descubrirá cómo repartir a diestra y siniestra cuentas de usuario para cada uno, en las que *usted* determina quién puede hacer qué.

Finalmente, cuando esté preparado para comprar esa segunda (o tercera, cuarta o quinta) computadora, un capítulo lo guía para que pueda conectarlas y así armar una red hogareña, donde todas comparten la misma conexión a Internet, impresora y archivos.

Capítulo 11

Personalizar Windows 7 con el Control Panel

* *

En Este Capítulo

▶ Personalizar el *Control Panel* (Panel de control)

▶ Modificar la apariencia de Windows 7

▶ Cambiar los modos de video

▶ Instalar o quitar programas

▶ Calibrar su mouse

▶ Configurar la fecha y hora de la computadora automáticamente

* *

Cualquiera que haya visto una película de ciencia ficción sabe que los robots vienen con controles secretos, y entre sus mejores funciones está el interruptor de apagado de emergencia. El Control Panel (Panel de control) de Windows 7 vive, por suerte, a simple vista, a un solo clic del botón Start.

Dentro del Control Panel puede encontrar cientos de interruptores y opciones que le permitirán personalizar la apariencia, sensación y vibración que le produce Windows 7. Este capítulo explica los interruptores y controles deslizables que querrá ajustar, y lo apartará de aquellos que debe evitar.

También ofrezco una lista de atajos que lo llevarán directamente a la configuración correcta del Control Panel, pasando por alto los largos y sinuosos corredores de menús. ¿Aún no puede encontrar una configuración? Escriba su nombre en la casilla Search (Búsqueda) del Control Panel que vive en la esquina superior derecha de la ventana.

De todos modos, le hago una advertencia: Algunas de las configuraciones del Control Panel solamente pueden ser modificadas por el titular de la cuenta todopoderosa de Administrador — generalmente el dueño de la computadora. Si Windows 7 se niega a abrir la escotilla del Control Panel, llame al dueño de la PC y pídale ayuda.

Encontrar el Interruptor Correcto en el Control Panel

Abra el menú Start, seleccione Control Panel y podrá gastar una semana entera de trabajo abriendo iconos y utilizando interruptores para ajustar la sintonía fina de Windows 7. Parte de la atracción se origina en la magnitud del Control Panel. Alberga más de *50* iconos, y algunos iconos invocan menús con más de dos docenas de configuraciones y tareas.

Para evitar que busque sin rumbo fijo el interruptor indicado, el Control Panel agrupa elementos similares en su vista Category (Categoría), que se muestra en la Figura 11-1.

Debajo del nombre de cada categoría hay accesos directos para las ofertas más populares de esa categoría. El icono de la categoría System and Security (Sistema y seguridad) de la Figura 11-1, por ejemplo, ofrece atajos de teclado para las últimas actualizaciones de seguridad, además de evaluar el estado de la seguridad actual en su PC.

Algunos controles no corresponden claramente a las categorías y otros simplemente sirven como atajos de teclados para configuraciones que se encuentran en otro lado. Para ver estos y todos los demás iconos que ofrece el Control Panel, elija Large Icons (iconos grandes) o Small Icons (iconos pequeños) desde la lista desplegable View By (Ver por) que se muestra en la esquina superior derecha de la Figura 11-2. La ventana muestra rápidamente *todos* los millones de iconos del Control Panel, como puede apreciar en la Figura 11-2 (para que todos quepan en una ventana, seleccione Small Icons).

No piense que algo anda mal si su Control Panel es distinto del que se ve en la Figura 11-2. Distintos programas, accesorios y modelos de computadoras suelen agregar sus propios iconos al Control Panel. Distintas versiones de Windows 7, las cuales describo en el Capítulo 1, también omiten algunos de los iconos vistos aquí.

Figura 11-1:
Windows 7 le permite encontrar la configuración más fácilmente agrupándola en categorías.

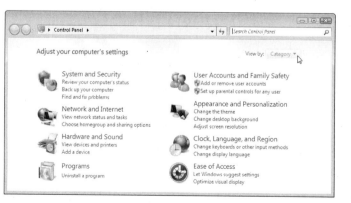

Figura 11-2:
Diseñada para experi- mentados usuarios de PC que gozan de buena visión, la vista Small Icons muestran *todos* los iconos del Control Panel.

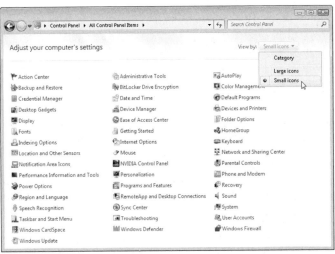

Coloque el puntero del mouse sobre cualquier icono o categoría confusos en el Control Panel y Windows 7 le explicará amablemente su propósito en la vida.

El Control Panel reúne todos los interruptores principales de Windows 7 en un panel bien completo, pero definitivamente no es la única manera de cambiar la configuración de Windows 7. Casi siempre puede saltar a esa misma configuración haciendo clic derecho en el elemento que quiere cambiar — ya sea que esté en su escritorio, menú Start o una carpeta — y eligiendo Properties (Propiedades) desde el menú emergente.

El resto de este capítulo brinda una lista de categorías del Control Panel que se muestra en la Figura 11-1, las razones por las cuales querrá visitarla y cualquier acceso directo que lo lleve directamente a la configuración que necesita.

System and Security (Sistema y Seguridad)

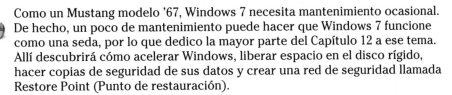

Como un Mustang modelo '67, Windows 7 necesita mantenimiento ocasional. De hecho, un poco de mantenimiento puede hacer que Windows 7 funcione como una seda, por lo que dedico la mayor parte del Capítulo 12 a ese tema. Allí descubrirá cómo acelerar Windows, liberar espacio en el disco rígido, hacer copias de seguridad de sus datos y crear una red de seguridad llamada Restore Point (Punto de restauración).

La sección de seguridad de esta categoría contiene una brigada completa de soldados. He escrito reglamentos de campo para ellos en el Capítulo 10: Windows Firewall, Windows Update, Windows Defender y Parental Controls.

User Accounts and Family Safety (Cuentas de Usuario y Seguridad Familiar)

En el Capítulo 13 explico cómo crear cuentas separadas para las distintas personas que usan su computadora. Eso les permite usar su PC pero limita la cantidad de daño que pueden ocasionar a Windows y a sus archivos.

Ofrezco aquí un repaso si no quiere adelantarse a ese capítulo: Seleccione Control Panel desde el menú Start. Luego, en la categoría User Accounts and Family Safety (Cuentas de usuario y seguridad familiar), haga clic en Add or Remove User Accounts (Agregar o quitar cuentas de usuario).

Eso abre el área Manage Accounts (Administrar cuentas), en la que no solamente puede crear cuentas nuevas, sino también modificar cuentas existentes, incluido su nombre, contraseña o imagen del menú Start.

La categoría User Accounts and Family Safety del Control Panel también incluye un vínculo al área Parental Controls (Control Parental) de la sección Security (Seguridad), en la que puede establecer límites respecto a cómo y cuándo sus hijos pueden tener acceso a su PC. Explico los controles parentales en el Capítulo 10.

Network and Internet (Red e Internet)

Windows 7 suele extenderse y alcanzar a otras PCs e Internet en forma automática. Instale una conexión a Internet en su PC y Windows 7 empezará rápidamente a devorar información de la Web. Conecte otra PC y Windows 7 querrá conectar a las dos mediante un Homegroup u otro tipo de red. (Explico los Homegroups en el Capítulo 13).

Pero si Windows 7 hace mal el trabajo, recurra a la categoría Network and Internet del Control Panel. Seleccione Control Panel desde el menú Start y luego elija la categoría Network and Internet.

El Capítulo 14 está enteramente dedicado al trabajo en red; Internet recibe su merecido en el Capítulo 8.

Appearance and Personalization (Cambiar la Apariencia de Windows 7)

 Una de las categorías más populares, Appearance and Personalization (Apariencia y personalización) le permite cambiar el aspecto, la sensación y el comportamiento de Windows 7 en una amplia variedad de estilos. Dentro de la categoría lo esperan estos siete iconos:

 ✔ **Personalization (Personalización):** El tesoro de los aspirantes a diseñadores de interiores, este área le permite estampar su propio aspecto visual y operativo en todo Windows. Cuelgue una nueva imagen o foto digital en su escritorio, elija un nuevo salvapantallas y cambie los colores de los marcos de las ventanas de Windows 7. (Para ir rápidamente hacia este conjunto de configuraciones, haga clic derecho en una parte en blanco de su escritorio y elija la opción Personalize o "personalizar").

 ✔ **Display (Pantalla):** Mientras la personalización le permite jugar con los colores, el área Display le permite jugar con el monitor en sí. Por ejemplo, puede agrandar el texto para aliviar ojos cansados, ajustar la resolución de la pantalla y configurar la conexión de un monitor adicional.

✔ **Desktop Gadgets (Gadgets del escritorio):** Tal como se explica en el Capítulo 2, este área administra los miniprogramas llamados *gadgets* que viven en su escritorio. (Para ir rápidamente a este área, haga clic derecho en el escritorio y seleccione Gadgets).

 ✔ **Taskbar and Start menu (Barra de tareas y menú inicio):** ¿Listo para agregar su *propia* foto a esa aburrida imagen sobre el menú Start? ¿Quiere personalizar la barra de tareas que vive en el borde inferior de su escritorio? Cubro ambas cosas en el Capítulo 2, en las secciones sobre el menú Start y la barra de tareas. (Para ir rápidamente a este área, haga clic derecho en el botón Start y seleccione Properties).

✔ **Ease of Access Center (Centro de accesibilidad):** Diseñado para ayudar a personas con necesidades especiales, este acceso directo lleva a la categoría Ease of Access Center. Allí encontrará seteos para que Windows sea más navegable para ciegos, sordos y personas con otras discapacidades físicas. Como Ease of Access existe como una categoría propia, la describo en su propia sección más adelante en este capítulo.

  ✔ **Folder Options (Opciones de carpeta):** Visitada principalmente por usuarios experimentados, este área le permite ajustar cómo se ven y comportan las carpetas. (Para saltar rápidamente a Folder Options, abra cualquier carpeta, haga clic en Organize (Organizar) y seleccione las opciones Folder (Carpeta) y Search (Búsqueda).

✔ **Fonts (Fuentes):** Aquí es donde previsualiza, elimina o examina las fuentes que decoran su trabajo impreso.

En las siguientes secciones explicaré las tareas de Appearance and Personalization (Apariencia y personalización) que utilizará con más frecuencia.

Cambiar el fondo del escritorio

Un *background* (fondo de escritorio), también conocido como wallpaper (papel tapiz), es simplemente la imagen que cubre su escritorio. Para cambiarlo, siga estos pasos:

Salte al paso 3 haciendo clic derecho en su escritorio, eligiendo Personalize (Personalizar) y seleccionando Desktop Background (Fondo de escritorio).

1. **Haga clic en el menú Start, seleccione Control Panel (Panel de control) y elija la categoría Appearance and Personalization (Apariencia y personalización).**

   El Control Panel se abre para mostrar su categoría Appearance and Personalization.

2. **Seleccione Change Desktop Background desde la categoría Personalization.**

   Aparecerá la ventana que se muestra en la Figura 11-3.

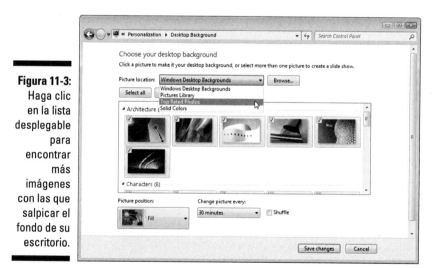

Figura 11-3:
Haga clic en la lista desplegable para encontrar más imágenes con las que salpicar el fondo de su escritorio.

3. **Haga clic en una nueva imagen para usar como fondo.**

   Asegúrese de hacer clic en la lista desplegable, como se muestra en la Figura 11-3, para ver todas las fotos, colores, cuadros y auras de luz que ofrece Windows 7. Para hurgar en carpetas que no estén en la lista, haga clic en Browse (Examinar). Siéntase libre de buscar en su propia biblioteca Pictures (Imágenes) para ver fondos potenciales.

   Los archivos de fondo de escritorio se pueden almacenar como archivos BMP, GIF, JPG, JPEG, DIB o PNG. Eso significa que puede elegir un fondo de escritorio a partir de cualquier foto o ilustración que encuentre en Internet o que haya fotografiado con una cámara digital.

   Cuando hace clic en una nueva imagen, Windows 7 inmediatamente la coloca en su escritorio. Si está conforme, pase al Paso 5.

4. **Decida si quiere rellenar, ajustar, estirar, colocar en mosaico o centrar la imagen.**

   No todas las imágenes se ajustan perfectamente al escritorio. Las imágenes pequeñas, por ejemplo, necesitan ser ampliadas para adaptarse al espacio o ser distribuidas en la pantalla en hileras como los mosaicos en un piso. Si al colocar en mosaico y ampliar las imágenes éstas todavía se ven extrañas o distorsionadas, pruebe con la opción Fill (Rellenar) o Fit (Ajustar) para mantener la perspectiva. O intente centrar la imagen y dejar un espacio en blanco en los bordes.

   Puede alternar automáticamente entre imágenes seleccionando más de una foto (mantenga presionada la tecla Ctrl mientras hace clic en cada una). Así, la imagen cambiará cada 30 segundos a menos que cambie el tiempo en la lista desplegable de la sección Change Picture Every (Cambiar imagen cada).

5. **Haga clic en Save Changes (Guardar cambios) para guardar su nuevo fondo.**

¿Alcanzó a ver una imagen que le llamó la atención mientras surfeaba por la Web con Internet Explorer? Haga clic derecho en la imagen de ese sitio Web y seleccione Set As Background (Establecer como fondo de escritorio). El tramposo Windows copia la imagen y la lanza a su escritorio como nuevo fondo.

Elegir un salvapantallas

En los días de la computación para dinosaurios, los monitores de computadora sufrían de *burn-in* (quemado): un daño permanente que se producía cuando un programa frecuente quemaba su imagen en la pantalla. Para evitar el quemado, se instalaba un salvapantallas y entonces aparecía una pantalla en blanco o líneas en movimiento. Los monitores actuales ya no sufren problemas de quemado, pero la gente todavía utiliza salvapantallas porque se ven geniales.

Windows viene con varios salvapantallas integrados. Para probar uno, siga estos pasos:

Salte al paso 3 haciendo clic derecho en su escritorio, eligiendo Personalize (Personalizar) y seleccionando Screen Saver (Salvapantallas).

1. **Haga clic en el Control Panel (Panel de control) desde menú Start y elija la categoría Appearance and Personalization (Apariencia y personalización).**

   La categoría Appearance and Personalization se abrirá para mostrarle sugerencias.

2. **Seleccione Change Screen Saver (Cambiar salvapantallas) desde la categoría Personalization.**

   Se abre el cuadro de diálogo Screen Saver Settings (Configuración del salvapantallas).

3. **Haga clic en la flecha que apunta hacia abajo del cuadro Screen Saver y seleccione un salvapantallas.**

   Luego de elegir un salvapantallas, haga clic en el botón Preview (Vista previa) para darle una audición. Vea todos los candidatos que quiera antes de tomar una decisión.

   Asegúrese de hacer clic en el botón Settings (Configuración) porque algunos salvapantallas ofrecen opciones que le permiten, por ejemplo, especificar la velocidad de una presentación de diapositivas.

4. **Si lo desea, agregue seguridad marcando la casilla de verificación On Resume, Display Logon Screen (Mostrar pantalla de inicio al reanudar).**

   Esta medida de seguridad evita que la gente se meta a hurtadillas en su computadora cuando va a buscar café. Windows pide la contraseña cuando se despierta del modo de salvapantallas. (Hablo de las contraseñas en el Capítulo 13).

5. **Cuando esté satisfecho con la configuración, haga clic en OK (Aceptar).**

Si *realmente* quiere extender la vida útil de su monitor (y ahorrar electricidad), no se moleste con los salvapantallas. En vez de esto, haga clic en Change Power Settings (Cambiar configuración de energía) en el Paso 3. La ventana resultante, Select a Power Plan (Seleccionar un perfil de energía) le permite elegir el perfil Power Saver (Ahorro de energía), que le dice a Windows 7 que apague su monitor cuando no ha tocado una tecla en 5 minutos y que ponga su PC a dormir después de 15 minutos de inactividad. (Amplíe o reduzca los tiempos haciendo clic en Change Plan Settings dentro del área Power Saver).

Cambiar el tema de la computadora

Los *temas* son simplemente colecciones de configuraciones: Por ejemplo, puede guardar sus salvapantallas y fondos de escritorio preferidos como un tema, permitiéndole alternar fácilmente entre temas distintos.

Para probar uno de los temas integrados de Windows 7, haga clic derecho en su escritorio y seleccione Personalize (Personalizar). Windows 7 muestra una lista de sus paquetes de temas como se ve en la Figura 11-4, además de una opción para crear los suyos propios. Haga clic en cualquier tema y Windows 7 lo probará inmediatamente.

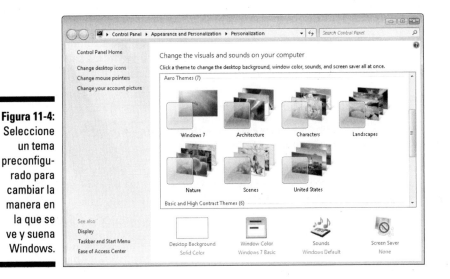

Figura 11-4: Seleccione un tema preconfigurado para cambiar la manera en la que se ve y suena Windows.

La ventana ofrece estos temas, con listas de opciones que figuran en el extremo inferior de la pantalla.

- ✔ **My Themes (Mis temas):** Los temas que haya creado personalmente aparecen aquí.

- ✔ **Aero Themes (Temas Aero):** Esta categoría contiene los temas integrados de Windows 7, incluido el original, pensado para PCs con poderosas interfases gráficas.

- ✔ **Basic and High Contrast Themes (Temas básicos y de alto contraste):** Aunque esta función tiene temas de alto contraste para personas con discapacidades visuales, los fanáticos de la productividad saltan al tema Windows Classic (Clásico de Windows) que ofrece a Windows 7 un aspecto y comportamiento retro pero súper veloz.

En vez de elegir uno de los temas pre-ensamblados, siéntase libre de crear el suyo propio haciendo clic en los botones (se ven en el extremo inferior de la Figura 11-4) para cambiar el Desktop Background (Fondo de escritorio), Window Color (Color de ventana), Sounds (Sonidos) y Screen Saver (Salvapantallas). Después de crear su tema perfecto, guarde su trabajo haciendo clic en Save Theme (Guardar tema) y escribiendo un nombre.

✔ ¿Cansado de los temas integrados de Windows 7? Encuentre muchos más haciendo clic en Get More Themes Online (Obtener más temas en línea) en la sección My Themes (Mis temas).

✔ Si disfruta de las herramientas de Windows 7 para crear temas, vaya más allá con un programa de terceros como WindowBlinds (`www.windowblinds.net`). Puede descargar temas creados por fanáticos de WindowBlinds en WinCustomize (`www.wincustomize.com`).

✔ Antes de que empiece a descargar temas de la Web o adjuntos de correo electrónico, asegúrese de estar utilizando una versión actualizada de su programa antivirus. Los virus suelen disfrazarse de temas.

Cambiar la resolución de pantalla

Una de las muchas opciones de Windows 7 que se cambian una vez y luego se olvidan, *screen resolution* (resolución de pantalla) determina cuánta información puede meter Windows 7 en su monitor al mismo tiempo. Cambiar la resolución reduce las ventanas para meter más en la pantalla o agranda todo a costa de espacio en el escritorio.

Para encontrar su resolución más confortable — o si un programa o juego balbucea algo sobre que tiene que cambiar su *screen resolution* o *video mode* (modo de video) — siga estos pasos:

Haga clic derecho en una parte en blanco de su escritorio y seleccione Screen Resolution (Resolución de pantalla) para ir al Paso 3.

1. **Haga clic en el Control Panel (Panel de control) desde menú Start y elija la categoría Appearance and Personalization (Apariencia y personalización).**

   Verá el área de Appearance and Personalization, que enumera las principales maneras en las que puede cambiar la apariencia de Windows 7.

2. **En el área Display (Pantalla), seleccione Adjust Screen Resolution (Ajustar resolución de pantalla).**

   Aparece la ventana Screen Resolution (Resolución de pantalla), como se muestra en la Figura 11-5.

Figura 11-5:
Cuanto más
alta sea la
resolución
de pantalla,
más
información
puede
amontonar
Windows en
su monitor.

3. **Para cambiar la resolución de pantalla, haga clic en la lista desplegable de Resolution (Resolución) y arrastre con su mouse la pequeña barra entre High (Alta) y Low (Baja).**

   Observe cómo cambia la pequeña pantalla de vista previa cerca del extremo superior de la ventana mientras mueve el mouse. Cuanto más deslice la barra hacia arriba, más crecerá su monitor. Desafortunadamente, cuanto más información pueda meter Windows 7 en su monitor, más pequeña aparecerá la misma en pantalla.

   No hay una opción buena o mala aquí, pero le doy un consejo: La mayoría de los sitios Web no entran bien en su pantalla con 640 x 480 pixels. Una configuración de 800 x 600 es mejor, y con 1024 x 768, la favorita de Windows 7, puede acomodar casi cualquier tamaño de página Web que visite.

4. **Observe sus cambios de pantalla haciendo clic en el botón Apply, luego haga clic en el botón Keep Changes para autorizar el cambio.**

   Cuando Windows 7 hace cambios drásticos a su pantalla, le da 15 segundos para que haga clic en el botón Keep Changes (Conservar cambios) y aprobar el cambio. Si su cambio deja al monitor ilegible, no verá el botón en pantalla. Después de unos segundos, Windows se dará cuenta de que no hizo clic en el botón de aprobación y volverá a la configuración original.

5. **Haga clic en OK (Aceptar) cuando haya terminado de configurar la pantalla.**

   Después de cambiar su resolución de video una vez, probablemente nunca volverá aquí. A menos que conecte un segundo monitor a su PC, por supuesto, lo que describo en el apartado.

Duplicar su espacio de trabajo con un segundo monitor

¿Bendecido con un monitor adicional, tal vez un remanente de una PC que murió? Conéctelo a su PC, colóquelo junto a su primer monitor y habrá duplicado su escritorio de Windows. Windows 7 extiende su espacio de trabajo en los dos monitores. Eso le permite ver la enciclopedia en línea en un monitor mientras escribe su trabajo de clase en el otro.

Para realizar esta gimnasia de video, su PC necesita una placa de video con dos puertos y estos puertos deben coincidir con los conectores de su monitor — temas técnicos que se cubren en mi libro *Upgrading & Fixing PCs For Dummies,* 7ª Edición (Wiley Publishing, Inc).

Después de conectar el segundo monitor, haga clic derecho en una parte en blanco de su escritorio y seleccione Screen Resolution (Resolución de pantalla). La ventana Screen Resolution muestra un segundo monitor en pantalla junto al primero. (Haga clic en el botón Detect, o "detectar" si el segundo monitor no aparece en la pantalla). Arrastre y suelte los monitores en pantalla hacia la derecha o la izquierda hasta que coincidan con la ubicación física de los monitores reales de su escritorio. Luego, haga clic en OK. (Ese clic le permite a Windows expandir su nuevo escritorio ampliado en la dirección correcta).

Hardware and Sound (Hardware y Sonido)

 La categoría Hardware and Sound (Hardware y sonido) de Windows 7, que se muestra en la Figura 11-6, presenta algunos rostros familiares. El icono Display (Pantalla), por ejemplo, también aparece en otra categoría.

Esta categoría controla las partes de la PC que puede tocar o enchufar. Aquí puede controlar su pantalla, además del mouse, los parlantes, el teclado, la impresora, el teléfono, el escáner, la cámara digital, los controles para juegos y, para los artistas gráficos de por ahí, la pluma digital.

Sin embargo, no pasará mucho tiempo ahí, especialmente si llega a través de las puertas del Control Panel. La mayoría de las configuraciones aparecen en otro lado, donde un clic del mouse directamente le brindará la configuración necesaria.

Ya sea que llegue a estas páginas a través del Control Panel o un acceso directo, las siguientes secciones explican las razones más populares para visitarlas.

Figura 11-6:
La categoría
Hardware
and Sound
le permite
controlar los
aspectos
físicos de
su PC: su
pantalla,
sonido y
dispositivos
conectados.

Ajustar el volumen y los sonidos

El área Sound (Sonido) le permite ajustar el volumen de su PC, además de conectar siete parlantes y un subwoofer a su PC, una función amada por todos los fanáticos de World of Warcraft.

Para bajar la perilla de volumen de su PC, como se muestra en la Figura 11-7, haga clic en el pequeño parlante junto a su reloj y deslice el volumen hacia abajo. ¿No tiene un parlante en su barra de tareas? Recupérelo haciendo clic derecho en el reloj de la barra de tareas, seleccionando Properties (Propiedades) y encendiendo la opción Volume (Volumen).

Figura 11-7:
Haga clic
en el icono
del parlante
y mueva
el control
deslizable
para ajustar
el volumen
de su PC.

Para silenciar a su PC, haga clic en el pequeño parlante del extremo inferior del control deslizable, como se muestra en la figura 11-7. Volver a hacer clic en ese icono quita la mordaza.

Windows 7 supera a Windows XP permitiéndole elegir un volumen distinto para cada programa. Puede detonar explosivos silenciosamente en el Minesweeper (Buscaminas) mientras aún permite que Windows Mail anuncie ruidosamente la entrada de cualquier mensaje nuevo. Para hacer malabares con los niveles de volumen entre programas, siga estos pasos:

Haga clic derecho en el pequeño icono del parlante junto a su reloj y seleccione Open Volume Mixer para ir directamente al Paso 3.

1. **Seleccione Control Panel (Panel de control) desde el menú Start y elija la categoría Hardware and Sound (Hardware y sonido).**

   El área Hardware and Sound del Control Panel (como se muestra anteriormente en la Figura 11-6) mostrará sus herramientas.

2. **Haga doble clic en el icono Sound (Sonido) y luego haga clic en Adjust System Volume (Ajustar volumen del sistema).**

   El Volume Mixer (Mezclador de volumen) aparecerá, como se muestra en la Figura 11-8, con una lista de todos los componentes ruidosos de su PC.

3. **Deslice el control de cualquier programa hacia arriba o hacia abajo para silenciarlo o volverlo ensordecedor.**

   Cierre el Volume Mixer haciendo clic en la pequeña X roja en su esquina.

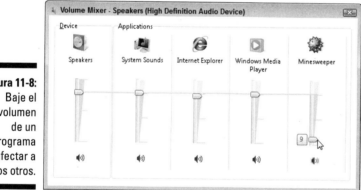

Figura 11-8:
Baje el volumen de un programa sin afectar a los otros.

Instalar o configurar parlantes

La mayoría de las PCs vienen únicamente con dos parlantes. Algunas PCs actuales vienen con cuatro, y las PCs que también funcionan como home theaters o equipos de juego a veces tienen hasta ocho. Para acomodar la gran variedad de configuraciones, Windows 7 ofrece un área de configuración de parlantes completa que incluye prueba de parlantes.

Si está instalando parlantes nuevos, o si no está seguro de que sus viejos parlantes funcionan bien, siga estos pasos para presentárselos formalmente a Windows 7.

Haga clic derecho en el icono de parlante de la barra de tareas y seleccione Playback Devices (Dispositivos de reproducción) para saltar al paso 3.

1. **Haga clic en el menú Start, seleccione Control Panel (Panel de control) y elija la categoría Hardware and Sound (Hardware y sonido).**

   Aparecerá la familiar categoría Hardware and Sound de la Figura 11-6.

2. **En el área Sound (Sonido), seleccione Manage Audio Devices (Administrar dispositivos de sonido).**

   Aparecerá el cuadro de diálogo Sound, abierto en la pestaña Playback (reproducción) que muestra sus parlantes en una lista.

3. **Haga clic en su parlante o en el icono del parlante y luego en el botón Configure (Configurar).**

   Aparece el cuadro de diálogo Speaker Setup (Configuración de parlante), como se muestra en la Figura 11-9.

4. **Haga clic en el botón Test, ajuste la configuración de su parlante y luego haga clic en Next (Siguiente).**

   Windows 7 lo guía para elegir la cantidad de parlantes y su ubicación, y luego reproduce cada uno en orden permitiéndole determinar si están en la ubicación correcta. Luego, el programa lo deja nuevamente en la Figura 11-9.

5. **Haga clic en las pestañas para cualquier otro dispositivo de sonido que quiera ajustar. Cuando haya terminado de ajustar, haga clic en el botón OK (Aceptar).**

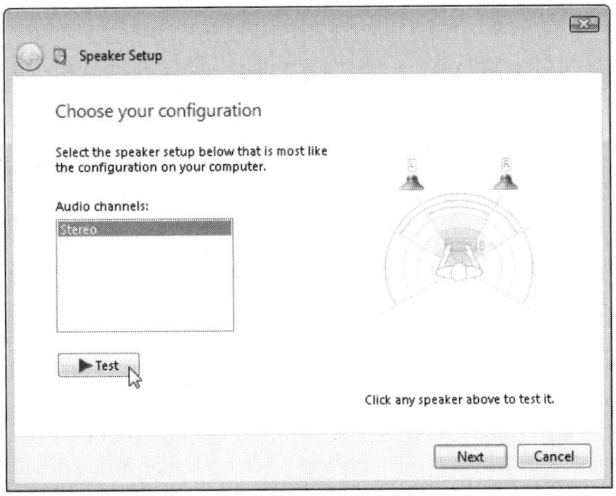

Figura 11-9:
Haga clic en el botón Test (Probar) para escuchar sus parlantes.

Siéntase libre de verificar el volumen de su micrófono haciendo clic en la pestaña Recording (Grabación), por ejemplo, además de las pestañas para cualquier otro dispositivo que pueda permitirse el lujo de costear.

Si sus parlantes y micrófonos no se muestran como dispositivos, Windows 7 no sabe que están ahí. Por lo general, eso significa que necesita instalar un nuevo controlador, un viaje molesto por el que lo guío en el Capítulo 12.

Agregar una impresora

Los fabricantes de impresoras en constante conflicto no logran ponerse de acuerdo sobre cómo deben instalarse las impresoras. Como resultado, uno instala la impresora de una de dos maneras posibles:

✔ Algunos fabricantes de impresoras dicen que simplemente conecte su impresora, generalmente metiendo su conector en un pequeño puerto USB rectangular. Encienda su PC y Windows 7 automáticamente reconocerá y aceptará a su nueva impresora. Agregue cualquier cartucho de tinta, tóner o papel que necesite y estará listo.

✔ Otros fabricantes tienen un enfoque menos agradable y le dicen que debe instalar su software específico *antes* de conectar la impresora. Y si primero no instala el software, la impresora puede no funcionar correctamente.

La única manera de saber cómo debe instalarse su impresora es leer el manual. (A veces esta información aparece en una sola página colorida llamada Installation Cheat Sheet o "lámina de instalación rápida" que viene en la caja de la impresora).

Si su impresora no vino con software para su instalación, instale los cartuchos, agregue papel a la bandeja y siga estas instrucciones para ponerla a trabajar.

1. **Con Windows 7 encendido y funcionando, conecte su impresora a su PC y encienda la impresora.**

   Si el conector rectangular de su impresora se inserta en un hueco rectangular o *port* (puerto) de su PC, usted tiene una *Impresora USB*, el tipo utilizado por casi todas las impresoras actuales. Windows 7 puede enviar un mensaje que dice que su impresora se instaló con éxito, pero siga el siguiente paso para probarla.

   Si el viejo conector con patas de aspecto malvado de su impresora se conecta en un conector oval alargado lleno de agujeros, entonces se conecta al *printer port* (puerto de la impresora) de su PC. (Ese conector se conoce como *LPT1: parallel* o "paralelo" en idioma de computadoras).

2. **Haga clic en Start (Inicio) y seleccione Devices and Printers (Dispositivos e Impresoras).**

   El Control Panel muestra sus categorías de dispositivos, incluida su impresora, si tiene suerte. Si ve su impresora USB listada por modelo o marca, haga clic derecho en su icono, seleccione Printer Properties (Propiedades de la impresora) y haga clic en el botón Print Test Page (Imprimir página de prueba). Si se imprime correctamente, ha terminado. Felicitaciones.

   Cuando crea un Homegroup, como se describe en el Capítulo 13, su impresora USB está disponible automáticamente para cada computadora con Windows 7 de la red.

   Si el nombre de su impresora no aparece, salte al Paso 3.

   ¿La página de prueba *no* funcionó? Compruebe que haya sacado todo el embalaje de adentro de la impresora y que tenga cartuchos de tinta. Si aún no imprime, probablemente su impresora esté defectuosa. Contacte la tienda en la que la compró y pregunte a quién contactar para recibir asistencia técnica.

   Windows 7 muestra una impresora llamada Microsoft XPS Document Writer que no es realmente una impresora. Si elige imprimir en esa impresora, se creará un archivo especial muy similar a los archivos PDF de Adobe, que requiere un programa especial para ver e imprimir. Windows 7 puede ver o imprimir archivos XPS; por el contrario, Windows XP requiere que descargue e instale el XPS Viewer de Microsoft (www.microsoft.com/downloads).

3. **Haga clic en el botón Add a Printer (Agregar una impresora) desde el menú superior de la ventana Printer y seleccione Add a Local Printer (Agregar una impresora local).**

   Si está instalando una impresora en *red*, encontrará la información detallada en el Capítulo 14.

4. **Seleccione cómo conectó la impresora a su PC y haga clic en Next.**

   Seleccione LPT1 (el conector oblongo). Si está utilizando una impresora USB, haga clic en Cancel, instale el software de la impresora y vuelva a empezar. ¿No tiene software? Necesita descargarlo del sitio Web del fabricante de la impresora.

5. **Seleccione el puerto de su impresora y haga clic en Next (Siguiente).**

   Cunado Windows 7 le pregunta qué puerto de impresora utilizar, seleccione LPT1: (Printer Port).

6. **Haga clic en los nombres del fabricante y modelo de su impresora cuando los vea en la lista y luego haga clic en Next.**

   El cuadro de diálogo Add Printer (Agregar impresora) muestra la lista de nombres de fabricantes de impresoras sobre la izquierda; elija el suyo de la lista. El lado derecho del cuadro tiene una lista de los modelos de ese fabricante de impresoras. (Windows 7 sabe cómo hablar con cientos de modelos de impresoras distintos).

Windows 7 puede pedirle que inserte el CD de instalación apropiado en la unidad lectora. ¿Se trabó? Haga clic en el botón Windows Update; Windows 7 se conecta a Internet para encontrar software para esa impresora.

Luego de un momento, verá la nueva impresora en la lista. Si Windows 7 ofrece imprimir una página de prueba, acepte la oferta.

Eso es todo. Si es como la mayoría, su impresora funcionará como un sueño. Si no lo hace, he incluido algunos consejos y trucos para arreglar esto en la sección de impresión del Capítulo 7.

Si tiene dos o más impresoras conectadas a su computadora, haga clic derecho en el icono de su impresora más utilizada y seleccione Set As Default Printer desde el menú. Windows 7 imprimirá en esa impresora automáticamente, a menos que le ordene lo contrario.

✔ Para retirar una impresora que ya no utiliza, haga clic derecho en su nombre en el Paso 2 y luego elija Delete (Eliminar) desde el menú. El nombre de esa impresora ya no aparece como opción cuando trata de imprimir desde un programa. Si Windows 7 le pide desinstalar los controladores y el software de la impresora, haga clic en Yes (Sí) — a menos que crea que puede volver a instalar esa impresora alguna vez.

✔ Puede cambiar las opciones de la impresora desde dentro de varios programas. Seleccione File (Archivo) en la barra de menú de un programa (puede que necesite presionar Alt para ver la barra de menú) y luego elija Print Setup o elija Print (Imprimir). Este área le permite cambiar cosas como los tamaños de papel, fuentes y tipos de gráficos.

✔ Para compartir una impresora rápidamente en red, cree un Homegroup, tarea que describo en el Capítulo 13. Su impresora inmediatamente muestra una opción de instalación para todas las computadoras de su red.

✔ Si el software de su impresora lo confunde, trate de hacer clic en los botones Help (Ayuda) de sus cuadros de diálogo. Muchos botones están personalizados para su modelo de impresora en particular y ofrecen consejos no disponibles en Windows 7.

Instalar o ajustar otras partes de la computadora

La categoría Hardware and Sound (Hardware y sonido) del Control Panel ofrece la lista del área Devices and Printers (Dispositivos e impresoras), el hogar de muchos elementos atados a la mayoría de las PCs. Las siguientes secciones explican cómo ajustar otros dispositivos de la computadora que puede encontrar en la lista de la ventana Devices and Printers.

Si la ventana no muestra uno de sus dispositivos en la lista — por ejemplo, su teclado — visualice el Control Panel con su vista de iconos pequeños, como se muestra anteriormente en la Figura 11-2. Eso le permitirá ver un icono cliqueable por cada uno de sus dispositivos conectados.

Mouse

Para cambiar la configuración de su mouse, abra la categoría Hardware and Sound (Hardware y sonido) del Control Panel, abra el área Devices and Printers (Dispositivos e impresora), haga clic derecho en el icono del mouse y seleccione Mouse Settings (Configuración del mouse).

Aquí, en la ventana Mouse Properties (Propiedades del mouse), encontrará muchas configuraciones para los mouse estándares de dos botones, pero la mayoría son opciones frívolas (vestir de otra forma la flecha del puntero del mouse, por ejemplo).

Los zurdos deberían visitar este lugar para intercambiar los botones del mouse. Active la casilla de verificación Switch Primary and Secondary Buttons (Intercambiar botones primarios y secundarios). (El cambio se realiza inmediatamente, incluso antes de que pueda hacer clic en Apply para aplicar, así que asegúrese de hacer clic con el nuevo botón asignado).

Quienes tengan dedos lentos deberían ajustar su velocidad para el doble clic. Pruebe su velocidad actual haciendo doble clic en la pequeña carpeta del área Double-Click Speed (Velocidad de doble clic). Si la carpeta se abre, su configuración está bien. Pero si no se abre, reduzca la velocidad con el control deslizable hasta que se abra y cierre a su ritmo de doble clic.

Los dueños de ratones con botones extras o conexiones inalámbricas también suelen encontrar configuraciones adicionales aquí.

Scanners and Cameras (Escáneres y cámaras)

Para instalar escáneres o cámaras, simplemente conecte y encienda el dispositivo. Windows 7 casi siempre reconoce y da la bienvenida a cada uno por su nombre. Pero en la extraña ocasión que Windows no reconozca su modelo, siga estos pasos adicionales para llamar al Scanner and Camera Installation Wizard (Asistente de instalación para escáneres y cámaras).

1. **Abra el menú Start y luego haga clic en Control Panel (Panel de Control).**

2. **Escriba** View Scanners and Cameras (Ver escáneres y cámaras) **en la casilla de búsqueda y luego haga clic en el icono View Scanners and Cameras.**

   Aparecerá la ventana Scanners and Cameras (Escáneres y cámaras), con una lista de todos los escáneres y cámaras conectados que reconoce actualmente Windows 7.

3. **Haga clic en el botón Add Device (Agregar dispositivo) y luego en Next (Siguiente).**

Windows le traerá el Scanner and Camera Installation Wizard, el comunicador mágico entre Windows 7 y los escáneres y cámaras viejos que Windows 7 no reconoce.

4. **Seleccione el fabricante y modelo y haga clic en Next (Siguiente).**

   Haga clic en el nombre del fabricante sobre el lado izquierdo de la ventana y elija el modelo a la derecha.

5. **Escriba un nombre para su escáner o cámara (o conserve el nombre sugerido), haga clic en Next (Siguiente) y luego en Finish (Finalizar).**

   Si ha encendido su cámara o escáner y conectó su cable correctamente, Windows debería reconocerlo y colocar un icono para el dispositivo tanto en su área Computer (Computadora) como en el área Scanners and Cameras del Control Panel.

Desafortunadamente, la instalación de cámaras y escáneres viejos no siempre funciona tan fácilmente. Si Windows no acepta automáticamente sus equipos, recurra al software incluido con su escáner o cámara. Puede que el escáner o cámara todavía funcione — simplemente no podrá utilizar las herramientas de software integradas de Windows 7 para obtener las imágenes.

El Capítulo 16 explica cómo capturar fotos a partir de una cámara digital y los consejos de cámara de ese capítulo se aplican a los escáneres. Windows 7 trata a las cámaras digitales y escáneres de la misma manera.

Keyboard (Teclado)

Si su teclado no funciona o no está conectado, su computadora generalmente se lo indica en cuanto enciende la PC. La PC recién despierta escupe un mensaje sorpresa de Keyboard Error (Error de teclado) y le pide que presione la tecla Esc. Si Windows tampoco puede encontrar el teclado, entonces es hora de comprar uno nuevo. Windows 7 debería reconocer el nuevo teclado en cuanto lo conecta.

Si su teclado nuevo viene con botones extra en el extremo superior para cosas como Internet, correo electrónico o volumen, necesita instalar el software provisto por el fabricante del teclado para que estos botones funcionen. (Los teclados inalámbricos casi siempre requieren su propio software, además).

Windows 7 ofrece algunos mínimos ajustes al teclado, como cambiar la velocidad en la que las teclas se rrrrrrrepiten cuando las mantiene presionadas. Para encontrar dicha configuración, haga clic en el menú Start (Inicio), seleccione Control Panel (Panel de Control), escriba **Keyboard** (Teclado) en la casilla de búsqueda del Control Panel y haga doble clic en el icono Keyboard cuando aparezca.

Windows Mobility Center (Centro de movilidad de Windows)

El área Mobile PC (PC móvil), que se muestra únicamente en equipos portátiles, le permite ajustar la configuración más apreciada por los dueños de portátiles: ajustar el brillo de la pantalla, cambiar rápidamente el volumen del sonido en cafeterías repletas, ahorrar energía en la batería, conectarse a redes inalámbricas y configurar pantallas externas o proyectores. Hablo de la mayoría de estas configuraciones en el Capítulo 22.

Clock, Language, and Region (Reloj, Idioma y Región)

Microsoft diseñó este área principalmente para usuarios de portátiles que viajan frecuentemente a distintas zonas y ubicaciones. De otro modo, solamente tocará esta información una vez — cuando configura las cosas por primera vez en su computadora. Windows 7 luego recuerda la fecha y hora, incluso cuando apaga su PC.

 Para pasar por aquí, seleccione Control Panel (Panel de control) desde el menú Start (Inicio) y haga clic en la categoría Clock, Language, and Region (Reloj, idioma y región). Aparecen dos secciones:

- ✓ **Date and Time (Fecha y hora):** Este área más bien se explica a sí misma. (Si hace clic en el reloj de su barra de tareas y elige Change Date and Time Settings también le permitirá visitar esta sección).

- ✓ **Region and Language Options (Opciones de región e idioma):** ¿Viaja a Italia? Haga clic en el icono de esta categoría y elija Italian (Italiano) desde la sección Format (Formato) de la ventana Region and Language. Windows se adapta a los símbolos de moneda y el formato de fecha de ese país. Mientras esté en la ventana Region and Language, haga clic en la pestaña Location (Ubicación) y seleccione Italy (Italia) — o cualquier país que esté visitando actualmente.

Si es bilingüe o multilingüe, también convendría que visite esta zona cuando esté trabajando con documentos que requieran caracteres de otros idiomas.

Agregar o Quitar Programas

Ya sea que haya elegido un programa nuevo o quiera purgar uno viejo, la categoría Programs (Programas) del Control Panel se encarga de ese trabajo bastante bien. Una de sus categorías, Programs and Features (Programas y características), le ofrece una lista de los programas que tiene instalados actualmente, como se muestra en la Figura 11-10. Haga clic en el que quiera descartar o retocar.

Las siguientes dos secciones describen cómo eliminar o cambiar programas existentes y cómo instalar nuevos.

Figura 11-10:
La ventana
Uninstall
or Change
a Program
(Desinstalar
o cambiar
un
programa)
le permite
eliminar
cualquiera
de los
programas
instalados
actualmente.

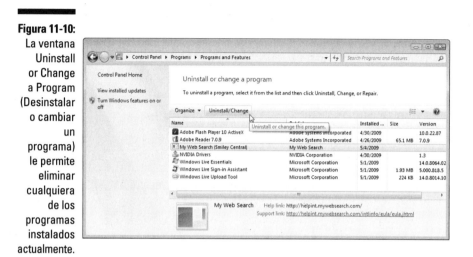

Quitar o cambiar programas

Para quitar un programa problemático o cambiar su configuración, siga estos pasos:

1. **Seleccione Control Panel (Panel de control) desde el menú Start (Inicio) y, en la sección Programs (Programas), elija la opción Uninstall a Program (Desinstalar un programa).**

   Aparecerá la ventana Uninstall or Change a Program (Desinstalar o cambiar un programa), como se muestra en la Figura 11-10, que muestra sus programas instalados actualmente, su fabricante, tamaño, fecha de instalación y número de versión.

   Para liberar espacio en el disco, haga clic en el encabezado de columna Installed On (Instalado el) o Size (Tamaño) para encontrar programas viejos o grandes. Luego, desinstale estos programas olvidados que utiliza en contadas ocasiones o nunca.

2. **Haga clic en el programa no deseado y luego en su botón Uninstall (Desinstalar), Change (Cambiar) o Repair (Reparar).**

   La barra de menú ubicada sobre los nombres de los programas siempre muestra el botón Uninstall (Desinstalar), pero cuando hace clic en determinados programas, también puede ver los botones Change (Cambiar) y Repair (Reparar). Aquí tiene un informe detallado:

   • **Uninstall (Desinstalar):** Esto elimina completamente el programa de su PC. (Algunos programas muestran este botón como Uninstall/Change).

- **Change (Cambiar):** Esto le permite cambiar algunas de las funciones de su programa o eliminar partes del mismo.

- **Repair (Reparar):** Una opción práctica para programas dañados que le pide al programa que se autoverifique y reemplace los archivos dañados por archivos nuevos. Puede que necesite tener el CD original del programa a mano.

3. **Cuando Windows le pregunta si está *seguro*, haga clic en Yes (Sí).**

   Según el botón que haya presionado, Windows 7 echa a patadas al programa de su PC o invoca al programa de instalación para que realice los cambios o lo repare.

   Después de eliminar un programa, se fue para siempre a menos que haya conservado el CD de instalación. A diferencia de otros elementos eliminados, los programas eliminados no se quedan en su papelera de reciclaje.

Cuando un programa no tiene programa de instalación . . .

A veces los programas — especialmente los pequeños descargados de Internet — no vienen con un programa de instalación. Si ha descargado una de esas creaciones de bajo presupuesto a su computadora, cree una nueva carpeta para él y ponga el archivo descargado dentro. (Asegúrese de escanear cualquier archivo descargado con su programa antivirus). Luego pruebe hacer doble clic en el archivo del programa. (Generalmente es el archivo que tiene el icono más vistoso). Una de dos cosas pasará:

✔ **El programa puede simplemente empezar a funcionar.** Eso significa que está listo — el programa no necesita instalarse. (Arrastre y suelte el icono del programa hasta su menú Start para agregarlo al menú del botón Start). Si necesita desinstalar el programa, haga clic derecho en él y seleccione Delete (Eliminar). Estos tipos de programas rara vez aparecen en su lista Change or Remove a Program (Cambiar o quitar un programa).

✔ **El programa puede empezar a instalarse.** Esto también significa que ha terminado. El programa de instalación toma el control, ahorrándole más problemas. Para desinstalar el programa utilice la opción Uninstall a Program (Desinstalar un programa) del Control Panel.

Pero si el programa viene en una carpeta zip (comprimida) — el icono de carpeta tiene un pequeño cierre de ropa — necesita un paso adicional. Haga clic derecho en la carpeta comprimida, seleccione Extract All (Extraer todo) y luego haga clic en Extract (Extraer). Windows automáticamente *deszipea* el contenido de esa carpeta y lo coloca en una nueva carpeta, generalmente con el nombre del programa. Desde aquí, puede ejecutar el programa directamente o, si tiene un programa de instalación, ejecutar el programa de instalación.

Siempre utilice la opción Uninstall (Desinstalar) del Control Panel o la ventana Change a Program (Cambiar un programa) para desinstalar programas no deseados. Simplemente eliminar sus archivos o carpetas no bastará. De hecho, hacerlo suele confundir a su computadora y provocar mensajes de error molestos.

Agregar programas nuevos

Es muy probable que nunca tenga que usar esta opción. Hoy en día, la mayoría de los programas se instalan a sí mismos automáticamente en cuanto coloca sus discos en la unidad de la PC. Si no está seguro de si un programa se instaló, haga clic en el botón Start y busque en el menú All Programs (Todos los programas). Si está en la lista, el programa está instalado.

Pero si un programa no salta automáticamente a su computadora, aquí tiene algunos consejos que lo pueden ayudar:

✔ Necesita una cuenta de administrador para instalar programas. (La mayoría de los dueños de computadoras tienen creada una cuenta de Administrador automáticamente). Eso evita que los niños, con sus cuentas Limited (Limitada) o Guest (Invitado) instalen programas y arruinen la computadora. Explico las cuentas de usuario en el Capítulo 13.

✔ ¿Descargó un programa? Windows 7 generalmente lo guarda en la carpeta Downloads (Descargas), a la que puede acceder haciendo clic en su nombre de usuario del menú Start. Haga doble clic en el nombre del programa descargado para instalarlo.

✔ Muchos programas recién instalados quieren agregar un acceso directo al escritorio, otro al menú Start *y además* un acceso directo en la barra Quick Launch (Inicio rápido). Dígale "no" a todos menos al menú Inicio. Todos esos accesos directos extra desordenan su computadora y hacen que se complique encontrar los programas. (Si un programa agrega estos atajos de teclado, puede eliminarlos con seguridad haciendo clic derecho en el escritorio y eligiendo la opción Delete).

✔ Siempre es buena idea crear un punto de restauración antes de instalar un nuevo programa. (Describo cómo seleccionar puntos de restauración en el Capítulo 12). Si su programa recién instalado pierde el control, utilice System Restore (Restaurar sistema) para revertir a su computadora al estado de paz mental que disfrutaba antes de instalar al buscapleitos.

Agregar/quitar partes de Windows 7

Del mismo modo que puede instalar y desinstalar programas, puede quitar partes de Windows 7 que no necesite. Puede eliminar los juegos, por ejemplo, para evitar que los empleados jueguen en la oficina. ¿No utiliza Media Player? Despídalo también.

Elegir el programa predeterminado

Microsoft permite que los vendedores de computadoras reemplacen a Internet Explorer, Media Player, Outlook Express y Windows Messenger con distintos programas de otras compañías. Por ejemplo, su nueva computadora pueden venir con el navegador Web Firefox en vez del Internet Explorer de Microsoft. Algunas PCs pueden venir con ambos navegadores instalados.

Cuando más de un programa puede manejar una tarea — abrir un vínculo Web, por ejemplo — Windows 7 necesita saber a qué programa debe llamar. Ahí es cuando entra el área de programas predeterminados de Windows 7. Para elegir sus programas predeterminados, haga clic en el botón Start (Inicio), seleccione Default Programs (Programas predeterminados) y seleccione Set Your Default Programs (Configurar sus programas predeterminados).

La ventana Set Your Default Programs muestra una lista con los programas en el borde derecho. Haga clic en el programa que utiliza con más frecuencia y seleccione Set This Program As Default (Establecer este programa como predeterminado). Repita para cualquier otro programa de la lista que prefiera en vez de los programas integrados de Windows 7 y luego haga clic en OK.

Antes de quitar Internet Explorer, asegúrese de descargar un navegador Web de reemplazo, como Firefox (www.getfirefox.com).

Para ver qué partes de sí mismo Windows 7 quitó de su computadora o eliminar componentes indeseados que Windows 7 *tiene* instalado, siga estos pasos:

1. **Haga clic en el menú Start, seleccione Control Panel (Panel de control) y elija la categoría Programs (Programas).**

2. **En el área Programs and Features (Programas y características), seleccione Turn Windows Features On or Off (Activar o desactivar funciones de Windows) y haga clic en Continue (Continuar), si se lo pide.**

   Windows trae una ventana con una lista de todas sus funciones. Las funciones con marcas de verificación junto a sus nombres ya están instaladas. ¿No hay marca de verificación? Entonces esa función no está instalada. Si ve una casilla que esté completa — que no esté vacía ni tenga una marca — haga doble clic en el componente para ver qué se instaló y qué quedó afuera.

3. **Para agregar un componente, haga clic en la casilla de verificación vacía. Para eliminar un componente como Windows Games, quite la marca de su casilla de verificación.**

4. **Haga clic en el botón OK (Aceptar).**

   Windows 7 agrega o elimina el programa. (Puede que necesite insertar su DVD de Windows 7 durante el proceso).

Modificar Windows 7 para los Discapacitados Físicos

Casi todo el mundo considera que Windows 7 es desafiante, pero algunos además tienen discapacidades físicas especiales. Para ayudarlos, el área Ease of Access (Accesibilidad) del Control Panel ofrece una gran variedad de cambios.

Si su vista ya no es lo que era, tal vez sepa apreciar las formas de aumentar el tamaño del texto en su PC.

Siga estos pasos para modificar las configuraciones de Windows 7:

1. **Seleccione Control Panel (Panel de control) desde el menú Start (Inicio) y luego elija la categoría Ease of Access Center (Centro de accesibilidad).**

   El Ease of Access Center aparecerá, como se muestra en la Figura 11-11. Se oye la voz etérea de Windows 7 que le explica cómo cambiar sus programas.

2. **Seleccione el vínculo Get Recommendations to Make Your Computer Easier to Use (Obtener recomendaciones para facilitar el uso de su computadora).**

   Busque el vínculo Get Recommendations to Make Your Computer Easier to Use (el puntero del mouse lo señala en la Figura 11-11). Windows 7 le hará una entrevista rápida para determinar los ajustes necesarios. Una vez finalizada la entrevista, Windows 7 aplicará los cambios automáticamente y habrá terminado.

   Si no está contento con los cambios, vaya al Paso 3.

3. **Aplique sus cambios en forma manual.**

   El Ease of Access Center ofrece estos interruptores de apagado y encendido para que el teclado, el sonido, la pantalla y el mouse sean más fáciles de controlar:

   - **Start Magnifier (Iniciar lupa):** Diseñado para personas con disminución visual, esta opción agranda la ubicación exacta del puntero del mouse.

   - **Start Narrator (Iniciar Narrador):** El horrible narrador incorporado de Windows 7 lee el texto de la pantalla para las personas que no puedan verlo claramente.

   - **Start On-Screen Keyboard (Iniciar teclado en pantalla):** Esta configuración coloca un teclado cliqueable en el extremo inferior de la pantalla, permitiéndole escribir apuntando y haciendo clic.

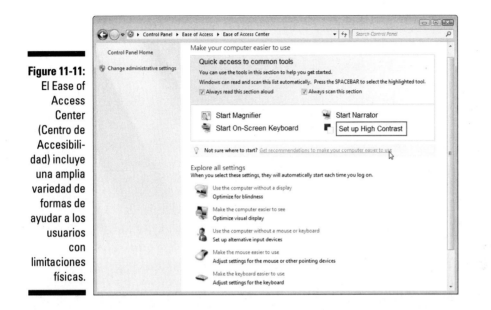

Figure 11-11:
El Ease of
Access
Center
(Centro de
Accesibili-
dad) incluye
una amplia
variedad de
formas de
ayudar a los
usuarios
con
limitaciones
físicas.

- **Set up High Contrast (Configurar contraste alto):** Esta configuración elimina la mayoría de los colores de la pantalla, pero ayuda a las personas con discapacidades visuales a ver la pantalla y el cursor más claramente.

Seleccione cualquiera de estas opciones para activar la función inmediatamente. Cierre la ventana de la función si empeora las cosas.

Si todavía no está conforme, siga con el Paso 4.

4. **Seleccione una configuración específica en el área Explore All Settings (Explorar todas las configuraciones).**

Aquí es donde Windows 7 va al grano, permitiéndole optimizar el sistema específicamente para las siguientes cosas:

- Ceguera o visión disminuida

- Uso de un dispositivo de entrada distinto de un mouse o un teclado

- Ajustar la sensibilidad del teclado y el mouse para compensar movimientos limitados

- Activar alertas visuales en lugar de notificaciones de sonido

- Facilitar las tareas de lectura y escritura

Algunos centros que asisten a personas con discapacidades físicas pueden ofrecer software o asistencia técnica para ayudarlo a aplicar estos cambios.

Capítulo 12

Evitar que Windows se Rompa

Si algo en Windows ya está roto, salte al Capítulo 17 para ver cómo arreglarlo. Pero si su computadora parece estar funcionando razonablemente bien, quédese aquí. Este capítulo explica cómo mantenerla funcionando así por la mayor cantidad de tiempo posible.

Este capítulo es una especie de lista de verificación en la que cada sección explica una tarea bastante sencilla y necesaria para hacer que Windows funcione a tope. No hay necesidad de llamar a un técnico porque mucho de este mantenimiento se lleva a cabo con las herramientas de mantenimiento integradas de Windows 7 o con productos de limpieza domésticos estándares. Por ejemplo, cuando su disco duro se queda con poco espacio, ejecute el programa integrado Disk Cleanup (Limpieza de disco) de Windows 7 para quitar los desechos.

Este capítulo también lo ayuda a arreglar el molesto y omnipresente problema de "bad driver" (controlador equivocado), explicándole cómo poner un driver nuevo al volante.

Finalmente, descubrirá una forma rápida de limpiar su mouse — una tarea necesaria pero que suele pasarse por alto y que mantiene el puntero en el objetivo. (Siéntase libre de tomar la aspiradora y absorber todas las migas de galletas de su teclado durante el mismo arranque de limpieza).

 Además de la lista de verificación que ofrece este capítulo, asegúrese de que los programas Windows Update (Actualización de Windows) y Windows Defender (Defensor de Windows) estén ejecutándose en piloto automático, como lo describo en el Capítulo 10. Estos programas contribuyen en gran medida a mantener su computadora funcionando en forma segura y protegida.

Crear un Punto de Restauración

Cuando la computadora se enferma, System Restore (el cual cubro más en detalle en el Capítulo 17) le brinda una forma mágica de retroceder en el tiempo a cuando su computadora se sentía mejor. Aunque Windows 7 crea puntos de restauración automáticamente, siéntase libre de crear el suyo propio. Un punto de restauración le permite devolver a su PC a un punto en su historial en el que *usted* sabe que estaba funcionando. Siga estos pasos:

1. **Abra el menú Start (Inicio), haga clic derecho en Computer (Computadora) y elija Properties (Propiedades).**

   Aparecerá la ventana System (Sistema), que muestra las estadísticas vitales de su PC.

2. **Desde el panel izquierdo de la ventana System, seleccione System Protection (Protección del sistema).**

   Aparece la ventana System Properties (Propiedades del sistema). Busque el botón Create (Crear) en el extremo inferior.

3. **Haga clic en el botón Create (Crear) para traer la ventana System Protection, escriba un nombre para su nuevo punto de restauración y luego haga clic en el botón Create de la ventana System Protection para guardar el punto de restauración.**

   Windows 7 crea un punto de restauración con su nombre elegido, lo que lo deja con un montón de ventanas abiertas para cerrar.

Al crear sus propios puntos de restauración en los días buenos, sabrá inmediatamente cuáles usar en los días malos. Le describo cómo resucitar su computadora con System Restore en el Capítulo 17.

Optimizar Windows 7 con las Herramientas de Mantenimiento Integradas

Windows 7 incluye un conjunto de herramientas para mantener a Windows 7 funcionando sin problemas. Varias se ejecutan automáticamente, limitando su tarea a verificar los interruptores de encendido. Otras lo ayudan a prepararse para el calentamiento global haciendo copias de seguridad de los archivos de su PC. Para verlas, haga clic en el menú Start, seleccione Control Panel (Panel de control) y elija la categoría System and Security (Sistema y seguridad).

Necesitará estas herramientas con más frecuencia:

- **Backup and Restore (Hacer copias de seguridad y restaurar):** El programa de backups o "copias de seguridad" de Windows 7 funciona mucho mejor que el que viene incluido en Windows Vista. Sigue siendo gratuito, por lo que no tiene excusa para no resguardar sus archivos. Todos los discos duros mueren con el tiempo, y usted ha guardado miles de recuerdos en el suyo.

- **System (Sistema):** La gente del servicio técnico prospera en este espacio de acceso. El área System le da una lista con su versión de Windows 7, los caballos de fuerza de su PC, el estado de la red y un cuadro de clasificación marcando lo que Windows piensa del rendimiento de su PC.

- **Windows Update (Actualización de Windows):** Esta herramienta le permite a Microsoft introducir parches de seguridad en su PC a través de Internet, lo que generalmente es algo bueno. Aquí es donde puede volver a encender Windows Update si no se está ejecutando.

- **Power Options (Opciones de administración de energía):** ¿No está seguro de si su PC o portátil está durmiendo, hibernando o simplemente apagada? El Capítulo 2 le explica la diferencia, y esta sección le permite determinar el grado de letargo de su PC cuando presiona el botón Off. (O, si es dueño de una computadora portátil, cuando cierra la tapa).

- **Administrative Tools (Herramientas administrativas):** Hay una gema que vive en esta bolsa de sorpresas con herramientas tecnológicas: El programa Disk Cleanup elimina la basura de su PC para darle más espacio de almacenamiento en el disco duro de su PC.

Describo estas tareas con más detalle en las siguientes cinco secciones.

Hacer una copia de restauración de su computadora

Su disco duro morirá en algún momento, por desgracia, y se llevará todo con él: años de fotos digitales, canciones, cartas, registros financieros, recuerdos escaneados y cualquier otra cosa que haya almacenado en su PC.

Es por eso que debe hacer copias de seguridad de sus archivos con frecuencia. Cuando su disco duro finalmente se baje del escenario, su copia de seguridad le permitirá continuar con el espectáculo.

La solución de Windows 7 es su programa de copias de seguridad integrado, que aplasta definitivamente a su extraño antecesor en Windows Vista. El nuevo programa de copias de seguridad es fácil de descifrar, funciona automáticamente con un cronograma y respalda todo lo que necesite.

Antes de que pueda utilizar Windows Backup, necesita tres cosas:

✔ **Una grabadora de CD, una grabadora de DVD o un disco duro externo:** El programa de backup gratuito de Windows 7 puede escribir en CDs y DVDs — si está dispuesto a sentarse junto a su PC, alimentando los discos en su PC a mano. Pero para backups confiables y automáticas, nada supera a un disco duro portátil: un disco rígido en una pequeña caja. Compre uno que se conecte al Puerto FireWire o USB 2.0 de su computadora y Windows 7 lo reconocerá en el momento.

Si está haciendo copias de seguridad de su PC a un disco duro portátil, conecte el disco duro en su PC antes de ejecutar el programa de backup.

✔ **Una cuenta de administrador:** Debe iniciar sesión en la computadora con una cuenta de administrador. Explico las contraseñas y cuentas de usuario en el Capítulo 13.

✔ **El programa de copia de seguridad y restauración de Windows 7:** El programa gratuito de copia de seguridad y restauración de Windows 7 puede hacer una copa de seguridad automática de todo su trabajo. Pero no hará nada hasta que lo configure por primera vez.

Siga estos pasos para hacer que su computadora haga una copia de seguridad de su trabajo automáticamente cada mes (bueno), semana (mejor) o noche (la mejor opción).

1. **Abra el programa Backup and Restore.**

   Haga clic en el botón Start (Inicio), seleccione Control Panel (Panel de Control), elija la categoría System and Security (Sistema y seguridad) y haga clic en Backup and Restore.

   Si ya ha preparado previamente el programa de copia de seguridad, puede cambiar la configuración del programa haciendo clic en las palabras Change Settings (Cambiar configuración). Luego proceda al Paso 3 para elegir una nueva ubicación o cronograma para la copia de seguridad.

   Si todavía no lo hizo, haga clic en las palabras Create a System Repair Disc (Crear un disco de reparación del sistema) en el panel izquierdo de la ventana. Eso le permite grabar un CD o DVD con un programa para que reinstale Windows 7 con la System Image (Imagen del sistema) que creará como parte de su copia de seguridad. Escriba *Disco de Reparación de Windows 7* en el disco y guárdelo en un lugar seguro.

2. **Haga clic en Set Up Backup (Configurar copia de seguridad) desde la esquina superior derecha de la ventana Backup and Restore.**

   El programa le preguntará atentamente dónde quiere guardar los archivos, presentándole un cuadro de diálogo, como se muestra en la Figura 12-1.

3. **Seleccione la ubicación en la que quiere guardar su copia de seguridad y haga clic en Next.**

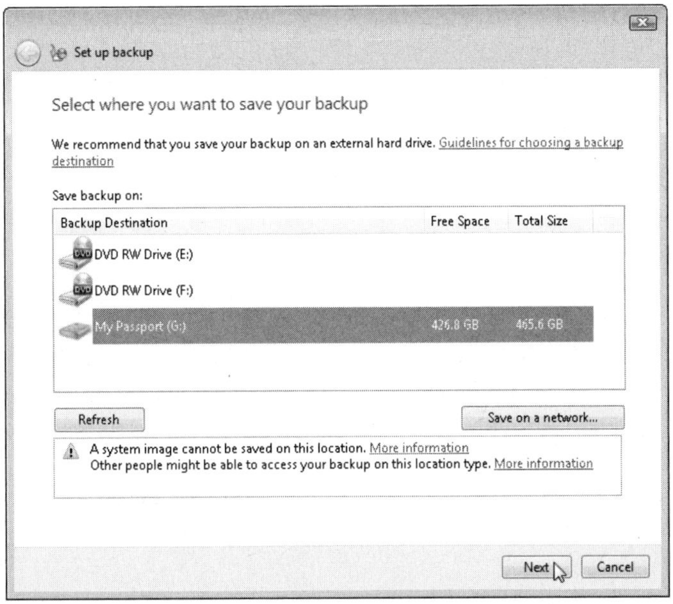

Figura 12-1:
Elija dónde
quiere
guardar sus
archivos.

Windows 7 le permite guardar su copia de seguridad casi en cualquier
parte. CDs, DVDs, unidades flash, discos duros portátiles o incluso una
unidad almacenada en una segunda PC que está conectada a través de
una *red* (ver Capítulo 14).

Aunque su opción depende de la cantidad de información que esté
resguardando, la mejor solución es un *disco duro portátil*: un disco rígido
en una caja que conecta a uno de los puertos USB o FireWire de su PC.
Windows 7 rápidamente asigna una letra a la nueva unidad, y la unidad
aparece como una ubicación de copia de seguridad.

Si no puede comprar un disco duro portátil y no tiene otra PC conectada a
través de una red, entonces los CDs o DVDs son la segunda mejor opción.

Si intenta guardar información en una unidad conectada en red de
otra PC, Windows 7 le pedirá el nombre de usuario y contraseña del
administrador de la otra PC.

4. **Elija lo que quiere resguardar y haga clic en Next.**

   Windows le ofrece dos opciones:

   - **Let Windows Choose (Dejar que elija Windows):** La opción más
     sencilla, que hace una copia de seguridad de todo: sus bibliotecas
     Documents (Documentos), Music (Música), Pictures (Imágenes)
     y Video; y todo lo que esté en su escritorio. Si tiene un segundo
     disco duro de gran capacidad en su PC dedicado a las copias de
     seguridad, el programa también crea una *system image* (imagen del
     sistema) — una copia exacta de la unidad en la que vive Windows 7.

- **Let Me Choose (Dejarme elegir):** Concebida para darle el gusto a los tecnófilos, esta opción le permite elegir qué desea resguardar y qué dejar fuera de la copia.

5. **Revise su configuración, ajuste el cronograma para determinar con qué frecuencia realizar las copias de seguridad (si lo necesita), y haga clic en el botón Save Settings and Run Backup (Guardar configuración y ejecutar copia de seguridad).**

   Windows 7 normalmente realiza una copia de seguridad todos los domingos a las 7 de la tarde, como se muestra en la Figura 12-2. Para cambiar eso, haga clic en el vínculo Change Schedule (Cambiar cronograma) y luego elija el día y la fecha para que se ejecute el programa Backup. Por ejemplo, para programar una copia de seguridad todos los días a medianoche, seleccione Daily (Diario) desde el menú How Often (Con qué frecuencia) y elija 12 AM (midnight) desde el menú What Time (A qué hora).

   Puede programar una hora para que se realice la copia de seguridad cuando todavía está trabajando en su PC, pero su PC funcionará lentamente.

   Cuando hace clic en el botón Save Settings and Run Backup, Windows 7 inmediatamente ejecuta su copia de seguridad — incluso si todavía no está programada. Eso es porque el siempre alerta Windows 7 quiere asegurarse de tomar todo ahora mismo — antes de que algo salga mal.

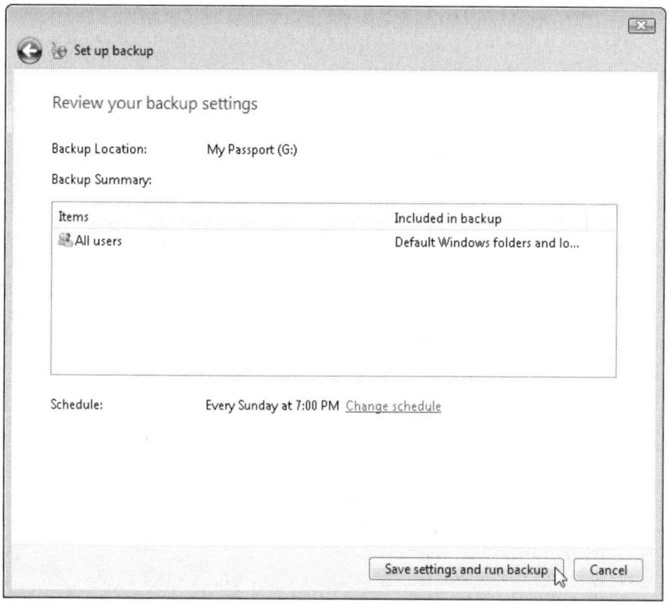

Figura 12-2:
Haga clic en Change Schedule para cambiar la frecuencia, día y hora de sus copias de seguridad automáticas.

Set up backup

Review your backup settings

Backup Location: My Passport (G:)

Backup Summary:

Items	Included in backup
All users	Default Windows folders and lo...

Schedule: Every Sunday at 7:00 PM   Change schedule

Save settings and run backup   Cancel

6. **Restaurar unos pocos archivos para probar su copia de seguridad.**

   Ya es hora de asegurarse de que todo funcionó. Repita el primer paso, pero elija Restore Files (Restaurar archivos). Siga los menús de Windows 7 hasta que pueda navegar por la lista de archivos resguardados. Restaure un archivo de prueba para asegurarse de que se vuelva a copiar a su lugar original.

   ✔ En teoría, Windows se despierta del modo Sleep o Hibernate para hacer copias de seguridad de su PC por la noche. Sin embargo, para ser realistas, algunas PCs siguen durmiendo. Si la suya no se despierta durante una prueba piloto, deje la PC *encendida* durante el horario programado para la copia de seguridad. La mayoría de las PCs consumen menos energía que una bombilla de luz. (Pero por favor apague el monitor de su computadora).

   ✔ Windows 7 guarda su copia de seguridad en un archivo llamado Windows 7 en la ubicación que elija en el Paso 3. No mueva ese archivo, o Windows 7 tal vez no pueda encontrarlo nuevamente cuando elija restaurarlo.

Encontrar información técnica sobre su computadora

Si alguna vez necesita mirar debajo del capó de Windows 7, el cielo no lo permita, seleccione la categoría System and Security (Sistema y seguridad) del Control Panel y elija System (Sistema). Como se muestra en la Figura 12-3, la ventana System ofrece un resumen técnico digerible sobre las vísceras de su PC.

   ✔ **Windows Edition (Edición de Windows):** Windows 7 viene en varias versiones. Para activar su memoria, Windows 7 muestra la versión que se está ejecutando en su PC.

   ✔ **System (Sistema):** Aquí, Windows 7 califica la potencia de su PC — y su *Windows Experience Index* (Índice de experiencia de Windows) en una escala del 1 (endeble) a 7.9 (robusta). El tipo de *CPU* (central processing unit o unidad de procesamiento central) de su PC también aparece aquí, además de la cantidad de memoria.

   ✔ **Computer Name, Domain and Workgroup Settings (Configuración de dominio, grupo de trabajo y nombre de la computadora):** Esta sección identifica el nombre de su computadora y su *workgroup* (grupo de trabajo), un término utilizado cuando dos computadoras se conectan a través de una red. (Hablo de las redes en el Capítulo 14).

   ✔ **Windows Activation (Activación de Windows):** Para evitar que la gente compre una copia de Windows 7 y la instale en varias PCs, Microsoft requiere que Windows 7 se *active*, un proceso que lo encadena a una sola PC.

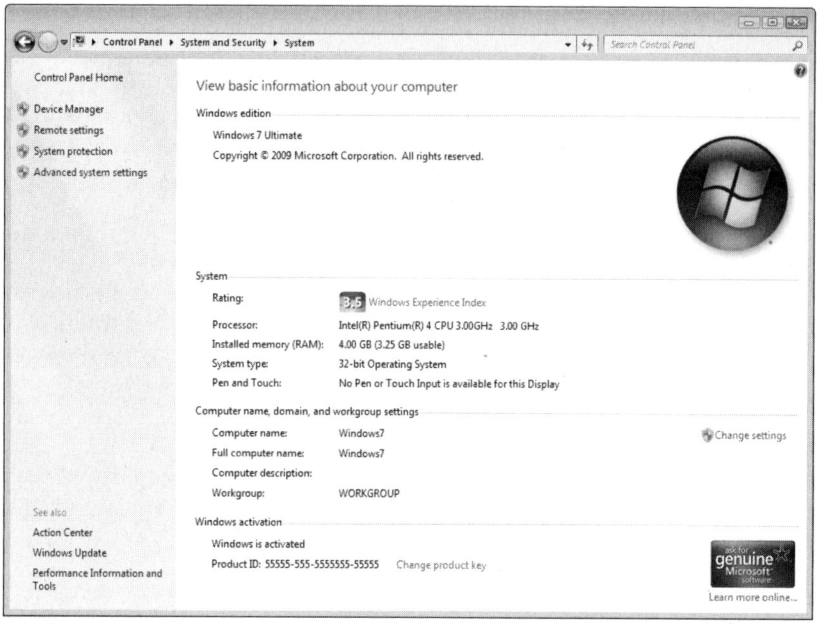

Figura 12-3:
Podrá ver información técnica de su PC al hacer clic en el icono System.

El panel ubicado a la izquierda también ofrece una lista de tareas más avanzadas que le resultarán prácticas durante esos momentos de pánico en los que algo malo le pasa a su PC. Aquí tiene un informe detallado:

✔ **Device Manager (Administrador de dispositivos):** Esta opción muestra una lista de todas las partes del interior de su computadora, pero no de una forma amigable. Las partes con signos de exclamación a su lado no están felices. Haga doble clic en ellas para ver la explicación que ofrece Windows 7 de por qué no están funcionando correctamente. (A veces aparece el botón Troubleshoot (Resolución de problemas) junto a la explicación; haga clic en el botón para diagnosticar el problema.)

✔ **Remote Settings (Configuración de acceso remoto):** Rara vez utilizada, esta configuración complicada permite que otras personas controlen su PC a través de Internet, con suerte para arreglar las cosas. Si logra encontrar alguna de estas serviciales personas, déjeles que lo guíen por este procedimiento a través del teléfono o a través de un programa de mensajería instantánea.

✔ **System Protection (Protección del sistema):** Esta opción le permite crear puntos de restauración (que se describen en la primera sección de este capítulo). También puede venir aquí y utilizar un punto de restauración para llevar a su PC a otro punto en el tiempo — con suerte cuando estaba de mejor humor.

✔ **Advanced System Settings (Configuraciones avanzadas del sistema):** Los técnicos profesionales pasan mucho tiempo en esta sección. Todos los demás la ignoran.

Acelerar su PC moderando los efectos visuales

A medida que procesa números afanosamente en segundo plano, Windows 7 trata de proyectar una imagen de introspectiva paz interior. Sus menús y ventanas se abren y cierran con un esfumado, sombras estéticamente placenteras rodean todos los menús y el puntero del mouse. Si su tarjeta de video tiene suficiente atractivo sexual, Windows 7 vuelve traslúcidos los bordes de la ventana, permitiendo que parte del escritorio brille por detrás.

Sin embargo, todas estas resoluciones visuales adicionales requieren cálculos extra por parte de Windows 7, haciéndolo un poco más lento. Para cambiar la actitud de Windows 7 de más apacible a más rendidor, diríjase a la categoría System and Security (Sistema y seguridad) del Control Panel (Panel de control), seleccione System (Sistema) y haga clic en Advanced System Settings (Configuración avanzada del sistema). Cuando se abre el cuadro de diálogo System Properties (Propiedades del sistema) en la pestaña Advanced (Avanzado), haga clic en el botón Settings (Configuración) en el área Performance (Rendimiento).

Para una acción más veloz, conveniente para los equipos portátiles lentos, seleccione Adjust for Best Performance (Ajustar para un mejor rendimiento). Windows rápidamente quita todos los efectos visuales y vuelve al modo Classic (Clásico) — un modo más rápido de trabajar que imita las versiones anteriores y sin efectos de Windows. Para volver a un Windows más bonito, pero más lento, seleccione la opción Let Windows Choose What's Best for My Computer (Permitir que Windows elija la mejor opción para mi computadora).

La mayoría de las cosas que se muestran en el área System de Windows 7 son bastante complicadas, así que no se meta con ellas a menos que esté seguro de lo que está haciendo o que una persona de asistencia técnica le diga que cambie alguna configuración específica. Si quiere probarla, fíjese en el apartado sobre cómo ajustar los efectos visuales.

Liberar espacio en el disco duro

Windows 7 ocupa bastante espacio en su disco duro, aunque no es, por lejos, tan pesado como Windows Vista. Si los programas comienzan a quejarse porque se está quedando sin lugar en el disco duro, esta solución lo libera en poco tiempo:

1. **Haga clic en el botón Start (Inicio), y seleccione la categoría System and Security (Seguridad y sistema) del Control Panel (Panel de Control). Luego, en la categoría Administrative Tools (Herramientas administrativas), seleccione Free Up Disk Space (Liberar espacio en disco).**

Si su PC tiene más de una unidad de disco, Windows 7 le pregunta qué unidad desea limpiar. Deje la opción en (C:) y haga clic en OK.

El programa Disk Cleanup (Limpieza de disco) calcula cuánto espacio de disco puede recuperar.

2. Seleccione las casillas de verificación para todos los elementos y luego haga clic en OK (Aceptar).

Windows 7 presenta el cuadro de diálogo Disk Cleanup (Limpieza de disco), que se muestra en la Figura 12-4. Seleccione todas las casillas de verificación y haga clic en OK. Cuando selecciona una casilla de verificación, la sección Description (Descripción) le explica qué se está borrando.

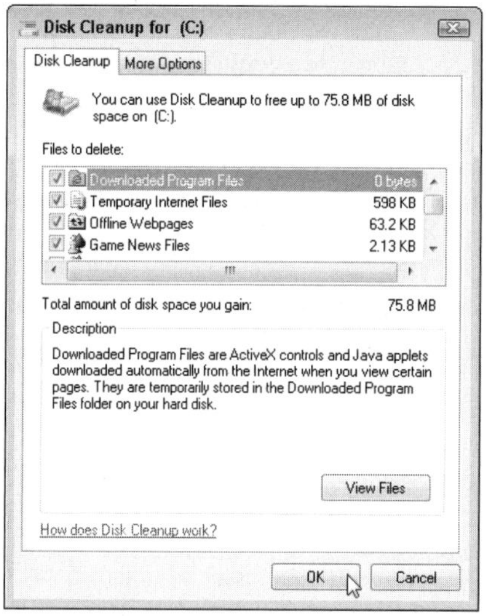

Figura 12-4:
Asegúrese de que todas las casillas estén marcadas.

Si ve un botón llamado Clean Up System Files (Limpiar archivos de sistema), presiónelo también. Elimina la basura generada por su PC y no por usted.

3. Haga clic en el botón Delete Files (Eliminar archivos) cuando Windows 7 le pregunte si está seguro.

Windows 7 procede a vaciar su papelera de reciclaje, destruir los restos de sitios Web viejos y eliminar otros atascos de la unidad de disco duro.

Para acceder rápidamente a Disk Cleanup, haga clic en el menú Start (Inicio) y escriba **disk cleanup** en la casilla de búsqueda.

Fortalecer su botón de poder

Shut Down ▸

Normalmente, si presiona el botón Power (botón de encendido) de su PC, la PC se apaga, ya sea que Windows 7 esté preparado o no. Por eso siempre debe apagar Windows 7 con su *propio* botón Off (Apagado), que se encuentra haciendo clic en el botón Start y luego clic en Shut Down (Apagar). Esto le da tiempo a Windows 7 para prepararse para el evento.

Para evitar que Windows 7 sufra una sacudida con un apagado inesperado, considere la posibilidad de reprogramar el botón de encendido de su equipo portátil o PC de escritorio de modo que no apague su PC. En vez de eso, que ponga su PC a dormir o hibernar para ahorrar energía.

Si es un usuario de una PC portátil, esta área le permite controlar lo que ocurre cuando cierra la tapa: ¿Su PC debería apagarse o hibernar?

Para cambiar la misión de su botón de encendido, siga estos pasos:

1. **Haga clic en el menú Start, seleccione Control Panel (Panel de control) y elija la categoría System and Security (Sistema y seguridad).**

2. **Seleccione Power Options (Opciones de energía).**

   Se muestra la ventana Power Options (Opciones de energía)

3. **Desde el panel izquierdo, seleccione Choose What the Power Button Does (Elegir el comportamiento del botón de encendido) y aplique sus cambios.**

   Aparecerá una ventana que le ofrece un menú para que le diga al botón Power de su PC o portátil que active las funciones Sleep (Dormir), Hibernate (Hibernar), Shut Down your PC (Apagar su PC) o Do Nothing (No hacer nada), que evita que la gente apague su PC. (Describo las diferencias entre Sleep y Hibernate en el Capítulo 2).

   Los equipos portátiles ofrecen una opción de menú adicional en esta página: Puede hacer que la portátil se comporte de manera distinta según si está enchufada o trabajando con baterías.

   Los dueños de portátiles también encontrarán un menú que les permite elegir el comportamiento de su PC cuando cierran la tapa. (El menú ofrece distintos comportamientos según si su portátil está enchufada o no).

   Para obtener seguridad adicional, haga clic en Require a Password (Solicitar una contraseña) de modo que cualquier persona que despierte a su PC necesite la contraseña que creó para ver su información.

4. **Haga clic en el botón Save Changes (Guardar cambios).**

CONSEJO

Para un acceso rápido a esta área, escriba **Power Options** en la casilla Search del menú Start.

Configurar dispositivos que no funcionan (jugar con los drivers)

Windows viene con un arsenal de *drivers* (controladores) — software que le permite a Windows comunicarse con los dispositivos que conecta a su PC. Normalmente, Windows 7 reconoce automáticamente su nueva pieza, y ésta funciona. En ciertas ocasiones, Windows 7 se dirige a Internet y busca algunas instrucciones antes de terminar el trabajo.

Pero a veces, usted conectará algo que es demasiado nuevo para Windows 7 como para que lo conozca, o demasiado viejo para que lo recuerde. O quizás algo conectado a su PC ya no funciona correctamente y aparecen mensajes extraños que se quejan de que "necesita un nuevo driver".

En estos casos, depende de usted rastrear e instalar un *driver* de Windows 7 para esa pieza. Los mejores drivers vienen con un programa de instalación que coloca el software automáticamente en el lugar indicado. Los peores drivers le dejan todo el trabajo pesado a usted.

Si Windows 7 no reconoce e instala automáticamente la nueva pieza de hardware que acaba de conectar — incluso después de reiniciar su PC — siga estos pasos para localizar e instalar un nuevo driver.

1. **Visite el sitio Web del fabricante de dicha pieza y descargue el último driver para Windows 7.**

   Generalmente encuentra el sitio Web del fabricante estampado en algún lugar de la caja del fabricante. Si no lo puede encontrar, busque el nombre del fabricante en Google (`www.google.com`) y localice su sitio Web.

   Busque en el área Support (asistencia técnica), Downloads (Descarga) o Customer Service (Servicio al cliente) del sitio Web. Ahí, generalmente debe ingresar el nombre de su pieza, el número de modelo y el sistema operativo de su computadora (Windows 7) antes de que el sitio Web le entregue el driver.

   ¿No hay driver para Windows 7 en la lista? Intente descargar un driver para Windows Vista, porque suelen funcionar también. (Asegúrese de escanear *cualquier* archivo descargado con un programa antivirus).

2. **Ejecute el programa de instalación del driver.**

   A veces, hacer clic en su archivo descargado hace que su programa de instalación salte a la acción, instalando el driver por usted. Si es así, ya terminó. Si no, vaya al Paso 3.

   Si el archivo descargado tiene una pequeña cremallera en el icono, haga clic derecho y seleccione Extract All (Extraer todo) para *deszipear* (extraer o descomprimir) sus contenidos en una nueva carpeta. (Windows 7 crea una nueva carpeta con el nombre del archivo descomprimido, facilitando su ubicación).

3. **Haga clic en el menú Start, abra el Control Panel (Panel de control), seleccione la categoría Hardware and Sound (Hardware y sonido) y seleccione Device Manager (Administrador de dispositivos) desde la sección Devices and Printers (Dispositivos e impresoras).**

Aparecerá el Device Manager con un inventario de todas las piezas que están dentro de su computadora o conectadas a ella.

4. **Haga clic en cualquier lugar dentro de la ventana Device Manager. Luego haga clic en Action (Acción) desde la barra de menú de Device Manager y seleccione Add Legacy Hardware (Agregar hardware legado) desde el menú desplegable.**

El Add Hardware Wizard (Asistente para agregar nuevo hardware) lo guía por los pasos para instalar su nuevo hardware y, si es necesario, instalar su nuevo driver.

✔ Evite problemas manteniendo sus drivers actualizados. Incluso aquellos que vienen con piezas recién compradas suelen ser viejos. Visite el sitio Web del fabricante y descargue el último driver. Hay una buena posibilidad de que arregle problemas que los usuarios tempranos tuvieron con la primer serie de drivers.

✔ ¿Problemas con el nuevo driver? Haga clic en el menú Start, seleccione Control Panel (Panel de control) y elija la categoría System and Security (Sistema y seguridad). En el área System (Sistema), seleccione Device Manager (Administrador de dispositivos) y haga doble clic en el nombre de la pieza — por ejemplo, *Keyboards* (teclados) — en el extremo izquierdo de la ventana. Windows 7 revela la marca y el modelo de su pieza. Haga doble clic en el nombre de la pieza y luego haga clic en la pestaña Driver de la casilla Properties (Propiedades). Respire con normalidad. Finalmente, haga clic en el botón Roll Back Driver (Volver al controlador anterior). Windows 7 tira el driver recién instalado y vuelve al driver anterior.

Limpiar Su Mouse

Si el puntero de su mouse salta por la pantalla o no se mueve para nada, su mouse probablemente esté trabado con mugre del escritorio. Siga estos pasos para desmugrarlo:

1. **Coloque el mouse boca arriba y limpie toda la suciedad adherida a la parte inferior.**

Su mouse debe posarse parejo en su almohadilla para funcionar correctamente.

2. **Inspeccione el extremo inferior de su mouse.**

Si su mouse tiene una pequeña bola debajo, proceda con el Paso 3.

Si su mouse tiene una pequeña luz debajo, proceda con el Paso 4.

3. Limpiar un mouse con bola:

Gire la pequeña cubierta redonda del mouse y retire la bola. Limpie toda la suciedad acumulada de la bola y sople el polvo hasta quitarlo del agujero. Un pequeño soplador de aire comprimido que se vende en las tiendas de computadoras y oficinas funciona bien aquí. (También quita las capas de polvo que traban los ventiladores de su computadora).

Retire todos los pelos, el polvo y las cosas pegadas al sistema giratorio. Un hisopo humedecido con alcohol limpia hasta los pegotes más resistentes de los pequeños sistemas giratorios. (Los sistemas giratorios deben estar suaves y brillantes). La suciedad en los sistemas giratorios suele provocar la mayoría de los problemas del mouse.

Vuelva a colocar la bola limpia en el orificio limpio y reinserte la cobertura limpia.

4. Limpiar un mouse óptico:

Un *mouse óptico* reemplaza la anticuada bola de goma con un pequeño láser. Al no tener piezas móviles, los mouse ópticos rara vez necesitan limpieza. Pero si el suyo está dándole pelea, quite cualquier pelo suelto pegado a la cara inferior cerca de la luz.

Además, asegúrese de que el mouse esté colocado en una superficie texturada que no sea brillante. Si su escritorio es de vidrio o un material lustroso (vetas de madera pulida, por ejemplo), coloque su mouse en una almohadilla para mouse y obtendrá mejores resultados.

Si el mouse que acaba de limpiar sigue teniendo problemas, puede que sea hora de comprar uno nuevo. Pero antes de soltar el dinero, revise estas cosas:

✔ Los mouse inalámbricos agotan las baterías muy rápidamente. Si su mouse no tiene un cable de conexión, es inalámbrico. Compruebe su batería y asegúrese de que esté dentro del rango de la unidad receptora. (La unidad receptora se conecta a su PC, posiblemente en la parte trasera).

✔ Comprobar la configuración de su mouse: Haga clic en Start (Inicio) y seleccione Devices and Printers (Dispositivos e Impresoras). Haga clic derecho en el icono de su mouse, seleccione Settings (Configuración) y busque en las casillas de verificación si algunas de las configuraciones ofrecidas coinciden con los síntomas de su problema específico. A veces quitar la selección de una de estas casillas puede resolver el problema — eliminar los "fantasmas" del puntero que siguen a la flecha por la pantalla, por ejemplo.

Capítulo 13

Compartir Una Computadora entre Varias Personas

● ●

En Este Capítulo

▶ Entender las cuentas de usuario

▶ Configurar, eliminar o modificar cuentas de usuario

▶ Iniciar sesión en la pantalla de Bienvenida

▶ Alternar rápidamente entre usuarios

▶ Compartir archivos entre titulares de cuentas

▶ Comprender las contraseñas

● ●

*W*indows 7 permite que varias personas compartan una única computadora, sin dejar que nadie espíe los archivos de ningún otro.

¿El secreto? Windows 7 otorga a cada uno una *cuenta de usuario* propia, que pulcramente separa a esa persona del resto de los usuarios. Cuando se inicia sesión usando una cuenta propia, la computadora parece hecha a medida para cada quién: muestra el fondo de escritorio personalizado, las opciones de menú, los programas y los archivos — y prohíbe visualizar elementos pertenecientes a otros usuarios.

Este capítulo explica cómo configurar cuentas de usuario individuales para todos en casa, incluyendo al dueño de la computadora, familiares o compañeros de cuarto, e incluso para un visitante ocasional que sólo quiere chequear su correo electrónico.

También descubrirá cómo derribar algunos muros para compartir información entre cuentas, permitiendo que todo el mundo vea sus fotos de las vacaciones, pero manteniendo sus cartas de amor fuera de la órbita de los demás.

Entender las Cuentas de Usuario

Windows 7 pretende que configure una *cuenta de usuario* para todo el mundo que use su PC. Una cuenta de usuario funciona como las etiquetas de identificación en los cócteles, ayudando a Windows a reconocer quién está sentado frente al teclado. Windows 7 ofrece tres tipos de cuenta de usuario: Administrator (Administrador), Standard (Estándar) y Guest (Invitado). Para empezar a jugar con la PC, debe hacer clic en el nombre de su cuenta cuando se inicia Windows 7, como se muestra en la Figura 13-1.

¿A quién le importa? Bueno, Windows 7 brinda a cada tipo de cuenta permisos para hacer cosas diferentes en la computadora. Si la computadora fuese un gran edificio de apartamentos, la cuenta Administrator (Administrador) pertenecería al gerente, cada inquilino tendría una cuenta Standard (Estándar) y cada cuenta Guest (Invitado) pertenecería a los visitantes que intenten usar el baño en el vestíbulo. A continuación describo cómo se traducen los distintos tipos de cuenta al argot informático:

Figura 13-1:
Windows 7 permite a los usuarios iniciar sesión con sus propias cuentas.

✔ **Administrator:** El administrador controla totalmetne la computadora, decide quién puede jugar con ella y qué puede hacer cada usuario. En las computadoras que ejecutan Windows 7, el dueño normalmente posee la cuenta todopoderosa de Administrator. Él o ella luego configura cuentas para cada miembro de la familia y determina qué puede y qué no puede hacer con la PC.

✔ **Standard:** Las cuentas estándar pueden acceder a casi toda la computadora, pero no pueden hacer grandes cambios dentro de ella. No pueden instalar programas, por ejemplo, pero sí pueden ejecutarlos. (Windows XP se refería a las cuentas Standard como Limited (Limitadas).)

✔ **Guest:** Los invitados pueden jugar con la computadora, pero ella no los reconoce por su nombre. Las cuentas Guest funcionan de manera similar a las cuentas Standard, pero sin privacidad: Cualquiera puede iniciar sesión con una cuenta Guest, y el escritorio se verá de la misma manera en que lo dejó configurado el último invitado. Está bien para navegar la Web, pero no para mucho más.

Estas son algunas de las formas típicas en que se asignan las cuentas cuando comparte la misma computadora bajo el mismo techo:

✔ En una familia, los padres suelen tener las cuentas Administrator, los hijos generalmente tienen cuentas Standard, y la niñera inicia sesión usando la cuenta Guest.

✔ En una residencia estudiantil o apartamento compartido, el dueño de la computadora posee la cuenta de Administrator, y los compañeros de cuarto tienen ya sea cuentas Standard o Guest, dependiendo del nivel de confianza que se merezcan (y quizás también de qué tan limpia han dejado la cocina esa semana).

Para evitar que otros inicien sesión usando su cuenta de usuario, debe protegerla con una contraseña. (Describo cómo elegir una contraseña para su cuenta en este capítulo, en la sección "Configurar Contraseñas y Seguridad".)

Las cuentas Guest no pueden discar para conectarse a Internet. Solo pueden acceder a la Web si su PC tiene una conexión de banda ancha — una conexión que siempre está activa.

Cuando usted creaba cuentas nuevas en Windows XP, todas se generaban como cuentas Administrator — a menos que hubiese hecho clic en el botón Limited. Windows 7 hace lo opuesto para agregar una capa más de seguridad. Cuando crea una cuenta nueva, se le otorga automáticamente el tipo *Standard (Estándar)* — el equivalente aproximado a las cuentas Limited de XP en Windows 7. Para crear una cuenta Administrator en Windows 7, debe elegir específicamente la opción de cuenta de Administrador.

Crear una cuenta Standard para usted

Cada vez que un elemento malévolo de software se infiltra en su computadora — y usted inició sesión como administrador — ese software malvado tiene tanto poder como usted. Esto es muy peligroso porque las cuentas Administrator pueden borrar prácticamente todo. Y es por esta razón que Microsoft le sugiere crear *dos* cuentas para usted: una cuenta Administrator y una cuenta Standard. Entonces, inicie sesión siempre con su cuenta Standard para sus tareas de todos los días.

De esta forma, Windows 7 lo trata como a cualquier otro usuario Standard: Cuando la computadora está por hacer algo potencialmente dañino, Windows 7 le pedirá que ingrese la contraseña de una cuenta Administrator. Escriba la contraseña de su cuenta Administrator, y Windows 7 lo dejará proceder. Pero si Windows 7 de repente le pide permiso para hacer algo extraño, sabrá que está pasando algo sospechoso.

Esta segunda cuenta es, sin dudas, una molestia. Pero también lo es tener que buscar la llave para abrir la puerta de su casa. El paso extra es el precio que se paga por seguridad extra.

Configurar o Cambiar Cuentas de Usuario

Al ser ciudadanos de segunda, los titulares de cuentas Standard no tienen mucho poder. Pueden ejecutar programas y cambiar la foto de sus cuentas, por ejemplo, o incluso cambiar su contraseña. Pero los administradores son los que tienen el poder *real*: Pueden crear o eliminar cualquier cuenta de usuario, borrando efectivamente el nombre de una persona, sus archivos y sus programas de la computadora. (Esta es la razón por la que nunca hay que hacer enojar al administrador de una computadora.)

Si usted es un administrador, genere una cuenta Standard para todos los que compartan su computadora. Esa cuenta les dará suficiente control sobre la computadora para que no se la pasen molestándolo todo el tiempo, al mismo tiempo que impide que le borren accidentalmente archivos importantes o le reconfiguren la computadora.

Siga estos pasos para agregar otra cuenta de usuario en su PC o cambiar una cuenta existente:

1. **Haga clic en el menú Start, elija Control Panel, y luego elija Add or Remove User Accounts (Agregar o Eliminar Cuentas de Usuario), que aparece bajo la categoría User Accounts and Family Safety (Cuentas de Usuario y Seguridad Familiar).**

   Aparece la ventana Manage Accounts (Administrar Cuentas), como se muestra en la Figura 13-2.

Figura 13-2:
Utilice la
ventana
Manage
Accounts
(Administrar
Cuentas)
para crear
o cambiar
cuentas de
usuario.

2. **Crear una cuenta nueva, si lo desea.**

Si hace clic en Create a New Account (Crear una Cuenta Nueva), que se muestra en la Figura 13-2, Windows le permite elegir crear una cuenta Standard o Administrator. Elija Standard User a menos que tenga una razón importante para crear otra cuenta Administrator. Escriba un nombre para la nueva cuenta y haga clic en el botón Create Account (Crear Cuenta) — eso es todo.

Para cambiar la configuración de una cuenta existente, vaya al Paso 3.

3. **Haga clic en la cuenta que desea cambiar.**

Haga clic en el nombre de la cuenta o en la foto. Windows 7 muestra una página con la imagen de ese usuario y le permite cambiar la configuración de esa cuenta en cualquiera de estas formas:

- **Change the Account Name (Cambiar el Nombre de Cuenta):** Aquí tiene la oportunidad de corregir un nombre mal escrito en una cuenta. O, si prefiere, póngale un nombre más rimbombante, cambie Jane por Crystal Powers.

- **Create/Change a Password (Crear/Cambiar una Contraseña):** Cada cuenta debería tener una contraseña para ahuyentar a los otros usuarios. Aquí tiene la oportunidad de agregar una o cambiar la existente.

- **Remove the Password (Quitar la Contraseña):** No debería usar esta opción, pero las cuentas protegidas por contraseña ofrecen esta opción, por las dudas.

- **Change the Picture (Cambiar la Imagen):** Todos los titulares de cuentas de usuario pueden cambiar su imagen, así que no necesita molestarse con esta opción — a menos, por supuesto, que por alguna extraña razón, sepa más de computadoras que su hijo.

- **Set Up Parental Controls (Configurar el Control Parental):** el Control Parental, un huevo de Pascua para los padres, le permite elegir las horas en que el titular de la cuenta puede acceder a la PC, así como limitar qué programas y juegos puede ejecutar. Cubro el Control Parental en el Capítulo 10.

- **Change the Account Type:** Apunte aquí para promover una cuenta Standard de un usuario de moral intachable a una del tipo Administrator o destituya un administrador travieso hasta el nivel del Standard.

- **Delete the Account (Borrar la Cuenta):** No seleccione esta opción precipitadamente, ya que al borrar la cuenta de alguien también borrará todos sus archivos. Ni siquiera System Restore (Recuperación del Sistema) pueden recuperar los archivos de un usuario borrado.

- **Manage Another Account (Administrar Otra Cuenta):** Guarde su cosecha actual de cambios y comience a ajustar la cuenta de alguien más.

4. **Cuando haya finalizado, cierre la ventana haciendo clic en la X roja ubicada en la esquina superior derecha.**

   Cualquier cambio hecho sobre una cuenta de usuario tiene efecto inmediato.

Alternar Rápidamente entre Usuarios

Windows 7 permite a toda una familia, compañeros de cuarto o empleados en una oficina pequeña, compartir una única computadora. Mejor aún, la computadora hace un seguimiento de los programas que los distintos usuarios están usando. Mami puede estar jugando ajedrez y luego le permite a Jerry iniciar sesión para verificar su correo electrónico. Cuando mami vuelve a iniciar sesión unos minutos después, su partido de ajedrez está en el mismo estado en que lo dejó, considerando sacrificar su torre.

 Conocido como *Fast User Switching (Cambio Rápido de Usuario),* alternar entre usuarios funciona de una manera bastante sencilla. Mantenga presionada la tecla Windows (suele estar entre las teclas Ctrl y Alt), y luego presione la letra L. ¡Zas! Aparece el botón Switch User (Cambiar de Usuario), permitiéndole entregar las riendas a otro titular de cuenta.

Cuando esa persona termina, puede cerrar su sesión normalmente: Haga clic en la pequeña flecha al lado del botón Shut Down (Apagar) del botón Start (que se muestra en el margen) y elija Log Off (Cerrar Sesión) en el menú emergente. Entonces podrá volver a iniciar sesión y verá su escritorio, tal como lo dejó.

El gran problema de las cuentas Standard

Los titulares de cuentas Standard no tienen ningún problema para acceder a sus archivos. Pero no pueden hacer nada que pueda afectar a otros usuarios — por ejemplo, borrar un programa o cambiar configuraciones de seguridad de la computadora. Si lo intentan, Windows 7 congela la pantalla, exigiendo que se ingrese la contraseña de administrador. En ese momento es cuando el administrador debe caminar hasta allí para poder ingresar la contraseña.

Mientras que algunas personas valoran la seguridad extra, otras se sienten como un esclavo en su PC. Hay varias formas de hacer que Windows 7 sea menos exigente:

✔ **Ascender las cuentas de todo el mundo al nivel Administrator.** La actualización permitirá que *cualquier* usuario ingrese una contraseña e invalide las pantallas de seguridad. Tenga cuidado, de todos modos: Esta opción también permite a cualquier usuario hacer *cualquier cosa* en su PC, incluyendo eliminar por completo su cuenta de usuario y sus archivos personales.

✔ **Ajustar la Protección de Cuenta de Usuario.** Deslice este control, descrito en el Capítulo 10, para ajustar la actitud de Windows 7. Deslícelo totalmente hacia abajo, y Windows 7 deja de cuidar el sistema: ya no muestra las pantallas de permisos, deshabilitando los intentos de Windows 7 de mantener su PC segura. Súbalo hasta arriba, y Windows 7 le preguntará sobre *cualquier cosa* que pueda poner en riesgo su PC.

✔ **Acostúmbrese.** Puede simplemente pensar que las molestas pantallas de seguridad de Windows 7 son el precio a pagar por tener una computadora segura en el mundo de hoy. Ponga en la balanza su propia seguridad y su comodidad para tomar la decisión correcta.

Si ha desactivado la opción User Account Protection y desea re-activarla, vaya al Control Panel, seleccione la categoría User Accounts and Family Safety, elija User Accounts, y luego elija Change User Account Control Settings (Cambiar las Configuraciones del Control de Cuenta de Usuario). Deslice el control hasta la posición Default (Predeterminado, es la configuración con una barra oscura) y luego haga clic en OK.

Recuerde estos consejos cuando administre las cuentas de otros usuarios en su PC:

✔ Con tanto cambio de usuario, puede olvidarse cuál es la cuenta que está utilizando en ese momento. Para verificarlo, abra el menú Start. El nombre del usuario y su imagen aparecen en la esquina superior derecha del menú. También dentro de la pantalla inicial de Windows 7 se muestran las palabras "logged on" ("con sesión iniciada") debajo de la imagen de cada usuario que se encuentre actualmente conectado.

✔ No reinicie la PC si otra persona todavía tiene una sesión abierta en segundo plano, porque esa persona perderá todo el trabajo que no haya guardado. (Windows 7 le advierte sobre esto antes de reiniciar la PC, dándole una oportunidad de pedir a la otra persona que guarde su trabajo.)

✔ También puede alternar entre usuarios haciendo clic en el botón Start y luego clic en la pequeña flecha al lado de la señal de Bloqueo (que se muestra en el margen). Cuando el menú aparece, haga clic en Switch User (Cambiar de Usuario) en vez de Log Off (Cerrar Sesión).

✔ Si necesita hacer un cambio de configuración de seguridad mientras sus hijos tienen abierta una sesión, no necesitará cambiar a una cuenta Administrator. Simplemente siéntese en la PC y comience a cambiar la configuración: Al igual que su hijo, verá el mismo mensaje pidiendo la contraseña de administrador. Ingrese su contraseña de administrador, y Windows 7 le permitirá cambiar la configuración, como si hubiese iniciado sesión con su propia cuenta.

✔ Fast User Switching hace andar más lentamente a las computadoras viejas que carezcan de mucha memoria. Si su computadora funciona lentamente cuando hay más de una sesión iniciada por distintas personas, evite usar Fast User Switching. Haga que una persona por vez inicie sesión y la cierre cuando quiera permitir que otra utilice la máquina.

Compartir Archivos entre Titulares de Cuentas

Normalmente el sistema de cuentas de Windows guarda los archivos de todos los usuarios por separado, frustrando efectivamente los intentos de Jack de leer el diario de Jill. Pero, ¿qué sucedería si usted está co-escribiendo un informe con alguien y ambos desean acceder al mismo archivo? Claro, podrían enviarse el archivo ida y vuelta por e-mail, o podrían guardar el archivo en una unidad flash y llevarla de una PC a la otra.

Pero hay una forma más simple de hacerlo, colocar una copia de ese archivo en la carpeta *Public (Pública)* de su biblioteca. Ese archivo entonces se verá en las bibliotecas de *todos*, cualquiera podrá verlo, modificarlo o eliminarlo. Seguidamente explico cómo encontrar la carpeta Public que vive en sus bibliotecas y cómo copiar archivos para compartirlos con otros:

1. **Abra cualquier carpeta y navegue hasta la carpeta que contenga los archivos que desea compartir.**

   ¿No tiene ninguna carpeta abierta en el escritorio? Entonces abra una haciendo clic en el ícono de biblioteca (que se muestra en el margen) en su barra de tareas.

2. **Haga doble clic en la palabra Libraries (Bibliotecas) en el Panel de Navegación de la carpeta para ver sus cuatro bibliotecas.**

Al hacer doble clic en la palabra Libraries irá alternando la visualización de sus bibliotecas, ya sea mostrando u ocultando los nombres de sus cuatro bibliotecas: Documents (Documentos), Music (Música), Pictures (Fotos) y Videos.

3. **Haga doble clic en la biblioteca donde quiere compartir sus archivos.**

   Haga doble clic en la biblioteca Music, por ejemplo, y la biblioteca Music revela dos carpetas: My Music (Mi Música) y Public Music (Música Pública).

   Cada una de las cuatro bibliotecas muestra constantemente el contenido de una biblioteca Public, así como también el contenido de su propia carpeta personal.

La belleza de las carpetas Public es que su contenido aparece en las bibliotecas de todos. Si John puso un archivo de música en su carpeta Public Music, aparecerá automáticamente en la biblioteca Public Music de Becky también, porque la biblioteca de Becky también muestra el contenido de la carpeta Public Music.

4. Copie el archivo o carpeta que quiera compartir a la carpeta Public apropiada de la biblioteca.

   Puede arrastrar y soltar el ítem directamente en el ícono de la carpeta sobre el Panel de Navegación. Una vez que el ítem está en la carpeta Public, aparece automáticamente en la biblioteca de todos los demás, donde podrán abrirlo, cambiarlo o incluso borrarlo. (Dado que pueden borrarse, a veces es más prudente *copiar* los ítems en la carpeta Public antes que *moverlos*.)

A continuación, más consejos sobre la carpeta Public:

- Para ver exactamente qué elementos está compartiendo, examine sus propias bibliotecas, que se muestran en el Panel de Navegación de cada carpeta. Por ejemplo, para ver qué música está compartiendo públicamente, haga doble clic en la palabra Music en su biblioteca y luego haga clic en Public Music. El contenido de esa carpeta puede ser accedido, cambiado o eliminado por todo el mundo.

- Si encuentra algo en su carpeta Public que no desea compartir más, regréselo a su carpeta. Por ejemplo, mueva ese álbum de los Beatles de la carpeta Public Music a la carpeta My Music en esa biblioteca.

- Si conecta su PC a través de una red, algo que describo en el Capítulo 14, puede crear un *Homegroup* — una forma sencilla de compartir archivos en su hogar. Luego de crear un Homegroup, todos los que están en su hogar podrán compartir *todo* en las bibliotecas de una forma simple y conveniente de compartir fotos, música

Cambiar la Imagen de una Cuenta de Usuario

Bueno, ahora vamos a lo importante: cambiar esa foto tonta que Windows automáticamente asigna a su cuenta de usuario. Por cada nueva cuenta de usuario recién creada, Windows 7 revuelve en su bolsa de imágenes y agrega una foto al azar de flores, animales, pelotas de fútbol o alguna otra imagen igualmente aburrida. Cambie la foto con confianza a algo que refleje más su Verdadero Yo: Puede usar fotos de cámaras digitales, así como cualquier foto o imagen que encuentre en Internet.

 Para cambiar la imagen de su cuenta de usuario, haga clic en el botón Start y luego clic en la foto en el menú de la parte superior. Cuando aparezca la ventana User Accounts (Cuenta de Usuario), haga clic en la opción Change Your Picture (Cambiar Su Imagen). Windows 7 le permite elegir dentro de su catálogo de fotos, como se muestra en la Figura 13-3.

Figura 13-3:
Windows 7 . permite a cada usuario elegir su imagen de cuenta.

Para asignar una imagen que *no* se vea en ese momento, seleccione Browse for More Pictures (Buscar Más Imágenes), que se muestra en la Figura 13-3. Aparece una nueva ventana, esta vez mostrando el contenido de su biblioteca Pictures. (Su cámara digital generalmente guarda las fotos allí.) Haga clic en la foto deseada dentro de la carpeta y elija Open (Abrir). Windows 7 rápidamente pega la foto en la parte superior del menú Start.

Aquí tiene algunas opciones más:

✔ Puede obtener cualquier imagen de Internet y guardarla en su carpeta Pictures para usarla como imagen de su cuenta de usuario. (Haga clic derecho en la foto descargada de Internet y elija Save Picture As (Guardar Imagen Como).)

✔ No se preocupe respecto al tamaño de la foto, si es muy grande o muy chica. Windows 7 automáticamente reduce o amplía la imagen para que quepa en el espacio del tamaño de una estampilla de correos.

✔ Todos los usuarios pueden cambiar sus fotos — así tengan cuentas de Administrator, Standard o Guest. (Las fotos son prácticamente lo único que *tienen* permitido cambiar los usuarios Guest.)

Configurar Contraseñas y Seguridad

No tiene mucho sentido tener una cuenta de usuario si no tiene contraseña. Sin ella, Charles del cubículo de al lado puede hacer clic en su cuenta en la pantalla de inicio de sesión, dándole rienda suelta a que husmee entre sus archivos.

Los Administradores, en especial, deberían tener contraseñas. Si no la tuvieran, estarían automáticamente permitiendo a cualquiera causar estragos en la PC: Cuando aparece la pantalla de permiso, cualquiera puede simplemente presionar Enter en la pantalla de contraseña para obtener acceso.

Para crear o cambiar una contraseña, siga estos pasos:

1. **Abra el menú Start, elija Control Panel, seleccione la categoría User Accounts and Family Safety (Cuentas de Usuario y Seguridad Familiar), y elija User Accounts.**

   Se abre la pantalla de User Accounts.

2. **Elija Change Your Password (Cambiar Su Contraseña).**

   Quienes todavía no han creado una contraseña deberían elegir en cambio Create a Password for Your Account (Crear Una Contraseña Para Su Cuenta).

3. **Invente una contraseña fácil de recordar y escríbala en el cuadro de texto New Password (Contraseña Nueva), y luego vuelva a escribirla en el cuadro de texto Confirm New Password (Confirmar Contraseña Nueva) debajo del anterior.**

   Al volver a escribir la contraseña se descarta la posibilidad de un error tipográfico.

Cambiar una contraseña existente es ligeramente diferente: La pantalla muestra un cuadro Current Password (Contraseña Actual) donde deberá escribir su contraseña actual. (Esto evita que los graciosos se metan furtivamente a cambiar su contraseña durante la hora del almuerzo.)

4. **En el cuadro de texto Type a Password Hint (Ingrese Recordatorio de Contraseña), ingrese una pista que lo ayude a recordar su contraseña olvidada.**

   Asegúrese de que la pista sólo la entienda usted. No ingrese "Mi color de cabello", por ejemplo. Si está en su trabajo, ingrese **La comida favorita de mi gato** o **El director de mi película favorita**. Si está en su hogar, elija algo que sólo usted — y no sus hijos — sepa. Y tampoco tema, de vez en cuando, cambiar su contraseña. Encontrará más información sobre contraseñas en el Capítulo 2.

5. **Cuando vuelva a la pantalla User Accounts, elija Create a Password Reset Disk (Crear un Disco Para Reestablecer la Contraseña) sobre el lateral izquierdo de la pantalla.**

   Windows 7 lo guía a través del proceso de crear un Password Reset Disk en un diskette, una tarjeta de memoria o una unidad flash USB.

Si se olvida su contraseña, puede insertar su Password Reset Disk como si fuera una llave. Windows 7 le permitirá elegir una contraseña nueva y todo el mundo contento. Esconda su Password Reset Disk en un lugar seguro, porque éste le permite a *cualquiera* ingresar a su cuenta.

Capítulo 14

Conectar Computadoras en Red

. . . .

En Este Capítulo

▶ Entender las partes de una red

▶ Elegir entre redes cableadas e inalámbricas

▶ Configurar una red pequeña

▶ Conectarse sin cables

▶ Crear un Homegroup para compartir archivos

▶ Compartir una conexión a Internet, archivos e impresoras en red

▶ Resolver problemas en una red

. . . .

Comprar esa segunda PC le trae un problema de computación adicional: ¿Cómo pueden dos PCs compartir la misma conexión a Internet y la misma impresora? ¿Y cómo comparte sus archivos entre las dos PCs?

La solución implica una *red*. Cuando conecta dos o más computadoras con un cable, Windows 7 las presenta entre sí y les permite intercambiar información, compartir una conexión a Internet e imprimir con la misma impresora.

Si sus computadoras viven demasiado alejadas como para extender un cable, pruebe con un sistema *wireless* (inalámbrico). También conocido como *Wi-Fi,* esta opción le permite a sus computadoras conversar a través de ondas radiofónicas como las estaciones de radio que transmiten y reciben señales.

Este capítulo explica varias maneras de vincular un puñado de computadoras para que puedan compartir cosas. Sin embargo, le advierto: Este capítulo contiene algunas cosas bastante avanzadas. No se adentre a menos que esté ejecutando una cuenta de administrador y no le moleste rascarse de vez en cuando la cabeza mientras hace la travesía de la conceptualización a la realización y finalmente a "¡Ey, funciona!"

Entender las Partes de una Red

Una *red* es dos o más computadoras que se han conectado para que puedan compartir cosas. Aunque las redes de computadoras varían desde lo confortablemente simple a lo angustiosamente complejo, todas tienen tres cosas en común:

- **Un adaptador de red:** Todas las computadoras de su red necesitan su propio adaptador de red. Los adaptadores vienen en dos tipos. Un adaptador de red *wired* (cableado) es una ficha especial en la que enchufa un cable para conectar una computadora con otras computadoras. Un adaptador de red *wireless* (inalámbrico) traduce la información de su computadora a señales de radiofrecuencia y las transmite a otras computadoras. (Siéntase libre de mezclar adaptadores cableados e inalámbricos; se llevan bien entre sí).

- **Un router (enrutador):** Cuando conecta dos computadoras con un solo cable o con conexiones inalámbricas, cada computadora es lo suficientemente inteligente como para intercambiar mensajes con la otra. Pero la forma más sencilla de todas para compartir señales de Internet y archivos viene de la mano de un policía de tránsito electrónico con la forma de una caja pequeña que se llama *router* (enrutador). Cada computadora se conecta al enrutador, el cual envía los mensajes correctos a la computadora correcta.

- **Cables:** Las redes inalámbricas no necesitan cables. Pero las redes cableadas necesitan cables para conectar los adaptadores de red de la computadora entre sí o al enrutador.

La mayoría de las redes se parecen a una araña, como se muestra en la Figura 14-1, con los cables de todas las computadoras que se conectan al enrutador en el medio.

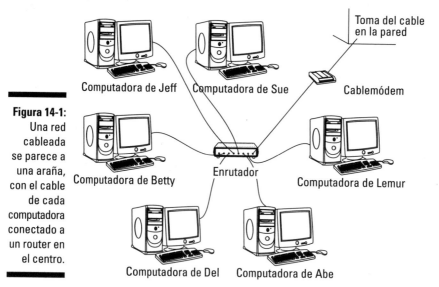

Figura 14-1: Una red cableada se parece a una araña, con el cable de cada computadora conectado a un router en el centro.

Elegir entre redes cableadas e inalámbricas

Hoy en día, *wireless* (también conocido como *Wi-Fi*) es la palabra del momento, y es fácil entender por qué. Resulta fácil organizar cables entre computadoras que están en el mismo escritorio o la misma habitación, pero los cables rápidamente se enmarañan cuando las computadoras viven en cuartos separados. La solución viene en la forma de adaptadores de red *wireless*, que convierten la información a señales de radiofrecuencia y transmiten las señales a otras computadoras de la red. Los adaptadores inalámbricos de las otras computadoras captan las señales y las vuelven a convertir en información.

Pero así como las transmisiones de radio se desvanecen cuando conduce fuera de la ciudad, las señales inalámbricas también. Cuanto más se desvanecen, más lenta se vuelve la conexión. Si sus señales inalámbricas pasan por más de dos o tres paredes, es posible que sus computadoras no puedan comunicarse. Además, las redes inalámbricas tardan más tiempo en armarse porque tienen *muchas* más configuraciones que ajustar.

Las conexiones cableadas trabajan de forma más rápida, eficiente, segura y barata que las inalámbricas. Pero si su cónyuge quiere que quite los cables de los pasillos, la conexión inalámbrica puede ser su mejor opción. Recuerde, es posible configurar computadoras cercanas con cables y usar una conexión inalámbrica para el resto.

Para usar conexión inalámbrica con un acceso a Internet de banda ancha, compre un enrutador con un punto de acceso inalámbrico incorporado. Si vive en una casa grande, pregunte al vendedor por un "wireless signal booster" (amplificador de señal inalámbrica) para aumentar su alcance.

Una red inalámbrica se ve idéntica, pero sin los cables. O bien, puede mezclar adaptadores cableados e inalámbricos para crear una red que se parezca a la figura 14-2. Hoy en día, muchos enrutadores incluyen acceso inalámbrico integrado, lo que permite que sus PCs se conecten a ellos con adaptadores cableados e inalámbricos.

Windows 7 divide su atención entre las computadoras de la red bastante bien. Por ejemplo, permite que todas las computadoras en red compartan una sola conexión a Internet, para que todos puedan surfear por Internet o revisar su correo electrónico al mismo tiempo. Además, todos pueden compartir una misma impresora. Si dos personas tratan de imprimir algo simultáneamente, Windows guarda los archivos de una persona hasta que la impresora esté libre y luego los imprime cuando la impresora está lista.

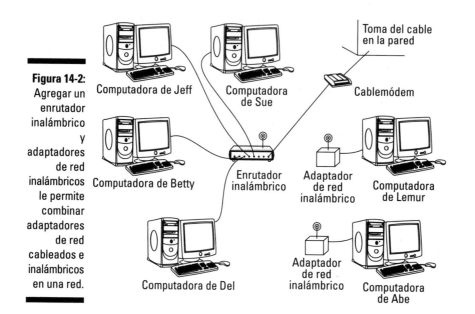

Figura 14-2:
Agregar un enrutador inalámbrico y adaptadores de red inalámbricos le permite combinar adaptadores de red cableados e inalámbricos en una red.

Computadora de Jeff
Computadora de Sue
Toma del cable en la pared
Cablemódem
Computadora de Betty
Enrutador inalámbrico
Adaptador de red inalámbrico
Computadora de Lemur
Computadora de Del
Adaptador de red inalámbrico
Computadora de Abe

Configurar una Red Pequeña

Si está tratando de configurar un montón de computadoras — más de diez — probablemente necesite un libro más avanzado. Las redes son bastante fáciles de instalar, pero compartir sus recursos puede ser algo aterrador, especialmente si las computadoras contienen material sensible. Pero si solamente trata de configurar unas pocas computadoras en su hogar o en su oficina hogareña, esta información puede ser todo lo que necesita.

Así que sin más parloteo, aquí hay una lista paso a paso y baja en carbohidratos de cómo instalar una red pequeña y económica. Las siguientes secciones muestran cómo comprar las tres partes de una red — adaptadores de red, cables (o conexiones inalámbricas) y un enrutador para transmitir información entre cada una de las computadoras. Explico cómo instalar las partes y, finalmente, cómo hacer para que Windows 7 cree una red a partir de su trabajo artesanal.

Puede encontrar instrucciones más detalladas sobre redes hogareñas en mi libro *Upgrading & Fixing PCs For Dummies* (Wiley Publishing, Inc.).

Comprar los componentes de una red

Entre a la tienda de computación, salga con estas cosas y estará en camino a instalar su red:

La forma más sencilla de conectar dos computadoras

A veces simplemente necesita vincular dos computadoras, rápida y fácilmente, para transferir información de una computadora a otra (de una computadora vieja a una nueva, por ejemplo). No necesita equipamiento caro, solamente un tipo particular de cable llamado *crossover Ethernet* (cable Ethernet cruzado). Asegúrese de destacar el término *crossover* o *crossed* (cruzado) cuando compra en la tienda de computadoras; un cable común de Ethernet no funcionará.

Conecte el cable cruzado entre los dos adaptadores de red de las computadoras y Windows 7 rápidamente creará una red que vincule ambas computadoras. Si una computadora se conecta a Internet, la otra computadora debería poder encontrar y compartir su conexión a Internet.

Para vincular dos PCs a bajo costo, ese cable debería bastar.

Cable Fast Ethernet o 100BaseT: Compre un cable para cada PC que no utilice conexión inalámbrica. Lo que busca es un cable *Ethernet*, que se parece al cable telefónico, pero con fichas un poco más gruesas. El cable Ethernet a veces se llama Ethernet RJ-45, Cat 5, Cat 5e, Cat 6, Fast Ethernet, cable LAN, cable 100BaseT o cable 1000BaseT. Los nombres normalmente incluyen un número que se relaciona con la calificación de velocidad del cable: 10, 100 ó 1.000 (Los números más grandes son más rápidos, así que elija el más rápido que encuentre).

Algunos de los hogares más modernos de hoy en día ya integran conectores y cableado de red en las paredes, lo que ahorra a los dueños la molestia de comprar y cablear largas distancias de un cuarto a otro. Si sus computadoras viven demasiado lejos entre sí para usar cables, compre un adaptador de red inalámbrico, el que se describe a continuación.

Adaptadores de red: Cada computadora de la red necesita su propio adaptador de red, y estos dispositivos vienen en dos sabores: cableados e inalámbricos. La mayoría de las computadoras vienen con un adaptador de red cableado integrado, lo que le ahorra el costo. Las computadoras portátiles más nuevas vienen con adaptadores cableados *e* inalámbricos preinstalados, lo que le permite conectarlas de cualquiera de estas dos maneras.

Si necesita comprar un adaptador de red, tenga estos factores en mente:

✔ Un adaptador cableado necesita un conector 10/100 Ethernet. Estos adaptadores se pueden conectar a un puerto USB en una de las ranuras sin usar de su computadora de escritorio, o incluso pueden montarse a los cables de electricidad o teléfono de su hogar.

✔ La caja del adaptador debería decir que es compatible *Plug and Play* y que funciona con Windows 7 (Los adaptadores que funcionan con Windows Vista también deberían funcionar, pero guarde el recibo por las dudas).

Enrutador: La mayoría de los enrutadores actuales vienen con conexión inalámbrica integrada, y algunos incluso vienen con un módem de banda ancha incorporado. La parte más costosa de su red, su opción de enrutador, depende de su conexión a Internet y adaptadores de red:

✔ Los usuarios de Internet de banda ancha deberían comprar un enrutador que tenga suficientes puertos para cada computadora de la red. Si necesita una conexión inalámbrica, compre un enrutador con acceso inalámbrico integrado. La Figura 14-3 le muestra dónde conectar los cables del enrutador.

✔ Los routers suelen incluir puertos para cuatro u ocho conexiones cableadas. Los enrutadores inalámbricos pueden administrar conexiones entre decenas de computadoras conectadas en forma inalámbrica.

Figura 14-3:
Su enrutador necesita un puerto numerado para el cable de cada PC, y necesita un puerto WAN para su módem de banda ancha.

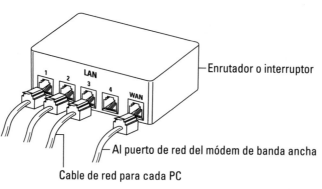

Enrutador o interruptor

Al puerto de red del módem de banda ancha

Cable de red para cada PC

Comprar la misma marca de enrutador inalámbrico y adaptador de red inalámbrica facilita la instalación.

Esa es la lista de compras. Ponga esta lista en la fotocopiadora de la oficina y llévela a la tienda de computación.

Instalar una red cableada

Después de que haya comprado los componentes de su red, necesita conectar todo en el lugar correcto. Windows 7 — al igual que XP y Vista — debería reconocer automáticamente los adaptadores de red recién instalados y acomodarlos alegremente.

1. **Apague y desconecte todas las computadoras de lo que pronto será su red.**

   Apáguelas a todas; desconéctelas también.

2. **Apague todos los periféricos de la computadora — impresoras, monitores, módems y todo lo demás que esté conectado.**

3. **Instale los adaptadores de red, si es necesario.**

   Conecte los adaptadores USB en los puertos USB de su computadora. Si está utilizando tarjetas adaptadoras en una PC de escritorio, quite la cubierta de cada computadora y deslice la tarjeta en la ranura del tamaño indicado. (Si vive en un entorno cargado de estática, descárguese de estática primero tocando el costado del gabinete de la computadora).

   Si una tarjeta no parece encajar en una ranura, no la fuerce. Distintos tipos de tarjetas entran en distintos tipos de ranuras, y puede que esté intentando insertar el tipo de tarjeta equivocada en el tipo de ranura equivocada. Vea si encaja en otra ranura más fácilmente. Publicidad desvergonzada: Mi libro *Upgrading & Fixing PCs For Dummies* explica las ranuras y las tarjetas con más detalle.

4. **Vuelva a colocar las cubiertas de su computadora, si es necesario, y conecte el cable de red entre el adaptador de red de cada computadora y el enrutador.**

   A menos que esté usando adaptadores inalámbricos, puede que necesite enrutar cables debajo de alfombras o alrededor de los marcos de las puertas. (Los enrutadores tienen cables de alimentación eléctrica que también deben conectarse al tomacorriente de la pared).

5. **Los usuarios de Internet de banda ancha deben conectar sus módems en el puerto WAN del enrutador.**

   La mayoría de los enrutadores marcan el puerto de su cablemódem con las letras *WAN* (por *wide area network* o red de área extensa). Los otros puertos del enrutador, llamados LAN (local area network o red de área local), están numerados. Puede conectar cualquier PC en cualquiera de estos puertos numerados. (Deje vacío cualquier puerto numerado sin usar).

   Los dueños de módems de conexión telefónica pueden mantener el módem conectado a la computadora. Cuando esa computadora se enciende y se conecta a Internet, Windows 7 permite que todas las computadoras de la red compartan la conexión telefónica a Internet.

6. **Encienda el enrutador, las computadoras y los periféricos de las computadoras.**

   Encienda el enrutador primero, luego las computadoras y sus monitores, impresoras, módems y lo que sea que esté conectado a ellas.

7. **Seleccione una ubicación para su red.**

Cuando Windows 7 se despierta y nota el equipo de red recién instalado, le pregunta la *ubicación* de su red: Home (Hogar), Work (Trabajo) o Public Location (Ubicación pública). Seleccione la opción según si está en casa o en el trabajo (seguro) o en un lugar público (mucho menos seguro) y Windows 7 configura el nivel de seguridad automáticamente para protegerlo.

Si todo va bien, Windows 7 se despierta, descubre su adaptador de red recién instalado, y automáticamente configura las conexiones aplicables. Si el adaptador de red de su computadora viene con un CD de instalación, insértelo ahora. (Si el programa de configuración no se ejecuta automáticamente, haga doble clic en el archivo Setup del disco para instalar el software).

Si todo *no* va bien, probablemente necesite un nuevo controlador para su adaptador de red, una tarea que cubro en el Capítulo 12.

Windows 7 hace un trabajo razonablemente bueno al lanzar sus conjuros de red en las computadoras. Si las computadoras están conectadas correctamente y se reinician, hay buenas posibilidades de que se despierten encadenadas entre sí. Si no lo hacen, intente reiniciar a todas otra vez.

Tenga estas cosas en mente cuando configura su red:

- Si selecciona Home (Hogar) como su ubicación de red en el Paso 7, Windows le pregunta si quiere crear un *Homegroup* (Grupo Hogar) para compartir archivos con las cuentas de usuario de la computadora, además de con las PCs en red. Acepte la oferta y adelántese a la sección "Configurar un Homegroup", posteriormente en este capítulo.

- Después de crear un Homegroup, Windows 7 automáticamente comparte tres de sus bibliotecas con todas las PCs en red: sus bibliotecas Music (Música), Pictures (Imágenes) y Videos. Todos los archivos que coloque dentro de esas carpetas estarán disponibles para cualquiera que utilice su PC, además de cualquier persona conectada a la red. (Explico más sobre cómo compartir archivos, carpetas, impresoras y otros elementos más adelante en la sección "Conectarse a y Compartir Archivos con otras PCs que ejecutan Windows XP y Windows Vista").

- Windows XP nombra a su carpeta compartida *Shared Documents* (Documentos compartidos). Windows Vista y Windows 7 nombran a sus carpetas compartidas *Public* (Pública). Pero ambas hacen lo mismo: Le brindan un lugar para compartir archivos con otra gente en la misma PC, además de en la misma red.

- Para ver otras PCs conectadas a su PC a través de la red, abra cualquier carpeta y haga clic en el vínculo Network (Red) del Panel de Navegación de la izquierda.

- Si sus PCs no se pueden ver entre sí, asegúrese de que todas las PC utilicen el mismo nombre de grupo de trabajo, lo que se describe en el apartado "Nombres de Grupos de Trabajo y Windows XP".

Nombres de grupos de trabajo y Windows XP

Como los niños y las mascotas, las redes necesitan un nombre. El nombre de una red se llama *workgroup* (grupo de trabajo), y por algún motivo, Microsoft utilizó distintos nombres para grupos de trabajo en las distintas versiones de Windows. Esto provoca problemas si tiene alguna PC con Windows XP Home dentro de su red.

Las PCs con Windows XP Home automáticamente utilizan MSHOME como nombre del grupo de trabajo; las PCs con Windows XP Professional, Windows Vista y Windows 7 utilizan WORKGROUP como su nombre de grupo de trabajo. ¿El resultado? Coloque una PC con Windows 7 y una PC con Windows XP Home en la misma red y no se podrán encontrar o hablar entre sí: Una PC busca en vano otras PCs del grupo MSHOME y la otra busca PCs del grupo WORKGROUP.

La solución es que les de a ambas el *mismo* nombre de grupo de trabajo, una tarea bastante sencilla si sigue estos pasos:

1. **En su PC con Windows XP Home, haga clic en el menú Start (Inicio), haga clic derecho en My Computer (Mi PC) y seleccione Properties (Propiedades).**

Aparecerá la ventana System Properties, que revela información técnica básica sobre su PC.

2. **Haga clic en la pestaña Computer Name (Nombre del equipo) y haga clic en el botón Change (Cambiar).**

Se abre el cuadro de diálogo Computer Name Changes (Cambios en el nombre del equipo).

3. **En el extremo inferior, cambie el nombre del grupo de trabajo a WORKGROUP.**

Esto pone a Windows XP Home en el mismo grupo de trabajo que el resto de sus PCs.

Consejo: Tenga cuidado en este paso de cambiar el nombre de la sección *workgroup* (grupo de trabajo) y no el de *Computer* (nombre de equipo) — son cosas distintas.

4. **Haga clic en OK (Aceptar) para cerrar las ventanas abiertas y, cuando se lo solicite, haga clic en el botón Restart Now (Reiniciar ahora) para reiniciar su PC.**

Repita estos pasos para todas las PCs con Windows XP Home de su red, asegurándose de que el nombre WORKGROUP aparezca en todas las casillas del grupo de trabajo.

Conectarse en Forma Inalámbrica

Configurar su propia red hogareña inalámbrica requiere dos pasos:

1. Configure el router inalámbrico o punto de acceso inalámbrico para que comience a transmitir y recibir información desde y hacia sus PCs.

2. Configure Windows 7 en cada PC para recuperar la señal y enviar información.

Esta sección cubre estas dos tareas agobiantes.

Configurar un punto de acceso o enrutador inalámbrico

Las conexiones inalámbricas ofrecen la conveniencia que disfruta todo usuario de telefonía celular. Pero con las computadoras, una conexión inalámbrica es más complicada de armar que una conexión cableada. Básicamente está configurando un transmisor de radio que transmite a pequeñas radios conectadas a sus PCs. Tiene que preocuparse por aumentar la potencia de la señal, encontrar la señal correcta e incluso ingresar contraseñas para evitar que los extraños las escuchen.

Los transmisores inalámbricos, conocidos como *wireless access points* (puntos de acceso inalámbrico o WAPs), vienen integrados en casi todos los enrutadores inalámbricos actuales. Desafortunadamente, distintas marcas de equipos inalámbricos vienen con distinto software de configuración, así que no hay manera de que pueda brindarle instrucciones paso a paso para configurar su enrutador en particular.

Sin embargo, el software de configuración de todos los modelos de enrutador le piden que configure tres cosas:

- ✔ **Network name (SSID) (Nombre de red):** Ingrese un nombre corto y fácil de recordar aquí para identificar su red inalámbrica en particular. Más tarde, cuando se conecte a la red inalámbrica con su computadora, seleccionará este mismo nombre para evitar conectarse accidentalmente con la red inalámbrica de su vecino.

- ✔ **Infrastructure (Infraestructura):** Seleccione Infrastructure en vez de la alternativa, Ad Hoc (provisional).

- ✔ **Security (Seguridad):** Esta opción encripta sus datos cuando están volando por el aire. La mayoría de los enrutadores ofrecen por lo menos tres tipos de seguridad: WEP es apenas mejor que no poner contraseña, WPA es mucho mejor y WPA2 es aún mejor. Vea cuál de estas tres siglas admite el adaptador de red inalámbrica de su PC y elija el mejor de los tres. (La seguridad de su enrutador sólo puede ser tan buena como la seguridad de su adaptador de red inalámbrico, o de otro modo no podrían comunicarse).

Muchos enrutadores incluyen un programa de instalación para ayudarlo a cambiar esa configuración: otros enrutadores contienen software integrado al que accede con el mismo navegador Web de Windows.

Cuando ingrese la configuración para cada una de estas tres funciones, escríbalas en un papel: Debe ingresar las mismas tres configuraciones al instalar la conexión inalámbrica de su PC, un trabajo que se explica en la siguiente sección. También necesita transferir esa información a cualquier invitado que desee revisar su correo electrónico desde su equipo portátil.

Configurar Windows 7 para conectarse a una red inalámbrica

Después de que haya configurado su enrutador o punto de acceso inalámbrico para transmitir en red, debe decirle a Windows 7 cómo recibir la señal.

Para conectarse a una red inalámbrica, ya sea la suya propia o una en un lugar público, siga estos pasos:

1. **Encienda su adaptador inalámbrico, si es necesario.**

   Muchos equipos portátiles apagan sus adaptadores inalámbricos para ahorrar energía. Para encenderlo, abra el Windows Mobility Center (Centro de movilidad de Windows) manteniendo presionada la tecla ⊞ y presionando X, y luego haga clic en el botón Turn Wireless On (Habilitar adaptador inalámbrico). ¿No está en la lista? Entonces, lamentablemente, tendrá que sacar el manual de su portátil.

   Si su barra de tareas contiene un icono de red inalámbrica (se muestra en el margen), haga clic en él para saltar a la descripción del Paso 3. Ese icono es una forma práctica de conectarse en forma inalámbrica en cafés, aeropuertos y hoteles.

2. **Abra el menú Start (Inicio), seleccione Control Panel (Panel de control), luego Network and Internet (Red e Internet) y haga clic en Network and Sharing Center (Centro de Redes y Recursos Compartidos).**

   Aparece la ventana Network and Sharing Center, como se muestra en la Figura 14-4.

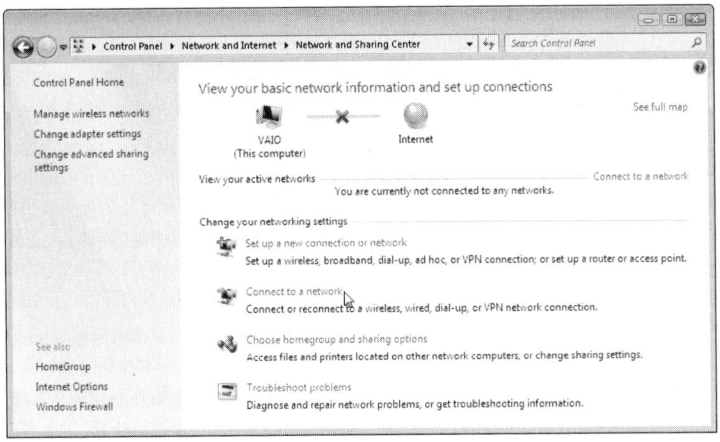

Figura 14-4: Un punto de partida para diagnosticar problemas de red, el Network and Sharing Center le permite ajustar la configuración de su red.

3. Seleccione Connect to a Network (Conectarse a una red).

Aparecerá una ventana en la esquina inferior derecha del escritorio con una lista de todas las redes inalámbricas que encuentra la PC a su alcance, como se muestra en la Figura 14-5. No se sorprenda si ve varias redes en la lista, ya que sus vecinos probablemente vean su red en su lista también.

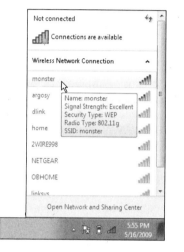

Figura 14-5: Windows muestra una lista con todas las redes inalámbricas a su alcance.

Si coloca el puntero del mouse sobre el nombre de una red, Windows 7 resume cuatro características de su conexión, como se muestran en la Figura 14-5.

- **Name (Nombre):** Este es el nombre de la red, también conocido como su *SSID* (Service Set Identifier o "Identificador de Conjunto de Servicios"). Como las redes inalámbricas se superponen, los nombres de red le permiten conectarse a la red específica que desea. Por ejemplo, seleccione el nombre de SSID que le dio a su enrutador inalámbrico cuando lo configuró, o seleccione el nombre de una red inalámbrica del café o del hotel.

- **Signal Strength (Potencia de la señal):** Estas barras verticales verdes funcionan de un modo muy parecido al indicador de potencia de señal de un teléfono celular: Más barras indican una conexión más potente que se etiqueta como Excellent (Excelente). Conectarse a redes con dos barras o menos puede ser frustrantemente esporádico y se etiqueta como Poor (Pobre).

- **Security Type (Tipo de seguridad):** Las redes que están marcadas como Unsecured Network (Red no segura) no requieren contraseña. Eso significa que puede subirse y empezar a navegar por Internet gratuitamente — incluso si no sabe quién es el dueño de la red. Sin embargo, la falta de una contraseña significa que otra gente puede espiar. Las redes no seguras funcionan muy bien para acceso a Internet rápido, pero no son seguras para compras en línea. Por contraste, una red protegida por contraseña es más segura, ya que las contraseñas de red filtran a todos menos a los espías más dedicados.

- **Radio Type (Tipo de radiofrecuencia):** Esto muestra la velocidad de la señal. 802.11g es rápida, 802.11n es más rápida aún y 802.11b es lenta.

4. **Conéctese a la red deseada haciendo clic en su nombre y luego en Connect (Conectarse).**

   Si ve el nombre de su red, haga clic en él y luego haga clic en el botón Connect.

   Si está conectándose a una *unsecured network* (red no segura) — una red que no requiere una contraseña — ya está. Windows 7 le advierte que está conectándose a una red no segura, pero un clic en el botón Connect lo conectará de todas maneras. (No realice compras ni operaciones bancarias en un entorno de conexión no segura).

   Si activa la casilla de verificación adyacente Connect Automatically (Conectarse automáticamente) antes de hacer clic en el botón Connect (Conectarse), Windows automáticamente se conecta a esa red cada vez que esté a su alcance, ahorrándole el proceso de conectarse manualmente cada vez.

   Cuando hace clic en las dos flechas azules de la esquina superior derecha, como se muestra en la Figura 14-5, le indica a Windows que busque nuevamente las redes disponibles — un truco práctico cuando se ha mudado a un lugar que ofrece mejor recepción.

   Si *no* ve el nombre de su red, salte al Paso 6.

5. **Ingrese una contraseña de ser necesario.**

   Cuando trata de conectarse a una conexión inalámbrica con seguridad activada, Windows 7 le pide que ingrese una "network security key" (clave de seguridad de red) o "passphrase" — "password" (contraseña) en jerga técnica. Aquí es donde escribe la contraseña que ingresó en su enrutador cuando configuró su red inalámbrica.

   Si está conectándose a la red inalámbrica protegida por contraseña de *otra* persona, saque su tarjeta de crédito. Necesita comprar tiempo de conexión de la gente que está detrás del mostrador.

   ¿No ve el nombre de su red inalámbrica? Entonces vaya al siguiente paso.

6. **Conéctese a una red que no esté en la lista.**

   Si Windows 7 no muestra el nombre de su red inalámbrica en la lista, dos culpables podrían estar implicados:

   - **Señal de baja potencia.** Como las estaciones de radio y los teléfonos celulares, las redes inalámbricas tienen la maldición de un alcance limitado. Las señales inalámbricas viajan varios cientos de pies a través de un espacio abierto, pero las paredes, los pisos y los cielorrasos limitan enormemente su potencia. Intente mover su computadora más cerca del enrutador inalámbrico o el punto de acceso. (O simplemente muévase a un punto distinto de la cafetería). Siga moviéndose más cerca y haciendo clic en el botón Refresh (Actualizar) (se muestra en el margen) hasta que aparezca su red.

- **Está escondida.** Por cuestiones de seguridad, algunas redes inalámbricas no transmiten sus nombres, así que Windows muestra el nombre de las redes invisibles como Other Network (Otra red). Para conectarse a una red sin nombre, debe conocer el nombre *verdadero* de la red y escribir ese nombre antes de conectarse. Si cree que ése es su problema, vaya al siguiente paso.

7. Haga clic en una red inalámbrica que figure como Other Network.

Cuando se lo solicite, ingrese el nombre de la red (SSID) y, si es requisito, su contraseña como se describe en el Paso 5. Una vez que Windows 7 sepa el verdadero nombre y la contraseña de la red, se conectará. Pero, sin ese nombre o contraseña, está bloqueado.

8. Cambie a una red hogareña o de trabajo, si es necesario.

Cuando se conecta en forma inalámbrica, Windows 7 a veces supone que se está conectando a una red pública, así que agrega una capa extra de seguridad. Esa seguridad hace que sea más difícil compartir archivos, que es justamente la razón por la cual está configurando una red hogareña en primer lugar.

Solucione este asunto cambiando a una red hogareña o de trabajo: Abra el Network and Sharing Center (como se describe en el Paso 2) y luego haga clic en las palabras Public Network — si la ve en la sección View Your Active Networks (ver sus redes activas) — para cambiar la configuración. Cuando aparezca la ventana Set Network Location (Establecer ubicación de red), seleccione Home Network (Red hogareña) o Work Network (Red de trabajo), según su ubicación.

Seleccione Home o Work *únicamente* cuando se conecta a una conexión inalámbrica dentro de su hogar u oficina. Seleccione Public (Pública) en todas las demás ocasiones para agregar seguridad.

Después de que haya conectado todas sus PCs, todas las PC en red deberían conectarse a Internet. Sin embargo, todavía necesita decirle a sus PCs con Windows 7 que compartan sus archivos con otras PCs. Para hacer eso, cree un Homegroup, como se describe en la sección siguiente.

Si todavía tiene problemas al conectarse, pruebe los siguientes consejos:

- Cuando Windows 7 dice que no se puede conectar a su red inalámbrica, se ofrece a activar el programa Network troubleshooter (Solucionador de problemas de red). El solucionador de problemas de red medita sobre el asunto y luego dice algo sobre que la señal es débil. En realidad le está diciendo esto: Mueva su PC más cerca del transmisor inalámbrico.

✔ Si no puede conectarse a la red que desea, intente conectarse a alguna de las redes no seguras. Las redes no seguras funcionan bien para una navegación casual por Internet.

✔ Windows puede recordar el nombre y la contraseña de redes con las que se ha conectado exitosamente antes, ahorrándole la tarea de volver a ingresar toda la información. Luego, su PC podrá conectarse automáticamente cada vez que esté en el alcance.

✔ Los teléfonos inalámbricos y los hornos microondas, por extraño que parezca, interfieren con las redes inalámbricas. Intente mantener su teléfono inalámbrico en un cuarto distinto al de su PC inalámbrica y no caliente ese sándwich mientras navega por Internet.

✔ Si las redes lo dejan preocupado, necesita un libro que trate específicamente sobre redes. Consulte mi otro libro, *Upgrading & Fixing PCs For Dummies.*

Instalar un Homegroup

Las redes pueden ser notablemente difíciles de instalar. Para resolver el problema de las redes temperamentales y sus dueños aún más temperamentales, Microsoft agregó los *Homegroups* en Windows 7. Una nueva forma de trabajar en red, los Homeworks ofrecen una manera sencilla de permitir que todas las PCs de la casa compartan archivos, lo que incluye música, fotos y películas, e incluso la impresora de la casa o la oficina.

¿Cuál es la trampa? Los Homegroups solamente funcionan en otras PCs con Windows 7, desafortunadamente. Pero incluso si tiene una sola PC con Windows 7 en su red hogareña, instale su Homegroup de todos modos para obtener estos dos grandes beneficios:

✔ Los Homegroups permiten que todas las cuentas de usuario en esa PC con Windows 7 compartan archivos entre sí en forma más rápida y sencilla — mucho más fácilmente que en Windows Vista o Windows XP.

✔ Crear un Homegroup le permite a su PC compartir archivos con PCs más viejas que todavía funcionan con Windows Vista o Windows XP y sus métodos más engorrosos para compartir archivos.

Así es como debe instalar un nuevo Homegroup en una PC con Windows 7, además de unirse a un Homegroup existente:

1. **Haga clic en el icono Library (Biblioteca) en su barra de tareas para abrir la ventana Libraries.**

   En realidad, puede abrir cualquier carpeta de su PC. O simplemente haga clic en el botón Start (Inicio) y seleccione Computer (Computadora). De cualquier modo, verá la palabra HomeGroup en el Navigation Pane (Panel de navegación) sobre el lateral izquierdo de la carpeta.

2. **Haga clic derecho en el enlace Homegroup del Panel de Navegación y haga clic en el botón Create a Homegroup.**

   En vez de eso, si ve un botón que dice Join Now (Unirse ahora), haga clic en él. Alguien ya ha creado un Homegroup en su red. Después de hacer clic en el botón Join Now, vaya al siguiente paso.

   Si no ve las palabras Create a HomeGroup en el menú del clic derecho, su Homegroup ya está configurado; seleccione entonces Change HomeGroup Settings (Cambiar configuración del HomeGroup) y vaya al paso siguiente.

3. **Decida qué elementos compartir con su Homegroup y haga clic en Next (Siguiente) o Save Changes (Guardar cambios).**

   Como se muestra en la Figura 14-6, la ventana le permite seleccionar los elementos que desea compartir con sus hermanos del Homegroup. (Si hizo clic en Change Homegroup Settings en el paso anterior, su ventana se verá ligeramente distinta).

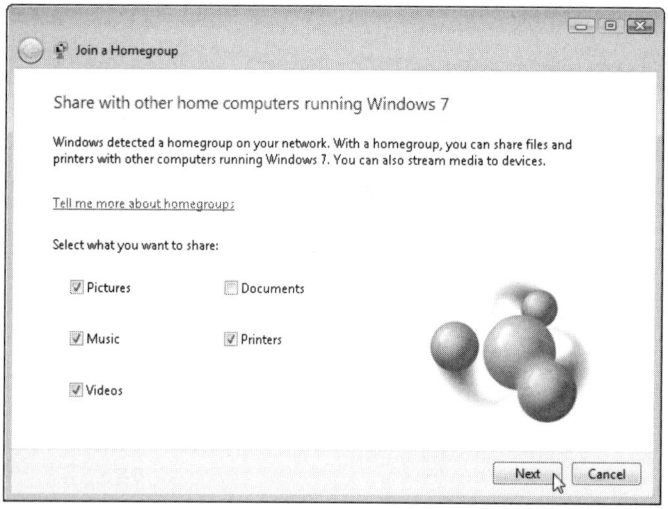

Figura 14-6: Active o desactive las casillas de verificación junto a cualquier elemento que no quiera compartir.

> **Join a Homegroup**
>
> Share with other home computers running Windows 7
>
> Windows detected a homegroup on your network. With a homegroup, you can share files and printers with other computers running Windows 7. You can also stream media to devices.
>
> Tell me more about homegroups
>
> Select what you want to share:
>
> ☑ Pictures   ☐ Documents
>
> ☑ Music   ☑ Printers
>
> ☑ Videos
>
> [Next]   [Cancel]

Windows 7 normalmente comparte sus bibliotecas Pictures, Music y Videos, además de cualquier impresora que esté conectada a cualquier PC de su Homegroup. La mayoría deja su biblioteca Documents sin compartir porque normalmente contiene elementos más privados.

Seleccione la casilla de verificación de un elemento para compartir; quite la marca de verificación para dejar de compartir.

Compartir una carpeta simplemente permite a otra gente acceder a los archivos de esa carpeta — ver películas o un video, por ejemplo. No pueden cambiar ni eliminar esos archivos, ni tampoco crear o colocar archivos en su carpeta.

4. **Procese la contraseña y haga clic en Finish (Finalizar).**

En este paso, la forma en que procesa la contraseña depende de si está creando o uniéndose a un Homegroup:

- **Si crea un Homegroup:** Windows 7 escupe una contraseña personalizada, como se muestra en la Figura 14-7. La contraseña contiene una mezcla de números y letras, tanto en mayúscula como en minúscula, así que escríbala con cuidado. Necesitará escribirla en cada una de las PCs con Windows 7 de su Homegroup.

- **Si se une a un Homegroup:** Ingrese la contraseña que le dio la PC que creó el Homegroup. (Para ver la contraseña, vaya a la PC que creó el Homegroup, haga clic derecho en la palabra Homegroup del Navigation Pane y seleccione View Homegroup Password o Ver contraseña del Homegroup).

Figura 14-7: Escriba cuidadosamente la contraseña y luego ingrésela en las otras PCs con Windows 7 de su Homegroup.

Cuando haya terminado con estos pasos, habrá creado o se habrá unido a un Homegroup al que puede acceder desde el Panel de Navegación de todas las PCs con Windows 7 de su red. También habrá configurado su PC para que permita compartir las bibliotecas Music, Photos y Videos, algo que describo en la siguiente sección.

✔ Cuando crea o se une a un Homegroup, está eligiendo qué bibliotecas compartir únicamente desde su *propia* cuenta. Si otras personas con cuentas en esa PC también quieren compartir sus bibliotecas, deberían hacer esto: Abrir cualquier carpeta, hacer clic derecho en Homegroup dentro del Navigation Pane y seleccionar Change HomeGroup Settings. Aquí pueden agregar marcas a las casillas de verificación de los elementos que desean compartir y luego hacer clic en Save Changes (Guardar cambios).

✔ ¿Cambió de opinión respecto a lo que quiere compartir? Siga los pasos del párrafo anterior para cambiar las casillas de verificación que hay junto a sus carpetas personales.

✔ ¿Se olvidó de la tan importante contraseña del Homegroup? Está disponible desde cualquier PC del Homegroup. Abra cualquier carpeta, haga clic derecho en Homegroup dentro del Navigation Pane y seleccione View the Homegroup Password.

✔ Las PCs que funcionan con Windows 7 Starter Edition no pueden crear un Homegroup, pero sí unirse a uno. (Esa versión de Windows puede venir instalada en algunas *netbooks,* que son computadoras portátiles pequeñas y económicas).

Compartir Archivos Dentro de un Homegroup

Windows 7 hace un trabajo admirable al aislar cuentas de usuario para que nadie pueda meterse con los archivos o la configuración de otros. Pero ¿qué pasa si usted *desea* salirse del arenero y compartir archivos con la cuenta de otra persona? Después de todo, las fotos de las vacaciones no sirven de mucho si no puede compartirlas.

La respuesta viene en la forma de la nueva función *Homegroup* de Windows 7. Después de que una persona con cuenta en su PC haya creado un Homegroup, lo que describo en la sección anterior, todos pueden compartir su música, sus videos, fotos y documentos con todos los demás usuarios de la PC, además de con cualquiera dentro de la red.

Esta sección explica cómo compartir algunos elementos, *no* compartir otros y cómo acceder a archivos compartidos por otros usuarios de su PC y red.

Elegir qué elementos compartir en un Homegroup

Como los mejores tipos de listas de correo, los Homegroups son *optativos,* lo que significa que Windows 7 no comparte sus elementos hasta que decida que *quiere* compartirlos, y debe especificar exactamente *cuáles* elementos desea compartir. Aquí le explico cómo elegir los elementos que quiere agregar a su Homegroup, de modo que estén disponibles para otros:

1. **Abra cualquier carpeta, haga clic derecho en la palabra Homegroup dentro del Navigation Pane y seleccione Change Homegroup Settings en el menú desplegable.**

   Aparecerá una ventana similar a la que se muestra anteriormente en la Figura 14-6, con una lista de sus cuatro bibliotecas principales: Documents (Documentos), Music (Música), Pictures (Imágenes) y Videos.

2. **Marque las casillas de verificación junto a las bibliotecas que desea compartir y luego haga clic en Save Changes.**

   La mayoría de la gente elige compartir todo menos su biblioteca Documents, que generalmente contiene información más confidencial que las otras. La casilla de verificación Printers (Impresoras) debe estar seleccionada si aparece en la lista, por si cualquier PC con Windows 7 quiere imprimir más adelante.

¿Otra gente puede arruinar mis archivos compartidos?

Cuando comparte bibliotecas en Homegroups, usted quiere los beneficios de compartir: quiere que su familia se maraville con sus fotos de ranas arbóreas de Costa Rica, por ejemplo. Pero no quiere que nadie borre o arruine sus archivos originales. ¿Compartir sus archivos permite que otra gente los elimine o dibuje bigotes en sus fotos?

No. Eso es porque los Homegroups muestran los contenidos de una *biblioteca* (lo que cubro en el Capítulo 4). Y las bibliotecas en realidad muestran los contenidos de por lo menos *dos* carpetas: Su propia carpeta y una que se llama *Public*. La biblioteca muestra los contenidos de ambas carpetas en una ventana, pero trata a las dos carpetas de modos muy distintos. Esta es la diferencia:

✔ **Su propia carpeta:** Cuando coloca un archivo o carpeta en una de sus bibliotecas, Windows automáticamente coloca el elemento en su *propia* carpeta. Si eligió compartir esa carpeta en el Homegroup, otra gente puede *ver* los archivos de esa carpeta, *ver* las fotos, *escuchar* la música o *mirar* los videos. Incluso pueden hacer copias de los elementos para hacer con ellos lo que quieran. Pero no pueden cambiar o eliminar ninguno de sus archivos *originales*, afortunadamente.

✔ **Pública:** Además de mostrar los contenidos de su carpeta, las bibliotecas muestran los contenidos de una segunda carpeta conocida como la carpeta Public (Pública). La carpeta Public es de libre acceso para todos y cada uno de los usuarios. Todo lo que coloque en la carpeta Public puede ser cambiado o eliminado por otra persona. Pero como tomó la decisión de ponerlo en la carpeta Public en vez de en su propia carpeta, usted quiere que esto pase. Por ejemplo, usted *sí quiere* que alguien lo aconseje sobre su trabajo de clase, o que retoque sus fotos y las grabe en un DVD.

Así que cuando desee que otros colaboren con un archivo propio, coloque ese elemento en la carpeta Public de su biblioteca, una tarea que explico en la sección sobre permitir que otros modifiquen sus archivos compartidos en el Capítulo 13.

Poco después de hacer clic en Save Changes (Guardar cambios), todas las demás personas que trabajen en su PC podrán acceder a las bibliotecas que eligió compartir, además del contenido dentro de esas bibliotecas. (Por eso la mayoría comparte solamente sus bibliotecas Music, Pictures y Videos y dejan la carpeta Documents como privada).

Otras personas no pueden eliminar o cambiar las cosas que eligió compartir a menos que quiera modificar esa configuración específica. Y para conocer la historia completa acerca de cómo permitir que la gente cambie sus archivos, pase por el apartado "¿Otra gente puede arruinar mis archivos compartidos?"

Acceder a lo que otros comparten

Para ver las bibliotecas compartidas de otra gente en su PC y su red, haga clic en la palabra Homegroup, que se encuentra en el Panel de Navegación de todas las carpetas. El extremo derecho de la ventana, como se muestra en la Figura 14-8, brinda una lista rápida con los nombres e iconos andróginos de cada titular de cuenta que haya elegido compartir sus archivos.

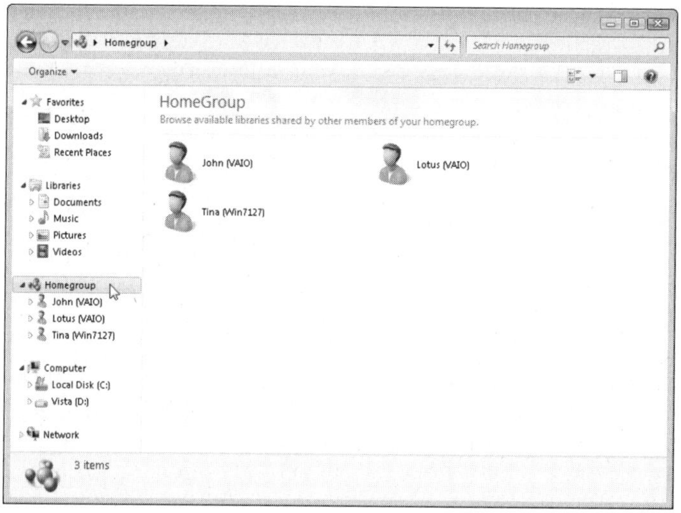

Figura 14-8: Haga clic en la palabra Homegroup para ver a los titulares de cuentas que eligieron compartir sus bibliotecas.

También puede ver nombres de titulares de cuentas en PCs con Windows 7 *conectadas a la red* — PCs conectadas a su PC ya sea en forma inalámbrica o con cables — que hayan decidido compartir sus bibliotecas.

Para navegar por las bibliotecas compartidas de otras personas dentro del Homegroup, haga doble clic en el nombre de esa persona desde la ventana Homegroup. La ventana muestra rápidamente las bibliotecas compartidas de esa persona, como se muestra en la Figura 14-9, lista para que la explore como si fuera la suya.

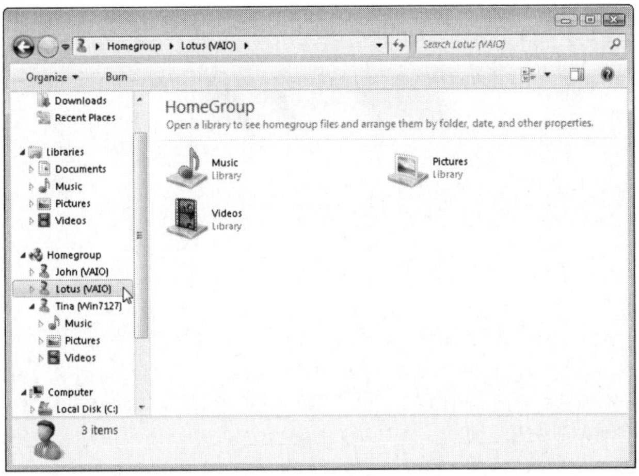

Figura 14-9: Haga clic en el nombre de una persona para ver sus bibliotecas compartidas.

Puede hacer otras cosas además de navegar en esas bibliotecas, como se describe aquí:

✔ **Abrir:** Para abrir un archivo de una biblioteca compartida, haga doble clic en su ícono, al igual que haría con cualquier otro archivo. El programa correspondiente lo abre. Si ve un mensaje de error, la persona que comparte creó el archivo con un programa que usted no tiene. ¿La solución? Compre o descargue el programa de Internet o pídale a la persona que guarde el archivo en un formato que pueda abrir alguno de sus programas.

✔ **Copiar:** Para copiar un archivo de una persona del Homegroup, arrástrelo a su propia biblioteca: Señale el archivo que desee y, mientras mantiene presionado el botón del mouse, señale su propia biblioteca. Suelte el botón del mouse y Windows 7 copiará el archivo a su biblioteca. Alternativamente, seleccione el archivo y presione Ctrl+C para copiarlo; luego vaya a la carpeta en la que quiere poner el archivo copiado y presione Ctrl+V para pegarlo.

✔ **Eliminar o cambiar:** Puede eliminar o cambiar algunos, pero no todos los elementos del Homegroup de otra persona. Le explico por qué en el apartado "¿Otra gente puede arruinar mis archivos compartidos?"

Los Homegroups solamente funcionan en otras PCs con Windows 7, desafortunadamente. Los que se resisten y todavía se aferran a Windows Vista o Windows XP pueden compartir archivos y carpetas a través de una red copiándolos a sus carpetas Public (Pública) o Shared Documents (Documentos compartidos).

Conectarse a y Compartir Archivos con PCs que Ejecutan Windows XP y Windows Vista

Configurar un Homegroup simplifica la tarea de compartir archivos, carpetas e incluso impresoras para quienes utilizan Windows 7. Diferentes usuarios de la misma PC pueden compartir archivos haciendo clic en Homegroup en el Navigation Pane y eligiendo el nombre de otro usuario para ver sus archivos compartidos.

Pero aún le queda un pequeño trabajo que hacer antes de que pueda compartir archivos con cualquier PC que ejecute Windows XP o Windows Vista de su red:

1. Primero, necesita decirle a sus PCs con Windows 7 que se muestren ante esas PCs más antiguas y comiencen a compartir sus archivos.

2. Segundo, necesita saber dónde encontrar esos archivos desde sus PCs con Windows XP y Vista.

3. Finalmente, necesita saber dónde encontrar las carpetas compartidas que viven en sus PCs con Windows XP y Vista.

Las siguientes tres secciones abordan cada una de esas tareas en orden.

Permitir que otras PCs más antiguas se percaten de sus PCs con Windows 7

Las PCs con Windows 7 dependen de su propia comunidad Homegroup. Como está protegida por contraseña, las reglas se suavizan y es fácil para las PCs con Windows 7 compartir información.

De hecho, las PCs que ejecutan Windows XP o Vista ni siquiera pueden notar a las PCs con Windows 7 de la red hasta seguir estos pasos:

Asegúrese de crear un Homegroup en su PC con Windows 7, como se describe en la sección anterior, antes de seguir estos pasos.

1. **Cree una red funcional en sus PCs con Windows XP y Windows Vista.**

   Describo cómo crear redes en Windows XP y Windows Vista en mis libros *Windows XP For Dummies* y *Windows Vista For Dummies* (ambos de Wiley Publishing, Inc.).

2. **Únase a esa red con sus PCs con Windows 7, como describo anteriormente en este capítulo.**

   Las PCs con Windows 7 pueden unirse a una red inalámbrica o cableada. Una vez que se haya unido, debe decirle a sus PCs con Windows 7 que comiencen a compartir sus archivos con las PCs que ejecutan versiones anteriores de Windows.

3. **En su PC con Windows 7, haga clic en el botón Start (Inicio), seleccione Control Panel (Panel de control) y luego Network and Sharing Center (Centro de Redes y Recursos Compartidos).**

   Aparece la ventana Network and Sharing Center, como se muestra en la Figura 14-4.

    Una forma rápida de abrir el Network and Sharing Center es hacer clic en uno de los iconos del adaptador de red de la barra de tareas, que se muestran en el margen, y elegir Open Network and Sharing Center desde el menú desplegable.

4. **Haga clic en el enlace Change Advanced Sharing Settings (Cambiar configuración avanzada de recursos compartidos) en el panel izquierdo del Network and Sharing Center.**

   Aparece la ventana Advanced Sharing Settings (Configuración avanzada de recursos compartidos), que se muestra en la Figura 14-10, para ofrecerle una plétora de opciones.

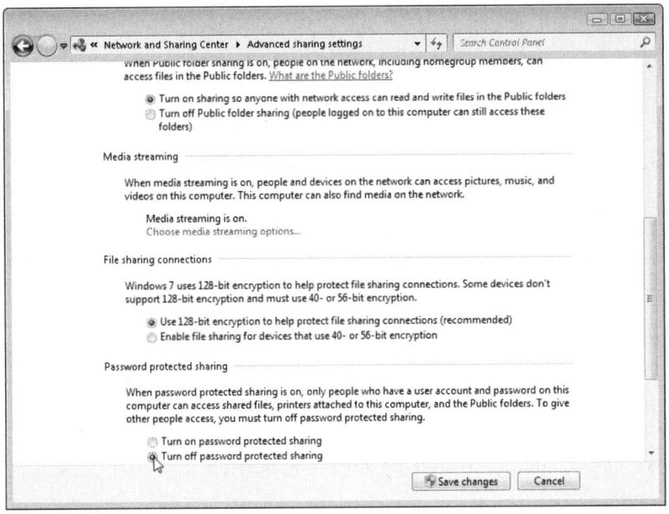

Figura 14-10: Dígale a su PC con Windows 7 que comience a compartir sus archivos con PCs más antiguas.

5. **Cambie estos elementos en la ventana Advanced Sharing Settings:**

   Las primeras tres opciones probablemente estén habilitadas, pero actívelas de todos modos.

   • **Network Discovery (Descubrimiento de red):** Encienda esta configuración. El equivalente de la computadora a darle un golpecito en el hombro a otras personas, esta opción permite que su PC con Windows 7 y sus PCs conectadas a la red se encuentren entre sí dentro de la red.

   • **File and Printer Sharing (Compartir archivos e impresoras):** Active la opción para compartir archivos e impresoras. Ahora que las PCs se han encontrado entre sí por sus nombres, esta configuración les permite ver sus archivos e impresoras también.

   • **Public Folder Sharing (Compartir carpetas públicas):** Active la opción de compartir para permitir que cualquier persona con acceso a la red pueda leer y crear archivos en las carpetas públicas.

   • **Password Protected Sharing (Uso Compartido con Protección por Contraseña):** Como dato final, esto debe colocarse en *off* (apagado), o la gente que trabaja en las PCs con Windows XP y Vista deberá ingresar un nombre/contraseña cuando quieran acceder a sus carpetas públicas.

Si tiene una consola de juegos Xbox 360, siéntase libre de activar la opción Media Streaming (Transmisión ininterrumpida de medios) también. Eso le permite a su Xbox acceder a música, imágenes y videos almacenados en su PC con Windows 7.

6. **Haga clic en Save Changes (Guardar cambios).**

   Windows 7 guarda su nueva configuración, permitiendo que otras PCs de su red compartan los archivos en carpetas públicas de sus PCs con Windows 7.

Eliminar archivos de una PC conectada a la red

Normalmente, todo lo que elimina de su propia PC termina en su Papelera de Reciclaje, lo que le da por lo menos una oportunidad de recuperarlo. Esto no ocurre cuando trabaja con un archivo dentro de la *carpeta de red* de una PC. Cuando elimina una carpeta dentro de la carpeta de red de una PC, el archivos se va para siempre — no salta a la papelera de reciclaje de su PC propia *ni* de la PC en red. Tenga cuidado.

Asegúrese de cambiar solamente la configuración de la sección Home or Work (Current Profile) (Hogar o trabajo, perfil actual) de la ventana Advanced Sharing Settings. La sección inferior de esa ventana, llamada Public, determina cómo debe comportarse su PC cuando se conecta a las redes *públicas*. Usted no querrá compartir los archivos de su equipo portátil con todos en la cafetería.

Acceder a los archivos compartidos de su PC con Windows 7 desde una PC más antigua

Una vez que haya seguido los pasos de la sección anterior, las PCs que tienen Windows XP y Vista instalado pueden ver y acceder a los archivos colocados en cualquiera de las carpetas Public de las PCs con Windows 7. Sin embargo, esas PCs necesitan saber exactamente dónde buscar, y tiene que asegurarse de que puso su archivo en un lugar visible.

Así es como puede lograr ambas tareas:

1. **En su PC con Windows 7, coloque el archivo que desea compartir dentro de una de sus carpetas Public.**

   Cada una de sus bibliotecas mostrará el contenido de por lo menos dos carpetas: su carpeta propia y una carpeta pública. Cualquier elemento que quiera compartir con las PCs con Windows XP o Vista debe ir en la carpeta Public.

   Le explico cómo poner elementos en su carpeta Public en el Capítulo 13, en la sección sobre cómo permitir que otros modifiquen sus archivos compartidos, pero aquí tiene un resumen:

   Haga doble clic en la palabra Libraries de su Panel de Navegación para ver sus cuatro carpetas: Documents (Documentos), Music (Música), Pictures (Imágenes) y Videos.

   Haga doble clic en la biblioteca en la que desea colocar un archivo compartido. Aparecerán dos carpetas. Si hace doble clic en Music, por ejemplo, verá My Music (Mi música) y Public Music (Música pública).

   Coloque los archivos de música que desea compartir en la carpeta Public Music.

2. **En su PC con Windows XP o Windows Vista, busque la carpeta Public de la PC con Windows 7.**

   El proceso varía según su versión de Windows. Esta es la idea básica:

   • **Windows Vista:** Haga clic en el botón Start (Inicio) y seleccione Network (Red). Aparecerá la ventana Network con una lista de todas las PCs conectadas a la red. Haga doble clic en el nombre de su PC con Windows 7, haga doble clic en la carpeta Users (Usuarios), y verá la carpeta Public adentro.

- **Windows XP:** Haga clic en Start (Inicio) y seleccione My Networked places (Mis sitios de red). Si ve su PC con Windows 7 en la lista, haga doble clic en su nombre, doble clic en la carpeta Users y verá su carpeta Public.

Si su PC con Windows XP aún no puede encontrar la PC con Windows 7, haga clic en Start (Inicio), clic derecho en My Networked Places y seleccione Search For Computers (Buscar equipos). Haga clic en el botón Search (Buscar) sin ingresar nada en la casilla de búsqueda. Windows XP le dará una lista de todas las PCs conectadas a la red. Haga doble clic en el nombre de la PC con Windows 7 y verá la codiciada carpeta Public esperándolo dentro.

3. **Desde su PC con Windows XP o Windows Vista, abra la carpeta Public y abra la carpeta que contiene el archivo o los archivos compartidos.**

Si hace doble clic en la carpeta Public, verá una lista de *todas* las carpetas públicas de esa PC con Windows 7. Haga doble clic en la que desee, ya sea Music, Video, Pictures o Documents. Adentro de cada una encontrará los archivos compartidos. Puede abrirlos desde ahí con un doble clic, o puede copiarlos a su propia PC.

Acceder a los archivos compartidos de una PC con Windows XP o Vista desde su PC con Windows 7

Esta sección lo guía a través del proceso de colocar elementos que desea compartir en las carpetas correctas de las PCs con Windows XP o Windows Vista y luego recuperarlos desde la PC con Windows 7. Esto es lo que debe hacer:

1. **En su PC con Windows XP o Vista, coloque los archivos que desea compartir en la carpeta compartida de su PC.**

La carpeta compartida vive en distintos lugares en Windows XP y Vista, y aparece con dos nombres distintos.

- **Windows XP:** Haga clic en Start (Inicio) y abra My Computer (Mi PC). La carpeta compartida se llama *Shared Documents* (Documentos compartidos).

- **Windows Vista:** Haga clic en Start (Inicio) y abra Computer (Computadora). La carpeta compartida vive en la carpeta Favorite Links (Enlaces favoritos), en el extremo izquierdo de la carpeta. La carpeta compartida se llama *Public* (Pública).

2. **En su PC con Windows 7, haga doble clic en la PC de la red que contiene esos archivos.**

Abra cualquier carpeta — un clic en la carpeta Library de la barra de herramientas alcanza — y vea la lista Network (Red) en el Panel de Navegación ubicado en el extremo izquierdo. El área Network muestra una lista de todas sus PCs en red, incluida cualquier PC con Windows XP o Windows Vista.

3. **Haga clic en el nombre de la PC con Windows XP o Vista que contenga sus archivos.**

El lateral derecho de la carpeta muestra las carpetas compartidas de esa PC. La carpeta compartida de Windows XP se llama SharedDocs; la carpeta compartida de Vista se llama Public, como se muestra en la Figura 14-11.

Figura 14-11: Haga clic en el nombre de la PC en red con Windows XP o Windows Vista para ver su carpeta compartida.

4. **Haga doble clic en la carpeta compartida para ver los archivos que contiene.**

Haga doble clic en el archivo que busca y podrá editarlo desde su ubicación en la otra PC. O siéntase libre de copiar el archivo a su propia PC.

Compartir una Impresora en Red

Windows 7 viene con una nueva y grata aptitud para compartir una impresora con otras PCs. Muchos hogares u oficinas tienen varias computadoras, pero una sola impresora. (Explico cómo instalar una impresora en el Capítulo 11). Normalmente, la mayoría de las personas quiere compartir esa impresora con las otras PCs.

Si ha activado los Homegroupos, tema que cubro anteriormente en este capítulo, Windows 7 hace que compartir una impresora sea extraordinariamente fácil. Una vez que conecta una impresora USB — esa clase que tiene el conector que se muestra en el margen — en una de sus PCs con Windows 7, listo: Windows 7 reconoce automáticamente la impresora recién conectada ni bien se enciende.

Además, su PC con Windows 7 rápidamente difunde la noticia a todas sus PCs con Windows conectadas a la red. En cuestión de minutos, el nombre y el icono de la impresora aparecerán en todas esas PCs, y en todos los menús de impresión de sus programas.

Para asegurarse, aquí describo cómo ver esa impresora en sus otras PCs con Windows conectadas a la red:

- ✔ **Windows 7:** Haga clic en el botón Start (Inicio) y seleccione Devices and Printers (Dispositivos e Impresoras). La impresora de la red aparece en la sección Printers and Faxes (Impresoras y Fax).

- ✔ **Windows Vista:** Haga clic en el menú Start (Inicio), seleccione Control Panel (Panel de control) y elija la categoría Hardware and Sound (Hardware y sonido). Seleccione Printers (Impresoras) para ver el icono de la impresora.

- ✔ **Windows XP:** Haga clic en el menú Start (Inicio), seleccione Control Panel (Panel de control) y elija la categoría Printers and Hardware (Impresoras y Hardware). Seleccione Printers and Faxes (Impresoras y Faxes) para ver el icono de la nueva impresora.

Sin embargo, lo que no es sencillo es compartir una impresora que está conectada a una PC con Windows XP o Windows Vista en su red. Si se encuentra en esa situación, así es como puede acceder a ella:

1. **Compartir la impresora en red.**

   Explico cómo compartir impresoras conectadas a Windows XP en mi libro *Windows XP For Dummies.*

   Para compartir una impresora conectada a una PC con Windows Vista, haga clic en el menú Start (Inicio), seleccione Control Panel (Panel de control), luego la categoría Hardware and Sound (Hardware y Sonido) y, por último, seleccione Printers (Impresoras). Luego haga clic derecho en el icono de la impresora y seleccione Sharing (Compartir). Seleccione la opción Share This Printer (Compartir esta impresora) y haga clic en OK (Aceptar).

2. **En su PC con Windows 7, haga clic en el botón Start (Inicio) y seleccione Devices and Printers (Dispositivos e Impresoras).**

   Aparece la ventana Devices and Printers (Dispositivos e impresoras) y muestra los dispositivos conectados a su PC. (Ignore la opción Microsoft XPS Document Writer, ya que no es una impresora real).

Add a printer

3. **Haga clic en el botón Add a Printer (Agregar una impresora) y seleccione Add a Network, Wireless or Bluetooth Printer (Agregar una impresora de red, Inalámbrica o Bluetooth). Seleccione su impresora en red y luego haga clic en Next (Siguiente).**

Su PC echa un vistazo por la red en busca de la impresora compartida de la otra PC. Si su PC encuentra la impresora, aparecerá el nombre de la impresora. Haga clic en su nombre y luego en Next (Siguiente) para instalarla, permitiendo además que la impresora instale su controlador, si es necesario. Con estos pasos habrá terminado, pero imprima una página de prueba, si se lo pide, para asegurarse de que todo esté bien.

Sin embargo, si su PC *no* encuentra la impresora, vaya al paso siguiente.

4. **Seleccione la opción The Printer That I Want Isn't Listed (La impresora que busco no está en la lista), y luego haga clic en Browse (Buscar) para ir a la impresora compartida.**

Si hace un clic en el botón Browse, aparecerá una lista de las PCs conectadas a la red. Haga doble clic en el nombre de la PC con la impresora conectada y Windows 7 mostrará una lista con el nombre de la impresora.

5. **Luego haga clic derecho en el icono de la impresora compartida y clic en Next.**

Windows 7 finalmente se conecta a su impresora en red. Es posible que también necesite instalar el software de la impresora en su PC antes de poder imprimir.

¿Puedo meterme en problemas si entro en la computadora en red equivocada?

Por lo general, la gente le *indica* dónde encontrar archivos y cosas en las computadoras conectadas a la red. Pero si nadie le dio una pista, siéntase libre de conseguir una antorcha y haga un poco de exploración por su cuenta, sondeando las cavernas del área Network (Red) del Panel de Navegación de una carpeta. Si teme meterse en problemas, la regla es sencilla: Windows 7 rara vez le permite espiar en áreas de red en las que supone que no debería estar.

De hecho, Windows 7 está tan pendiente de la seguridad que suele evitar que vea cosas que *debería* poder ver. (Ahí es cuando llama al administrador de la oficina o al dueño de la computadora para que lo ayude). Si intenta espiar dentro de una computadora prohibida, simplemente verá un mensaje de acceso denegado. No suenan sirenas avergonzantes ni causa daño alguno.

Si se encuentra en una carpeta en la que obviamente no debería estar — por ejemplo, la carpeta de evaluaciones de empleados que está en la computadora de su supervisor — hágaselo saber al administrador discretamente.

Resolver Problemas en una Red

Instalar una red es la parte más difícil del trabajo en red. Después de que las computadoras se reconocen entre sí (y se conectan a Internet, ya sea por su cuenta o a través de la red), la red suele funcionar bien. Pero cuando no es así, aquí hay algunas cosas que puede probar:

- ✔ Asegúrese de que cada PC de la red tenga el mismo nombre de grupo de trabajo. Abra el menú Start (Inicio), haga clic derecho en Computer (Computadora) y elija Properties (Propiedades). Seleccione Change Settings (Cambiar configuración), haga clic en el botón Change (Cambiar) y asegúrese de que el nombre WORKGROUP aparece en la casilla Workgroup de todas las PCs.

- ✔ Apague todas las computadoras (utilizando la opción Shut Down del menú Start, por supuesto), el enrutador y el módem de banda ancha (si tiene uno). Revise sus cables para asegurarse de que todo esté conectado. Encienda el módem, espere un minuto, encienda el enrutador, espere otro minuto y luego empiece a encender las computadoras.

- ✔ Haga clic derecho en el icono de red de su barra de herramientas y seleccione Troubleshoot Problems (Detectar y Solucionar Problemas). Los solucionadores de problemas de Windows vienen cada vez mejor con cada nueva versión, y los de Windows 7 son los mejores hasta la fecha.

Parte V

Música, Películas, Recuerdos (Y Fotos, También)

The 5th Wave   por Rich Tennant

"Alumnos, un breve anuncio - Un sandwich abierto con mantequilla de maní no es un reemplazo adecuado para una almohadilla de mouse perdida."

En esta parte. . .

*H*asta ahora, el libro ha venido cubriendo temas aburridos, pero necesarios: configurar su computadora para que usted pueda hacer su trabajo. Esta parte del libro le permite convertirla en un centro de entretenimiento:

- ✔ Vea DVDs en su PC o laptop.
- ✔ Cree CDs de grandes éxitos para el estéreo de su auto.
- ✔ Organice un álbum de fotos tomadas con su cámara digital.
- ✔ Edite videos de su videocámara para convertirlos en algo que la gente pueda *desear* ver.
- ✔ Cree DVDs para mostrar sus películas editadas o presentaciones de fotos.

Cuando esté listo para jugar un rato, abra esta parte del libro que le daremos una mano para lograrlo.

Capítulo 15

Reproducir y Copiar Música en Media Player

Media Player 12 de Windows 7 es un gran conjunto de botones que revela cuánto dinero ha gastado en su computadora. En las computadoras caras, el Media Player retumba como un home theater. En las baratas, suena como un tono de llamada de teléfono celular.

Media Player reproduce CD, DVD, MP3 y videos; los organiza todos en bibliotecas perfectamente clasificadas; además puede copiar y grabar sus CDs. Pero debido a que Media Player todavía no funciona con iTunes de Apple ni con Zune del propio Microsoft, la mayoría de la gente se aferra a su propio reproductor de música, dejando al Media Player de lado.

Si siente curiosidad sobre lo que puede hacer el Media Player, este capítulo explica cómo lograr esas cosas que el reproductor sabe hacer bien.

La última sección de este capítulo presenta el Windows Media *Center (Centro de Medios de Windows)*, un programa completamente diferente al Windows Media Player. Windows Media Center le permite ver y grabar programas de TV en vivo desde su PC — siempre y cuando su PC esté adecuadamente equipada.

Ejecutar Media Player por primera vez

La primera vez que abre el Media Player de Windows 7, una pantalla de bienvenida le pregunta cómo desea administrar la privacidad, el almacenamiento, la tienda de música y otras configuraciones del Media Player:

✔ **Recommended Settings (Configuración Recomendada):** Diseñada para el impaciente, esta opción carga las configuraciones del Media Player elegidas por Microsoft. Media Player se configura a sí mismo como el reproductor predeterminado de todo sus archivos de música y video (robándole a iTunes ese trabajo, si le venía confiando esa tarea a iTunes o cualquier otro reproductor de medios). Recorre Internet para actualizar la información del título de la canción, y le dice a Microsoft lo que está escuchando o mirando. Elija Express (Expreso) si está apurado; siempre podrá cambiar las

configuraciones a su gusto en algún otro momento.

✔ **Custom Settings (Configuración Personalizada):** Esta opción, pensada para los que son detallistas y defienden su privacidad, le permite hacer un ajuste fino del comportamiento del Media Player. Una serie de pantallas le permiten elegir los tipos de archivo de música y video que puede reproducir Media Player y cuánta información sobre sus gustos musicales debe ser enviada a Microsoft. Elija esta opción sólo si tiene tiempo como para atravesar varios minutos de aburridas pantallas con opciones.

Si desea cambiar posteriormente alguna configuración del Media Player — tanto la configuración Express o una de las que ha elegido en la configuración Custom (Personalizada) — haga clic en el botón Organize (Organizar) y elija Options (Opciones).

Abastecer la Biblioteca del Media Player

Cuando empieza a usar el Media Player, el programa automáticamente ordena todos sus contenidos de música digital, fotos, videos y programas de TV grabados, catalogándolos dentro de *su propia* biblioteca. Pero si nota que algunos de los archivos multimedia de su PC no están catalogados en la biblioteca del Media Player, le puede indicar dónde encontrar esos ítems faltantes siguiendo estos pasos:

 Puede ejecutar el Media Player haciendo clic en su ícono de la barra de tareas.

Organize ▼

1. **Haga clic en el botón Organize (Organizar) y elija dentro del menú desplegable Manage Libraries (Administrar Bibliotecas) para revelar el menú emergente.**

   El menú emergente muestra una lista con los cuatro tipos de medios que puede manejar el Media Player: Música, Videos, Fotos y TV Grabada.

2. Dentro del menú emergente, haga clic en el nombre de la biblioteca que contiene los archivos faltantes.

Aparece una ventana, que se muestra en la Figura 15-1, listando las carpetas monitoreadas por su biblioteca elegida. Por ejemplo, la biblioteca Music (Música) normalmente monitorea el contenido de su carpeta My Music (Mi Música) y Public Music (Música Pública).

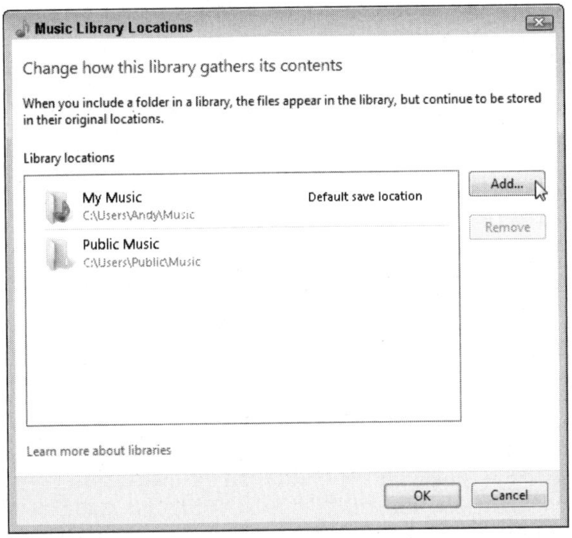

Figura 15-1: Haga clic en el botón Add (Agregar) y navegue hasta la nueva carpeta que desea sea monitoreada por Media Player.

Pero si está almacenando elementos en cualquier otro lado — quizás un disco duro portátil — aquí es donde tendrá la oportunidad de guiar al reproductor hacia ese otro contenedor de medios.

3. Haga clic en el botón Add (Agregar), seleccione la carpeta con sus archivos, clic en el botón Include Folder (Incluir Carpeta), y finalmente clic en OK.

Al hacer clic en el botón Add aparece la ventana Include Folder en pantalla. Navegue hasta la carpeta que quiere agregar — la carpeta en su disco duro portátil, por ejemplo — y haga clic en el botón Include Folder. Media Player comienza a monitorear de inmediato esa carpeta, agregando su música a su biblioteca.

Para agregar música de otras carpetas o unidades adicionales — quizás una carpeta ubicada en otra PC en red o una unidad flash — repita estos pasos hasta que agregar todos los sitios que Media Player debería recorrer buscando archivos multimedia.

Para que Media Player deje de monitorear una carpeta, siga estos mismos pasos, pero en el Paso 3, haga clic en la carpeta que ya no quiere que siga siendo monitoreada, y luego clic en el botón Remove (Quitar) que se muestra en la Figura 15-1.

Cuando se ejecuta Media Player, el programa muestra los medios que ha recopilado (puede verlo en la Figura 15-2), y sigue alimentando sus bibliotecas de las siguientes maneras:

Figura 15-2: Haga clic en un ítem de la izquierda para ver sus contenidos a la derecha.

✔ **Monitoreando sus bibliotecas:** Media Player monitorea constantemente sus bibliotecas Music, Pictures y Videos, así como cualquier otra ubicación que haya agregado. Media Player actualiza automáticamente *su propia* biblioteca cada vez que usted agrega o quita archivos de *sus* bibliotecas. (Puede cambiar las bibliotecas y carpetas que monitorea Windows 7 siguiendo los tres pasos precedentes.)

✔ **Monitoreando la carpeta Public:** Media Player cataloga automáticamente todo lo que coloque otro titular de cuenta en la carpeta Public de su PC, incluso si lo colocó un usuario de una PC en red.

✔ **Agregando elementos reproducidos:** Cada vez que reproduzca un archivo de música en su PC o en Internet, Windows 7 agrega la canción o su ubicación en Internet a su biblioteca para que pueda ubicarla más tarde y reproducirla otra vez. Windows 7 *no* agrega elementos reproducidos que vivan en una PC en red, unidades flash USB o tarjetas de memoria, a menos que se lo indique específicamente.

✔ **Música extraída de CD:** Cuando inserta un CD de música en la unidad de CD, Windows 7 ofrece hacer *rip (extraer)* el contenido. Este término informático significa extraer la música digitalmente del CD a su PC, una tarea que se describe en la sección "Extraer (Copiar) CDs a Su PC", más adelante en este capítulo. Toda música extraída de este modo aparece automáticamente en la Biblioteca del Media Player. (Media Player no copia, lamentablemente, películas en DVD a su biblioteca.)

✔ **Música y videos descargados de tiendas en línea:** Media Player le permite comprar dentro de una gran variedad de tiendas en línea (pero no iTunes). Cuando compra una canción, Media Player almacena automáticamente su última compra en su biblioteca.

No dude en repetir los pasos descritos en esta sección para buscar archivos cada vez que quiera; Media Player ignora los que ya tiene catalogados y agrega sólo los archivos nuevos.

Descubrirá algunas sorpresas en el Media Player 12 bajo la forma de *codecs* — que es la forma en que los distintos formatos almacenan su música y sus películas. Media Player 12 reconoce más tipos de archivo de sonido y video que en versiones previas.

A diferencia del Media Player 11, Media Player 12 no ofrece un editor avanzado para cambiar los *tags (etiquetas)* de una canción, que se describen en el apartado. En cambio, el reproductor los edita para usted automáticamente tomando los datos de una base de datos en línea.

¿Qué son los tags de una canción?

Dentro de cada archivo de música vive un formulario pequeño llamado *tag (etiqueta)* que contiene el título, artista, álbum y otra información relacionada con esa canción. Al momento de decidir cómo ordenar, mostrar y categorizar su música, Windows Media Player lee esos tags — *no* el nombre del archivo de las canciones. La mayoría de los reproductores de música portátiles, incluyendo el iPod, también dependen de los tags.

Los tags son tan importantes, de hecho, que el Media Player visita Internet, captura la información de la canción y automáticamente completa los tags cuando agrega archivos a su biblioteca.

Muchas personas no se molestan en completar los tags de sus canciones; otras los actualizan meticulosamente. Si sus tags ya están cargados de la manera que usted prefiere, evite que el Media Player juegue con ellos:

haga clic en el botón Organize (Organizar), elija Options (Opciones), clic en la pestaña Library (Biblioteca), y quite la selección en la casilla de verificación al lado de Retrieve Additional Information From the Internet (Obtener Información Adicional en Internet). Si sus tags son un desastre, deje esta casilla seleccionada y así el Media Player los organizará por usted.

Si el Media Player comete un error, corrija usted mismo los tags: Haga clic derecho en la canción (o, en caso de que sea un álbum, las canciones seleccionadas) y elija Find Album Info (Buscar Información del Álbum). Cuando aparezca una ventana mostrando lo que supone Media Player respecto a la canción o álbum, elija Edit (Editar). Aparecerá una ventana nueva, donde podrá completar el álbum, artista, género, pistas, título, artistas invitados y compositor. Haga clic en Done (Listo) cuando haya terminado de cargar la información.

Navegar las Bibliotecas del Media Player

A diferencia del Media Player 11, que intentó integrar todos sus controles en una ventana, Media Player 12 muestra dos facetas diferentes: La faceta Library (Biblioteca) y la faceta Now Playing (Reproduciendo Ahora). Puede alternar entre ambas modalidades del programa haciendo clic en un ícono diminuto que se muestra en el margen.

La ventana Library del Media Player es donde transcurre la acción detrás de escena. Allí, puede organizar archivos, crear listas de reproducción, grabar o copiar CDs y elegir qué reproducir. La ventana Now Playing, por el contrario, muestra qué es lo que se está reproduciendo en ese momento, mediante un video o la carátula del álbum al que pertenece la canción que está escuchando. Los controles en pantalla le permiten ajustar el volumen, saltar entre las canciones o videos dentro de la lista, hacer pausa en la acción, o incluso iniciar visualizaciones multicolores estilo caleidoscopio mientras escucha música.

Cuando lo ejecuta por primera vez, Media Player muestra su biblioteca Music, que es lo apropiado para el caso. Pero Media Player posee en verdad varias bibliotecas, diseñadas para mostrar no sólo su música sino también fotografías, video y TV grabada.

Todo ítem reproducible aparece en el Panel de Navegación ubicado en la parte izquierda de la ventana, como se muestra en la Figura 15-3. La mitad superior del panel muestra su propia colección de medios, llamada simplemente Library (Biblioteca). La parte inferior, llamada Other Libraries (Otras Bibliotecas), le permite navegar en las colecciones de otras personas que utilicen su PC, así como los medios compartidos por las personas que poseen PCs con Windows 7 conectadas en red.

Media Player organiza sus medios dentro de estas categorías:

✔ **Playlists (Listas de reproducción):** ¿Le gusta escuchar álbumes o canciones en cierto orden? Haga clic en el botón Save List (Guardar Lista) en la parte superior de la lista de canciones para crear una playlist (lista de reproducción) que aparece en esta categoría.

✔ **Music (Música):** Toda su música digital aparece aquí. Media Player reconoce la mayoría de los formatos de archivos de música principales, incluyendo MP3, WMA, WAV, e incluso los archivos 3GP que utilizan algunos teléfonos móviles. (Finalmente reconoce archivos AAC sin protección de copia, que vende iTunes, pero no puede reconocer algunos formatos populares loseless (sin pérdida por compresión) o sin compresión como FLAC, APE u OGG.)

✔ **Videos:** Busque aquí los videos que haya grabado con su videocámara o cámara digital, o los que haya descargado de Internet. Media Library reconoce los formatos AVI, MPG, WMV, ASF, DivX, algunos archivos MOV y alguno que otro formato más.

✔ **Pictures (Imágenes):** Media Player puede mostrar fotos en forma individual o como una presentación de diapositivas simple, pero su biblioteca Pictures (Imágenes), descripta en el Capítulo 16, administra mejor las fotos. (Media Player no puede girar las fotos invertidas, por ejemplo, lo que sí puede hacer fácilmente en su carpeta Pictures.)

✔ **Recorded TV (TV Grabada):** Los programas de televisión grabados aparecen aquí — si su PC tiene el equipamiento requerido para grabarla. (Describo el grabador de TV incorporado de Windows 7, Media Center, en este capítulo en la última sección.)

✔ **Other Media (Otros Medios):** Los ítems que Media Player no reconoce se esconden en esta área. Lo más probable, es que no pueda hacer gran cosa con estos elementos.

✔ **Other Libraries (Otras Bibliotecas):** Aquí, encontrará los medios que aparecen en otras PCs con Windows 7 de su Homegroup — un tipo de red que describo en el Capítulo 14.

✔ **Media Guide (Guía de Medios):** Esto abre la puerta de las tiendas de música en línea de Microsoft.

Figura 15-3: Haga clic en el tipo de medio que le interese navegar desde el Panel de Navegación ubicado a la izquierda.

Sí, Media Player lo espía

Al igual que su banco, compañía de tarjeta de crédito, y las tarjetas de club de tiendas de comestibles, Media Player lo espía. La Declaración de Privacidad de 6.000 palabras del Media Player se reduce a esto: Media Player le informará a Microsoft sobre cada canción, archivo o película que reproduzca. Algunas personas encuentran esto atemorizante, pero si Microsoft no sabe lo que está reproduciendo, entonces el Media Player no puede conectarse a Internet y obtener la información del artista y de la carátula del disco correspondiente.

Si no le molesta que Microsoft tararee con usted sus CDs, no se moleste en seguir leyendo. Si realmente *le importa*, elija su nivel de supervisión: Haga clic en el botón Organize (Organizar), elija Options (Opciones) y luego clic en la pestaña Privacy (Privacidad). Aquí tiene el resumen de las opciones de la pestaña Privacy que más escandalizan:

✔ **Display media Information from the Internet (Mostrar información de medios obtenida en Internet):** Si esta opción está seleccionada, Media Player le dice a Microsoft qué CD o DVD está reproduciendo y recupera todos los datos para mostrar en su pantalla: las carátulas del CD, los título de las canciones, nombres de artistas e información similar.

✔ **Update Music Files by Retrieving Media Info from the Internet (Actualizar los Archivos de Música Recuperando la Información del Medio desde Internet):** Microsoft examina sus archivos, y si reconoce alguno, completa los tags de las canciones con la información correcta. (Para más información sobre tags, vea el apartado "¿Qué son los tags de una canción?".)

✔ **Send Unique Player ID to Content Providers (Enviar un ID de Reproductor Único al Proveedor de Contenidos):** Conocida en el ambiente empresario como *data mining (minería de datos)*, esta opción permite a otras corporación hacer el seguimiento de cómo usa su Media Player. Para evitar que sus datos aparezcan en sus bases de datos, deje esta opción en blanco.

✔ **Cookies:** Como muchos otros programas de Windows 7, Media Player hace un seguimiento de su actividad con archivos pequeños llamados *cookies*. Las cookies no son necesariamente algo malo, ya que le permiten al Media Player rastrear sus preferencias.

✔ **History (Historial):** Media Player lista para su comodidad los nombres de los últimos archivos que usted ha reproducido — y las posibles carcajadas de sus compañeros de trabajo o familia. Para evitar que los demás puedan ver los títulos de los temas musicales o los videos que ha reproducido recientemente, quite *todas* las marcas de verificación en esta sección, y haga clic en los dos botones llamados Clear History (Borrar Historial) y Clear Caches (Borrar Cachés).

Luego de hacer clic en una categoría, el Panel de Navegación del Media Player le permite visualizar los archivos de diferentes maneras. Haga clic en la categoría Artist (Artista) de la categoría Music (Música) del Panel de Navegación, por ejemplo, y el panel muestra la música ordenada alfabéticamente por el nombre de pila de los artistas.

Del mismo modo, haciendo clic en Genre (Género) de la categoría Music separa las canciones y álbumes por diferente tipo de música. En lugar de simplemente mostrar un nombre donde hacer clic — blues, por ejemplo — Media Player organiza su música formando pilas con las portadas, como si estuviese clasificando sus álbumes o CDs en el piso de su living.

Para reproducir cualquier elemento en Media Player, haga clic derecho en el mismo y elija Play (Reproducir). O bien, para reproducir toda la música del mismo artista o género, haga clic derecho en la pila y elija Play All (Reproducir Todo).

Controlar los Ítems en Now Playing

Media Player ofrece el mismo control básico cuando reproduce cualquier tipo de archivo, ya sea una canción, video, CD, DVD o presentación de diapositivas. La Figura 15-4 muestra al Media Player abierto en su ventana Now Playing (Reproduciendo Ahora) mientras reproduce un álbum. Las etiquetas en la figura explican la función de cada botón. O, haga descansar el puntero del mouse sobre un botón especialmente misterioso, y Media Player mostrará una explicación en una ventana emergente.

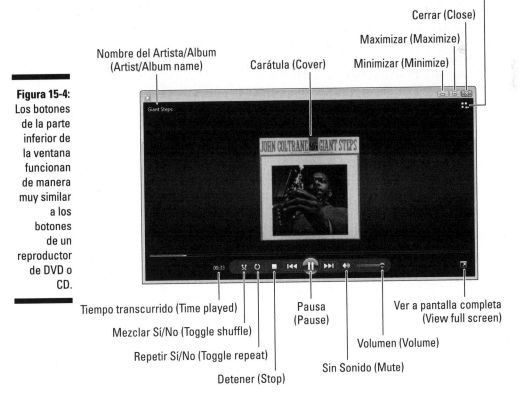

Figura 15-4: Los botones de la parte inferior de la ventana funcionan de manera muy similar a los botones de un reproductor de DVD o CD.

Volver al modo Biblioteca (Return to Library mode)

Cerrar (Close)

Maximizar (Maximize)

Minimizar (Minimize)

Nombre del Artista/Album (Artist/Album name)

Carátula (Cover)

Tiempo transcurrido (Time played)

Mezclar Sí/No (Toggle shuffle)

Repetir Sí/No (Toggle repeat)

Detener (Stop)

Pausa (Pause)

Ver a pantalla completa (View full screen)

Volumen (Volume)

Sin Sonido (Mute)

Los botones en la parte inferior funcionan como los que se encuentra en cualquier reproductor de DVD o CD, permitiéndole reproducir, detener, retroceder, avanzar y silenciar la canción o película actual. Para visualizar más controles, haga clic derecho en cualquier parte de la ventana Now Playing. Aparecerá un menú, ofreciéndole ejecutar alguna de estas tareas comunes:

- **Show List (Mostrar Lista):** Muestra el playlist (lista de reproducción) sobre el costado derecho, útil para saltar directamente a otra canción.

- **Full Screen (Pantalla Completa):** Expande la ventana hasta cubrir toda la pantalla.

- **Shuffle (Mezclar):** Reproduce canciones en forma aleatoria.

- **Repeat (Repetir):** Repite eternamente la misma canción.

- **Visualizations (Visualizaciones):** Elija entre ver la carátula del álbum, líneas onduladas, espirales rítmicas, ondas danzantes, y otros juegos visuales espeluznantes.

- **Enhancements (Mejoras):** Abre un ecualizador, un control de ajuste de balance, velocidad de reproducción, balance de volumen y otras opciones de sonido.

- **Lyrics, Captions or Subtitles (Letras, Títulos o Subtítulos):** Muestra estos ítems, si están disponibles, lo que viene bien para cuando uno está mirando películas extranjeras o practicando para la noche de Karaoke.

- **Shop for More Music (Comprar Más Música):** Lo direcciona hacia el sitio Web WindowsMedia.com de Microsoft para comprar canciones o álbumes de sus tiendas en línea.

- **Always Show Now Playing on Top (Mostrar Reproducción Actual Siempre en la Parte Superior):** Mantiene la ventana Now Playing por encima de las otras ventanas del escritorio.

- **More Options (Más Opciones):** Invoca la página Options (Opciones), donde puede ajustar los hábitos del Media Player a la hora de extraer música de CDs, almacenar en la Library (Biblioteca) del Media Player, y otras tareas.

- **Help with Playback (Ayuda con la Reproducción):** Invoca el programa de Ayuda para hacer frente a los quebraderos de cabeza.

Los controles de Now Playing desaparecen de la pantalla cuando no se ha movido el mouse por un tiempo. Para volverlos a ver, mueva el puntero del mouse sobre la ventana Now Playing.

Para volver a la Biblioteca del Media Player, haga clic en el ícono de activación/desactivación de la biblioteca en la esquina superior derecha de la ventana.

Reproducir CDs

Toda vez que inserte correctamente un CD en la unidad de CD (usualmente con la etiqueta hacia arriba), reproducir un CD de música será una de las tareas más simples del Media Player. Apenas inserta un CD en su unidad de CD, Media Player salta a la pantalla para reproducirlo, por lo general identificando el CD y sus canciones de inmediato. En muchos casos, incluso salpica la pantalla con una imagen que muestra la carátula del álbum.

Los controles ubicados en la parte inferior, que se veían antes en Figura 15-4, le permiten saltar de pista en pista, ajustar el volumen y realizar un ajuste fino de su experiencia auditiva.

Si por alguna extraña razón Media Player no inicia la reproducción de su CD, revise el elemento de la biblioteca en el Panel de Navegación del Media Player, sobre el lateral izquierdo de la ventana. Deberá ubicar ya sea el nombre del CD o las palabras *Unknown Album (Album Desconocido)*. Cuando encuentre el CD en la lista, haga clic en él y luego clic en el botón Play del Media Player para comenzar a escucharlo.

Para que Media Player reproduzca automáticamente sus CD de música apenas los inserte, haga clic en el menú Start, elija Default Programs (Programas Predeterminados), y seleccione Change AutoPlay settings (Cambiar la Configuración de Reproducción Automática). Luego, en la categoría Audio CD (CD de Audio), seleccione Play Audio CD Using Windows Media Player (Reproducir CD de Audio con Windows Media Player) dentro de la lista desplegable. Haga clic en el botón Save (Guardar) para guardar su maniobra.

Pulse F7 para apagar el sonido del Media Player y atender ese llamado telefónico.

¿Quiere copiar ese CD a su PC? Eso se llama *ripping (extracción de audio digital),* y cubro el tema en la sección "Extraer (Copiar) CDs a Su PC", más adelante en este capítulo.

Reproducir DVDs

Media Player reproduce tanto DVDs como CDs, permitiendo que su laptop tenga un segundo trabajo como reproductor de DVD portátil. Tome su DVD favorito, un par de auriculares, y vea lo que *usted* quiera durante el próximo vuelo de larga duración.

Aunque el Media Player reproduce, graba y copia CDs, no puede copiar un DVD de película en su disco duro ni tampoco duplicarlo. (¿Recuerda la advertencia sombría del FBI que aparece al principio de cada DVD?)

Esas viles regiones de DVD

Si ve muchas películas extranjeras, Media Player eventualmente le enviará un desagradable mensaje de error, diciendo "Your system is set to DVD region 1. To play this DVD, set your system to region 4." ("Su sistema está configurado para la región 1 de DVD. Para reproducir este DVD, configure su sistema para la región 4"). Los números de región que le corresponden varían, dependiendo de su ubicación geográfica y su DVD en particular.

Cuando hace clic en el botón OK del mensaje de error, aparece una nueva ventana que le permite ingresar la nueva región requerida en el cuadro de texto New Region (Nueva Región). Al hacer clic en OK, Media Player le permite ver finalmente el DVD.

¿Dónde está la trampa? Su reproductor de DVD sólo le permite cambiar de región *cuatro* veces antes de negarse a cambiar nuevamente — aunque reinstale Windows o instale la unidad en otra PC.

¿La solución? Si reproduce muchas películas de dos regiones diferentes, considere comprar e instalar una segunda unidad de DVD en su PC así tiene una de cada región. Algunas compañías venden software que legalmente ignora la codificación de región, permitiéndole reproducir todas las regiones. Como último recurso, puede hacer algo llamado "flashing your drive's firmware, ("volver a grabar el firmware de su unidad") un proceso técnicamente difícil discutido por la gente que pasa el rato en www.rpc1.org.

Cuando inserta el DVD, Media Player salta a la pantalla y comienza a reproducir la película. Los controles del Media Player funcionan de manera muy parecida a los del reproductor de DVD que usa con su TV, con el mouse actuando como su control remoto. Haga clic en las palabras o los botones que aparecen en pantalla para que el DVD haga su voluntad.

Para reproducir el DVD en el modo de pantalla completa, mantenga pulsada la tecla Alt y luego pulse Enter. Media Player cubre la pantalla con la película. (Mantenga presionada la tecla Alt y presione Enter para volver a la reproducción normal dentro de una ventana.) Para hacer que los controles en pantalla del Media Player desaparezcan, no toque el mouse por unos segundos; sacuda el mouse para que los controles vuelvan a estar visibles.

Reproducir Videos y Programas de TV

Muchas cámaras digitales pueden grabar videos cortos además de sacar fotos, así que no se sorprenda si el Media Player coloca varios videos en la sección Video de su biblioteca. Media Player también lista los videos que haya creado con el Movie Maker Live de Microsoft, un programa descargable que trato en el Capítulo 16.

Reproducir videos funciona de manera muy similar a reproducir una canción digital. Haga clic en Videos dentro del Panel de Navegación ubicado en el costado izquierdo del Media Player. Haga doble clic en el video que desea ver y comience a disfrutar la acción, como se muestra en la Figura 15-5.

Figura 15-5: Mueva el mouse sobre el video para que aparezcan los controles.

Media Player le permite ver videos en diferentes tamaños. Mantenga presionada la tecla Alt y presione Enter para que ocupen toda la pantalla, como si estuviese viendo un DVD. (Repita la misma secuencia de teclas para volver al tamaño original.)

✔ Para que el video ajuste automáticamente su tamaño al de la ventana de Media Player, haga clic derecho en el video mientras se está reproduciendo, elija Video en el menú emergente, y elija Fit Video to Player on Resize (Ajustar el Video al Reproductor al Cambiar el Tamaño).

✔ Cuando descargue un video de Internet, asegúrese de que esté almacenado en el formato Windows Media. Media Player no puede reproducir videos almacenados en algunos formatos QuickTime o RealVideo. Esos dos formatos de la competencia requieren reproductores gratuitos disponibles en Apple (www.apple.com/quicktime) o Real (www.real.com). Asegúrese de descargar las versiones *gratuitas* — ya que estos sitios tratan de engañarlo para que compre sus versiones pagas.

✔ Cuando selecciona videos por Internet, la velocidad de su conexión determina su calidad. Si tiene una conexión dialup (telefónica), vea la versión de 56K del video. Los usuarios de banda ancha pueden ver las versiones de 100K ó 300K. No dañará su computadora si elige la versión incorrecta; el video simplemente se reproducirá con algunos saltos.

✔ El área Recorded TV (TV Grabada) del Media Player lista los programas de TV grabados por el *Media Center* de Windows 7, que cubro en la sección "Trabajar con Media Center", más adelante en este capítulo. Puede ver esos programas grabados tanto en el Windows Media Center como en el Windows Media Player.

Reproducir Archivos de Música (MP3s y WMAs)

Media Player reproduce varios tipos de archivo de música digital, pero todos tienen algo en común: Cuando le indica a Media Player que reproduzca una canción o un álbum, Media Player coloca ese ítem de inmediato en su *lista Now Playing (Reproduciendo Ahora)* — una lista de elementos puestos en cola para ser escuchados uno a continuación del otro.

Puede empezar a reproducir música con el Media Player de varias maneras diferentes, incluso cuando el Media Player no se está ejecutando:

✔ Haga doble clic en el ícono de Library en su barra de tareas, luego clic derecho en un álbum o en una carpeta llena de archivos de música, y elija Play with Windows Media Player (Reproducir con Windows Media Player). El reproductor salta a la pantalla y comienza a reproducir lo que eligió.

✔ Estando ubicado en su biblioteca Music, haga clic derecho en los ítems y elija Add to Windows Media Player list (Agregar a la lista del Windows Media Player). Su PC los pone en cola en el Media Player, listos para su reproducción apenas finalice la canción que está escuchando en ese momento.

✔ Haga doble clic en un archivo de música, ya sea que se encuentre ubicado en su escritorio o en cualquier carpeta. Media Player comienza a reproducirlo inmediatamente.

Para reproducir las canciones que aparecen en la lista de la biblioteca propia del Media Player, haga clic derecho en el nombre de la canción y elija Play (Reproducir). Media Player comienza a reproducirla de inmediato, y la canción aparece en la lista Now Playing.

Sintonizar Estaciones de Radio de Internet

Media Player ofrece unas pocas estaciones de radio de Internet dentro de su sitio Web, WindowsMedia.com, pero no ofrece una forma fácil de almacenarlas. Aquí detallo algunas formas de sintonizar estaciones de radios de Internet con el Media Player:

✔ Diríjase a Google (www.google.com) y busque "Internet Radio Station (Estación de Radio de Internet)" para ver qué aparece. Cuando encuentre una estación transmitiendo en formato MP3 o Windows Media Audio (WMA), haga clic en el botón Tune In (Sintonizar) o Listen Now (Escuchar Ahora) dentro del sitio Web de la radio para abrir el Media Player y comenzar a escucharla.

✔ Me gustan las estaciones en SomaFM (www.somafm.com), particularmente Secret Agent, Drone Zone, Boot Liquor y Space Station Soma.

✔ Descargue e instale una copia de Winamp (www.winamp.com), un reproductor de MP3 de la competencia que le permite escuchar miles de estaciones de radio gratuitas disponibles a través de Shoutcast (www.shoutcast.com). Es un recurso increíble.

Aquí tiene otras formas de reproducir canciones con el Media Player:

✔ Para reproducir un álbum completo en la biblioteca del Media Player, haga clic derecho en el álbum dentro de la categoría Album de la biblioteca y elija Play.

✔ ¿Quiere escuchar varios archivos o álbumes, uno detrás del otro? Haga clic derecho en el primero y elija Play (Reproducir). Haga clic derecho en el siguiente y elija Add to Now Playing list (Agregar a la Lista de Reproducción Actual). Repita hasta finalizar. Media Player pone en cola todos estos elementos en su lista Now Playing.

✔ Para volver al ítem reproducido recientemente, haga clic derecho en el ícono de Media Player en la barra de tareas. Cuando aparezca la lista de ítems reproducidos recientemente, haga clic en su nombre.

✔ ¿No tiene música decente en su biblioteca de música? Entonces comience a copiar sus CDs favoritos a su PC — un proceso llamado *ripping*, que explico en la sección "Extraer (Copiar) CDs a Su PC", más adelante en este capítulo.

Crear, Guardar y Editar Listas de Reproducción

Una *playlist (lista de reproducción)* es simplemente una lista de canciones (y/o videos) que se reproducen en cierto orden. ¿Y qué? Bueno, la belleza de una lista de reproducción viene con lo que puede *hacer* con la misma. Guarde una lista de reproducción con sus canciones favoritas, por ejemplo, y estarán siempre disponibles para escucharlas con un simple clic.

Puede crear listas de reproducción temáticas para animar viajes largos en auto, fiestas, cenas especiales, entrenamientos y otros eventos.

Para crear una lista de reproducción, siga estos pasos:

1. **Abra el Media Player y encuentre playlist (lista de reproducción).**

   ¿No puede ver el playlist abrazando el borde derecho del Media Player? Haga clic en la pestaña Play cerca de la esquina superior derecha. O bien, cuando el reproductor está en el modo Now Playing, haga clic derecho en una parte vacía de la ventana del Media Player y elija Show List (Mostrar Lista) dentro del menú emergente: La lista con los ítems que se están reproduciendo aparece a lo largo del borde derecho del Media Center.

2. **Haga clic derecho en el álbum o canciones que desee, elija Add To (Agregar A), y seleccione Play List (Lista de Reproducción).**

   En forma alternativa, puede arrastrar y soltar álbumes y canciones en el panel del Playlist sobre el borde derecho del Media Player, como se muestra en la Figura 15-6. De ambas maneras, Media Player comienza a reproducir su lista de reproducción en cuanto agregue la primera canción. Las canciones que ha elegido aparecen en el panel derecho en el orden en que las seleccionó.

3. **Ajuste su lista de reproducción para cambiar el orden o eliminar canciones.**

   ¿Agregó algo por error? Haga clic derecho en ese ítem dentro de la lista de reproducción y elija Remove from List (Eliminar de la Lista). No dude en reacomodar su lista de reproducción arrastrando y soltando elementos más arriba o más abajo dentro de la lista.

   Verifique la línea en la parte inferior de la lista de reproducción para ver cuántos ítems ha agregado al playlist, así como la duración de su lista en minutos.

Figura 15-6:
Elija
elementos
dentro
el panel
central
y luego
arrástrelos
y suéltelos
en el panel
del extremo
derecho.

4. **Cuando esté satisfecho con su lista de reproducción, haga clic en el botón Save List (Guardar Lista) en la parte superior de la misma, escriba un nombre en el cuadro resaltado, y presione Enter.**

   Media Player muestra su nueva lista de reproducción en la sección Playlists de su biblioteca, preparada para ser escuchada en cuanto haga doble clic.

Luego de guardar una lista de reproducción, puede grabarla en un CD con un clic, como se describe en el siguiente consejo.

Cree sus listas de reproducción para tener su propio Disco para una Isla Desierta o Grandes Éxitos; luego puede grabarlas en un CD para escuchar en el auto o su equipo de audio. Luego de crear una lista de menos de 80 minutos, inserte un CD en blanco en su grabador de CD y haga clic en la pestaña Burn (Grabar). Acepte el ofrecimiento del reproductor para importar su lista de reproducción actual y haga clic en el botón Start Burn (Iniciar Grabación).

Para editar una lista de reproducción creada previamente, haga doble clic en el nombre de la lista en el área de Playlists de la Biblioteca. Reordene, agregue o elimine ítems de la lista de reproducción y luego haga clic en el botón Save List (Guardar Lista).

Extraer (Copiar) CDs a Su PC

En un proceso conocido como *ripping (extracción de audio digital),* el Media Player de Windows 7 puede copiar sus CDs a su PC como archivos MP3, el estándar industrial para la música digital. Pero hasta que le diga que usted quiere archivos en formato MP3, creará archivos *WMA* — un formato que no se podrá reproducir en iPods.

Para hacer que el Media Player grabe las canciones en el formato más versátil MP3 en vez de WMA, haga clic en el botón Organize (Organizar), elija Options (Opciones), y luego clic en la pestaña Rip Music (Extraer Música). Elija MP3 en vez de WMA dentro del menú desplegable Format y lleve la calidad de audio al rango de 128 a 256, o incluso 320 para obtener un mejor sonido.

Para copiar CDs en el disco duro de su PC, siga estas instrucciones:

1. **Abra el Media Player, inserte un CD de audio y haga clic en el botón Rip CD (Extraer CD).**

   Puede que necesite pulsar un botón en el frente de la unidad de CD antes de que se abra la bandeja.

   Media Player se conecta a Internet, identifica su CD y completa los datos con el nombre del álbum, el artista y los títulos de las canciones. El programa comienza a copiar las canciones del CD en su PC y a listar sus títulos en la Biblioteca del Media Player. Eso es todo.

   Sin embargo, si Media Player no puede encontrar los títulos de las canciones automáticamente, siga con el Paso 2.

2. **Haga clic derecho en la primera pista y elija Find Album Info (Encontrar Información del Álbum), si es necesario.**

   Si Media Player vuelve con las manos vacías, haga clic derecho en la primera pista y elija Find Album Info.

   Si está conectado a Internet, escriba el nombre del álbum en el cuadro Search (Búsqueda) y luego haga clic en Search. Si el cuadro de búsqueda encuentra su álbum, haga clic en su nombre, elija Next (Siguiente) y luego clic en Finish (Finalizar).

   Si no está conectado a Internet, o si el cuadro de búsqueda vuelve vacío, haga clic derecho en la primera canción, luego clic en Edit (Editar), e ingrese manualmente el título de la canción. Repita lo mismo para los otros títulos, así como los tags (etiquetas) nombre del álbum, artista, género y año.

Aquí tiene algunos consejos para extraer CDs a su computadora:

✔ Normalmente Media Player copia cada canción del CD. Sin embargo, para dejar afuera a Tiny Tim de su compilación de música de ukulele, quite la marca de verificación en el nombre de Tiny Tim. Si Media Player ya copió esa canción en su PC, no dude en borrarla dentro del Media Player. Haga clic en el botón Library, clic derecho en la canción interpretada por el ofensivo cantante tirolés, y elija Delete (Borrar).

✔ Algunas compañías discográficas agregan protecciones contra copia en sus CDs para evitar que los copie en su computadora. Si compra un CD protegido contra copia, intente mantener presionada la tecla Shift unos segundos justo antes y después de empujar el CD dentro de la bandeja de la unidad de CD. Eso a veces hace que el software de protección contra copia no funcione.

✔ No use demasiado su computadora mientras extrae canciones de un CD — déjela que haga su trabajo. Ejecutar programas muy pesados en segundo plano puede distraerla, interfiriendo potencialmente con la música.

✔ Media Player coloca automáticamente los CDs de los que extrajo música en la biblioteca Music. También encontrará su música recientemente extraída en la Biblioteca del Media Player.

Configurar la calidad de extracción del Media Player

Los CDs de música contienen una *enorme* cantidad de información — tanta, de hecho, que el catálogo completo de los Rolling Stones probablemente no cabría en su disco duro. Para mantener los archivos de música de un tamaño convenientemente pequeño, los programas de extracción de música, como el Media Player, *comprimen* las canciones a cerca de un décimo de su tamaño normal. Al comprimir las canciones se disminuye su calidad, así que la gran pregunta pasa a ser, ¿cuánta pérdida de calidad es aceptable?

La respuesta es "cuando pueda distinguir la diferencia," un punto muy debatido entre los melómanos. Cuando se está escuchando con los auriculares de un reproductor portátil, mucha gente no puede distinguir la diferencia entre un CD y una canción extraída a 128 Kbps (kilobits por segundo), por lo que Media Player usa ese parámetro como predeterminado.

Si va a reproducir su música en altavoces más grandes, o un equipo de audio hogareño, suba un nivel más la calidad: haga clic en el botón Organize (Organizar), elija Options (Opciones), y luego clic en la pestaña Rip Music. Deslice la barra hacia la derecha (Best Quality – Mejor Calidad) para extraer con una mayor calidad. Para crear archivos de música que no pierden *nada* de fidelidad, elija Windows Media Audio Lossless dentro de la lista desplegable Format (Formato), y prepárese para obtener archivos gigantes. (Basta ya del catálogo entero de los Rolling Stones....)

Grabar (Crear) CDs de Música

Para crear un CD de música con sus canciones favoritas, deberá crear una lista de reproducción conteniendo las canciones del CD, enumeradas en el orden en que desea reproducirlas; luego grabe la lista de reproducción en un CD. Explico cómo hacer eso en la sección "Crear, Guardar y Editar Listas de Reproducción", previamente en este capítulo.

¿Pero qué sucede si quiere duplicar un CD, quizás para crear una copia descartable de su CD favorito para escuchar en su auto? No tiene sentido rayar su original. También querrá hacer copias de los CDs de sus hijos, antes de que los usen como corta pizzas.

Lamentablemente, ni Media Player ni Windows 7 ofrecen la opción Duplicate CD (Duplicar CD). En su lugar, deberá recorrer los siguientes cinco pasos para crear un CD nuevo con las mismas canciones que el CD original:

1. **Extraiga (copie) la música en su disco duro.**

   Antes de extraer su CD, cambie la calidad de grabado a la de máxima calidad: haga clic en Organize (Organizar), elija Options (Opciones), clic en la pestaña Rip Music, y cambie el cuadro Format (Formato) a WAV (Lossless). Finalmente haga clic en OK.

2. **Inserte un CD en blanco dentro de su unidad de grabación de CD.**

3. **En el Panel de Navegación del Media Player, haga clic en la categoría Music y elija Album para ver sus CDs guardados.**

4. **Haga clic derecho en el álbum de su biblioteca, elija Add To (Agregar A), y luego elija Burn List (Lista de Grabación).**

   Si su Burn List ya tenía algunas canciones incluidas, haga clic en el botón Clear List (Eliminar Lista) para borrarla; luego agregue la música de su CD en la Burn List.

5. **Haga clic en el botón Start Burn (Iniciar Grabación).**

Ahora, vayamos a la letra pequeña. A menos que cambie la calidad a WAV (Lossless) cuando copie el CD a su PC, Media Player comprimirá sus canciones a medida que las guarde en su disco duro, arrojando por la borda parte de la calidad del audio en el proceso. Volver a grabarlo a CD no recupera la calidad perdida. Si quiere duplicar *de verdad* sus CDs, cambie el formato de Ripping a WAV (Lossless).

Si cambia el formato a WAV (Lossless) para poder duplicar un CD, recuerde volver a cambiarlo a MP3 después, o su disco duro se llenará rápidamente si extrae música de muchos CDs.

Una solución más sencilla sería comprar un software para grabar CD en algún proveedor de artículos de oficina local o tienda de computación.

A diferencia del Windows Media Player, la mayoría de los programas de grabación de CD incluyen el botón Duplicate CD (Duplicar CD) para lograr esto convenientemente con sólo un clic.

Copiar Canciones a Su Reproductor Portátil

Media Player 12 funciona sólo con algunos reproductores de música portátiles. No puede conectarse al iPod de Apple, por ejemplo. Tampoco funciona con el Zune, el reproductor de Microsoft. Y está claramente optimizado para transferir archivos WMA — y no para archivos MP3 que utilizan la mayoría de los reproductores portátiles.

De hecho, la mayoría de la gente ni se molesta en usar el Media Player, optando en cambio por transferir el software que viene en sus reproductores portátiles: iTunes para iPods (www.apple.com/itunes) y el software de Zune para Zune (www.zune.com). Pero si tiene alguno de los pocos aparatos que le gustan a Media Player, siga estos pasos:

1. **Conecte el reproductor a su computadora.**

   Este paso normalmente implica conectar un cable USB entre su dispositivo y su computadora. El conector más pequeño del cable se enchufa en el reproductor; el conector más grande se conecta en el puerto de forma rectangular ubicado en el frente o en la parte posterior de su PC.

   Los conectores encajan de una sola manera — la correcta — en cada extremo.

2. **Encienda el Media Player.**

   Muchas cosas pueden pasar llegado a este punto, dependiendo de su reproductor en particular y la forma en que lo haya configurado su fabricante. (Intente ver alguna de estas opciones en el menú de configuración de su reproductor.)

   Si Media Player reconoce su reproductor, aparece un panel Sync List (Sincronizar Lista) en el costado derecho.

   Si su reproductor está configurado para *Sync Automatically (Sincronizar Automáticamente),* Media Player copia diligentemente toda la música (y video, si su reproductor lo soporta) desde la biblioteca del Media Player hacia su reproductor. Es un proceso bastante rápido para algunos cientos de canciones, pero si su reproductor tiene almacenadas miles, puede estar girando sus pulgares por varios minutos.

   Si su reproductor está configurado en *Sync Manually (Sincronizar Manualmente),* haga clic en Finish. Necesitará decirle a Media Player qué música copiar, lo que cubro en el próximo paso.

Si su reproductor no hace nada, o la biblioteca de su Media Player tiene más música de la que puede caber en su reproductor, no le quedará otra que a ir al Paso 3.

3. **Elija qué música desea embutir en su reproductor.**

Puede elegir qué música irá a parar a su reproductor de un par de maneras posibles:

- **Shuffle Music (Mezclar Música):** Esta opción rápida y sencilla, que se encuentra en el panel Sync List, le indica a Media Player que copie una mezcla al azar de canciones hacia la Sync List. Es genial para actualizar sobre la marcha, pero usted renuncia a controlar qué música exactamente vive en su reproductor.

- **Playlist (Lista de Reproducción):** Arme una *playlist (lista de reproducción)* — una lista de música — que quiera que aparezca en su reproductor. ¿Ya tiene creadas una o dos listas de reproducción que le gustan? Haga clic derecho sobre ellas y elija Add to Sync List (Agregar a la Lista de Sincronización), y Media Player arrojará esas canciones dentro de la Sync List que está apuntando a su reproductor.

4. **Haga clic en el botón Start Sync (Iniciar Sincronización).**

Una vez que eligió la música que desea transferir — y está toda ubicada en el panel Sync List sobre el lateral derecho del reproductor — cópiela a su reproductor haciendo clic en el botón Start Sync en la parte inferior del panel derecho del Media Player.

Media Player envía su música a su reproductor, lo que le puede llevar de unos pocos segundos a varios minutos.

✔ Si el Media Player parece no poder encontrar su reproductor portátil, haga clic en el botón Sync en la parte superior del Media Player y elija Refresh Devices (Actualizar Dispositivos). Esto le dice al Media Player que eche otro vistazo antes de rendirse.

✔ Para cambiar la manera en que el Media Player envía archivos a su reproductor en particular, haga clic en el botón Organize (Organizar), elija Options (Opciones), y luego clic en la pestaña Devices (Dispositivos). Haga doble clic en el nombre del reproductor para ver sus opciones actuales. Algunos reproductores ofrecen trillones de opciones; otros apenas alguna que otra.

✔ Algunos reproductores pueden requerir *firmware upgrades (actualizaciones de firmware)* — elementos especiales de software — antes de poder funcionar con Media Player 12. Las actualizaciones de firmware se pueden descargar del sitio Web del fabricante y se ejecutan en su PC como cualquier otro programa de instalación. Pero en vez de instalar software en su PC, instalan software en su reproductor portátil para ponerlo al día.

¡El reproductor incorrecto sigue abriendo mis archivos!

Nunca escuchará a Microsoft decir esto, pero el Media Player no es el único programa para Windows que puede reproducir canciones o ver películas. Mucha gente usa el iTunes para administrar sus canciones y películas, porque convenientemente descarga ítems a sus iPods para disfrutar en el camino. Muchos sonidos y videos en Internet están almacenados en los formatos de la competencia RealAudio o RealVideo de Real (www.real.com), los que Media Player tampoco puede manejar.

Y algunas personas usan el Winamp (www.winamp.com) para reproducir su música, videos y una amplia variedad de estaciones de radio de Internet. Con todos los formatos de la competencia disponibles, muchos instalan varios reproductores de medios diferentes — uno por cada formato. Lamentablemente, estas instalaciones múltiples llevan a disputas entre los reproductores ya que todos pelean por convertirse en el reproductor predeterminado.

Windows 7 intenta resolver estas discusiones con su nueva área Default Programs (Programas Predeterminados). Para elegir el reproductor que debería abrir cada formato, haga clic en el botón Start, elija Default Programs y luego clic en Set Your Default Programs (Configurar Sus Programas Predeterminados). Aparecerá una ventana donde podrá elegir qué programas reproducen sus CDs, DVDs, fotos, video, audio y otros medios.

Trabajar con Media Center

El Windows Media Center nació como una versión especial de Windows diseñada para verse en una pantalla de TV y manipulada con un control remoto. Su historia en la pantalla grande hace que sus menús extraños y grandes botones de control se vean pesados en el monitor de su computadora. El programa reproduce CDs, DVDs, música y video — lo mismo que el Windows Media Player puede hacer mucho mejor.

Pero Media Center hace *una* gran cosa que el Media Player no puede: Media Center convierte su PC en un grabador de video digital (DVR) que automáticamente graba sus programas de TV y películas favoritas en segundo plano, permitiéndole verlos en el momento que usted desea (y saltear los comerciales).

Toda esta diversión de grabar gratuitamente TV requiere algunas cosas de su PC, sin embargo:

✔ **La versión correcta de Windows 7:** Por suerte, Microsoft incluye el Media Center en todas las versiones de Windows 7 excepto las más baratas Starter y Home Basic que rara vez aparecen en las tiendas. (Microsoft, por el contrario, quitó el Media Center de la mayoría de las versiones de Windows Vista.)

- ✔ **Sintonizador de TV:** Su PC no necesita un televisor para ver o grabar programas de TV. En cambio, su PC necesita su propio *TV tuner (Sintonizador de TV):* una placa con un circuito especial que le permite recibir señales de TV y cambiar de canales en el monitor de su PC. Ganan puntos los sintonizadores de TV que vienen con control remoto, pero Media Center también funciona bien con un mouse y/o un teclado.

- ✔ **Señal de TV:** Al igual que un televisor, un sintonizador de PC necesita una señal de TV que transporte los canales. Así, puede desconectar el cable de su televisor y enchufarlo en el sintonizador de TV de su PC. (Mejor aún, compre un splitter (divisor de señal) para poder tener dos entradas de cable: una para el televisor y la otra para su sintonizador.) Si está desesperado, puede conectar una antena (del tipo orejas de conejo) al sintonizador, pero la imagen no se verá ni por poco tan bien como con el cable.

- ✔ **Video con un puerto TV-Out (Salida de TV):** la TV se ve genial en el monitor de su computadora. Pero para ver esos programas en un televisor *real*, el sintonizador de su PC necesita un lugar donde conectarse para enviar la señal. La mayoría de los sintonizadores ofrecen una combinación de salidas en formato S-Video, video compuesto y ocasionalmente conectores coaxiales, los tres conectores más utilizados por la mayoría de los aparatos de televisión.

Media Center está preparado para la acción cuando se ejecuta en una PC con un sintonizador y una señal de TV. Para probar el programa, haga clic en Start, elija All Programs (Todos los Programas) y elija Windows Media Center.

Si Media Center *no encuentra* estos elementos, probablemente necesite un nuevo controlador compatible con Windows 7 para su tarjeta sintonizadora. Dependiendo de la edad del sintonizador, puede encontrar un controlador en el sitio Web del fabricante y descargarlo en forma gratuita.

Para apagar el sonido en Media Center presione F8, algo difícil de recordar ya que en *Media Player* hay que presionar F7. (Gracias, Microsoft.)

Navegar los menús del Media Center

Media Center ofrece *un montón* de opciones. Y como Microsoft diseñó el Media Center como una forma de controlar su PC a través de su televisor, va a encontrarse con ciertos elementos duplicados que aparecen en otras partes de Windows 7. Por ejemplo, Media Center contiene menús para cosas tales como jugar los juegos que vienen incluidos en Windows 7, y también para reproducir su música y grabar CDs — opciones que ya aparecen en el Windows Media Player.

Ejecutar Media Center por primera vez

No ejecute el Media Center por primera vez a menos que tenga unos buenos 15 o 20 minutos para perder. Lleva todo ese tiempo configurar las cosas. Si elije la opción Express sólo evita tener que leer y aprobar unas 50 páginas de la declaración de privacidad.

Media Center lo deja en la opción Recorded TV (TV Grabada). Como no tiene nada grabado aún, debe hacer clic en la opción adyacente, Live TV Setup (Configuración de TV en Vivo), para configurar todo. Media Center comienza a revisar y hurgar su PC para ver si tiene una conexión a Internet y una red en su hogar y luego le realiza una encuesta bastante larga, pidiéndole que ingrese su código postal, que elija el proveedor de su señal de TV, y que descargue el software de protección contra copia.

Cuando por fin termina, Media Center muestra un listado estilo *TV Guide* en pantalla, que le permite explorar los programas y elegir los que quiere ver o grabar. Aunque puede ver TV en vivo de inmediato, no puede buscar los programas que siguen a continuación hasta que el programa descargue y genere un índice del Guide Listings (Listados de la Guía) para su área, una tarea que puede llevarle desde 15 minutos a una hora.

Si Media Center no adivinó correctamente su configuración, elija la categoría Tasks (Tareas) del menú principal, y elija Settings (Configuración). (Si no ve la categoría Tasks en pantalla, presione las flechas Arriba o Abajo en su teclado hasta que aparezca Tasks.) Una vez allí, busque la opción Windows Media Center Setup (Configuración del Windows Media Center), que le permite ajustar la configuración de acuerdo con su conexión de Internet, señal de TV, altavoces, TV y monitor.

Todo comienza en el Media Center por su menú principal, que se muestra en la Figura 15-7. Para explorar lo que ofrece un menú en particular, haga clic en su nombre con el mouse. Para volver al menú anterior, haga clic en el botón con la flecha en la esquina superior izquierda. (Mueva el mouse para hacer reaparecer el puntero.) Para volver al menú principal, haga clic en el botón verde adyacente.

Como fue diseñado para usarse con un control remoto, Media Center puede ser un poco difícil de manejar sólo con el mouse. Cuando se ponga denso, use directamente las flechas del teclado.

El menú principal ofrece estas categorías (presione las flechas Arriba y Abajo para recorrerlas a todas):

- ✔ **Extras:** Esta categoría "misceláneas" le permite jugar los juegos de Windows 7, así como acceder a videos y radios de Internet.

- ✔ **Pictures + Videos (Fotos + Videos):** Como era de esperar, esta opción muestra imágenes de su carpeta Pictures (Fotos) y videos de su carpeta Videos.

- ✓ **Music (Música):** Media Center puede reproducir música, un privilegio adicional si tiene conectada su PC a su Home Theater y sus gloriosos altavoces. Pero si todavía escucha música con sus parlantes de PC, Media Player funciona igualmente bien. La opción Radio de esta categoría no le permite escuchar estaciones de radio de Internet, pero si estaciones FM que puedan sintonizarse aprovechando su señal de TV. (Puede encontrar también recitales de música en vivo que se hayan filtrado aquí a través de Internet.)

- ✓ **Now Playing (Reproduciendo Ahora):** Entre aquí para salir de todos los menús y volver a lo que estaba reproduciendo, ya sea TV, música o video.

- ✓ **Movies (Películas):** Esta categoría le permite ver grabaciones almacenadas en su biblioteca de películas, ver la guía de películas para programar las próximas grabaciones, reproducir un DVD o ver avances de películas en Internet. (No, no encontrará videos de YouTube aquí.)

- ✓ **TV:** Replicando las opciones de la categoría Movies, le permite ver programas de TV grabados y TV en vivo, ver la guía para programar sus próximas grabaciones y buscar shows por título, palabras clave, categorías, actores o directores.

- ✓ **Sports (Deportes):** Dos categorías principales viven aquí: partidos que se están jugando ahora o que se jugarán posteriormente y que puede querer grabarlos. Las otras categorías le permiten buscar en Internet los resultados de los partidos, información sobre los jugadores y actualizaciones de las ligas.

- ✓ **Tasks (Tareas):** Ingrese aquí para configurar todo desde lo relativo a la recepción de TV hasta cómo Media Center muestra sus álbumes de arte. Esta sección también le permite grabar CDs de su colección de música digital y DVDs con programas de TV grabados — pero sin editar (eliminar) los comerciales, lamentablemente.

Figura 15-7: Media Center le permite ver y grabar programas de TV, reproducir música y ver videos.

Para moverse de un menú a otro, use el control remoto que vino con su sintonizador de TV. ¿No tiene control remoto? Entonces apunte su mouse a donde quiera ir, y pulse las flechas del teclado para recorrer el menú de una forma más controlada.

Para volver al menú anterior, pulse el botón Back (Atrás) del control remoto, haga clic con el mouse en la flecha Back (Atrás) en la esquina superior izquierda de la pantalla, o presione la tecla Backspace (Retroceso) en su teclado.

Sacarle el mejor partido al Media Center

Como Media Center duplica funciones del Media Player, es probable que no lo use demasiado. Es práctico usarlo solamente bajo estas circunstancias particulares:

- ✔ **Xbox conectada a la TV:** La consola de juegos Xbox 360 de Microsoft se conecta al televisor para jugar juegos. Pero cuando se conecta a una red, la Xbox 360 puede conectarse al Media Center, compartiendo sus bibliotecas de música, fotos y películas.

- ✔ **Su PC tiene un sintonizador de TV:** Si nunca grabó programas para verlos posteriormente, prepárese para una sorpresa. Podrá ver finalmente los programas de acuerdo con *sus* tiempos, no cuando los canales de televisión digan que debe verlos. Y encima, puede dar avance rápido cuando estén los comerciales.

- ✔ **PC conectada a una TV:** A poca gente le gusta ver una PC grande y ruidosa al lado de su TV. Pero si su PC sirve exclusivamente como parte de su home theater, Media Center le provee un admirable centro de comando.

- ✔ **Facilidad de acceso:** Los menús grandes y simples del Media Center no satisfarán a un fanático de los controles. Pero si está buscando menús fáciles de leer para realizar tareas simples, puede preferir el Media Center antes que el Media Player.

Si está interesado en obtener más información sobre Windows Media Center, visite The Green Button (www.thegreenbutton.com). Respaldado por gente que disfruta diariamente del Media Center, es un gran lugar para encontrar todas sus respuestas.

Capítulo 16

Jugar con Fotos y Videos

*E*ste capítulo presenta la conexión cada vez mayor entre Windows, las cámaras digitales y las videograbadoras — tanto los modelos nuevos digitales como los modelos analógicos antiguos. Este capítulo explica cómo trasladar sus videos y fotos digitales a su computadora, editar las partes que no le convencen, mostrar sus creaciones a los amigos y a la familia, enviarlas por correo electrónico a parientes lejanos y guardarlas en ubicaciones fáciles de encontrar dentro de su computadora.

Una nota final: Luego de crear un álbum familiar en su computadora, por favor tome medidas para hacer copias de seguridad correctamente, como describo en el Capítulo 12. (Este capítulo también explica cómo copiar a un CD o DVD). Los recuerdos de familia son irreemplazables.

Usar Su Computadora como una Caja de Zapatos Digital

Las siguientes secciones lo ayudan a convertir su PC en una caja de zapatos digital. Explico cómo mover las fotos de su cámara a su PC, navegar por ellas y guardarlas en un CD o DVD. También le explico cómo administrar su colección, logrando resolver el problema más grande entre los fotógrafos: encontrar esa foto excelente que tomó hace un par de semanas.

¡Windows 7 no reconoce mi cámara!

Aunque Windows 7 generalmente le da la bienvenida a una cámara en cuanto la conecta a su PC, a veces los dos no se hacen amigos inmediatamente. Windows 7 puede no mostrar el menú Import Photos (Importar fotos) o puede intervenir otro programa. Si ocurren estos problemas, desconecte su cámara y espere diez segundos antes de volver a conectarla.

Si eso no arregla el asunto, siga estos pasos:

1. **Haga clic en Start (Inicio), seleccione Default Programs (Programas predeterminados) y luego Change AutoPlay Settings (Cambiar configuración de reproducción automática).**

2. **Deslícese hacia abajo hasta el área Devices (Dispositivos).**

El área Devices vive en el extremo inferior de la ventana.

3. **Elija su cámara, seleccione Import Using Windows (Importar con Windows) en la lista que muestra el menú desplegable y haga clic en Save (Guardar).**

Si Windows 7 *aún* no le da la bienvenida a su cámara cuando la conecta, entonces Windows 7 necesita un traductor para entender el idioma de su cámara. Desafortunadamente, ese traductor tendrá que ser el software incluido con la cámara. Si ya no tiene el software, generalmente lo puede descargar del sitio Web del fabricante de su cámara.

Para editar de forma práctica, explico cómo descargar el programa gratuito de Microsoft Windows Live Essentials, y corregir esos errores que no notó cuando tomaba la fotografía.

Arrojar las fotos desde la cámara digital a su computadora

En su mayoría, las cámaras digitales incluyen un software que toma las fotos de su cámara y las coloca en su computadora. Pero por suerte no necesita instalarlo, ni siquiera preocuparse por entenderlo. El software integrado de Windows 7 recupera fácilmente las fotos de casi cualquier marca y modelo de cámara digital cuando sigue estos pasos:

1. **Conecte el cable de la cámara digital en su computadora.**

   La mayoría de las cámaras vienen con dos cables: Uno que se conecta a su equipo de TV para visualizar y otro que se conecta a su PC. Necesita encontrar el que se conecta a su PC para transferir fotos.

   Conecte el extremo pequeño del cable de transferencia en su cámara y el extremo grande (se muestra en el margen) en el *puerto USB* de su computadora, un orificio de forma rectangular de aproximadamente

1,25 cm de largo (1/2 pulgada) y 0,65 cm de alto (1/4 de pulgada). (La mayoría de los puertos USB viven en la parte trasera de su computadora; las computadoras más nuevas los tienen al frente, y las portátiles los ubican a los costados).

2. **Encienda su cámara (Si todavía no está encendida) y espere que Windows 7 la reconozca.**

   Si está conectando la cámara por primera vez, Windows 7 a veces anuncia la presencia de la cámara indicando el número de modelo en una ventana emergente sobre la barra de tareas, junto al reloj.

   Si Windows 7 no reconoce su cámara, asegúrese de que la cámara está colocada en *display mode* (modo de visualización) — el modo en el que puede ver sus fotos en el visor de la cámara — en vez del modo que usa para tomar fotos. Si todavía tiene problemas, desconecte el cable de su PC, espere algunos segundos y vuelva a conectarlo.

   Cuando Windows 7 reconoce su cámara, aparece la ventana AutoPlay (Reproducción automática), como se muestra en la figura 16-1.

   ¿No ve la ventana AutoPlay? Intente abrir Computer (Computadora) desde el menú Start (Inicio) y haga doble clic en el icono de su cámara, como se muestra en el margen.

Figura 16-1:
Haga clic en la opción Import Pictures and Videos Using Windows para que Windows 7 extraiga automáticamente las fotos de su cámara.

3. **En la ventana AutoPlay, seleccione la casilla de verificación llamada Always Do This for This Device (Elegir siempre esta opción para este dispositivo) y luego haga clic en la opción Import Pictures and Videos Using Windows (Importar imágenes y videos con Windows).**

Seleccionar la casilla de verificación Always Do This for This Device es una opción para ahorrar tiempo que le dice a Windows 7 que capture automáticamente las fotos de su cámara cada vez que la conecta a su PC.

Después de hacer clic en la opción Import Pictures and Videos Using Windows, aparecerá el cuadro de diálogo Import Pictures and Videos (Importar imágenes y videos), como se muestra en la Figura 16-2.

4. **Escriba una *etiqueta* o nombre para sus fotos y haga clic en el botón Import (Importar).**

Escriba una palabra o dos para describir las fotos, como se muestra en la Figura 16-2. Si por ejemplo, escribe la palabra **Cat** (Gato), Windows 7 nombra las fotos entrantes como Cat 001, Cat 002, Cat 003, y así sucesivamente. Más adelante, podrá encontrar estas imágenes buscando la palabra **Cat** en la casilla de búsqueda del menú Start.

El etiquetado funciona mejor cuando todas sus fotos vienen de *una* sesión — esa tarde lluviosa que pasó con el gato, por ejemplo.

Figura 16-2:
Escriba una etiqueta o nombre que describa su sesión de fotos.

Al hacer clic en el botón Import (Importar) se copian las fotos de su cámara a su PC y se cambia el nombre automáticamente.

Hacer clic en las palabras Import Settings (Configuración de importación), se muestra en el extremo inferior izquierdo de la Figura 16-2, le permite cambiar el modo en que Windows 7 importa sus fotos. Vale la pena echarle un vistazo, porque permite deshacer cualquier opción que haya elegido por error cuando importaba su primer grupo de fotos.

5. **Seleccione la casilla de verificación Erase After Importing (Borrar después de importar).**

Si no borra las fotos de su cámara después de que Windows 7 las copia en su PC, no tendrá espacio para tomar más fotos. Mientras Windows 7 captura sus fotos, haga clic en Erase After Importing, como se muestra en la Figura 16-3, para que Windows 7 borre las fotos de la cámara, ahorrándole el trabajo de buscar entre los menús de su cámara.

Cuando Windows termina de importar sus fotos, muestra la carpeta que contiene sus nuevas imágenes.

Capturar las fotos de su cámara con un lector de tarjetas

Windows 7 toma las fotos de su cámara de forma bastante sencilla. Pero un *lector de tarjetas de memoria* no solamente acelera el trabajo, sino que es su única opción cuando pierde el cable de transferencia de la cámara. Un lector de tarjetas de memoria es una pequeña caja con un cable que se conecta en el puerto USB de su computadora — el mismo puerto que utiliza su cámara.

Para mover las imágenes de su cámara a su computadora, retire la tarjeta de memoria de la cámara y deslice la tarjeta en la ranura del lector de tarjetas. Windows 7 advierte que insertó la tarjeta y la trata del mismo modo que a su cámara, ofreciéndole menús similares.

O elija Computer (Computadora) desde el menú Start (Inicio) y haga doble clic en la letra de la unidad lectora de tarjetas para ver todas las fotos. Desde aquí puede seleccionar las fotos que desee, y luego cortarlas y pegarlas a una carpeta de su biblioteca Pictures.

Los lectores de tarjetas de memoria son baratos (menos de 20 dólares), fáciles de configurar, rápidos para copiar imágenes y mucho más convenientes. Además, puede dejar su cámara apagada mientras vuelca las fotos de sus vacaciones, ahorrando baterías. Cuando compre un lector de tarjetas, asegúrese de que pueda leer el tipo de tarjetas de memoria que utiliza su cámara — además de muchos otros tipos de tarjetas de memoria. (Eso garantiza que funcionará con cualquier dispositivo relacionado con computadoras que pueda adquirir durante las vacaciones).

Figura 16-3:
Seleccione la casilla Erase After Importing y libere espacio en su cámara para tomar más fotos.

Navegar por sus fotos en la biblioteca Pictures

Su biblioteca Pictures, ubicada a un clic sobre el lateral derecho del menú Start, gana fama fácilmente como el mejor lugar de Windows 7 para guardar sus fotos digitales. Cuando Windows 7 importa las fotos de su cámara digital, automáticamente las despacha aquí para aprovechar las herramientas de visualización integradas de esa carpeta.

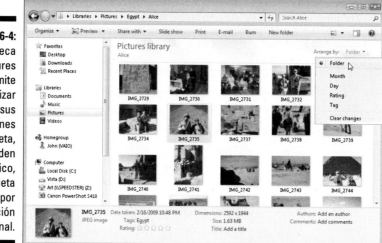

Para espiar dentro de cualquier carpeta de su biblioteca Pictures, haga doble clic en el icono de la carpeta. Dentro de ella, cada carpeta ofrece las herramientas típicas de visualización de archivos de cualquier carpeta, además de una conveniente fila de botones en el extremo superior para mostrar, enviar por correo electrónico o imprimir las fotos seleccionadas. (Haga clic en el botón View, que se muestra en el margen, para alternar rápidamente entre distintos tamaños de miniaturas).

Como se muestra en la Figura 16-4, la biblioteca Pictures ofrece millones de maneras de ordenar rápidamente miles de fotos haciendo clic en distintas palabras, fechas y calificaciones que se muestran en la lista desplegable Arrange By (Organizar por). Haga doble clic en cualquier foto para acceder a una vista más grande en Photo Viewer; regrese a la biblioteca Pictures cerrando el Photo Viewer con un clic en la X roja ubicada en la esquina superior derecha del programa.

Figura 16-4:
La biblioteca Pictures permite organizar sus imágenes por carpeta, por orden cronológico, por etiqueta o por calificación personal.

Las opciones en la lista desplegable Arrange By (Organizar por) le permiten organizar sus fotos de varias maneras:

✔ **Folder (Carpeta):** Es la vista más común, le muestra su biblioteca Pictures completa con todas las carpetas que contiene. Haga doble clic en cualquier carpeta para ver el contenido; haga clic en la flecha azul que apunta hacia atrás y se ubica en la esquina superior derecha para volver.

✔ **Month (Mes):** Práctico para ver fotos tomadas en un plazo largo, esta opción apila sus fotos en grupos organizados por el mes en el que las tomó. Por ejemplo, haga doble clic en la pila July 2008 (julio de 2008) para ver todas las fotos que tomó en ese mes en particular.

✔ **Day (Día):** Haga clic en esta opción cuando quiera ver todas las fotos tomadas en un día en particular. La biblioteca Pictures las agrupa por día, con las fotos más recientes arriba.

✔ **Rating (Calificación):** ¿Vio una foto que realmente quiere conservar? ¿O tal vez una horrible? Califique la foto o fotos que seleccionó actualmente haciendo clic en cualquiera de las estrellas de calificación del Details Pane (Panel de detalles), como se muestra en el extremo inferior de la Figura 16-4.

✔ **Tag (Etiqueta):** ¿Recuerda la etiqueta que le asignó a sus fotos cuando las importó desde su cámara digital en la Figura 16-2? La biblioteca Pictures apila sus fotos según sus etiquetas, permitiéndole recuperar fotos etiquetadas con un solo clic. Siéntase libre de agregar etiquetas en el momento: Selecciones su fotos del Tío Frank (seleccione varias fotos manteniendo presionada la tecla Ctrl mientras hace clic en cada una), haga clic en el área Tag del Details Pane en el extremo inferior de la ventana, y escriba **Tío Frank** para agregar ese nombre como etiqueta.

Al organizar las fechas, etiquetas y calificaciones, puede encontrar las fotos especiales que está buscando. Los siguientes consejos también aumentan sus posibilidades de ubicar una foto en particular.

✔ ¿Vio una foto borrosa o fea? Haga clic derecho y seleccione Delete (Eliminar). Al sacar la basura con la tecla Delete, las fotos buenas son más fáciles de encontrar.

✔ Puede asignar varias etiquetas distintas a una foto, agregando una etiqueta por cada persona que aparezca en una foto grupal, por ejemplo: **Barack; Michelle; Sasha; Malia**. (Cada etiqueta se separa con un punto y coma). Cuando agrega varias etiquetas, esa foto aparece en búsquedas de *cualquiera* de sus etiquetas.

✔ Windows 7 abandonó el Preview Pane de Vista que se ubicaba en el costado derecho de la biblioteca. Para reemplazarlo con el Preview Pane más limitado de Windows 7, haga clic en el botón Organize (Organizar), seleccione Layout (Diseño) y luego Preview Pane.

✔ ¿No ve suficientes detalles sobre una foto en el extremo inferior de la carpeta? Arrastre el extremo superior del Details Pane (Panel de detalles) hacia arriba con su mouse y el panel se expande para mostrar montones de información.

✔ Escriba la etiqueta de cualquier foto en la casilla de búsqueda de la biblioteca Pictures, ubicada en la esquina superior derecha, y Windows 7 mostrará rápidamente fotos asignadas a esa etiqueta en particular.

Girar fotos invertidas

En los viejos tiempos nunca importaba si inclinaba su cámara cuando tomaba la foto, simplemente giraba la foto impresa para verla. La mayoría de los monitores de computadoras actuales no giran, así que Windows 7 rota la foto por usted — si se da cuenta cómo.

El truco es hacer clic derecho sobre cualquier foto que se vea oblicua. Seleccione Rotate Clockwise (Girar en el sentido de las agujas del reloj) o Rotate Counter Clockwise (Girar en el sentido opuesto a las agujas del reloj) para convertir a sus acantilados verdes en praderas herbáceas.

CONSEJO

✔ ¿Desea cubrir su escritorio completo con una foto? Haga clic derecho en la imagen y seleccione Set As Background (Establecer como fondo de escritorio). Windows inmediatamente despliega esa foto en su escritorio.

✔ Coloque el puntero de su mouse sobre cualquier foto para ver la fecha en la que la tomó, su calificación, tamaño y dimensiones. (Esa información también aparece en el Details Pane, sobre el extremo inferior de la ventana).

Ver una presentación de diapositivas

Windows 7 ofrece una presentación de diapositivas simple que muestra una foto tras otra. No es de lujo, pero es una opción integrada de mostrar fotos a amigos que se apiñan alrededor de su monitor. Haga que las fotos comiencen a fluir por la pantalla con cualquiera de estos dos métodos.

`Slide show`

✔ Cuando esté en su carpeta o en la biblioteca Pictures, haga clic en el botón Slide Show (Presentación de Diapositivas, se muestra en el margen) en el extremo superior de la carpeta.

✔ Cuando vea una sola foto en Windows Photo Viewer, haga clic en el botón grande y redondo de Play Slide Show (se muestra en el margen) desde el extremo inferior central de la carpeta.

Windows inmediatamente oscurece el monitor, llena la pantalla con la primera imagen y va pasando cada imagen de la carpeta.

El botón Slide Show crea presentaciones de diapositivas rápidas en el momento, pero si busca presentaciones de diapositivas que pueda guardar en un DVD para darle a sus amigos, consulte la última sección de este capítulo. Ahí le explico cómo crear y guardar presentaciones de diapositivas con el programa integrado de Windows 7, Windows DVD Maker.

Hay más consejos para presentaciones de diapositivas exitosas creadas en el momento:

✔ Antes de comenzar la presentación de diapositivas, rote cualquier imagen que esté de lado para que aparezca en la posición correcta. Haga clic derecho en la imagen problemática y seleccione Rotate Clockwise o Rotate Counterclockwise.

✔ La presentación de diapositivas solamente incluye fotos de su carpeta actual; no se sumergirá en carpetas que estén *dentro* de esa carpeta para mostrar esas fotos también.

✔ Seleccione unas pocas imágenes de una carpeta y haga clic en el botón Slide Show (Presentación de diapositivas) para limitarse a mostrar solamente esas imágenes. (Mantenga presionado Ctrl mientras hace clic en una imagen para seleccionar más de una).

✔ Siéntase libre de agregar música a su presentación de diapositivas reproduciendo una canción en Media Player, como se describe en el Capítulo 15, antes de comenzar su presentación. O si compró un CD de música Hawaiana mientras pasaba sus vacaciones en las islas, insértelo en su reproductor de CD para tener una banda sonora durante la presentación de diapositivas de sus vacaciones.

Copiar fotos digitales a un CD o DVD

Para hacer una copia de seguridad de todas sus fotos digitales, active el programa de backup de Windows 7, el cual cubro en el Capítulo 12. Pero si solamente quiere copiar algunas fotos a un CD o DVD, quédese por aquí.

Vaya a la tienda de suministros para oficinas o computadoras y compre una pila de CDs o DVDs en blanco compatibles con la unidad de su PC. (Explico cómo diferenciar qué tipo de unidad de disco vive en su PC en el Capítulo 4).

Luego, siga estos pasos para copiar archivos de su biblioteca Pictures a un CD o DVD en blanco.

Burn

1. **Abra su biblioteca Pictures desde el menú Start, seleccione las fotos deseadas y haga clic en el botón Burn (Grabar).**

   Abra la biblioteca Pictures y luego abra la carpeta que contiene las fotos que desea copiar al disco. Seleccione las fotos y carpetas que desea copiar manteniendo presionada la tecla Ctrl y haciendo clic en sus iconos. O bien para seleccionarlas a *todas*, mantenga presionado Ctrl y presione la letra A. Cuando haga clic en el botón Burn, Windows 7 le pedirá que inserte un disco en blanco en su unidad.

2. **Inserte un CD o DVD en blanco en su unidad de grabación de discos.**

Si está copiando muchos archivos, inserte un DVD en su grabadora de DVD, ya que los DVD pueden almacenar hasta cinco veces la información que almacena un CD. Si va a regalar el disco a un amigo, inserte un CD en blanco, ya que los CD cuestan menos.

3. **Decida cómo usar el disco.**

Windows ofrece dos opciones cuando crea el disco:

- **Like a USB flash drive (Como una unidad flash USB):** Seleccione esta opción cuando pretenda que otras PC lean el disco. Windows 7 trata el disco del mismo modo que una carpeta, permitiéndole copiar fotos adicionales al disco posteriormente. Es una buena opción cuando guarda unas pocas imágenes, porque puede agregar más al disco en otro momento.

- **With a CD/DVD player (Con un reproductor de CD/DVD):** Seleccione esta opción para crear discos que se reproduzcan en reproductores de CD y DVD conectados a la TV. Después de escribir en el disco, éste queda sellado para que no pueda volver a escribir en él. No elija esta opción a menos que planee ver el disco en una TV.

4. **Escriba un nombre para su disco de resguardo y haga clic en Next.**

Escriba la fecha de hoy y las palabras **Copia de seguridad de fotos**, o algo descriptivo similar. Windows 7 empieza a hacer copias de seguridad de todas las fotos de esa carpeta en el disco.

5. **Haga clic en el botón Burn o Burn to Disc nuevamente, si es necesario.**

Si seleccionó With a CD/DVD Player en el Paso 3, haga clic en Burn to Disc para empezar a copiar sus fotos al disco.

Si no seleccionó ninguna foto o carpeta en el Paso 1, Windows abre una ventana en blanco que le muestra el contenido del CD recién insertado: nada. Arrastre y suelte las fotos que desea grabar en esa ventana. O para copiarlas todas, vuelva a la biblioteca Pictures y haga clic en Burn.

¿No tiene suficiente espacio en el CD o DVD para grabar todos sus archivos? Desafortunadamente, Windows 7 no es tan inteligente como para decirle cuándo insertar el segundo disco. En vez de eso, se queja de que no tiene suficiente espacio y no graba *ningún* disco. En ese caso, vaya al programa mucho más inteligente de backup de Windows 7 (ver Capítulo 12), que tiene la astucia necesaria para dividir su copia de seguridad en varios discos.

Mantener organizadas las fotos digitales

Es tentador crear una carpeta que se llame Fotos Nuevas en su biblioteca Pictures y comenzar a volcar imágenes nuevas adentro. Pero cuando llega el momento de encontrar una foto en particular días después, el sistema colapsa rápidamente. Las herramientas de importación de Windows 7 hacen el buen trabajo de nombrar cada sesión de fotos con la fecha y la etiqueta. Estos consejos también ayudan a mantener sus imágenes organizadas y fáciles de recuperar:

✔ Asigne unas pocas etiquetas clave, como *Hogar, Viaje, Parientes* o *Vacaciones* a sus fotos. Buscar esas etiquetas hace que sea más sencillo ver todas las imágenes tomadas en su propia casa, mientras está de viaje, cuando visita a sus parientes o durante las vacaciones.

✔ Windows asigna su etiqueta elegida a cada grupo de fotos que importa. Invierta un poco de tiempo en asignar más etiquetas a cada foto. (Puede asignar varias etiquetas a una foto colocando un punto y coma entre cada etiqueta).

✔ Si la fotografía digital se vuelve un hobby, considere la posibilidad de instalar uno de los muchos programas de fotografía de terceros, como Windows Live Photo Gallery (www.download.live.com), el cual describo en este capítulo, o Picasa de Google (www.picasa.google.com). Estos brindan más funciones de administración y edición de fotos, mejorando las herramientas básicas de Windows 7.

Enviar imágenes por correo electrónico

A diferencia de Windows XP y Windows Vista, Windows 7 ya no incluye un programa de correo electrónico. Entonces, ¿cómo envía correo electrónico? Bueno, mucha gente termina recurriendo a un programa en línea como Gmail de Google (www.gmail.com).

Microsoft prefiere que descargue su propio programa Windows Live Mail como reemplazo, así que hablo de ese programa — y cómo hacer que envíe sus fotografías por correo electrónico — en el Capítulo 9.

Imprimir imágenes

El Photo Printing Wizard (Asistente para impresión de fotografías) de Windows 7 ofrece casi tantas opciones como el mostrador de la tienda fotográfica, imprime fotos satinadas a página completa, impresiones pequeñas para la billetera y casi cualquier otro tamaño intermedio.

La clave para imprimir buenas fotografías es comprar papel fotográfico bueno (y caro) y usar una impresora con calidad fotográfica. Pida ver muestras de impresión antes de comprar una impresora y luego compre el papel de calidad fotográfica recomendado por esa impresora.

Antes de imprimir sus fotos, siéntase libre de recortar y ajustar sus colores en un programa de edición fotográfica como Windows Live Photo Gallery, el cual describo más adelante en este capítulo, en la sección "Componer fotos con Windows Live Photo Gallery".

Aquí explico cómo mover fotos de su pantalla a la página impresa:

1. **Abra Pictures (imágenes) desde el menú Start (Inicio) y seleccione las fotos que desea imprimir.**

   ¿Desea imprimir una foto? Entonces haga clic en ella. Para seleccionar más de una foto, mantenga presionada la tecla Ctrl mientras hace clic en cada una.

2. **Dígale a Windows 7 que imprima las fotos seleccionadas.**

   Puede decirle a Windows 7 que imprima su selección de cualquiera de estas formas:

   • Haga clic en el botón Print (Imprimir) de la barra de herramientas de la carpeta. Verá un práctico botón Print en la parte superior de cada carpeta de su biblioteca Pictures.

   • Haga clic derecho en cualquiera de las fotos seleccionadas y elija la opción Print (Imprimir) del menú emergente.

   No importa qué método utilice, aparecerá la ventana Print Pictures (Imprimir imágenes), como se muestra en la Figura 16-5.

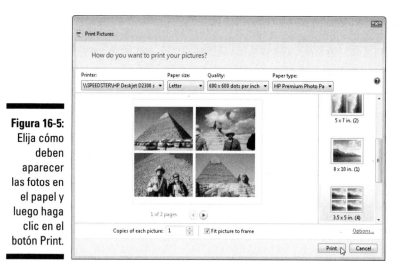

Figura 16-5:
Elija cómo deben aparecer las fotos en el papel y luego haga clic en el botón Print.

3. **Seleccione su impresora, tamaño de papel, calidad de papel, tipo de papel, diseño de impresión y cantidad de copias para cada imagen.**

La ventana Print Pictures le permite ajustar varias opciones. (Si no toca *nada*, Windows 7 imprime una copia de cada foto a lo largo de una costosa hoja de papel fotográfico de 21,59 cm x 27,94 cm (8½-x-11 pulgadas).

- **Printer (Impresora):** Windows 7 muestra su impresora predeterminada — su única impresora si solamente tiene una — en la lista desplegable del extremo superior izquierdo. Si tiene una segunda impresora que utiliza solamente para fotos, seleccione esa impresora en la lista desplegable.

- **Paper size (Tamaño de papel):** Windows 7 enumera distintos papeles en esta lista desplegable, en caso de que imprima en algo distinto del papel fotográfico normal de 21,59 cm x 27,94 cm (8½-x-11 pulgadas).

- **Quality (Calidad):** Deje esto en 600 x 600 dots per inch (puntos por pulgada) para la mayoría de las impresoras fotográficas. Si imprime en una impresora común, cambie a 300 x 300 dots per inch.

- **Paper Type (Tipo de papel):** Seleccione el tipo de papel que colocó en su impresora, generalmente Photo Paper (Papel fotográfico).

- **Layout (Diseño):** En el borde derecho de la ventana Print Picture seleccione cómo Windows 7 debe organizar las fotos en la página. Por ejemplo, puede imprimir cada foto de modo que ocupe una página completa, imprimir nueve fotos en miniatura para su billetera o imprimir un tamaño intermedio. Cada vez que selecciona una opción, el asistente muestra una vista previa de la página impresa, como en la Figura 16-5.

- **Copies of each picture (Copias de cada imagen):** Seleccione cualquier número entre 1 y 99 copias de cada imagen.

- **Fit Picture to Frame (Ajustar imagen al marco):** Deje esta casilla de verificación seleccionada para que Windows 7 cubra el papel con la foto. (Esta opción puede recortar levemente los bordes de su foto para que se ajuste mejor al tamaño de papel).

4. **Inserte papel fotográfico en su impresora y haga clic en Print (Imprimir).**

Siga las instrucciones para insertar el papel fotográfico en su impresora. Debe estar en la dirección correcta y del lado indicado. Algunos papeles requieren una hoja dura de base, además.

Haga clic en Print (Imprimir), y Windows 7 lanza su foto a la impresora.

La mayoría de las tiendas de revelado de fotos imprimen sus fotos digitales con *mucha* mejor calidad de papel y tinta de lo que puede lograr su impresora. Y teniendo en cuenta el costo del papel para impresora y los cartuchos de tinta, los centros de revelado de fotos a veces resultan más económicos que imprimir las fotos usted mismo. Revise los precios y pregunte al centro de revelado cómo debe enviar sus fotos — en CD, tarjeta de memoria o a través de Internet.

Componer fotos con Windows Live Photo Gallery

Las herramientas integradas de fotografía de Windows 7 sirven perfectamente para funciones básicas de navegación, visualización, envío por correo electrónico e impresión. Pero puede que esté sediento de un editor sencillo de fotos cuando empiece a ver errores comunes en sus fotos horizontes inclinados, ojos rojos en las fotos con flash, colores gastados o fotos que necesitan recortes para resaltar los detalles.

Microsoft espera que su programa gratuito Live Photo Gallery satisfaga sus necesidades de edición de fotos. Los arreglos de fotos del programa no son permanentes. Si comete un error, haga clic en el botón Undo (Deshacer) en el extremo inferior de la pantalla. Si decide varios días después que cometió un error, seleccione esa imagen problemática, haga clic en el botón Fix (Arreglar) y verá el botón Revert (Revertir) en el extremo inferior de la imagen. Haga clic en él y Windows 7 *todavía* puede revertir la foto al estado original.

Live Photo Gallery también puede importar videos de una videograbadora digital, así que es un programa obligado para los dueños de videograbadoras.

Las siguientes secciones explican cómo descargar e instalar el programa, además de cómo realizar algunos arreglos rápidos en sus fotos.

Instalar Windows Live Photo Gallery

Describo cómo descargar un programa de Live Essentials con más detalle en el Capítulo 9, donde explico cómo descargar Windows Live Mail. Si no desea volver a esa página, estos datos básicos deberían alcanzarle:

1. **Visite el sitio Web de Windows Live (`www.download.live.com`) y descargue el programa de instalación de Windows Live Essentials a su carpeta Downloads (Descargas).**

2. **Haga doble clic en el programa de instalación dentro de su carpeta Downloads.**

3. **Coloque una casilla de verificación junto al programa Photo Gallery y luego haga clic en el botón Install.**

   Si planea editar video digital en su PC, descargue Windows Live Movie Maker al mismo tiempo. (No necesita descargar *todos* los programas de Windows Live).

4. **Asegúrese de que el programa de instalación no cambie la página de inicio de su navegador Web ni tampoco su proveedor de búsquedas y luego haga clic en Continue (Continuar).**

5. **Si necesita una dirección de correo electrónico, cree una cuenta de Windows Live y luego haga clic en OK (Aceptar); de lo contrario, haga clic en Close (Cerrar).**

6. **Cargue el programa.**

   Haga clic en el botón Start (Inicio), seleccione All Programs (Todos los programas), elija Windows Live y haga clic en Windows Live Photo Gallery.

7. **Inicie sesión con una Windows Live ID (Identidad de Windows Live), si lo desea. Si no desea registrarse, simplemente haga clic en Cancel (Cancelar).**

   Cuando se inicia por primera vez, el programa le pide que inicie sesión con una Windows Live ID (Eso le brinda acceso a un área para compartir fotos en línea). No crea que debe apuntarse para Otra Cuenta de Correo Electrónico a menos que necesite una. Simplemente haga clic en Cancel para empezar a usar el programa.

   Si desea iniciar sesión más tarde con una Windows Live ID, haga clic en el botón Sign In (Iniciar sesión) que siempre encontrará en la esquina superior derecha del programa.

   El programa también le pregunta si desea que Windows Live Photo Gallery abra archivos con formato JPG, TIF, PNG, WDP, BMP e ICO. Si le parece que el Windows Photo Viewer integrado ya hace un buen trabajo para mostrar estos archivos, haga clic en No. Si desea que su nuevo Windows Live Photo Gallery maneje estos menesteres, haga clic en Yes (Sí).

Luego de unos breves instantes, el programa aparece en su pantalla con sus fotos ya catalogadas según la fecha en la que las tomó, como se muestra en la Figura 16-6.

Las siguientes secciones explican cómo componer sus fotos con las herramientas de arreglo fáciles de usar de la galería.

Asegúrese de arreglar sus fotos *antes* de imprimirlas o enviarlas a imprimir. Un poco de recortes y ajustes mejoran considerablemente la apariencia de sus fotos antes de inmortalizarlas en papel.

Figura 16-6:
El programa descargable gratuito de Microsoft, Windows Live Photo Gallery, le permite organizar fotos, además de aplicarles arreglos básicos.

La mayoría de las herramientas de edición del programa dependen de deslizar una barra hacia la izquierda o derecha. En vez de mover tímidamente la barra para editar una foto, muévala primero hacia uno de los extremos y luego al otro. Eso le permite ver los resultados de corregir demasiado o muy poco, permitiéndole hacer correcciones más sutiles.

Ajustar fotos automáticamente

Las fotografías capturan la luz que entra a la cámara a través del lente, y esa luz rara vez se ve igual a la que lo ilumina desde el monitor de su computadora. Para ajustar la diferencia, Windows Live Photo Gallery le permite regular el color de una foto, además de corregir fotos *sobreexpuestas* o *subexpuestas* — un problema que ocurre cuando su cámara captura poca o demasiada luz.

Esta es la forma más fácil y rápida de ajustar la luz de una foto en particular:

1. **Abra Windows Live Photo Gallery, haga clic en esa foto espantosa y haga clic en el botón Fix (Arreglar) de la barra de herramientas.**

   Cuando se descarga y se instala, Windows Live Photo Gallery vive en el área All Programs (Todos los programas) del menú Start. Las herramientas de reparación de fotos aparecen rápidamente sobre el lateral derecho de la ventana, como se ve en la Figura 16-7.

Figura 16-7:
Windows
Live Photo
Gallery
ofrece sus
herram-
ientas para
arreglar
fotos en el
costado
derecho.

2. **Haga clic en Auto Adjust (Ajuste automático).**

   La inteligencia robótica del programa elige la configuración que cree que necesita la foto. Asombrosamente, Auto Adjust suele hacer que la foto se vea mucho mejor. Si cree que la foto ahora se ve perfecta, ya terminó; haga clic en el botón Back to Gallery (Volver a Gallery) para guardar sus cambios y seguir adelante. Pero si se ve peor o no está arreglada del todo, vaya al Paso 3.

3. **En la categoría Adjust Exposure (Ajustar exposición), ajuste las opciones de configuración Brightness (Brillo), Contrast (Contraste), Shadows (Sombras) y Highlights (Resaltado).**

   La herramienta Auto Adjust (Ajuste automático) casi siempre cambia las configuraciones de exposición de una foto. Las barras deslizables normalmente están centradas, pero después de que Auto Adjust haga su trabajo, una o dos estarán descentradas. Deslice las barras para afinar aún más los cambios de Auto Adjust. Si la foto *todavía* no se ve bien, vaya al Paso 4.

   Después de utilizar una categoría de herramientas como Adjust Exposure, haga clic en su nombre para reducir sus herramientas. Eso hace que sea más sencillo encontrar y ajustar las otras opciones de categoría.

4. **En la categoría Adjust Color, ajuste la configuración de Tint (Tinte), Color Temperature (Temperatura del color) y Saturation (Saturación).**

   Igual que antes, deslice las barras hacia el centro o el extremo para intensificar o eliminar la configuración Auto Adjust.

5. Guarde o descarte sus cambios.

Si está conforme con el resultado, guarde los cambios haciendo clic en el botón Back to Gallery de la esquina superior izquierda o bien cerrando la galería.

Pero si la foto se ve peor que nunca, descarte sus cambios: Siga haciendo clic en el botón Undo (Deshacer) del extremo inferior para eliminar todos los cambios o revierta al estado original haciendo clic en la flecha pequeña junto al botón Undo (Deshacer) y seleccionando la opción Undo All (Deshacer todo).

Enderezar fotos

Al enfocar una ardilla que corre a toda prisa por un pino, pocas personas recuerdan tareas mundanas como mantener el horizonte perfectamente recto en el visor. Los edificios fotografiados también suelen inclinarse. La herramienta Straighten (Enderezar) arregla muy fácilmente horizontes en diagonal y edificios inclinados.

1. Abra Windows Live Photo Gallery, haga clic en la foto inclinada y luego en el botón Fix (Arreglar) de la barra de herramientas.

Windows Live Photo Gallery abre su foto y muestra la lista de herramientas para arreglar fotos en el costado derecho.

2. Haga clic en Straighten Photo (Enderezar foto).

El programa adivina inmediatamente qué está mal, muestra su foto realineada y coloca una grilla sobre los resultados.

3. De ser necesario, mueva la barra deslizable de Straighten Photo para ajustar la inclinación.

Deslícela hacia la derecha para inclinar la imagen en el sentido de las agujas del reloj; deslícela hacia la izquierda para inclinar la foto en el sentido contrario a las agujas del reloj. A medida que la desliza, alinee la grilla con el horizonte, el borde de un edificio o una persona de pie.

4. Haga clic en Back to Gallery para guardar los cambios.

No haga clic en Auto Adjust después de enderezar su imagen. Cuando Auto Adjust adivina cómo corregir el color y el contraste, también adivina cómo se debe enderezar su foto, eliminando sus cuidadosos cambios en el proceso. Si desea hacer un ajuste automático en una foto, use el comando Auto Adjust *antes* de usar la herramienta Straighten Photo.

Recortar fotos

Usted recorta una foto cada vez que toma una. Cuando mira a través del lente de la cámara o en su pantalla color, apuntando la cámara y acercándose o alejándose hasta que el tema aparezca bien encuadrado.

Pero cuando vuelve a su casa, puede notar que su encuadre rápido no era tan bueno como pensó. Por ejemplo, un poste telefónico sale de la cabeza de una persona, o esa pequeña rana desaparece en un fondo de hojas.

La opción Crop puede resolver ambos problemas, permitiéndole eliminar las partes malas de una fotos y mejorar las buenas. Estos pasos muestran cómo recortar una foto tomada desde el interior para quitar el marco de una ventana y hacer que un objeto distante parezca más cercano.

Fix

1. **Abra Windows Live Photo Gallery, haga clic en la foto problemática y haga clic en el botón Fix (Arreglar).**

   Cuando se descarga y se instala, Windows Live Photo Gallery vive en el área All Programs (Todos los programas) del menú Start.

2. **Haga clic en la herramienta Crop Picture (Recortar imagen) y elija su proporción.**

   La herramienta Crop Picture coloca un rectángulo en su foto, como se muestra en la Figura 16-8. El rectángulo muestra el área recortada — todo lo que quede fuera del rectángulo se eliminará.

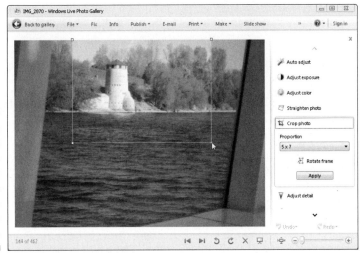

Figura 16-8: Ajuste el rectángulo hasta adecuarse al área que desea recortar.

Seleccione una proporción que coincida con cómo se verá la foto — como una impresión de 12,7 x 17,74 cm (5 x 7 pulgadas), por ejemplo. Siéntase libre de hacer clic en Rotate Frame (Rotar cuadro) si eso encuadra mejor su tema.

¿Planea hacer una presentación de diapositivas en DVD con Windows DVD Maker? Recortar fotos horizontalmente con una proporción de 16 x 9 hace que aparezcan a pantalla completa en una TV de pantalla ancha.

3. Ajuste el área recortada en torno a su tema.

Windows 7 coloca el rectángulo en el centro de su foto, y rara vez es el mejor lugar para recortar. Reubique el rectángulo señalándolo, y mientras mantiene presionado el botón del mouse, mueva el mouse para arrastrar el área de recorte a una nueva posición. Luego, ajuste el tamaño del rectángulo deslizando las esquinas hacia adentro o hacia afuera.

Para recortes y tomas más interesantes, siga la *regla de los tercios*. Imagine dos líneas verticales y horizontales que dividen su foto en tercios iguales. Luego, ubique el tema principal de la foto en cualquier lugar en el que esas líneas confluyan.

4. Haga clic en el botón Apply (Aplicar) para recortar la imagen.

Windows Live Photo Gallery recorta y elimina las porciones de la foto que están fuera de su cuadro. (Observe cómo la línea del agua y el castillo en la Figura 16-8 siguen la regla de los tercios).

5. Haga clic en Undo (Deshacer) si no está contento con el recorte; si está contento con él, haga clic en el botón Back to Gallery (Volver a Galería).

Recortar resulta práctico para crear fotos para su imagen de cuenta de usuario — la foto cuadrada que aparece encima de su menú Start. Seleccione Square (Cuadrado) del menú Proportion, recorte todo menos su cabeza, guarde la imagen y luego visite el área User Accounts (Cuentas de usuario) del Control Panel (Panel de control) para usar su nuevo retrato como imagen de su cuenta de usuario. (Explico las cuentas de usuario en el Capítulo 13).

Ajustar detalles y agregar efectos en blanco y negro

Dos de los ajustes menos utilizados que ofrece Windows Live Photo Gallery son Adjust Detail (Ajustar detalle) y Black and White Effects (Efectos en blanco y negro). Esta es la razón por la que rara vez se utilizan:

✔ **Adjust Detail (Ajustar detalle):** Este control deslizable toma su foto borrosa y acentúa los bordes, lo que engaña al ojo y le hace creer que tiene más textura. A menos que lo use sutilmente —por otra parte, agrega ruido lo que le da a su imagen un aspecto granulado— toque apenas este control deslizable o ni se moleste.

✔ **Black and White Effects (Efectos en blanco y negro):** Estos le permiten elegir una era para sus fotos, dándoles los tonos sepia de la fotografía antigua, un momento Kodak de los '60 o una apariencia en blanco y negro al estilo Ansel Adams. Los coleccionistas de recortes suelen disfrutar estos efectos para algunas tomas, pero la novedad se agota rápidamente.

Eliminar los ojos rojos

Las fotos con flash funcionan tan rápidamente que la pupila no tiene tiempo de contraerse. En vez de ver una pupila negra, la cámara captura la retina rojo sangre de la cara posterior del ojo, un problema conocido como *ojos rojos*.

La herramienta Fix Red Eye (Corregir ojos rojos) de Windows 7 reemplaza el rojo con un negro más natural, solucionando un problema que ha sido plaga entre los fotógrafos de fiestas de todo el mundo.

1. **Abra Windows Live Photo Gallery, haga clic en la foto con ojos rojos y luego en el botón Fix (Arreglar).**

   Cuando se descarga y se instala, Windows Live Photo Gallery vive en el área All Programs (Todos los programas) del menú Start.

   Acérquese al área con ojos rojos deslizando la barra del Navigation Pane ubicada a la derecha junto al extremo inferior derecho de la ventana. Luego, arrastre la foto con el puntero de su mouse hasta que el ojo rojo esté a la vista.

2. **Haga clic en Fix Red Eye, deslice un rectángulo alrededor de la parte roja de la pupila y luego suelte el botón del mouse.**

   Haga clic justo encima y al lado de la parte roja de la pupila, sostenga el botón del mouse y arrástrelo a lo largo para rodear la parte roja con un cuadrado.

   Al soltar el botón del mouse, el rojo se convierte en negro.

Crear una Película en DVD o una Presentación de Diapositivas en DVD con Windows DVD Maker

Windows DVD Maker logra algo que Windows XP nunca pudo: Crear DVDs que se reproducen en un reproductor de DVD. Con Windows XP, la gente tenía que comprar un programa de grabación de DVD de otra compañía o esperar que su nueva computadora viniera con uno preinstalado.

Nota: Si desea copiar o crear copias de seguridad en un DVD en blanco, no use DVD Maker. En vez de eso, copie los archivos al DVD del mismo modo que copia archivos a un CD o a cualquier carpeta, un proceso que describo en el Capítulo 4.

Siga estos pasos para crear una película en DVD o una presentación de diapositivas para reproducir en un reproductor de DVD y verla en su TV:

1. **Cargue Windows DVD Maker, si es necesario.**

   Haga clic en el botón Start, luego en All Programs (Todos los programas) y seleccione Windows DVD Maker.

2. **Haga clic en Add Items (Agregar elementos), agregue sus fotos o videos y haga clic en Next (Siguiente).**

   Haga clic en el botón Add Items y seleccione un archivo de video, tal vez algo que haya creado en Windows Live Movie Maker.

   Para crear una presentación de diapositivas con fotos, elija fotos que quiera agregar a su DVD. Si está creando una presentación de diapositivas, esta es su oportunidad de organizar el orden en el que se muestran las fotos arrastrándolas y soltándolas en distintos lugares.

   Para agregar *todas* las fotos a una carpeta, mantenga presionada la tecla Ctrl y presione A.

3. **Personalice el menú de apertura, si lo desea.**

   Pase algún tiempo aquí para crear el *menú de apertura* de su DVD — la pantalla que ve hasta que la última persona se sienta frente al televisor y puede presionar el botón Play de su control remoto. DVD Maker ofrece estas opciones de menú:

   • **Menu Text (Texto de menú):** Haga clic en este botón para elegir el título de su video o presentación de diapositivas, además de las opciones que deben aparecer en el menú. O quédese con las opciones predeterminadas que se encuentran en todos los DVD: Play (Reproducir) y Scenes (Escenas).

   • **Customize Menu (Personalizar menú):** Aquí puede cambiar la fuente y la imagen del menú de apertura, elegir un video para repetir en el fondo, elegir música para reproducir e incluso cambiar la forma del *scenes menu* (menú de escenas) — esa pantalla desde la que puede saltar rápidamente a distintas partes de su película. Haga clic en el botón Preview (Vista Previa) para asegurarse de que todo quedó tal como lo desea.

   • **Slide Show (Presentación de diapositivas):** Pensado específicamente para presentaciones de diapositivas, esta opción le permite elegir la música de fondo, el tiempo que permanece en pantalla cada foto y sus transiciones.

   • **Menu Styles (Estilos de menú):** Esta lista desplegable le permite abandonar el fondo predeterminado de DVD Maker y usar estos gráficos mejorados. (Me gusta el estilo Video Wall para videos y el estilo Photographs o Travel para presentación de diapositivas).

4. **Haga clic en Burn (Grabar).**

   Luego, aléjese de su computadora por unas horas. DVD Maker es una tortuga certificada.

   Cuando DVD Maker termina el trabajo, escupe un DVD, listo para que le escriba con un marcador indeleble y lo meta en su reproductor de DVD para ver en la TV.

Crear, Editar y Ver Videos Digitales

Los anaqueles de la mayoría de los dueños de videograbadoras están atestados de cintas llenas de grabaciones de sus vacaciones, eventos deportivos y niños bañándose en el barro. Desafortunadamente, Windows 7 abandonó el práctico programa de edición de videos que venía con Widnows XP y Windows Vista.

Así que si quiere convertir esa pila de cintas en películas completas y editadas, Microsoft pretende que descargue su sustituto diluido, Windows Live Movie Maker. (Microsoft no ha terminado completamente Windows Live Movie Maker al momento de escribir este libro, así que su versión de Windows Live Movie Maker puede diferir levemente de lo que describo en estos pasos).

Para ver lo que Windows Live Movie Maker tiene para ofrecer, descargue el programa desde el sitio Web Live Essentials de Microsoft (www.download. live.com). También necesita Windows Live Photo Gallery, el cual describe en la sección anterior, para importar los videos de su videograbadora.

El resto de esta sección explica los tres pasos que implican crear una película:

1. Importar.

   Por algún motivo, Windows Live Movie Maker no puede importar su video desde su cámara de video. En vez de eso, debe importarlo desde Windows Live Photo Gallery.

2. Editar.

   Este paso combina sus clips de video, música e imágenes en una película estructurada. Edite cada clip para ver solamente los mejores momentos y agregue *transiciones* — la forma en que un clip se esfuma hasta el siguiente — entre los clips. También añada una banda de sonido.

3. Publicar.

   Cuando termina de editar, Movie Maker combina su conjunto de clips o fotos en una película completa, lista para reproducirse en su computadora o guardarse en un DVD.

Crear películas requiere *muchísimo* espacio libre en el disco duro. Una película de 15 minutos puede consumir 2,5 GB. Si Movie Maker se queja del espacio, tiene dos opciones: Crear videos más pequeños o actualizar su computadora con un segundo disco duro.

Paso 1: Importar videos, imágenes y música

Si ya ha importado la grabación de una videocámara digital, salte al Paso 4 de esta sección y comience a partir de allí. Está mucho más adelantado que la manada.

Pero si está importando video de una videocámara digital, debe trabajar un poco más duro. Antes de que Movie Maker pueda editar el video de su videocámara digital, debe copiar la grabación en su computadora a través de un cable. La mayoría de las videocámaras digitales se conectan al puerto FireWire o USB 2.0 de una computadora. (Los puertos FireWire, también conocidos como IEEE 1394, funcionan mejor).

Cuando importa video a través de FireWire (IEEE 1394), solamente necesita conectar un cable entre la videocámara y el puerto FireWire. Con ese cable, Windows 7 captura el sonido y el video, *y además* controla la cámara.

Para copiar video digital a su computadora, siga estos pasos:

1. **Descargue e instale Windows Live Photo Gallery, como se describe al principio de este capítulo. Conecte su cámara digital a su computadora, abra Windows Live Photo Gallery, haga clic en el botón File (Archivo) y seleccione Import from a Camera or Scanner (Importar desde una cámara o escáner).**

   Si esta es la primera vez que conecta la videocámara digital, Windows 7 debería reconocerla inmediatamente. Para llamar la atención de Windows 7, cambie su videocámara a la configuración en la que reproduce — no en la que graba — el video. (Algunas videocámaras tienen esa función etiquetada como VCR).

2. **Seleccione el icono para su cámara en la ventana Import Photos and Videos. Luego, haga clic en Import (Importar).**

3. **Ingrese un nombre para su video, elija cómo importar la filmación y haga clic en Next (Siguiente).**

   Primero, póngale un nombre al video entrante que describa el evento filmado, ya sean sus vacaciones, una boda o una visita al parque de patinaje.

A continuación, elija una de las tres formas en las que Windows 7 le ofrece importar el video en su carpeta Videos:

- **Import the Entire Video (Importar el video completo):** Esta opción importa *todo* el video de su cinta, dividiendo cada toma en un segmento individual. Esta es la mejor opción, le permite elegir las mejoras tomas para su producto terminado y abandonar el resto en la sala de edición.

- **Choose Parts of the Video to Import (Seleccionar fragmentos del video para importar):** Elija esta opción laboriosa para importar solamente algunas partes de la cinta. Windows 7 muestra una ventana de reproducción con controles en pantalla. Adelante la cinta hasta la sección que quiera, haga clic en el botón Import para guardar su pedacito elegido y luego haga clic en Stop. Repita el proceso hasta que haya reunido todas los fragmentos que quiera y luego haga clic en Finish (Finalizar).

- **Burn the Entire Video to DVD (Grabar el video completo en un DVD):** Elija esta opción para copiar todo su video, sin editar, a un DVD. Aunque es conveniente, esto obliga su audiencia a ver *todo* lo que haya filmado, incluso las partes dolorosamente aburridas.

Deje que su computadora trabaje sin interrupción mientras captura el video, porque necesita montones de poder de procesamiento para capturar sin problemas. No trabaje con otros programas ni navegue por la Web.

Windows 7 guarda su video en la biblioteca Videos, visible cuando hace clic en el icono de Windows Explorer de la barra de tareas.

4. **Abra Windows Movie Maker Live si no está ejecutándose actualmente.**

Para llamar a Movie Maker Live, haga clic en el botón Start menu, seleccione All Programs (Todos los programas), elija Windows Live, y luego Windows Live Movie Maker.

5. **Reúna los videos, imágenes y música que desea incluir en su video.**

Como se muestra en la Figura 16-9, el menú de Movie Maker Live ofrece botones para agregar en dos secciones. Videos and Photos (Videos y fotos) y Soundtrack (Banda sonora).

- **Agregar videos:** Haga clic en el botón Add de la sección Videos and Photos, seleccione los videos que desee de la biblioteca Videos y luego haga clic en Open: Sus videos seleccionados aparecen en el panel derecho de Windows Live Movie Maker.

- **Agregar fotos:** Para agregar fotos, repita el proceso, pero seleccione fotos de su biblioteca Pictures.

- **Agregar música:** Haga clic en el botón Add de la sección Soundtrack para agregar archivos de música.

Figura 16-9:
Haga clic en
los botones
Add para
agregar
elementos a
su película.

Si agrega elementos por error al panel derecho de Windows Live Movie Maker, haga clic en ellos y luego seleccione el botón Remove (Eliminar). (Eso simplemente quita los elementos de la lista, no borra los originales).

Al final de este paso, el lateral derecho de Movie Maker Live se llenará con todos los videos, fotos y música que necesita para armar su película. En el segundo paso, que se describe en la próxima sección, combinará a todos para lograr el producto final.

Paso 2: Editar su película

Con este paso, ya terminó, si así lo desea. El programa empalma los clips, las fotos y las canciones en el orden en el que las agregó y crea una película. Haga clic en el botón Play (Reproducir) — el triángulo azul del extremo inferior — para verla.

Sin embargo, si se siente creativo y tiene algo de tiempo, edite su película de cualquiera de las siguientes maneras:

✔ **Cambie el orden de reproducción:** Arrastre clips y fotos a diferentes posiciones del panel derecho, cambiando el orden en el que se reproducen.

✔ **Elimine tomas o fotos malas:** ¿Vio un ángulo de cámara movido o una foto borrosa? Haga clic derecho en el elemento y elija Eliminar.

✔ **Recortar clips:** Para recortar un clip específico, haca clic en él, seleccione Edit (Editar) y haga clic en Trim (Recortar). Cuando aparezca una barra en cada extremo de la línea de tiempo azul, comience a recortar: Deslice la barra desde el frente para recortar el principio; deslice la barra trasera hacia el centro para recortar el final. ¿Satisfecho? Seleccione Save (Guardar) y Close (Cerrar).

✔ **Transiciones:** Para agregar *transiciones* — cómo fluye una toma a otra — haga clic en Visual Effects (Efectos visuales). Haga clic en un clip, luego en una de las tres transiciones para cambiar cómo ese clip fluye hacia el siguiente clip.

No tema que sus ediciones dañen el video original. Simplemente está trabajando con una copia, conserva todavía las copias maestras en su biblioteca Videos.

Mientras trabaja, siéntase libre de reproducir su película en cualquier momento. Simplemente haga clic en el botón Play (Reproducir) en la ventana de vista previa.

Paso 3: Guarde su película editada

Cuando haya terminado de editar sus clips en una película, haga clic en el botón Output (Salida) en la barra de herramientas de Movie Maker. El programa puede guardar su película como un solo archivo en su biblioteca Videos en cualquiera de estos formatos:

✔ **Windows Media DVD Quality (Calidad DVD de Windows Media):** Esta opción crea una película que puede grabar en un DVD con DVD Maker, el programa que cubro en la sección anterior.

✔ **Windows Media Portable Device (Windows Media para dispositivos portátiles):** Esta opción crea un archivo pequeño para reproducir en dispositivos portátiles como el Zune. (El programa no puede guardar videos en un formato para reproducir en un iPod).

Después de seleccionar una opción, escriba un nombre y haga clic en Save, Windows crea su película eligiendo el tamaño de archivo y calidad adecuados para el destino de su elección.

Publicar películas puede tomar *mucho* tiempo. Windows necesita organizar todos sus clips, crear las transiciones y bandas de sonido, y comprimir todo en un único archivo.

Parte VI

¡Ayuda!

The 5th Wave   por Rich Tennant

"Sabes, ¡nunca me voy a acostumbrar a ese icono de error con forma de bomba que explota!"

En esta parte. . .

Windows 7 puede realizar cientos de tareas en decenas de formas distintas, lo que significa que miles de cosas pueden fallar en algún momento.

Algunos problemas se solucionan fácilmente — si sabe cómo solucionarlos, ése es el punto. Por ejemplo, un clic fuera de lugar en el escritorio y sus íconos se desvanecen de repente. Sin embargo, un clic más pero en el lugar correcto los pondrá nuevamente en su lugar.

Otros problemas son mucho más complejos y exigen equipos de cirujanos informáticos para su diagnóstico, cura y consiguiente facturación.

Esta parte del libro lo ayuda a distinguir los problemas grandes de los pequeños. Sabrá si puede arreglar un problema usted mismo con unos pocos clics en dos patadas. También descubrirá cómo resolver uno de los más grandes problemas de la computación: cómo copiar la información de su vieja PC a su *nueva* PC.

Capítulo 17

El Caso de la Ventana Rota

En Este Capítulo

▶ Atenuar las pantallas de permisos de Windows 7

▶ Revivir archivos y carpetas eliminadas y sus versiones anteriores

▶ Recuperar una contraseña olvidada

▶ Reparar un mouse

▶ Reparar íconos y archivos desaparecidos, menús trabados y pantallas congeladas

A veces tiene la sensación de que algo anda mal. La computadora comienza a quejarse haciendo ruidos apagados o Windows 7 comienza a ejecutarse más despacio que el Congreso. En otras ocasiones, algo está podrido. Los programas se congelan, los menús aparecen una y otra vez o Windows 7 lo saluda con un acogedor mensaje de error cada vez que enciende su computadora.

Muchos de los problemas que parecen enormes se pueden resolver con lo que parecen pequeñas soluciones. Este capítulo puede señalarle cuál es la solución correcta.

Windows 7 No Para de Pedirme Permiso

En cuanto a la seguridad, Windows XP era medianamente fácil de deducir. Si tenía una cuenta de Administrator (Administrador) — y la mayoría de la gente tenía una — Windows XP prácticamente no se hacía notar. Sin embargo, los usuarios con cuentas menos poderosas como las Limited (Limitada) y Guest (Invitado), enfrentaban a menudo pantallas que les decían que sus acciones estaban sólo permitidas para las cuentas de Administrador.

Windows Vista tomó un camino más estridente, enviando pantallas fastidiosas incluso a las cuentas de Administrator para lo que a menudo parecían acciones inocuas. Aún cuando Windows 7 mejoró notablemente en este aspecto comparado con Windows Vista, ocasionalmente se raspará contra los alambres de púas de la defensa de Windows 7. Cuando otro programa intenta modificar algo en su PC, Windows 7 lo golpea con un mensaje como el que se ve en la Figura 17-1.

Los titulares de cuentas Standard ven un mensaje ligeramente diferente que les ordena buscar un usuario con cuenta de Administrador para que ingrese una contraseña.

Por supuesto, si estas pantallas aparecen demasiado seguido, la mayoría de la gente simplemente las ignora y les da su aprobación — incluso cuando esto pueda significar que le dieron vía libre a una pieza de spyware que se infiltrará en sus PC.

Así que cuando Windows 7 le muestre una pantalla de permiso, hágase esta pregunta:

¿Windows 7 me está pidiendo permiso por algo que *yo* hice o pedí? Si su respuesta es sí, entonces autorice sin más trámite la petición para que Windows 7 pueda completar lo que usted solicitó. Pero si Windows 7 le envía una pantalla de permiso de la nada, cuando no estuvo haciendo nada, entonces haga clic en No o Cancel (Cancelar). Esto evitará que elementos potencialmente peligrosos invadan su PC.

Si no tiene tiempo para ocuparse de esta molesta capa de seguridad y su PC está bien protegida con un firewall y un programa antivirus actualizado, encontrará cómo desactivar los permisos de cuenta de usuario de Windows 7 si lee el Capítulo 10.

Necesito System Restore para Arreglar Mi PC

Cuando su computadora está hecha un desastre, ¿no le encantaría retroceder al estado en que Windows funcionaba *bien?* Tal como en Windows XP y Windows Vista, System Restore (Restaurar Sistema), el programa para viajar en el tiempo incluido en Windows 7, le permite retroceder el reloj con unos pocos clics.

System Restore funciona de esta manera: De vez en cuando, Windows saca una instantánea, conocida como *restore point (punto de restauración),* de sus configuraciones más importantes y las guarda por fecha y hora. Cuando el equipo comienza a comportarse extrañamente, dígale a System Restore que lo regrese al punto de restauración creado cuando todo funcionaba perfecto.

System Restore no borrará ninguno de sus archivos o e-mails, pero los programas que haya instalado después de la creación del punto de restauración pueden necesitar ser reinstalados. System Restore también es reversible; puede anular la última restauración o intentar con otro punto de restauración diferente.

Para devolver su computadora al estado de un punto de restauración, cuando funcionaba mucho mejor, siga estos pasos:

1. **Guarde cualquier archivo que tenga abierto, cierre cualquier programa que tenga en ejecución y ejecute System Restore.**

   Elija Start (Inicio), clic en All Programs (Todos los Programas) y comience a abrirse paso a través de los menús: Elija Accessories (Accesorios), seleccione System Tools (Herramientas del Sistema) y luego clic en System Restore. Aparece la ventana de System Restore.

   ¿No le gusta andar pasando de menú en menú? Cargue el programa más rápidamente escribiendo **System Restore** en el cuadro de búsqueda del menú Start que se encuentra en la parte inferior del mismo y luego presione Enter.

2. **Seleccione el primer punto de restauración que aparezca en el listado, Undo System Restore (Deshacer la Restauración del Sistema), o Choose a Diferent Restore Point (Elegir un Punto de Restauración Diferente). Luego haga clic en Next (Siguiente).**

   System Restore se comporta en forma ligeramente diferente bajo condiciones distintas. No importa, siempre verá al menos una de estas opciones:

- **Primer Punto de Restauración en la Lista:** System Restore coloca en el primer lugar de la lista al punto de restauración más reciente que esté disponible. Al elegir este punto de restauración se desinstala la actualización, el controlador de dispositivo o software más recientemente instalado en su PC, que suele ser el culpable de que su computadora haya enloquecido de repente.

- **Deshacer la Restauración de Sistema:** Elija esta opción sólo si al usar System Restore las cosas se pusieron *peor,* el cielo no lo permita. Esta opción anula la aplicación del último punto de restauración, retrotrayendo su PC al estado anterior. A partir de allí podrá intentar con otro punto de restauración diferente.

- **Elegir Otro Punto de Restauración:** Esto le permite elegir cualquier punto de restauración dentro de una lista. Si el punto de restauración que eligió antes no logró arreglar su PC, intente elegir uno anterior dentro de la lista. (Los puntos de restauración se listan por fecha, con el más reciente al principio de la lista.)

¿Se pregunta de qué manera alguna de estas opciones afecta a su PC? Haga clic en Scan For Affected Programs (Buscar Programas Afectados). System Restore examina su PC y le da un listado exacto de los programas que sufrirán el impacto de su opción actual.

3. *Asegúrese* **de haber guardado cualquier archivo abierto, haga clic en Next si es necesario, y luego haga clic en Finish (Finalizar).**

    Su computadora se queja un poco y luego se reinicializa, usando la configuración previa que (esperemos) funcionaba bien.

Si su sistema *está* funcionando bien, puede crear su propio punto de restauración, como describo al principio del Capítulo 12. Póngale un nombre descriptivo al punto de restauración, como por ejemplo Antes de Dejar que la Niñera Use la PC. (De esta forma, sabrá qué punto de restauración usar en caso de que las cosas se pongan feas.)

Estos consejos lo ayudarán a aprovechar lo mejor de los poderes curativos del System Restore:

  ✔ Antes de instalar un programa o cualquier juguete nuevo en la computadora, crear un punto de restauración por si la instalación termina en desastre. Crear también un punto de restauración *después* de haber instalado algo con éxito. Volver a ese punto de restauración mantendrá su instalación exitosa intacta. (Describo cómo crear un punto de restauración en el Capítulo 12.)

Eliminar puntos de restauración infectados

Si su computadora tiene un virus, borre todos los puntos de restauración antes de desinfectarla con un programa antivirus. Esto es lo que hay que hacer:

1. **Haga clic en Start, clic derecho en Computer (Computadora) y elija Properties (Propiedades).**

2. **Elija System Protection (Protección del Sistema) dentro del panel de tareas que aparece a la izquierda.**

3. **En el área Protection Settings (Configuración de Protección), haga clic en la**

unidad llamada (C:) (System), y luego clic en el botón Configure (Configurar).

4. **Haga clic en el botón Delete (Eliminar), y luego clic en el botón Continue (Continuar).**

5. **Haga clic en OK para cerrar la ventana.**

6. **Luego de actualizar su programa antivirus con la últimas definiciones de virus, escanee y desinfecte su computadora en su totalidad.**

Luego de desinfectar su PC, crear un punto de restauración nuevo con el nombre del virus que acaba de eliminar.

✔ Sólo puede guardar unos pocos puntos de restauración, dependiendo del tamaño de su disco duro. Es probable que tenga espacio para una docena o más. Windows 7 borra los puntos de restauración más antiguos para hacer lugar a los nuevos, así que genere sus propios Puntos de Restauración tantas veces como quiera.

✔ Si restaura su computadora a un momento *anterior* al que instaló algún hardware o software nuevo, es probable que esos ítems no funcionen correctamente. Si ése es el caso, vuelva a instalarlos.

Necesito Recuperar un Archivo Borrado o Dañado

Cualquiera que haya trabajado con una computadora conoce la agonía de ver horas de trabajo irse por el sumidero. Borra un archivo accidentalmente, por ejemplo, o intenta mejorar un archivo existente hasta que se da cuenta que en vez de mejorarlo lo arruinó.

System Restore no lo ayudará en este caso — memoriza la configuración de su PC, no sus archivos. Pero Windows 7 ofrece medios para no sólo recuperar un archivo eliminado, sino también buscar en sus versiones anteriores, dos tareas que describo en las secciones siguientes.

Recuperar archivos borrados accidentalmente

Windows 7 no borra realmente archivos, aunque usted le ordene hacerlo. En cambio, Windows 7 desliza esos archivos al Recycle Bin (Papelera de Reciclaje, que se muestra en el margen), que vive en su escritorio. Abra la Papelera de Reciclaje con un doble clic, y encontrará cada archivo o carpeta que haya borrado en las últimas semanas. Haga clic en el archivo que desee recuperar y luego clic en el botón Restore This Item (Restaurar este elemento) dentro de la barra de menú de la Papelera de Reciclaje. La Papelera de Reciclaje repone los archivos al lugar desde donde usted los había borrado.

Explico la Papelera de Reciclaje en el Capítulo 2.

Recuperar versiones previas de archivos y carpetas

¿Alguna vez modificó un archivo y lo guardó sólo para darse cuenta de que la versión original estaba mucho mejor? ¿O quizás alguna vez deseó volver a empezar de cero con un documento que empezó a modificar la última semana? Windows 7 le permite arrojar un ancla hacia el pasado para recuperar versiones anteriores de sus archivos.

Para encontrar y recuperar una versión previa de un archivo existente, haga clic derecho en el archivo y elija Restore Previous Versions (Restaurar Versiones Previas). En el cuadro de diálogo que aparece, Windows 7 muestra un listado con todas las versiones previas disponibles de ese archivo en particular, como se muestra en la Figura 17-2.

Windows 7 muestra todas las versiones previas disponibles en orden cronológico, lo que nos lleva a la gran pregunta: ¿Cuál de todas es la versión que usted quiere? Para echar un vistazo rápido a la versión previa, haga clic en el nombre y luego clic en Open (Abrir). Windows 7 abre el archivo, permitiéndole ver si acertó al elegir esa versión.

Si para usted está confirmado que la versión anterior es mejor que la actual, haga clic en el botón Restore (Restaurar). Windows 7 le advierte que al restaurar la versión anterior de su archivo se borrará la actual; luego de aprobar la supresión del archivo, Windows 7 lo reemplaza por la versión restaurada.

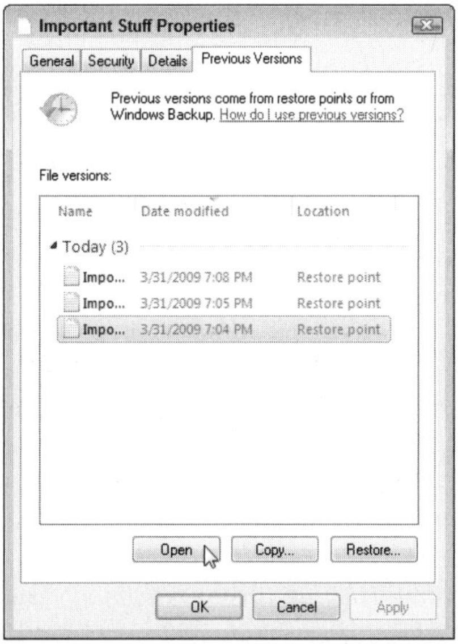

Figura 17-2:
Windows
7 hace un
seguimiento
de las
versiones
previas
de sus
archivos,
permitién-
dole volver
a versiones
anteriores
en caso de
accidente.

Si no está completamente seguro respecto a que la versión anterior sea mejor, una alternativa más segura es, en cambio, hacer clic en el botón Copy (Copiar). Windows 7 le permite copiar la versión previa en una carpeta diferente para comparar manualmente el archivo nuevo con el viejo y decidir cuál guardar finalmente.

Restore Previous Versions de Windows 7 también funciona para carpetas, permitiéndole ver las versiones anteriores de elementos que ya no viven dentro de esa carpeta.

Mi Configuración Es Un Desastre

A veces desea volver las cosas al estado *anterior* al que comenzó a arruinarlas. Su salvador se encuentra en el botón Restore Default (Restaurar Configuración Predeterminada), que espera sus órdenes en lugares ubicados estratégicamente por todo Windows 7. Un clic a ese botón devolverá la configuración de Windows 7 al estado original.

A continuación algunos botones Restore Default que puede encontrar útiles:

✔ **Libraries (Bibliotecas):** Todas las carpetas listan en su Panel de Navegación sus *libraries (bibliotecas)* — colecciones de archivos y carpetas que cubro en el Capítulo 4. Pero si le está faltando alguna de sus bibliotecas, digamos, la biblioteca Music (Música), puede volver a verla. Haga clic derecho en la palabra Libraries en el Panel de Navegación y elija Restore Default Libraries (Restaurar Bibliotecas Predeterminadas). Reaparecen todas sus bibliotecas Documents (Documentos), Music (Música), Pictures (Imágenes) y Videos.

✔ **Start menu (Menú de Inicio):** Puede configurar su menú Start arrastrando íconos para agregar o quitar elementos. Pero si echó a perder por completo su menú, es posible volver al menú Start original: haga clic derecho en el botón Start, elija Properties (Propiedades), clic en el botón Customize (Personalizar), y finalmente clic en Use Default Settings (Usar Configuración Predeterminada). Su menú Start vuelve a ser lo que era originalmente.

✔ **Taskbar (Barra de Tareas):** Haga clic derecho en alguna parte libre de la barra de tareas y elija Properties (Propiedades). Haga clic en el botón Customize y elija Restore Default Icon Behaviors (Restaurar el comportamiento por defecto de los iconos) en la parte inferior de la ventana.

✔ **Internet Explorer:** Cuando Internet Explorer parece estar saturado de barras de tareas no deseadas, spyware o simplemente rarezas, use el último recurso de volver a la configuración original: Dentro del IE, haga clic en Tools (Herramientas) y elija Internet Options (Opciones de Internet) en el menú desplegable. Haga clic en la pestaña Advanced (Avanzado) y clic en el botón Reset (Reinicializar).

Esta acción limpia prácticamente *todo,* incluyendo sus barras de tareas, complementos y las preferencias del motor de búsqueda. Si además selecciona la casilla de verificación Delete Personal Settings (Borrar la Configuración Personal), al hacer clic en el botón Reset también mata el historial de su navegador y las contraseñas guardadas, con lo que deberá empezar de cero. Sólo se salvan sus favoritos, fuentes RSS y otros pocos elementos. (Para obtener una lista completa, haga clic en la opción How Does Resetting Affect My Computer (Cómo Reinicializar Afecta a Mi Computadora) de esa página.)

✔ **Firewall:** Si sospecha que hubo juego sucio dentro del Windows Firewall, vuelva a la configuración original y empiece de nuevo. (Puede que sea necesario reinstalar algunos de sus programas.) Haga clic en el menú Start, elija Control Panel (Panel de Control), elija System and Security (Sistema y Seguridad) y abra Windows Firewall. Haga clic en Restore Defaults en la columna izquierda.

✔ **Media Player (Reproductor de Medios):** Cuando la biblioteca del Media Player contiene errores, indíquele que borre su índice y empiece de nuevo. Dentro de Media Player, presione la tecla Alt, luego clic en Tools (Herramientas), elija Advanced (Avanzado) dentro del menú emergente y elija Restore Media Library (Restaurar la Biblioteca de Medios). (Elija en cambio Restore Deleted Library Items (Restaurar Elementos Borrados de la Biblioteca) si quitó elementos de la biblioteca del Media Player sin querer.)

✔ **Folders (Carpetas):** Windows 7 oculta una serie de interruptores relacionados con las carpetas, sus Paneles de Navegación, los ítems que muestran, cómo se comportan y cómo buscar elementos. Para meditar sobre las opciones o regresarlas a su estado normal, abra cualquier carpeta, haga clic en el botón Organize (Organizar) y elija Folder and Search Options (Opciones de Carpeta y Búsqueda). Encontrará el botón Restore Defaults (Restaurar Predeterminados) en cada pestaña: General, View (Vista) y Search (Búsqueda).

Me Olvidé la Contraseña

Cuando Windows 7 no acepte más su contraseña en la pantalla de inicio de sesión, puede que no esté definitivamente bloqueado para ingresar a su propia PC. Verifique todas estas cosas antes de dejar escapar un grito:

✔ **Verifique la tecla Caps Lock (Bloqueo Mayúsculas).** Las contraseñas en Windows 7 *distinguen mayúsculas de minúsculas,* lo que significa que Windows 7 considera contraseñas diferentes a **AbreteSesamo** y **abretesesamo**. Si la luz de su tecla Caps Lock está encendida, presione la tecla para apagarla. Entonces intente ingresar nuevamente su contraseña.

✔ **Use su Password Reset Disk (Disco para Restablecer Contraseña).** Expliqué cómo crear un Password Reset Disk en el Capítulo 13. Cuando se olvide su contraseña, inserte el disco y le servirá de llave. Windows 7 le permite volver a su cuenta, donde puede crear rápidamente una nueva contraseña fácil de recordar. (Vuelva al Capítulo 13 y genere un Disco para Restablecer Contraseña si todavía no lo hizo.)

✔ **Permita que otro usuario restablezca su contraseña.** Cualquiera que tenga una cuenta del tipo Administrator (Administrador) en su PC puede restablecer su contraseña. Pida a esa persona que elija Control Panel (Panel de Control) dentro del menú Start, luego User Accounts and Family Safety (Cuentas de Usuario y Seguridad Familiar), y luego clic en User Accounts. Allí, podrá elegir Manage Another Account (Administrar Otra Cuenta), hacer clic en el nombre de su cuenta, y elegir Remove Password (Eliminar Contraseña), permitiéndole a usted iniciar sesión.

Si ninguna de estas opciones funciona, entonces, lamentablemente, enfrenta un panorama triste. Compare el valor de sus datos protegidos por contraseña contra el costo de contratar un especialista en recuperación de contraseñas. Encontrará un especialista buscando "recuperar contraseña windows" en Google (www.google.com) o algún otro motor de búsqueda.

Mi Carpeta (O Escritorio) No Muestra Todos Mis Archivos

Cuando abre una carpeta — o incluso cuando mira su escritorio — espera ver todo lo que contiene. Pero cuando algo está faltando o no hay nada adentro, verifique estos puntos antes de entrar en pánico:

- ✔ **Verifique la casilla de Search (Búsqueda).** Cada vez que escribe algo en la casilla de Search — esa pequeña casilla que se encuentra en la esquina superior derecha de la carpeta — Windows 7 comienza la búsqueda ocultando todo lo que no cumple con el criterio de búsqueda. Si una carpeta no muestra todo lo que debería mostrar, borre cualquier palabra que vea en la casilla de Search.

- ✔ **Asegúrese de que el escritorio no esté ocultando cosas.** Para asegurarse de que su escritorio no esté ocultando sus íconos, haga clic derecho en algún lugar vacío de su escritorio, elija View (Ver), y finalmente seleccione el cuadro de verificación Show Desktop Icons (Mostrar Íconos del Escritorio).

Si realmente se perdió todo, verifique las versiones previas de esa carpeta, como se describe en la sección "Recuperar versiones previas de archivos y carpetas", anteriormente en este capítulo. Windows 7 no sólo rastrea versiones previas de archivos, sino también mantiene un registro de la vida pasada de una carpeta.

Mi Mouse No Funciona Bien

A veces, el mouse no funciona para nada; otras, el puntero del mouse anda a los saltos como una pulga a través de la pantalla. Puede intentar con alguna de estas soluciones:

- ✔ Si no aparece la flecha del mouse en la pantalla luego de iniciar Windows, asegúrese de que la cola del mouse esté conectada firmemente en el puerto USB de su computadora. (Si tiene un mouse más antiguo con un conector redondo para puerto PS/2 en vez del conector rectangular para puerto USB, necesitará reiniciar su PC para que su mouse reconectado vuelva a la vida.)

- ✔ Para reiniciar su PC cuando el mouse no funciona, presione simultáneamente las teclas Ctrl, Alt y Del. Presione Tab hasta que la pequeña flecha al lado del botón rojo se encuentre rodeada de líneas, y luego presione Enter para revelar el menú Restart (Reiniciar). Presione la tecla flecha Arriba para elegir Restart y luego presione Enter para reiniciar su PC.

✔ Si la flecha del mouse está en pantalla pero no se mueve, Windows puede estar confundiendo la marca de su mouse con otro de diferente marca. Puede verificar si Windows 7 reconoce el tipo correcto de mouse siguiendo los pasos descriptos en el Capítulo 11 para agregar nuevo hardware. Si tiene un mouse inalámbrico, es probable que el pequeño necesite pilas nuevas.

✔ Un puntero de mouse puede saltar erráticamente por toda la pantalla cuando se ensucian las entrañas del mismo. Siga las instrucciones de limpieza que brindo en el Capítulo12.

✔ Si el mouse estaba funcionando bien pero los botones parecen estar invertidos, probablemente haya cambiado la configuración para zurdos o diestros en el Panel de Control. Abra el área de configuración del Mouse dentro del Panel de Control y fíjese en la configuración de Switch Primary and Secondary Buttons (Intercambiar Botones Primarios y Secundarios). Los zurdos la quieren activada; los diestros no. (Cubro esta configuración en el Capítulo 11.)

Mis Doble Clic Ahora Son Un Solo Clic

En un esfuerzo para simplificar las cosas, Windows 7 permite que la gente elija usar un solo clic o doble clic para abrir un archivo o carpeta.

Pero si no está satisfecho con el método de clic que está usando Windows 7, aquí tiene cómo cambiarlo:

1. **Abra cualquier carpeta — la carpeta Documents (Documentos) del menú Start sirve para el caso.**

2. **Haga clic en el botón Organize y elija Folder and Search Options (Opciones de Carpeta y Búsqueda).**

3. **Elija su opción de clic preferida en la sección Click Items As Follows (Hacer clic en los elementos de esta manera).**

4. **Clic OK para guardar sus preferencias.**

¿No le gusta seguir instrucciones paso a paso? Entonces simplemente haga clic en el botón Restore Defaults (Restaurar Valores Predeterminados) en Folder and Search Options (Opciones de Carpeta y Búsqueda), y Windows vuelve a recuperar las conductas acostumbradas en las carpetas con doble clic incluido.

¡Mi programa está congelado!

Eventualmente uno de sus programas se congelará con ganas, sin siquiera permitir que se use normalmente el comando Close (Cerrar). Estos cuatro pasos extirparán su programa congelado de la memoria de su computadora (y de la pantalla también):

1. **Presione simultáneamente las teclas Ctrl, Alt y Delete.**

   Conocida como "el saludo de tres dedos," esta combinación siempre capta la atención de Windows 7, incluso cuando esté navegando en mares agitados. De hecho, si Windows 7 no responde, presione directamente el botón de encendido de su PC hasta que se apague. Luego de unos segundos, pulse nuevamente el botón de encendido para reiniciar su PC y ver si Windows 7 está de mejor ánimo.

2. **Elija la opción Start Task Manager (Iniciar el Administrador de Tareas).**

   Aparece el Task Manager.

3. **Haga clic en la pestaña Applications (Aplicaciones) del Administrador de Tareas, de ser necesario, y luego haga clic en el nombre del programa congelado.**

4. **Haga clic en el botón End Task (Finalizar Tarea), y Windows 7 quita sin más trámite el programa congelado de su memoria.**

Si nota a su computadora un poco mareada después de esto, vaya a lo seguro y reinicie la computadora desde el menú Start.

No Puedo Ejecutar Programas Antiguos en Windows 7

Muchos programadores diseñan su software para que se ejecute en una versión específica de Windows. Cuando aparece una versión nueva de Windows algunos años después, ciertos programas antiguos se sienten amenazados por el nuevo entorno y se niegan a funcionar.

Si un juego o programa antiguo se niega a ejecutar bajo Windows 7, todavía hay esperanza gracias al *Compatibility mode (Modo Compatibilidad)* secreto de Windows 7. Este modo engaña a los programas haciéndoles creer que están corriendo en su versión favorita de Windows más antigua, y así logran ejecutarse con todo confort.

Si su viejo programa tiene problemas con Windows 7, siga estos pasos:

1. **Haga clic derecho en el ícono del programa y elija Properties (Propiedades).**

2. **Cuando aparece el cuadro de diálogo Properties, haga clic en la pestaña Compatibility (Compatibilidad).**

3. **En la sección Compatibility Mode, elija la casilla de verificación Run This Program in Compatibility Mode For (Ejecutar Este Programa en Modo Compatibilidad Para) y elija la versión de Windows deseada dentro de la lista desplegable, como se muestra en la Figura 17-3.**

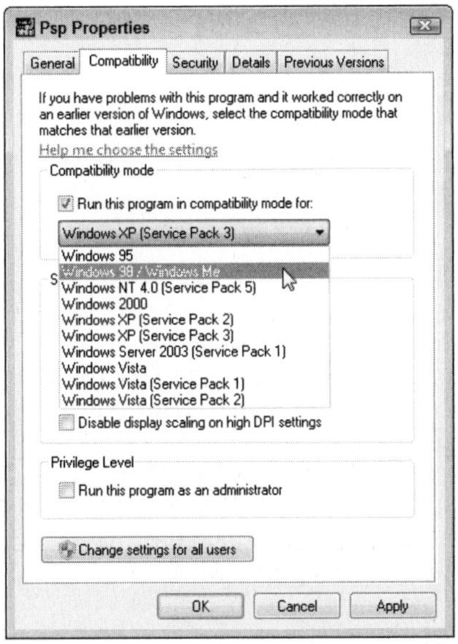

Figura 17-3:
El modo Compatibility le permite engañar a sus programas haciéndoles creer que están corriendo en versiones más antiguas de Windows.

Revise la caja donde vino el programa o lea el manual para ver qué versión de Windows prefiere.

4. **Haga clic en OK y luego intente ejecutar su programa de nuevo para ver si funciona mejor.**

Virtual Windows XP es un programa gratuito de Microsoft que le permite ejecutar programas Windows XP en su propia ventana compatible XP. Aunque es la forma más compatible de ejecutar su viejo programa, es posible que no ejecute en todas las PC, y sea difícil de usar. Para más información, visite www.microsoft.com/windows/virtual-pc.

No Puedo Encontrar los Menús de la Carpeta

Para mantener las cosas alarmantes, tanto Windows 7 como Windows Vista ocultan el menú de carpeta que los usuarios se han acostumbrado a usar durante la última década. Para hacerlo reaparecer en la parte superior de una carpeta, presione la tecla Alt. Para hacer que Windows 7 los pegue permanentemente en la parte superior de cada ventana, que es donde pertenecen, haga clic en el botón Organize (Organizar), elija Folder and Search Options (Opciones de Carpeta y Búsqueda), haga clic en la pestaña View (Ver) y finalmente clic en la opción Always Show Menus (Mostrar los Menús Siempre). Haga clic en OK para guardar sus cambios.

Mi Computadora Está Congelada Como Bloque De Hielo

De vez en cuando, Windows simplemente suelta la pelota y se va sin más a sentarse a la sombra de un árbol. Usted se encuentra con que está mirando una computadora que sólo le devuelve la mirada. Ninguna de las luces de la computadora parpadea. Clics de pánico no hacen nada. Presionar todas las teclas del teclado no provoca cambios tampoco, o peor aún, la computadora comienza a emitir bips por cada tecla presionada.

Cuando nada se mueve en pantalla (excepto a veces el puntero del mouse), la computadora se congeló como un témpano. Pruebe con los siguientes métodos, en el orden indicado, para corregir el problema:

✔ **Método 1:** Presione Esc dos veces.

Esta acción rara vez funciona, pero probar no cuesta nada.

✔ **Método 2:** Presione Ctrl, Alt y Delete simultáneamente y elija Start Task Manager (Iniciar el Administrador de Tareas).

Si tiene suerte, el Administrador de Tareas aparece con un mensaje indicando que una aplicación no responde. El Administrador de Tareas muestra una lista con los nombres de los programas en ejecución, incluyendo ése que no responde. Haga clic en el nombre del programa que está causando el problema en la pestaña Application (Aplicación) y luego haga clic en el botón End Task (Finalizar Tarea). Perderá cualquier trabajo sin guardar en ese programa, por supuesto, pero debería acostumbrarse a eso. (Si de alguna manera tropezó con la combinación Ctrl+Alt+Delete por accidente, presione Esc para despedir al Administrador de Tareas y volver a Windows.)

Si esto no le funcionó tampoco, presione Ctrl+Alt+Delete de nuevo y busque el pequeño botón rojo en la esquina inferior derecha de la pantalla. Haga clic en la pequeña flecha al lado del botón circular, que se muestra en el margen. Elija Restart (Reiniciar) desde el menú emergente. Su computadora debería apagarse y volver a iniciar, con suerte volviendo de mejor talante.

✔ **Método 3:** Si los métodos precedentes no funcionaron, presione el botón reset (restaurar). Si aparece el cuadro Turn Off Computer (Apagar la Computadora), elija Restart (Reiniciar).

✔ **Método 4:** Si ni siquiera funciona el botón de reset (y algunas computadoras ni siquiera traen ese botón), apague la computadora pulsando el botón de encendido. (Si esta acción solo le trae el menú Turn Off the Computer, elija Restart y su computadora debería reiniciarse.)

✔ **Método 5:** Si sigue presionando el botón de encendido el tiempo suficiente (normalmente de 4 a 5 segundos), eventualmente la computadora abandonará su resistencia fútil y se apagará.

Capítulo 18

Mensajes Extraños: Lo Que Hizo No Computa

En Este Capítulo

▶ Comprender los mensajes de la barra de tareas

▶ Descifrar los mensajes de Internet Explorer

▶ Responder a los mensajes que aparecen en el escritorio

*L*os mensajes de error en la vida *real* son relativamente fáciles de entender. El reloj parpadeante de un VCR significa que aún no ha puesto el reloj en hora. Un pitido intermitente en el auto significa que dejó las llaves de encendido puestas. La mirada de pocos amigos de una esposa significa que se olvidó de algo importante.

Pero los mensajes de error de Windows 7 bien podrían haber sido escritos por una sub-comisión del Senado, si no fuera que son tan breves. El mensaje de error rara vez describe qué hizo usted para provocar el incidente o, lo que es peor, qué hacer al respecto.

En este capítulo, he recopilado algunos de los mensajes más comunes de Windows 7. Compare el asunto o imagen de un mensaje de error con los que aparecen aquí y cuando coincida con lo que está viendo en pantalla, lea la respuesta apropiada y el capítulo que cubre ese problema en particular.

Activate Windows Now

Significado: (Activar Windows Ahora) Si usted no activa Windows, entonces Windows oscurece la pantalla y lo hostiga incesantemente con el mensaje que se muestra en la Figura 18-1.

Causa probable: El esquema de protección contra copia de Microsoft requiere que cada persona active su copia de Windows 7 durante los 30 días posteriores a la instalación o actualización a Windows 7. Una vez activada, su copia de Windows 7 queda vinculada a su PC en particular de modo que no podrá instalarla en otra computadora, incluyendo su laptop.

Soluciones: Haga clic en el mensaje y permita que Windows se conecte a Internet para activarse en forma automática. ¿No tiene conexión a Internet? Entonces disque el número telefónico para activaciones y hable con los técnicos de Microsoft en persona. ***Nota:*** Si nunca ve este mensaje, entonces su copia de Windows ya fue activada por el fabricante de su PC. Olvídese del asunto.

Figura 18-1:
Windows
necesita ser
activado.

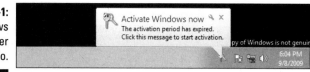

Could Not Perform This Operation Because the Default Mail Client Is Not Properly Installed

Significado: (No se pudo llevar a cabo la operación porque el cliente predeterminado de correo no está correctamente instalado.) Este mensaje particularmente críptico de la Figura 18-2 significa que está intentando enviar un mensaje desde su PC, sin haber instalado todavía un programa de correo electrónico.

Causa probable: Windows 7 no viene con un programa integrado para enviar y recibir correo electrónico. Si hace clic en cualquier programa que tenga alguna opción como Send This (Enviar Esto) o E-mail This (Enviar Esto por Correo Electrónico), aparecerá este mensaje hasta que elija e instale un programa de correo electrónico.

Soluciones: Puede descargar e instalar un programa de correo electrónico o configurar un programa de correo electrónico en alguno de los sitios Web disponibles. Describo cómo elegir y configurar el correo electrónico en el Capítulo 9.

Figura 18-2:
Necesita
instalar un
programa
de correo
electrónico.

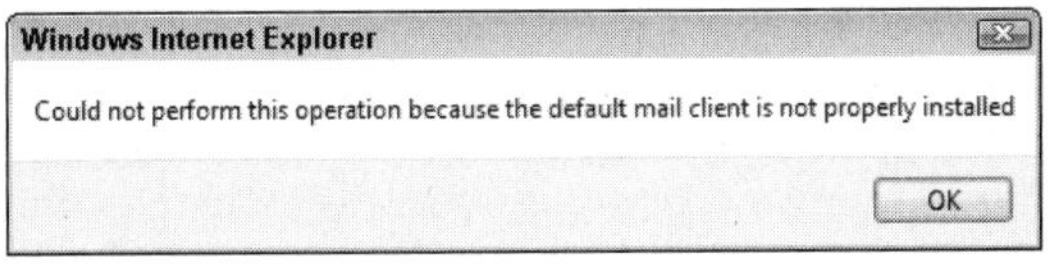

Windows Internet Explorer

Could not perform this operation because the default mail client is not properly installed

[OK]

Device Driver Software Was Not Successfully Installed

Significado: (El software controlador de dispositivo no se ha instalado con éxito) La Figura 18-3 aparece cuando intenta conectar o agregar un nuevo dispositivo en su PC, pero el software de dicho dispositivo no logra instalarse correctamente.

Causa probable: El software no es compatible con Windows 7, o simplemente encontró una falla.

Soluciones: Si enchufó un cable o dispositivo en alguno de los conectores de su PC, desenchúfelo. Espere 30 segundos y vuelva a enchufarlo. Si todavía no funciona, déjelo conectado y reinicie su PC. Si sigue sin funcionar, va a tener que contactarse con el fabricante del dispositivo y pedirle un controlador de dispositivo compatible con Windows 7.

Cubro la búsqueda e instalación de controladores en el Capítulo 12.

Figura 18-3:
Su nuevo
dispositivo
se niega a
funcionar.

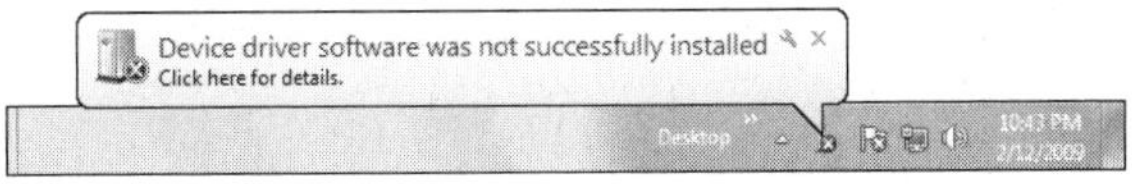

Device driver software was not successfully installed
Click here for details.

Desktop   10:43 PM
                       2/12/2009

Do You Trust This Printer?

Significado: (¿Confía en esta impresora?) La Figura 18-4 aparece cuando una impresora en su red intenta instalar su software en su PC.

Causa probable: Está intentando instalar una impresora que se encuentra conectada a otra PC dentro de su red.

Soluciones: Si realmente *está* intentando agregar una impresora que se encuentra conectada a otra PC dentro de la red, entonces haga clic en Yes (Sí). Esto permite que la otra PC envíe a la suya el software para esa impresora. Sin embargo, si este mensaje aparece inesperadamente, haga clic en No.

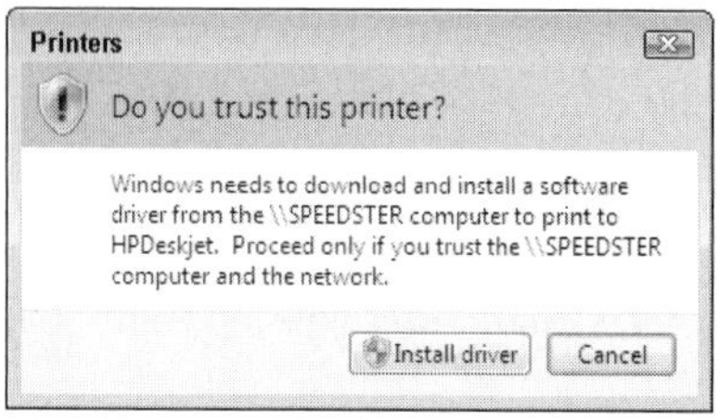

Figura 18-4:
Windows
cree que
usted está
intentado
instalar el
software
de una
impresora
a través de
la red.

Do You Want to Allow the Following Program to Make Changes to This Computer?

Significado: (**¿Desea permitir que el siguiente programa aplique cambios en esta computadora?**) Un programa está tratando de modificar configuraciones, archivos o programas en su PC.

Causa probable: Cuando aparece la Figura 18-5, Windows oscurece la pantalla para llamar su atención y luego envía este mensaje como una medida de seguridad, preguntándole si aprueba el cambio o lo corta de raíz. Aunque se vea apocalíptico, no se ha hecho ningún daño… todavía.

Soluciones: Si está intentando instalar un programa o cambiar una configuración, haga clic en Yes (Sí). Pero si ve aparecer este mensaje de forma inesperada, haga clic en No para detener lo que podría ser un programa dañino.

Si el mensaje pide una contraseña, invoque a algún usuario con cuenta de Administrator (Administrador) para que ingrese su contraseña, como describo en el Capítulo 10, antes de hacer clic en el botón Yes.

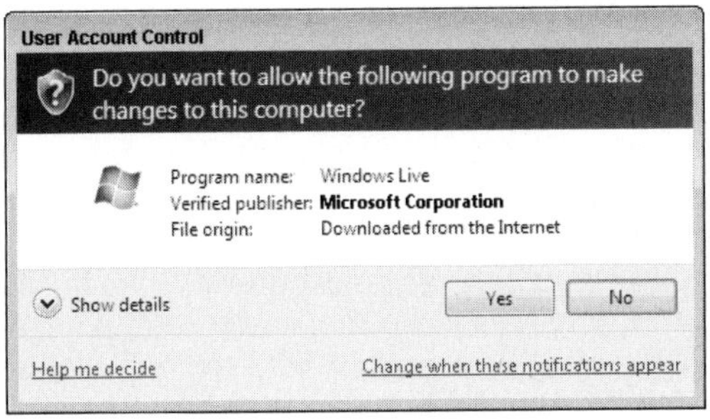

Figura 18-5:
Un programa está intentando aplicar cambios en su computadora.

Do You Want to Install (Or Run) This Software?

Significado: (¿Desea Instalar (O Ejecutar) Este Software?) ¿Está seguro de que este software no está infectado por virus, spyware y otras cosas peligrosas?

Causa probable: Una ventana similar a la que se muestra en la Figura 18-6 aparece cuando intenta ejecutar o instalar un programa que ha descargado de Internet.

Soluciones: Si confía en que el archivo es seguro, haga clic en los botones Run (Ejecutar) o Install (Instalar). Pero si este mensaje aparece inesperadamente, o piensa que puede no ser seguro, haga clic en los botones Cancel (Cancelar) o Don't Run (No Ejecutar). Para mantenerse del lado seguro, escanee todo lo que descargue con un programa antivirus. Cubro la computación segura en el Capítulo 10.

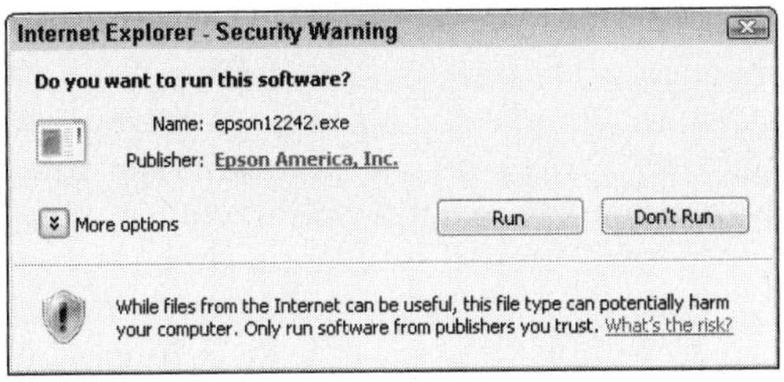

Figura 18-6:
¿Cree que este software es seguro?

Do You Want to Save Changes?

Significado: (¿Quiere guardar los cambios?) La Figura 18-7 significa que no ha guardado su trabajo en un programa, y está a punto de perderlo.

Causa probable: Está tratando de cerrar una aplicación, cerrar la sesión o reiniciar su PC antes de decirle a un programa que guarde el trabajo que estuvo realizando.

Soluciones: Busque en la barra de título el nombre del programa — Paint, en este caso. Encuentre ese programa en su escritorio (o haga clic en su nombre dentro de la barra de tareas para traerlo al frente). Luego guarde su trabajo eligiendo Save (Guardar) en el menú File (Archivo) o haciendo clic en el ícono Save (Guardar) del programa. Explico cómo guardar archivos en el Capítulo 5. ¿No quiere guardar el archivo? Entonces haga clic en Don't Save (No Guardar) para desechar su trabajo y seguir adelante.

Figura 18-7:
¿Quiere
guardar su
trabajo?

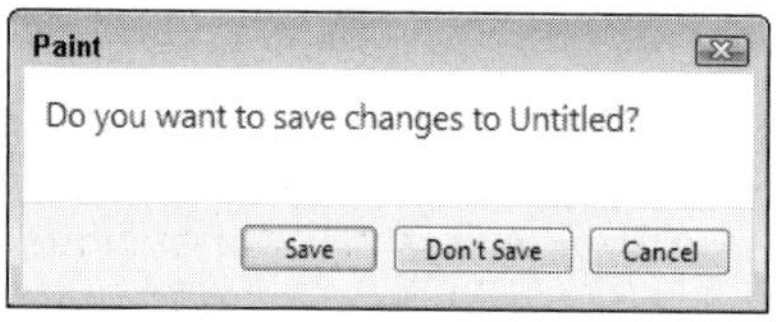

Do You Want to Turn AutoComplete On?

Significado: (¿Desea Activar Autocompletar?) La característica de Autocompletar campos del Internet Explorer, que se muestra en el lado izquierdo de la Figura 18-8, adivina lo que está por escribir en un formulario e intenta completarlo por usted.

Causa probable: Tarde o temprano, a todo usuario de Windows se le pregunta si desea activar el modo Autocompletar o dejarlo desactivado.

Soluciones: La función Autocompletar hábilmente completa los formularios en línea con palabras que usted ya utilizó anteriormente. Si bien ahorra tiempo, Autocompletar plantea un problema potencial de seguridad para algunas personas: Permite que otras personas sepan qué palabras escribió previamente en otros formularios. Para ver o cambiar su configuración, abra Internet Explorer, abra el menú Tools (Herramientas), elija Internet Options (Opciones de Internet), y haga clic en la pestaña Content (Contenido). En la sección AutoComplete (Autocompletar), haga clic en Settings (Configuración) y destilde toda casilla de verificación que no debería aparecer en la lista de AutoComplete.

Figura 18-8:
Auto-
Complete
lo ayuda
complet-
ando las
palabras
a medida
que las
comienza a
escribir.

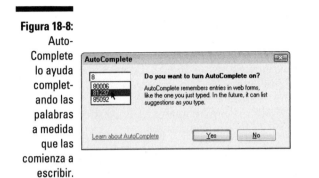

Find an Antivirus Program Online

Significado: (Busque un Programa Antivirus En Línea) El mensaje de la Figura 18-9 aparece cuando su PC tiene problemas de seguridad.

Causa probable: Su programa antivirus no está funcionando. Puede aparecer un mensaje similar si Windows Firewall no está activado, Windows Defender no se está ejecutando, Windows Update no funciona, la configuración de seguridad de Internet Explorer está demasiado baja o el User Account Control (Control de Cuenta de Usuario o el culpable de que aparezcan todas esas pantallas de permisos) no está activado.

Soluciones: Haga clic en el globo para ver exactamente cuál es el problema. Si el globo desaparece antes de darle oportunidad de hacerle clic, haga clic en el ícono de la bandera blanca (se muestra en el margen) en la barra de tareas. Windows señala el problema y ofrece una solución, temas que cubro en el Capítulo 10.

Figura 18-9:
Windows
no puede
encontrar
un programa
antivirus.

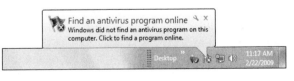

Installing Device Driver Software

Significado: (Instalando el Software Controlador de Dispositivo)
Windows reconoce un elemento nuevo instalado en la computadora y trata
automáticamente de hacerlo funcionar.

Causa probable: El mensaje de la Figura 18-10 aparece normalmente luego de
que se enchufa algo en el puerto USB de su computadora.

Soluciones: Relájese. Windows sabe lo que está haciendo y se hará cargo. Sin
embargo, si Windows no puede encontrar un controlador, deberá encontrarlo
por las suyas. Describo este extenuante proceso en el Capítulo 12.

Figura 18-10:
Windows
encuentra
un nuevo
dispositivo.

Set Up Windows Internet Explorer 8

Significado: (Configurar Internet Explorer 8 de Windows) Windows 7 viene
con una nueva versión de Internet Explorer, el navegador de la Web. El
cuadro de diálogo en la Figura 18-11 aparece cuando Internet Explorer le pide
que active sus características nuevas.

Causa probable: Cuando Internet Explorer se ejecuta por primera vez, le pide
a cada usuario de Windows que elija sus opciones.

Soluciones: Si está apurado, haga clic en el botón Ask Me Later (Preguntarme
después), y Microsoft comienza a usar sus propios servicios, como el motor
de búsqueda Bing. Si prefiere buscar en la Web con Google, explico cómo
hacer el cambio en el Capítulo 8.

Si no está apurado, entonces haga clic en Next (Siguiente) y acepte o
decline cada opción. (Siempre puede arrepentirse más tarde haciendo clic
en el menú Tools (Herramientas), eligiendo Internet Options (Opciones de
Internet) y finalmente haciendo clic en el botón Setting (Configuración) del
área Search (Búsqueda).

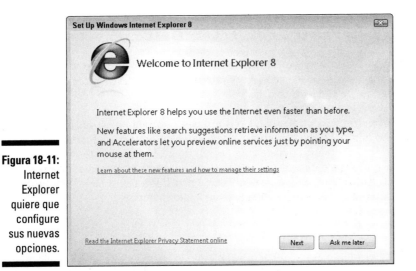

Figura 18-11:
Internet
Explorer
quiere que
configure
sus nuevas
opciones.

View Important Messages

Significado: (Ver Mensajes Importantes) En vez de molestarlo cada vez queWindows o su PC necesitan atención, Windows envía el mensaje de la Figura 18-12.

Causa probable: Necesita realizar tareas de mantenimiento en su PC, el espectro es amplio, podría tratarse de configurar un programa antivirus, hacer una copia de seguridad o cambiar su configuración de seguridad.

 Soluciones: Haga clic en el mensaje emergente o clic en el ícono de la banderita blanca al lado de la X roja en la barra de tareas. Aparece el Action Center (Centro de Acción), mostrando una lista de tareas que usted debería realizar.

Figura 18-12:
Windows
tiene
mensajes
para usted.

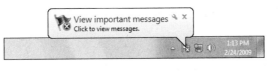

Windows Can't Open This File

Significado: (Windows No Puede Abrir Este Archivo) El cuadro de diálogo de la Figura 18-13 aparece cuando Windows no sabe qué programa creó el archivo al que usted hizo doble clic.

Causa probable: Los programas de Windows 7 agregan ciertos códigos secretos ocultos, conocidos como *extensiones de archivo,* al final del nombre de los archivos. Cuando hace doble clic en un archivo del Notepad, por ejemplo, Windows 7 descubre la extensión secreta y oculta en el nombre del archivo, y utiliza el Notepad para abrirlo. Pero si Windows no reconoce el código secreto de letras, aparece este mensaje de error.

Soluciones: Si *usted* sabe cuál es el programa que creó el misterioso archivo, elija la opción Select a Program from a List of Installed Programs (Seleccionar un programa en la lista de programas instalados), haga clic en OK y seleccione el programa dentro de la lista que ofrece Windows 7. A continuación, seleccione la casilla de verificación Always Use the Selected Program to Open This Kind of File (Siempre usar el programa seleccionado para abrir este tipo de archivo).

Sin embargo, si está confundido respecto a qué programa seleccionar, elija Use the Web Service to Find the Correct Program (Usar el Servicio Web para Encontrar el Programa Correcto). Windows examina el archivo, consulta en Internet y le ofrece sugerencias y enlaces para descargar el programa adecuado para realizar la tarea. (Cubro este problema en el Capítulo 5.)

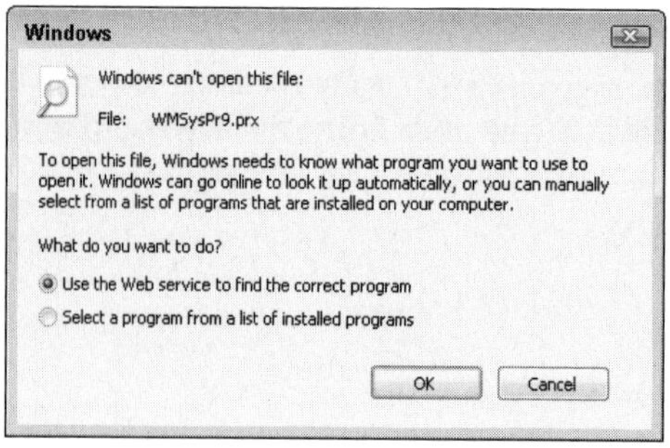

Figura 18-13: Windows no sabe qué programa debería abrir este archivo.

You Don't Currently Have Permission to Access This Folder

Significado: (Actualmente No Tiene Permiso Para Acceder a Esta Carpeta)
Si ve el cuadro de diálogo de la Figura 18-14, eso significa que Windows 7 no le permitirá espiar dentro de la carpeta que está intentado abrir. (El nombre de la carpeta aparece en la barra de título del mensaje.)

Causa probable: El dueño de la computadora no le ha dado permiso.

Soluciones: Sólo una persona que tenga cuenta de Administrator (Administrador) — generalmente el dueño de la computadora — puede conceder permiso para abrir ciertas carpetas, por lo que deberá localizar a esa persona. (Si usted es el administrador, puede brindar acceso a otros usuarios, copiando o moviendo la carpeta o su contenido a la carpeta Public, descripta en el Capítulo 14.)

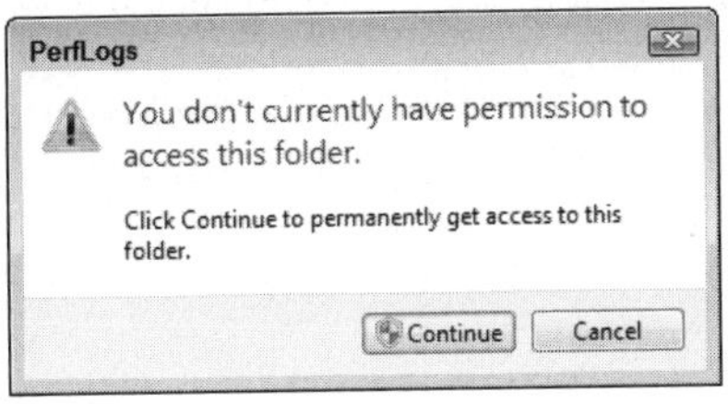

Figura 18-14:
Busque a alguien con una cuenta de Administrador para abrir la carpeta o archivo.

Capítulo 19

Pasar de una Vieja Computadora a una Nueva PC con Windows 7

* *

En Este Capítulo

▶ Copiar los archivos y la configuración de su vieja PC a su nueva PC

▶ Usar Windows Easy Transfer

▶ Transferir archivos a través de un cable Easy Transfer, una red o un disco duro portátil

▶ Deshacerse de su computadora vieja

* *

Cuando trae a su casa una nueva y excitante computadora con Windows 7, le falta lo más importante de todo: los archivos de su *vieja* computadora. ¿Cómo copia los archivos de esa vieja y deslucida PC con Windows XP o Vista a la nueva y excitante PC con Windows 7? ¿Cómo puede incluso *encontrar* todo lo que quiere trasladar? Para resolver el problema, Microsoft le dio a Windows 7 una furgoneta de mudanzas virtual que se llama Windows Easy Transfer. Windows Easy Transfer toma no solamente los datos de su vieja computadora, sino también la configuración de algunos de sus programas: por ejemplo, la lista de sitios Web favoritos de su navegador.

No todos necesitan Windows Easy Transfer. Por ejemplo, si está actualizando una PC con Windows Vista a Windows 7, Windows 7 conserva sus archivos y la mayor parte de la configuración en su lugar. Los que actualizan desde Windows Vista no necesitan el programa de transferencia — ni tampoco este capítulo.

Pero si necesita copiar información desde una PC con Windows XP o Windows Vista a una PC con Windows 7, este capítulo presenta el programa y lo guía a través del proceso de transferencia.

Nota: Windows Easy Transfer no funciona en versiones más antiguas de Windows como Windows Me o Windows 98.

Preparar la Mudanza a Su Nueva PC

Como cualquier otro día de mudanza, el éxito del evento depende de su preparación. En vez de buscar cajas y cinta adhesiva, debe hacer estas dos cosas para preparar sus PCs para Windows Easy Transfer:

✔ Seleccione el método para copiar la información a su nueva PC

✔ Instale sus *viejos* programas de PC en su *nueva* PC

Las siguientes dos secciones explican estos temas en más detalle.

Elegir cómo transferir su vieja información

Las PCs son muy buenas para copiar cosas, mal que le pese a la industria del entretenimiento. De hecho, son tan buenas que ofrecen tropecientas maneras distintas de copiar la misma cosa.

Por ejemplo, Windows Easy Transfer ofrece *cuatro* maneras diferentes de copiar la información de su vieja PC a su nueva PC. Cada método funciona con un nivel distinto de velocidad y dificultad. Estos son los competidores:

✔ **Easy Transfer cable (Cable de transferencia rápida):** Como todas las PCs modernas incluyen un puerto USB, un cable Easy Transfer es su opción menos costosa. Este cable especial suele verse como un cable USB normal que se tragó un mouse: El cable generalmente tiene un bulto en el medio, como se muestra en la Figura 19-1. Estos cables cuestan menos de 30 dólares en la mayoría de las tiendas de electrónica o en línea. Conecte un extremo en el puerto USB de cada PC y estará listo para copiar. (No, un cable USB normal no funcionará).

Los cables Easy Transfer más viejos diseñados para Windows Vista funcionan bien en Windows 7, pero no trate de usar la versión del programa Easy Transfer para Windows Vista. En vez de eso, abra la versión de Windows 7.

✔ **Disco duro externo:** Con un costo de entre 100 y 200 dólares, un disco duro portátil hace que copiar su información sea rápido y sencillo. La mayor parte de las unidades portátiles se conectan a un tomacorriente y a un puerto USB de su PC; otras toman la electricidad del mismo puerto USB.

✔ **Unidad flash:** Estas pequeñas barras de memoria, que suelen verse asomar de los llaveros de los nerds, se conectan al puerto USB de una computadora. Son prácticas para transferir pequeños grupos de archivos o configuraciones, pero no tienen suficiente espacio de almacenamiento para mucho más. Sin embargo, funcionan estupendamente para copiar el programa Easy Transfer de Windows 7 a su vieja PC.

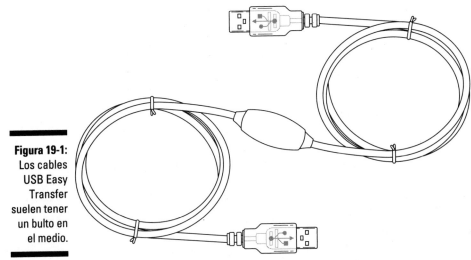

Figura 19-1:
Los cables
USB Easy
Transfer
suelen tener
un bulto en
el medio.

✔ **Red:** Si ha puesto a sus dos PCs en *red* (una tarea que cubro en el Capítulo 14), el programa Easy Transfer puede transferir la vieja información de su PC de esa manera.

Si sus PCs no están conectadas mediante una red y viven más allá del alcance de un cable, un disco duro portátil es su mejor opción. Elija uno con la misma capacidad que tiene el disco duro de su nueva PC. Después de transferir los archivos, ponga al disco duro a trabajar haciendo copias de seguridad de sus archivos todas las noches. Una tarea extremadamente prudente que describo en el Capítulo 12.

Instalar programas de su vieja PC en su nueva PC

El programa Easy Transfer puede transferir los *datos* de su PC — sus correos electrónicos, fotos digitales, cartas y otras cosas que haya creado — además de la *configuración* de sus programas: por ejemplo, la lista de sitios Web favoritos de su navegador.

Pero el programa Easy Transfer no puede copiar los *programas* en sí mismos. Así es: Los programas de su vieja PC deben volverse a instalar en su nueva PC. Y necesita instalar esos programas *antes* de ejecutar Easy Transfer para asegurarse de que los programas estarán listos para aceptar las configuraciones entrantes.

Para instalar los viejos programas, busque sus CDs de instalación y códigos de protección anticopia que pueda necesitar reingresar. Los códigos generalmente se imprimen en el CD mismo, el envoltorio del CD o una etiqueta adhesiva en el manual del programa. (Si compró un programa a través de Internet, tal vez pueda recuperar el código de protección anticopia del sitio Web del fabricante).

Desafortunadamente, no todos sus programas viejos funcionarán en Windows 7. Por ejemplo, la mayoría de los programas antivirus requieren versiones creadas especialmente para Windows 7.

Transferir Información Entre Dos PCs con Windows Easy Transfer

Windows Easy Transfer funciona en apenas unos pocos pasos breves o una serie de largos saltos, según el método que elija para trasladar la información de su vieja PC en su nueva PC: cable, red o disco portátil. Las siguientes tres secciones le ofrecen guías paso a paso de cómo transferir toda la información de su vieja PC con cada uno de los tres métodos. La cuarta sección opcional apunta a los detallistas que quieren elegir el tipo de información que desean transferir desde su vieja PC.

Asegúrese de iniciar sesión en su PC vieja y su PC nueva con la cuenta Administrator; las cuentas de tipo Standard (Estándar), Limited (Limitada) y Guest (Invitado) no tienen autorización para copiar archivos. Y tómese su tiempo: Siempre puede volver a una pantalla anterior haciendo clic en la flecha azul que está en la esquina superior izquierda.

Transferir mediante un cable Easy Transfer

Si está transfiriendo datos desde una PC con Windows XP mediante un cable Easy Transfer, como el que se muestra anteriormente en la Figura 19-1, asegúrese de instalar los controladores del cable Easy Transfer. (No necesita preocuparse por los drivers en Windows Vista o Windows 7, porque reconocen el cable automáticamente en cuanto lo conecta a un puerto USB).

Para probar el cable, conéctelo a su PC con Windows XP; cuando su PC reconoce el cable con un pequeño mensaje emergente sobre la esquina inferior derecha de la pantalla, ya está listo: Desconecte el cable y espere hasta llegar al paso que le diga que lo vuelva a conectar.

Para transferir archivos con el cable Easy Transfer, siga estos pasos en su nueva PC con Windows 7.

1. **Cierre todos los programas que se estén ejecutando actualmente en su nueva PC con Windows 7.**

2. **Abra el menú Start (Inicio), seleccione All Programs (Todos los programas), luego Accessories (Accesorios), haga clic en System Tools (Herramientas del sistema) y luego en Windows Easy Transfer.**

   Se abrirá la ventana de Windows Easy Transfer.

3. **Haga clic en Next en la ventana inicial.**

4. **Seleccione la opción An Easy Transfer Cable (Un cable Easy Transfer).**

   El programa le pregunta si está trabajando desde su nueva PC o su vieja PC.

5. **Seleccione la opción This Is My New Computer (Esta es mi nueva computadora).**

   El programa le pregunta si necesita instalar el programa Windows Easy Transfer en su vieja PC.

6. **Seleccione la opción I Need To Install It Now (Necesito instalarlo ahora).**

   El programa ofrece instalarse en su vieja PC de una de estas dos maneras:

   > **External Hard Disk (Disco duro externo) o Shared Network Folder (Carpeta compartida en red):** Conecte su disco duro portátil si desea guardar el programa aquí.

   > **USB Flash Drive (Unidad flash USB):** Inserte su unidad de memoria flash si desea almacenarlo aquí.

   Cuando elija una de las opciones, aparecerá el cuadro de diálogo **Browse For Folder** (Buscar carpeta), como se muestra en la Figura 19-2.

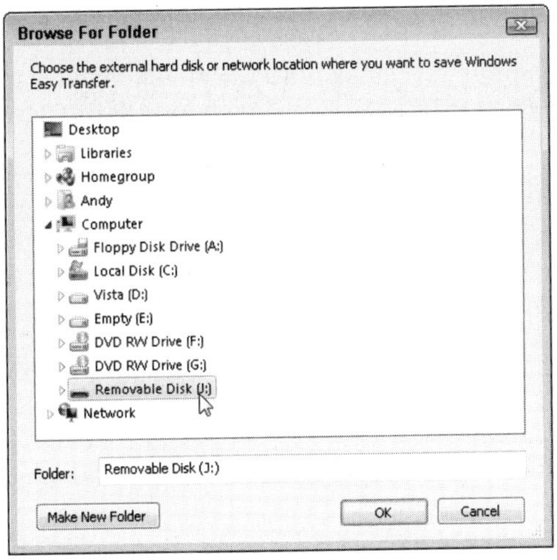

Figura 19-2: Seleccione dónde guardar el programa, generalmente una unidad removible.

¿No tiene un disco duro portátil, una unidad flash o una red? Entonces encuentre su solución en el apartado "¡No puedo copiar Windows Easy Transfer a mi vieja PC!" Después de instalar el programa, salte al Paso 8.

7. **Navegue hasta el lugar donde quiere almacenar el programa Windows Easy Transfer y luego haga clic en OK.**

   Para almacenar el programa en su unidad recién conectada, haga clic en Computer (Computadora) dentro del cuadro de diálogo Browse For Folder, seleccione la letra de su unidad removible y luego haga clic en OK.

   El programa Easy Transfer crea una copia de sí mismo en la unidad para que pueda ejecutarla en su vieja PC.

8. **Desconecte la unidad de su nueva PC y conéctela a un puerto USB de su vieja PC para iniciar el programa Easy Transfer.**

   El programa Windows Easy Transfer debería despertarse automáticamente en su vieja PC. (Puede que necesite hacer clic en OK para que arranque).

   Si no se ejecuta automáticamente, es posible que necesite buscar la unidad: Abra el menú Start, seleccione Computer o My Computer y busque el icono de su unidad. (Su vieja PC puede asignar a su unidad una letra distinta de la que le dio su nueva PC).

9. **En su vieja PC, haga clic en Next para avanzar de la pantalla inicial. Luego, seleccione la opción An Easy Transfer Cable (Un cable Easy Transfer).**

10. **En su vieja PC, seleccione la opción This is My Old Computer (Esta es mi vieja computadora).**

    Conecte los cables Easy Transfer entre los dos puertos USB de sus dos PCs.

11. **Haga clic en Next en ambas PCs.**

    En este momento, ambas PCs están abiertas en una página similar del programa Easy Transfer. Cuando hace clic en Next en cualquiera de las dos o en ambas, estas se buscarán entre sí y se conectarán.

    Su nueva PC con Windows 7 comienza a buscar a su vieja PC para ver qué puede transferir.

12. **Seleccione qué desea transferir.**

    El programa normalmente copia todo de la cuenta de usuario de todos. Para elegir qué copiar exactamente, lea la sección "Ser selectivo a la hora de elegir los archivos, las carpetas y las cuentas para transferir", más adelante en este capítulo.

13. **Haga clic en el botón Transfer de su nueva PC para comenzar a copiar la información.**

    No toque ninguna de las PCs durante el proceso de transferencia.

¡No puedo copiar Windows Easy Transfer a mi vieja PC!

Windows 7 puede empacar una copia de Windows Easy Transfer en una unidad flash, una unidad de disco duro portátil o una ubicación de la red para que pueda tomar ese programa desde su PC con Windows XP o Windows Vista. ¿Pero qué pasa si tiene un económico cable Easy Transfer pero no *tiene* una red, un disco duro portátil o una unidad flash? Afortunadamente, todavía puede ejecutar el programa en su vieja PC con cualquiera de estos métodos:

✔ **Descargar el programa.** Microsoft le permite descargar el programa Easy Transfer desde el sitio Web de Windows 7 en (www.microsoft.com/windows7). Después de descargar e instalar el programa en su vieja PC, ejecútelo con un doble clic y diríjase al Paso 8 de la sección "Transferir mediante un cable Easy Transfer".

✔ **Usar el DVD de Windows 7.** El programa Easy Transfer viene en el DVD en el que se vende Windows 7. Si su PC vino con Windows 7 preinstalado, probablemente no haya recibido un DVD de Windows 7.

Pero si compró un DVD de Windows 7 en la tienda, inserte ese DVD en la unidad de DVD de su vieja PC. Si el programa de instalación salta a la pantalla, cancele la instalación haciendo clic en la X de la esquina superior derecha del programa Install Windows. Luego, siga estos pasos:

1. **Abra el menú Start y seleccione My Computer (en Windows XP) o Computer (en Windows Vista).**

2. **Haga clic derecho en el icono de la unidad de DVD y seleccione Explore (Explorar).**

3. **Abra la carpeta Support (Soporte).**

El programa Easy Transfer vive dentro de una carpeta llamada MigWiz (diminutivo de Migration Wizard, o Asistente de Migración). Para ejecutar el programa en su vieja PC, abra la carpeta MigWiz e inicie el programa Easy Transfer haciendo doble clic en el nombre críptico del programa: MigSetup o MigSetup.exe.

14. **Termine con el proceso.**

   El programa le deja estas dos opciones:

   • **See What Was Transferred (Ver qué se transfirió).** Este informe bastante técnico muestra exactamente qué se transfirió.

   • **See a List of Programs You Might Want to Install on Your New Computer (Ver una lista de programas quizás desee instalar en su nueva computadora).** Otro informe demasiado técnico que le indica qué programas tal vez quiera instalar para abrir algunos de los archivos transferidos.

Desconecte su cable Easy Transfer de ambas PCs, guárdelo para después y habrá terminado.

Transferir a través de una red

Configurar una red, tarea que describo en el Capítulo 14, no es para los corazones débiles. Debe comprar equipo para redes, configurarlo y luego ajustar la configuración en cada PC hasta que puedan conversar entre sí. Pero una vez que su red comienza a funcionar, es una forma rápida y sencilla de transferir archivos entre dos o más PCs.

Si ya configuró una red, siga estos pasos en su nueva PC con Windows y para empezar a extraer los archivos de su PC más vieja:

1. **Cierre todos los programas que se estén ejecutando actualmente en su nueva PC con Windows 7.**

2. **Inicie Windows Easy Transfer en su PC con Windows 7. Haga clic en el menú Start (Inicio), seleccione All Programs (Todos los programas), luego Accessories (Accesorios), haga clic en System Tools (Herramientas del sistema) y luego en Windows Easy Transfer.**

   Se abrirá la ventana de Windows Easy Transfer.

3. **Haga clic en Next en la ventana inicial.**

4. **Seleccione la opción A Network (Una red).**

5. **Seleccione la opción This Is My New Computer (Esta es mi nueva computadora).**

6. **Haga clic en la opción I Need To Install It Now (Necesito instalarlo ahora).**

   ¿Ya tiene una copia del programa Easy Transfer de Windows 7 en su vieja PC? Puede saltar al Paso 9.

7. **Seleccione la opción External Hard Disk (Disco duro externo) o Shared Network Folder (Carpeta compartida en red):**

   Aparece la ventana **Browse For Folder** (Buscar carpeta) como se muestra en la Figura 19-3.

8. **Navegue hasta el lugar donde quiere almacenar el programa Windows Easy Transfer y luego haga clic en OK.**

   Como su red ya está configurada, copie el programa Easy Transfer a una carpeta compartida de su vieja PC: Haga clic en Network (Red), seleccione el nombre de su vieja PC y elija una carpeta compartida de su PC.

   Cuando haga clic en OK, el programa Easy Transfer colocará una copia de sí mismo en una carpeta compartida de su vieja PC.

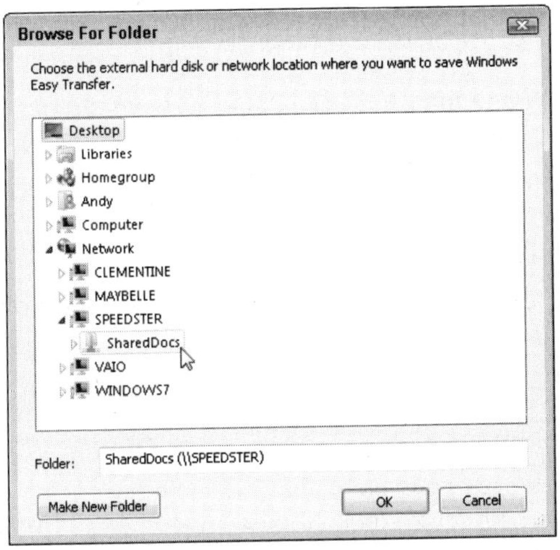

Browse For Folder

Choose the external hard disk or network location where you want to save Windows Easy Transfer.

- 🖥️ Desktop
  - 📚 Libraries
  - 🏠 Homegroup
  - 👤 Andy
  - 💻 Computer
  - 🖧 Network
    - 💻 CLEMENTINE
    - 💻 MAYBELLE
    - 💻 SPEEDSTER
      - 📁 SharedDocs
    - 💻 VAIO
    - 💻 WINDOWS7

Folder: SharedDocs (\\SPEEDSTER)

[Make New Folder]   [OK]   [Cancel]

Figura 19-3: Haga clic en Network (Red) y seleccione una carpeta compartida de su vieja PC.

9. **En su vieja PC, abra su versión recién copiada de Easy Transfer.**

Abra la carpeta compartida de su vieja PC en red y luego haga doble clic en el icono de Windows Easy Transfer, que se muestra en el margen. El programa Windows Easy Transfer se despierta automáticamente en su vieja PC.

¿No encuentra dónde guardó el programa en su red? Vuelva a la PC con Windows 7 y busque la ventana todavía abierta del programa Easy Transfer. Haga clic en Open the Folder Where You Saved Windows Easy Transfer (Abrir la carpeta en la que guardó Windows Easy Transfer) para ver una ventana que muestra la carpeta de red que contiene el programa. (Busque en el extremo superior de esa ventana para ver el *nombre* de la PC en red y su *carpeta compartida*).

10. **En su vieja PC, haga clic en Next para avanzar de la pantalla inicial. Luego seleccione la opción A Network (Una red).**

11. **En su vieja PC, seleccione la opción This is My Old Computer (Esta es mi vieja computadora).**

Windows Easy Transfer mostrará en su vieja PC una contraseña de seis dígitos llamada Easy Transfer Key (Clave de Easy Transfer). Escríbala, porque necesitará ingresar esos números en su nueva PC para poder capturar los archivos.

12. **Haga clic en Next (Siguiente) en su nueva PC. Luego, en su nueva PC, ingrese la contraseña de seis dígitos y haga clic en Next.**

En este momento, ambas PCs están abiertas en una página similar del programa Easy Transfer. Cuando ingresa la contraseña y hace clic en Next en su nueva PC, las dos PCs se buscan entre sí.

Las dos PCs se conectan y su nueva PC comienza a olfatear los archivos de su vieja PC para ver qué puede transferir.

13. **En su nueva PC, seleccione qué desea transferir desde su vieja PC.**

El programa normalmente copia todo de la cuenta de usuario de todos. Para elegir qué copiar exactamente, lea la sección "Ser selectivo a la hora de elegir los archivos, las carpetas y las cuentas para transferir", más adelante en este capítulo.

14. **Haga clic en el botón Transfer de su nueva PC para comenzar a copiar la información.**

No toque ninguna de las PCs durante el proceso de transferencia.

15. **En su vieja PC, haga clic en Close (Cerrar) para apagar Easy Transfer.**

16. **Termine con el proceso.**

En su nueva PC, el programa Easy Transfer lo deja con dos opciones:

- **See What Was Transferred (Ver qué se transfirió).** Este informe bastante técnico muestra exactamente qué se transfirió.

- **See a List of Programs You Might Want to Install on Your New Computer (Ver una lista de programas que quizás desee instalar en su nueva computadora).** Otro informe demasiado técnico que le indica qué programas tal vez quiera instalar para abrir algunos de los archivos transferidos.

Transferir a través de un disco duro portátil o unidad flash

A menos que esté capturando solamente una pequeña porción de la información de su vieja PC, no se moleste en tratar de transferir información con una unidad flash. Estas diminutas barras de memoria apenas contienen la información esparcida por el escritorio de una persona, mucho menos una PC completa. No, necesita una *unidad de disco duro portátil* que por lo menos tenga la misma capacidad que el disco duro de su vieja PC.

Pero todavía no conecte su unidad. En vez de eso, siga estos pasos en su nueva PC con Windows 7 para ejecutar Windows Easy Transfer. Deberá conectar la unidad mientras sigue estos pasos:

1. **Cierre todos los programas que se estén ejecutando actualmente en su nueva PC con Windows 7.**

2. **Abra el menú Start (Inicio), seleccione All Programs (Todos los programas), luego Accessories (Accesorios), haga clic en System Tools (Herramientas del sistema) y luego en Windows Easy Transfer.**

   Se abrirá la ventana de Windows Easy Transfer.

3. **Haga clic en Next en la ventana inicial.**

4. **Seleccione la opción An External Hard Disk (Un Disco duro externo) o USB Flash Drive (Unidad flash USB):**

   External hard disk es el término que utiliza Microsoft para lo que todo el mundo llama *unidad de disco duro portátil*.

5. **Seleccione la opción This Is My New Computer (Esta es mi nueva computadora).**

6. **Seleccione No.**

   Esto le dice al programa que todavía no ha recolectado la información de su vieja PC.

7. **Seleccione la opción I Need to Install It Now (Necesito instalarlo ahora) y luego conecte su unidad portátil en uno de los puertos USB de su nueva PC con Windows 7.**

   Si nunca ha conectado la unidad anteriormente, Windows 7 instala automáticamente los drivers de la unidad.

8. **Seleccione la opción External Hard Disk (Disco duro externo) o Shared Network Folder (Carpeta compartida en red):**

   Aparece la ventana Browse For Folder (Buscar carpeta) como se muestra anteriormente en la Figura 19-2.

9. **Navegue hasta el lugar donde quiere almacenar el programa Windows Easy Transfer y luego haga clic en OK.**

   Por ejemplo, para almacenar el programa en su unidad de disco portátil recién conectada, haga clic en Computer (Computadora) dentro del cuadro de diálogo Browse For Folder, seleccione la letra de su unidad removible y luego haga clic en OK.

   Cuando haga clic en OK, Windows Easy Transfer crea una copia de sí mismo en la unidad para que pueda ejecutarlo en su vieja PC.

10. **Cuando el programa termina de copiarse a su unidad, desconecte la unidad de su nueva PC y conéctela a un puerto USB de su vieja PC.**

    Windows Easy Transfer se despierta automáticamente en su vieja PC. (Puede que necesite hacer clic en OK para que se instale a sí mismo y arranque).

11. **En su vieja PC, haga clic en Next (Siguiente) para pasar la pantalla inicial y seleccione la opción An External Hard Disk or USB Flash Drive (Un disco duro externo o unidad Flash).**

12. **En su vieja PC, seleccione la opción This is My Old Computer (Esta es mi vieja computadora).**

13. **Seleccione lo que desea transferir y haga clic en Next.**

    El programa normalmente copia todo de la cuenta de usuario de todos. Para elegir qué copiar exactamente, lea la sección "Ser selectivo a la hora de elegir los archivos, las carpetas y las cuentas para transferir", justo después de esta sección.

14. **Si lo desea, ingrese una contraseña para proteger la información, y luego haga clic en Save (Guardar).**

    Este paso opcional pero prudente evita que otras personas capturen su información. (Para ser más prudente aún, reformatee su unidad de disco duro portátil cuando haya terminado de transferir la información).

15. **Seleccione una ubicación para guardar la información, haga clic en Open (Abrir) y luego en Save (Guardar).**

    Cuando aparezca la ventana Save Your Easy Transfer File (Guardar su archivo de Easy Transfer), haga clic en la letra de su unidad de disco duro portátil, haga clic en Open (Abrir) para ver sus contenidos y luego en Save (Guardar). El programa nombra su archivo "Windows Easy Transfer – Items From Old Computer" (Windows Easy Transfer — Elementos de la vieja computadora).

16. **Haga clic en Next, desconecte la unidad de su vieja PC y conéctela en su nueva PC.**

    Después de que el programa guarde su archivo, haga clic en Next y prepare la unidad junto a su nueva PC con Windows 7.

17. **Haga clic en Next (Siguiente) en su nueva PC, luego haga clic en Yes para indicarle que ha capturado la información.**

18. **Conecte su disco duro portátil en su nueva PC y abra el archivo transferido de la unidad.**

    Cuando aparezca la ventana Open an Easy Transfer (Abrir un archivo de Easy Transfer), haga doble clic en el nombre de su unidad de disco duro, luego haga doble clic en el archivo llamado "Windows Easy Transfer – Items From Old Computer".

    Ingrese la contraseña que le dio anteriormente, si es necesario, y haga clic en Next.

19. **Haga clic en el botón Transfer de su nueva PC para comenzar a copiar la información.**

No toque ninguna de las PCs durante el proceso de transferencia. Si ha capturado más información de la que puede contener su nueva PC, encontrará la ventana Choose What to Transfer del Paso 13. Ahí debe especificar la información que desea transferir. (Cubro esa ventana y su proceso de selección en la siguiente sección de este capítulo).

20. **Termine con el proceso.**

   El programa le deja estas dos opciones:

   • **See What Was Transferred (Ver qué se transfirió).** Este informe bastante técnico muestra exactamente qué se transfirió.

   • **See a List of Programs You Might Want to Install on Your New Computer (Ver una lista de programas que quizás desee instalar en su nueva computadora).** Otro informe demasiado técnico que le indica qué programas tal vez quiera instalar para abrir algunos de los archivos transferidos.

Ser Selectivo a la Hora de Elegir los archivos, las carpetas y las cuentas para transferir

No importa qué ruta seleccione para transferir sus archivos, eventualmente se enfrentará con la ventana que se muestra en la Figura 19-4, junto con la dura exigencia del programa: Choose What to Transfer (Seleccione qué desea transferir).

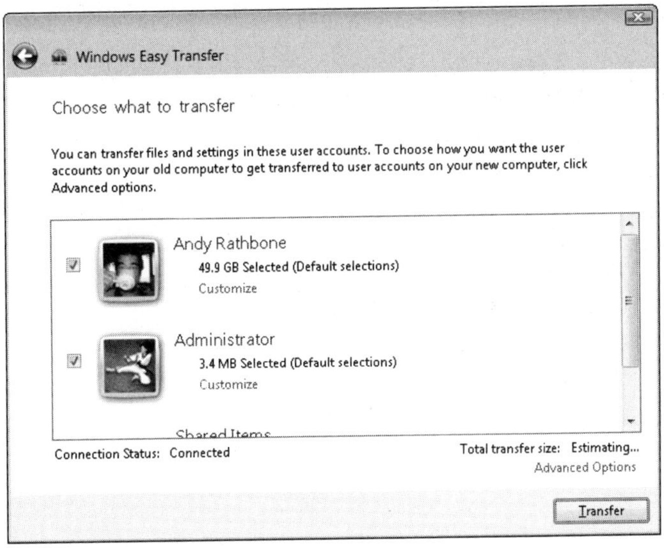

Figura 19-4: Haga clic en Transfer para transferir todo lo que pueda a su nueva PC.

Esta ventana aparece en su *vieja* PC si está transfiriendo con una unidad portátil; la ventana aparece en su *nueva* PC si está transfiriendo con un cable o a través de la red.

Para transferir *todo* de *todas* las cuentas de usuario de su vieja PC a las cuentas de su nueva PC, simplemente haga clic en el botón Transfer. Si su nueva PC tiene suficiente espacio, el programa copia todo de su vieja PC a su nueva PC. Siempre puede eliminar los elementos no deseados más adelante desde su nueva PC, si así lo desea.

Pero si su nueva PC no tiene suficiente espacio de almacenamiento, o si no desea copiarlo todo, aquí le indico cómo elegir qué elementos transferir.

- ✔ **User Accounts (Cuentas de usuario):** ¿Desea trasferir su propia cuenta a su nueva PC, pero abandonar las otras cuentas en la PC familiar? Esta es su oportunidad: Windows Easy Transfer coloca una marca de verificación junto a todas las cuentas de usuario que va a transferir, como se muestra en la Figura 19-4. Haga clic para desactivar la casilla de verificación de las cuentas que *no* desea trasferir.

- ✔ **Advanced Options (Opciones avanzadas):** ¿No configuró cuentas para todo el mundo en la nueva PC? El área Advanced Options, ubicada arriba del botón Transfer, le permite crear las nuevas cuentas en su nueva PC, para luego llenarlas con los archivos entrantes correspondientes. Esta área también resulta útil para las viejas PCs con dos o más unidades de disco, ya que le permite especificar qué contenidos de la unidad van en qué unidad de la nueva PC.

- ✔ **Customize (Personalizar):** A veces no necesita todo. Para elegir cuidadosamente qué categorías de elementos deben transferirse de cada cuenta, haga clic en el botón Customize (Personalizar) debajo de cada nombre de cuenta, como se muestra en la Figura 19-4. Aparece una ventana emergente, como se muestra en la Figura 19-5, permitiéndole excluir algunas categorías. Por ejemplo, quite la marca de verificación de My Videos (Mis videos) para capturar todo menos los videos de su vieja PC.

- ✔ **Advanced (Avanzado):** El botón Advanced, se muestra en el extremo inferior de la lista emergente de la Figura 19-5, sirve para los tecnófilos que disfrutan de la administración detallada y meticulosa. Al podar el árbol de carpetas y nombres de archivo, esta área le permite elegir con esmero archivos y carpetas individuales para copiar. Para la mayoría de la gente es exagerado, pero sigue siendo una opción.

Si ha personalizado su transferencia, haga clic en el botón Save (Guardar) para volver a la ventana Choose What to Transfer (Elegir qué transferir). Luego haga clic en Transfer para empezar a transferir los archivos y carpetas seleccionados con tanto esmero a su nueva PC con Windows 7.

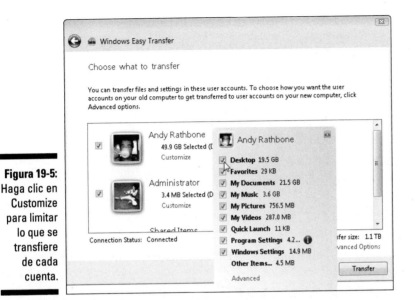

Figura 19-5: Haga clic en Customize para limitar lo que se transfiere de cada cuenta.

Deshacerse de Su Vieja Computadora

Después de transferir todo objeto de valor de la vieja computadora a la nueva, ¿qué puede uno hacer con su vieja computadora? Le quedan varias opciones:

✔ **Donarla:** Mucha gente simplemente le pasa sus viejas computadoras a sus hijos. Los niños no necesitan computadoras poderosas para escribir trabajos para la escuela.

✔ **Caridad:** Las organizaciones de caridad se han vuelto cada vez más selectivas con lo que aceptan. Asegúrese de que la computadora y el monitor siguen funcionando. (Algunas organizaciones de caridad solamente aceptan monitores planos).

✔ **Salvamento:** Tome la ruta ecológica y salve las piezas de su vieja PC. Por ejemplo, en general puede disponer de los discos duros de su vieja PC para almacenamiento de copias de seguridad. La mayoría de las PCs nuevas pueden manejar un segundo monitor para escritorios extra anchos. Explico cómo rescatar elementos de su vieja PC en mi otro libro, *Upgrading & Fixing PCs For Dummies,* 8ª edición (Wiley Publishing, Inc.).

✔ **Reciclaje:** Dell recicla su vieja computadora Dell en forma gratuita. Dell incluso recicla PCs de la competencia cuando compra una nueva computadora Dell. Incluso si no compra una computadora Dell, visite la página de reciclaje (www.dell.com/recycling) en el sitio Web de Dell para obtener información de reciclaje en general. También pregúntele a su proveedor de IBM sobre su plan de reciclaje.

Borrar el disco duro de la vieja computadora

Un disco duro recién donado puede hacer las delicias de un ladrón. Si es como la mayoría de los discos duros, contiene contraseñas para sitios Web, cuentas de correo electrónico, programas, números de tarjetas de crédito, información de identificación y posiblemente registros financieros. Esta información no debe caer en las manos equivocadas.

Si su disco duro contiene información especialmente delicada, compre un programa de destrucción de datos, disponible en la sección de Utilidades de la mayoría de las tiendas de computación. Estos programas están especialmente diseñados para borrar por completo el disco duro y luego llenarlo nuevamente con caracteres aleatorios. (Muchos programas repiten ese proceso varias veces para lograr la especificación de privacidad requerida por el gobierno).

Si tiene un amigo o hijo experto en tecnología, pídale que descargue el programa Darik's Boot and Nuke (`www.dban.org`). Este programa gratuito crea un CD de arranque que limpia por completo su disco duro.

Alternativamente, puede llevarlo a la calle y golpearlo con un mazo grande hasta que no pueda repararse.

✔ **El programa Freecycle:** Cuando ni usted ni sus amigos quieren su PC, visite la red de reciclaje Freecycle Network (`www.freecycle.org`). Con filiales en muchas ciudades de todo el mundo, el sitio Web de Freecycle le permite publicar una lista de elementos que no desea tener; otras personas pasarán por ahí y se llevarán los artículos de sus manos. A un estudiante hambriento su vieja PC puede resultarle valiosa, quizás solo por sus partes.

✔ **Basura:** Cada vez más ciudades y estados prohíben esta opción para evitar la llegada de material contaminante a los vertederos. Es ilegal tirar PCs o monitores a la basura en California, Texas y muchos otros estados de EE.UU. Llame a su vertedero local para ver si ofrece algún día especial para "retiro de dispositivos electrónicos" en los que puede llevar sus desechos electrónicos para su eliminación.

Conserve su vieja computadora por unas semanas luego de estrenar la nueva computadora. Tal vez recuerde algún archivo o una configuración importante en la vieja computadora que todavía no ha transferido.

Capítulo 20

Ayuda con el Sistema de Ayuda de Windows 7

*N*o se moleste en abrirse paso a través de todo este capítulo para ver los detalles específicos—aquí están las formas más rápidas de hacer que Windows 7 suelte información útil cuando usted queda perplejo:

- ✔ **Presione F1:** Presione la tecla F1 desde Windows o cualquier programa.

- ✔ **Menú Start (Inicio):** Haga clic en Start (Inicio) y seleccione Help and Support (Ayuda y Soporte Técnico).

- ✔ **Signo de interrogación:** Si ve un icono con un pequeño signo de interrogación azul cerca de la esquina superior derecha de una ventana, atáquelo con un clic veloz.

En todos los casos, Windows 7 manda a llamar a su programa Help and Support, reforzado con tablas, cuadros, información actualizada de la Web e instrucciones paso a paso.

Este capítulo explica cómo exprimir la mayor cantidad de ayuda de Windows Help and Support.

Consultar al Gurú Informático Integrado al Programa

Casi todos los programas de Windows incluyen su propio sistema de ayuda. Para invocar al gurú informático integrado de un programa, presione F1, seleccione Help (Ayuda) del menú, o haga clic en el pequeño icono con el signo de interrogación azul que se muestra en el margen. Por ejemplo, para encontrar ayuda en Windows Media Player y comenzar a hacer preguntas sagaces, siga estos pasos:

1. **Seleccione Help (Ayuda) desde el menú del programa y elija View Help (Ver ayuda). (Como alternativa, presione F1 o haga clic en el icono de signo de pregunta azul).**

   Se abrirá el programa Windows Help and Support (Ayuda y Soporte Técnico de Windows) en su página dedicada a Windows Media Player (ver Figura 20-1). Aquí, el programa muestra una lista de los temas que más dolores de cabeza provocan a los usuarios.

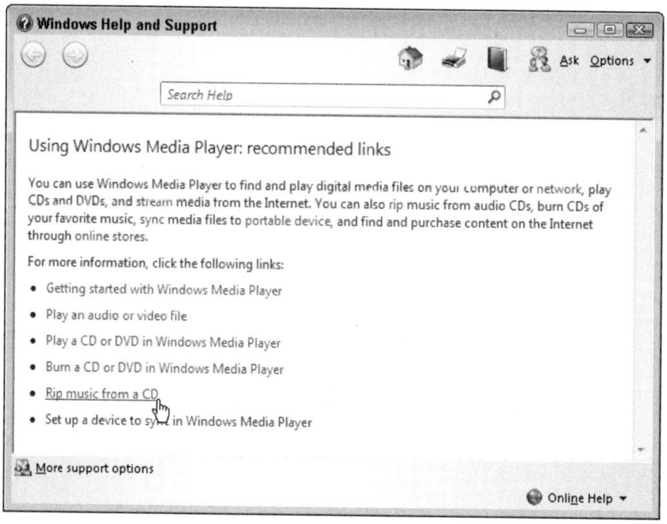

Figura 20-1:
Seleccione el tema de Windows Media Player que lo tiene confundido.

> [!NOTE]
> **RECUERDE**
>
> La casilla Search Help (Buscar Ayuda) en el extremo superior de la pantalla le permite explorar el índice de ayuda del programa. Si escribe unas pocas palabras descriptivas sobre el asunto que le preocupa, el programa encuentra la página precisa, ahorrándole algunos pasos.

2. **Haga clic en el tema sobre el que necesita ayuda.**

   Por ejemplo, hacer clic en el enlace Rip Music From a CD (Ripear música de un CD) le dice a Windows 7 que le explique más sobre cómo copiar los archivos de música de un CD a su PC.

3. **Seleccione el subtema que le interese.**

   Después de una breve explicación sobre el tema, la página de ayuda le ofrece varios subtemas: Por ejemplo, puede ver cómo encontrar canciones copiadas en la biblioteca de Media Player, o cómo editar información de medios, tal como los títulos de sus canciones copiadas. No se pierda los temas que figuran al final de la página, pueden contener información relacionada que tal vez le resulte útil.

4. **Siga los pasos indicados para completar su tarea.**

   Windows 7 brinda una lista de los pasos necesarios para completar su tarea o resolver su problema, apiadándose de usted y evitándole la tarea de buscar a través de los menús de su programa conflictivo. Mientras verifica los pasos, siéntase libre de mirar el área que se encuentra debajo; a menudo encontrará consejos para facilitar la tarea la próxima vez.

¿Está confundido por un término extraño utilizado en la ventana de ayuda? Si el término aparece en un color distinto y le brota un subrayado cuando lo señala con el mouse, haga clic en él. Se abrirá una nueva ventana que define la palabra.

Trate de mantener la ventana de ayuda y la de su programa conflictivo abiertas en ventanas adyacentes. Esto le permite leer todos los pasos de la ventana de ayuda y aplicar los pasos en su programa sin la distracción de dos ventanas que se tapan entre sí.

El sistema de ayuda de Windows 7 suele dar mucho trabajo, obligándolo a moverse entre menús cada vez más detallados para encontrar información específica. Aún así, la ayuda le ofrece un último recurso cuando no puede encontrar la información en ningún otro lado. Y suele ser menos avergonzante que recurrir a los hijos adolescentes del vecino.

Si queda impresionado con alguna página útil en particular, envíela a la impresora: Haga clic en el icono de la impresora (se muestra en el margen) ubicado al inicio de la página. Windows 7 envía esa página a la impresora para que pueda tenerla a mano hasta que la pierda.

Encontrar la Información que Necesita en Windows Help and Support Center

Cuando no sepa por dónde empezar, abra el Windows Help and Support Center (Centro de ayuda y soporte técnico de Windows) y comience a escarbar por ahí.

Para invocar al programa, seleccione Help and Support Center desde el menú Start. El programa Help and Support Center aparece en pantalla, como se muestra en la Figura 20-2.

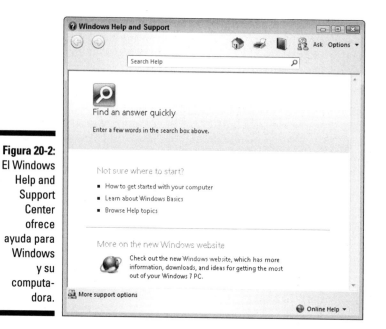

Figura 20-2:
El Windows
Help and
Support
Center
ofrece
ayuda para
Windows
y su
computa-
dora.

El programa ofrece tres secciones:

- ✔ **Find an Answer Quickly (Encontrar una respuesta rápidamente):** Esta sección simplemente le recuerda que escriba su asunto problemático en la casilla de búsqueda que está en el extremo superior de la pantalla. En vez de escribir una pregunta completa, escriba una palabra o dos acerca de su problema: Por ejemplo, escriba **Impresora** en vez de **Mi impresora no funciona**.

- ✔ **Not Sure Where to Start (No estoy seguro de por dónde empezar):** Si la casilla de búsqueda no le trae nada, recurra a esto. Haga clic en el enlace How to Get Started with Your Computer (Cómo comenzar a usar su computadora) para recibir consejos sobre cómo configurar su nueva PC por primera vez. El enlace Learn about Windows Basics (Aprender información básica de Windows) le brindará una visión global sobre las tareas básicas de Windows 7 y su PC. O haga clic en el enlace Browse Help Topics (Navegar por los temas de ayuda) para ver amplias categorías que le permitan hacer clic en información más detallada.

- ✔ **More on the New Windows Website (Más información en el nuevo sitio Web de Windows):** No haga clic aquí a menos que esté conectado a Internet, ya que este enlace le dice al programa de ayuda que muestre la página de ayuda en línea de Windows 7 en el sitio Web de Microsoft. Ese sitio suele estar más actualizado que el programa de ayuda integrado de Windows 7, pero usa un lenguaje más técnico.

El programa Windows Help and Support funciona de forma muy parecida a un sitio Web o una carpeta. Para volver a una página anterior, haga clic en la pequeña flecha azul Back (Atrás) ubicada en la esquina superior izquierda. Esa flecha lo ayudará si llega a un callejón sin salida.

Abrir los Solucionadores de Problemas de Windows 7

Cuando algo no funciona como debería, la sección Troubleshooting (Diagnóstico y Resolución de Problemas) de Windows Help and Support puede rastrear una solución. A veces funciona como un índice, restringiendo el alcance de sus problemas a un botón que lo arregla. Luego, muestra el botón en la página Help para su cura de un solo clic.

A veces le hace preguntas sobre el problema, reduciendo la lista de sospechosos hasta que encuentra al culpable — y su botón mágico para arreglar la situación.

Otras veces, el botón mágico no es suficiente. Por ejemplo, si su señal de Internet inalámbrica no es lo bastante potente, el solucionador de problemas le dirá que se levante y mueva su laptop más cerca del transmisor.

Para llamar a los solucionadores de problemas, siga estos pasos:

1. **Haga clic derecho en el icono Activity Center (Centro de actividades) de su barra de herramientas y seleccione Troubleshoot a Problem (Solucionar un problema).**

   La ventana Troubleshoot Computer Problems (Resolver problemas de la computadora), puede verla en la Figura 20-3, está lista para afrontar una gran variedad de problemas, de lo general a lo específico.

2. **Haga clic en el tema que le preocupa.**

   La sección Troubleshooting (Diagnóstico y Resolución de Problemas) ofrece estos cinco temas en paralelo a sus equivalentes del Control Panel (Panel de control), el cual trato en el Capítulo 11:

   • **Programs (Programas):** Esta sección lo guía para ejecutar programas antiguos que inicialmente se resistieron a ejecutarse bajo el entorno de Windows 7. También le da un vistazo a su navegador Web e intenta reparar cualquier problema que encuentre.

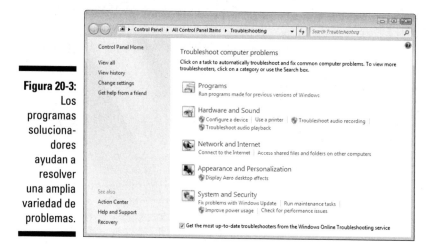

Figura 20-3:
Los programas soluciona-dores ayudan a resolver una amplia variedad de problemas.

- **Hardware and Sound (Hardware y Sonido):** Esta área le muestra cómo diagnosticar problemas de controladores, la mayor causa de disputas entre Windows 7 y las cosas que instala o conecta a su PC. También ayuda a diagnosticar problemas con su impresora, sus parlantes y su micrófono.

- **Network and Internet (Redes e Internet):** Diríjase aquí para obtener ayuda sobre conexiones a Internet, además de problemas comunes que surgen cuando conecta dos o más PCs en una red hogareña.

- **Appearance and Personalization (Apariencia y Personalización):** ¿No puede ver las famosas ventanas traslúcidas de Windows 7? Este solucionador de problemas comprueba la configuración de video de su PC para asegurarse de que vea a Windows 7 en toda su gloria.

- **System and Security (Sistema y Seguridad):** Esta sección de miscelánea que abarca el resto de los temas lo ayuda a mejorar la seguridad y el rendimiento de su PC.

Haga clic en un tema y Windows 7 lo llevará a la página que trata los problemas más frecuentes en torno a ese tema. Siga haciendo clic en los subtemas hasta encontrar el que aborda su problema específico.

3. Siga los pasos recomendados.

A veces se encontrará con pasos numerados que resuelven su problema. Siga estos pasos uno por uno para terminar el trabajo.

Cuando hace clic derecho en un icono que se porta mal, es posible que aparezca la opción Troubleshoot Problems (Solucionar problemas) en el menú emergente. Haga clic allí para llamar al solucionador de ese elemento en particular y ahorrará un poco de tiempo.

En el extremo inferior de la pantalla, asegúrese de activar la casilla de verificación llamada Get the Most Up-To-Date Troubleshooters From the Windows Online Troubleshooting Service (Obtener los solucionadores de problemas más actualizados del servicio de resolución de problemas en línea de Windows). Eso permite que Microsoft agregue a su arsenal cualquier solucionador de problemas desarrollado recientemente a través de Internet.

Parte VII
La Parte de los Diez

The 5th Wave por Rich Tennant

"No se ría. Es más rápido que nuestro sistema actual."

En esta parte. . .

Ningún libro *Para Dummies* está completo sin una sección llamada La Parte de los Diez: listas con diez pepitas de información valiosa de fácil lectura. Por supuesto, las listas no siempre contienen exactamente diez ítems, pero se entiende la idea.

La primera lista explica diez cosas que odiará con ganas de Windows 7 (seguida de la forma de solucionar esos problemas).

La segunda lista contiene consejos exclusivos para los usuarios de computadoras portátiles. Explica cómo cambiar la forma en que su laptop reacciona cuando cierra la tapa, por ejemplo, y también formas rápidas de regular el brillo de la pantalla, el volumen y activar el adaptador inalámbrico integrado.

También incluyo instrucciones paso a paso para tareas que los usuarios de portátiles repiten constantemente: iniciar sesión en Internet de varias maneras diferentes, cambiar el código de área actual y configurar el reloj para una nueva zona horaria.

Capítulo 21

Diez o Más Cosas Que Odiará de Windows 7 (Y Cómo Solucionarlas)

---

*W*indows 7 sin dudas eclipsa a su desgarbado predecesor, el Windows Vista. Sin embargo, puede que en algún momento se encuentre pensando Windows 7 sería perfecto si tan solo. . . *(inserte sus motivos favoritos de queja aquí)*. Si se encuentra pensando (o diciendo) estas palabras con frecuencia, lea este capítulo. Aquí, encontrará no sólo una lista de las diez o más cosas más exasperantes de Windows 7, sino también la forma de solucionarlas.

No Soporto Esas Molestas Pantallas de Permiso

Puede adoptar cualquiera de estos dos enfoques frente a las molestas pantallas de permiso de Windows 7:

✔ **Enfoque preferido por Microsoft:** Antes de hacer clic automáticamente en los botones Yes (Sí) o Continue (Continuar), hágase esta pregunta: ¿Fui *yo* quien inició esta acción? Si usted le pidió deliberadamente a su PC que realice algo, haga clic en Yes o Continue para que la PC pueda ejecutar su orden. Pero si la pantalla de permiso aparece de manera inesperada, haga clic en Cancel (Cancelar), porque algo está mal.

✔ **La manera más fácil:** Desactive las pantallas de permiso, como explico en el Capítulo 17. Lamentablemente, esta acción deja a su PC más susceptible de adquirir virus, gusanos, spyware y otras cosas maléficas que atacan su PC durante el transcurso del día.

Ninguna opción es perfecta, pero es la única alternativa que le ofrece Microsoft con Windows 7: Escuchar las quejas ocasionales de su PC o desactivar las quejas y en cambio confiar en sus programas antivirus y antispyware.

Recomiendo el enfoque preferido por Microsoft — se parece mucho a usar el cinturón de seguridad al conducir: No es tan cómodo, pero es más seguro. En última instancia, la elección la define su equilibrio entre confort y seguridad.

No Puedo Copiar Música a Mi iPod

No encontrará mencionada la palabra *iPod* en los menús de Windows 7, ni las pantallas de ayuda, ni tan siquiera en las áreas de Ayuda del sitio Web de Microsoft. Esto se debe a que el fabricante del tremendamente popular iPod es Apple, competencia de Microsoft. La estrategia de Microsoft es ignorar la existencia del pequeño aparatito con la esperanza de que desaparezca.

Los que no van a desaparecer, sin embargo, son los problemas que enfrentará si intenta alguna vez copiar canciones en el iPod con el Media Player. Usted enfrenta dos obstáculos:

✔ Windows Media Player no reconocerá su iPod, y ni hablar de que le pueda enviar canciones o videos.

✔ Cuando conecta su iPod, Windows puede reconocer el sofisticado aparato como un disco duro portátil. Puede incluso que le permita copiar canciones en el mismo. Pero su iPod no podrá encontrarlas o reproducirlas.

La solución más fácil es descargar e instalar el programa iTunes desde el sitio Web de Apple (`www.apple.com/itunes`). Dado que tanto iTunes como Media Player van a reclamar el derecho de reproducir sus archivos para usted, probablemente termine eligiendo iTunes. (Para dar por concluida la batalla de quién-reproduce-las-canciones, haga clic en el botón Start (Inicio), elija Default Programs (Programas Predeterminados), luego clic en iTunes en la columna Programs, y elija Set This Program as Default (Establecer Este Programa Como Predeterminado.))

Desaparecieron Todos Los Menús

En el afán de darle a Windows 7 un aspecto limpio, los programadores de Microsoft quitaron de la vista los menús de las carpetas que se usaron durante la última década. Para mostrar los menús de carpeta ausentes, presione Alt. Los menús aparecen, permitiéndole elegir la opción deseada.

Organize ▾

Para evitar que vuelvan a desaparecer los menús, haga clic en el botón Organize (Organizar – que se muestra en el margen), elija Layout (Diseño) y elija Menu Bar (Barra de Menú) desde del menú emergente.

Los Efectos "Cristal" Lentifican Mi PC o Laptop

Uno de los efectos especiales más pregonados de Windows 7, Aero, puede plantear demasiada exigencia para algunas PCs. Aero vuelve traslúcidos los marcos de las ventanas, permitiendo que se vean porciones y elementos de su escritorio a través. Los efectos también permiten que algunos programas, como el juego de ajedrez de Windows 7, "floten" en el aire, pudiendo ver la partida desde todos los ángulos.

Pero los cálculos necesarios para dicha gimnasia visual ralentizan las PCs que no tienen gran capacidad gráfica instalada — y esto incluye a muchas de las pequeñas computadoras portátiles de hoy llamadas *netbooks*.

Peor aún, los gráficos vistosos pueden agotar sus baterías en una fracción de su vida útil y pueden recalentar su PC. Si no le gusta la carga extra que Aero le arroja a su PC, arrójelo fuera de su PC siguiendo estos pasos:

1. **Haga clic derecho en alguna parte vacía de su escritorio y elija Personalize (Personalizar) para invocar el Panel de Control.**

2. **En el área Basic and High Contrast Themes (Temas Básicos y de Alto Contraste), elija Windows 7 Basic.**

   Ese tema vive cerca de la parte inferior de la ventana Personalization (Personalización). La apariencia de su escritorio cambia apenas elije el nombre del tema.

Si su computadora sigue *todavía* funcionando muy lentamente, pruebe elegir Windows Classic en el Paso 2.

Para volver a activar el Aero Glass y así impresionar a sus amigos, vaya al primer paso de la lista anterior, pero elija Windows 7 en el área de Aero Themes (Temas Aero).

Si Windows 7 *sigue* sin ser una luz, haga clic derecho en Computer (Computadora) del menú Start, elija Properties (Propiedades), y seleccione Advanced System Settings (Configuración Avanzada de Sistema) dentro del panel de tareas a la izquierda. Haga clic en el botón Settings (Configuración) en la sección Performance (Rendimiento), elija Adjust for Best Performance (Ajustar para Lograr el Mejor Rendimiento), y luego clic en OK.

¡Desapareció Mi Barra de Inicio Rápido!

Mucha gente no sabía cómo se llamaba, pero la *Quick Launch toolbar (Barra de Inicio Rápido)* — esa práctica franja angosta de íconos que descansaba cerca del botón Start — servía como una plataforma de lanzamiento de un solo clic para sus programas favoritos tanto en Windows XP como en Vista.

Windows 7 extirpó la Barra de Inicio Rápido de su modernizada barra de tareas. En lugar de la barra de herramientas, la barra de tareas muestra ahora tres íconos cerca de su botón Start: Internet Explorer, Libraries (Bibliotecas) y Media Player. ¿No le gustan esos íconos? Haga clic derecho en cualquier ícono ofensivo y elija dentro del menú emergente Unpin This Program from Taskbar (Desprender Este Programa de la Barra de Tareas).

Puede también tratar a esa porción de su barra de tareas como una Barra de Inicio Rápido improvisada agregando allí sus propios íconos. Siga estos pasos para copiar íconos desde el menú Start hacia la barra de tareas:

1. **Haga clic en el menú Start y localice su apreciado programa.**

2. **Haga clic derecho en el ícono del programa y elija Pin to Taskbar (Prender a la Barra de Tareas).**

   Reacomode los íconos a gusto en la barra de tareas arrastrándolos con el mouse de izquierda a derecha.

Al prender los íconos de sus programas favoritos en el lado *izquierdo* de la barra de tareas, puede mantenerlos separados de los íconos de los programas *en ejecución* de la barra de tareas, que permanecen en el lado derecho.

Windows Me Hace Iniciar Sesión Todo el Tiempo

Windows ofrece dos maneras para volver a la vida desde su protector de pantalla arremolinado y batido. Windows puede regresarlo a la pantalla de bienvenida, donde deberá iniciar sesión nuevamente con su cuenta de usuario. Como alternativa, Windows 7 puede volver al programa que usted estaba utilizando cuando se disparó el protector de pantalla.

Algunas personas prefieren la seguridad de la pantalla inicial. Si el protector de pantalla se inicia cuando se han quedado demasiado tiempo en el bebedero, están protegidos: Nadie puede sentarse y espiar su correo electrónico.

Otra gente no siente la necesidad de tener esa seguridad adicional, y simplemente quieren volver a trabajar rápidamente. Aquí puede ver cómo dar cabida a las dos variantes:

Si no desea ver *nunca* la pantalla inicial, utilice una única cuenta de usuario sin contraseña, como describo en el Capítulo 13. Esto vulnera toda la seguridad ofrecida por el sistema de cuentas de usuario, pero es más cómodo si vive solo.

1. **Haga clic derecho en algún lugar vacío de su escritorio y elija Personalize (Personalizar).**

2. **Haga clic en Screen Saver (Protector de Pantalla) en la esquina inferior derecha.**

   Windows 7 muestra las opciones del protector de pantalla, incluyendo si Windows debe despertarse solamente o reiniciarse en la pantalla inicial.

3. **Dependiendo de su preferencia, seleccione o deseleccione la casilla de verificación On Resume, Display Logon Screen (Al Reanudar, Mostrar la Pantalla de Inicio de Sesión).**

   Si la casilla de verificación *está seleccionada,* Windows 7 es más seguro. El protector de pantalla despierta en la pantalla inicial de Windows 7, y debe iniciar sesión con su cuenta de usuario antes de utilizar la computadora. Si la casilla de verificación *no está seleccionada,* Windows 7 es más tolerante, despertando desde el protector de pantalla en el mismo lugar donde usted dejó de trabajar.

4. **Haga clic en OK para guardar sus cambios.**

Sigue Desapareciendo La Barra de Tareas

La barra de tareas es una característica muy útil de Windows 7 que por lo general se encuentra en cuclillas en la parte inferior de su pantalla. A veces, por desgracia, se pierde en el bosque. Aquí describimos algunas formas de rastrearla y volver a traerla a casa.

Si su barra de tareas de repente se aferra a uno de los bordes de su escritorio — o incluso al techo — intente arrastrarla nuevamente a su lugar: En vez de arrastrar un borde, arrastre la barra de tareas desde su parte media. Cuando el puntero del mouse llega al borde inferior de su escritorio, la barra de tareas de pronto salta a su lugar de origen. Suelte el mouse, y la habrá recapturado.

Siga estos consejos para evitar que su barra de tareas ande paseando por ahí:

✔ Para mantener la barra de tareas fija en su lugar y que no ande flotando por ahí, haga clic derecho en algún lugar vacío de la barra de tareas y seleccione Lock the Taskbar (Bloquear la Barra de Tareas). Recuerde sin embargo, que antes de poder aplicar cualquier cambio futuro en la barra de tareas, primero deberá desbloquearla.

✔ Si su barra de tareas desaparece de la vista cada vez que el puntero del mouse no está encima o cerca de ella, deshabilite la característica Auto Hide (Auto Ocultar) de la barra de tareas: Haga clic derecho en algún lugar vacío de la barra de tareas y elija Properties (Propiedades) en el menú emergente. Cuando aparece el cuadro de diálogo Taskbar and Start Menu Properties (Propiedades de la Barra de Tareas y del Menú Inicio), deseleccione la casilla de verificación Auto-Hide the Taskbar (Ocultar Automáticamente la Barra de Tareas). (O bien, para activar esta característica, seleccione la casilla de verificación.)

No Puedo Hacer un Seguimiento de las Ventanas Abiertas

No *es necesario* seguir la pista de todas esas ventanas abiertas. Windows 7 mantiene un registro por usted usando una combinación de teclas secreta: Sostenga la tecla Alt y luego presione la tecla Tab, aparecerá una pequeña barra, mostrando los íconos de todas sus ventanas abiertas. Siga presionado

Tab; cuando Windows resalta el ícono de la ventana que está buscando, suelte las teclas. Esa ventana saltará al frente de la pantalla.

O bien visite la barra de tareas, esa larga franja en la parte inferior de su pantalla. Como se explica en el Capítulo 2, la barra de tareas muestra una lista de nombres de cada ventana abierta. Haga clic en el nombre de la ventana que desea abrir, y ésta salta a la parte superior de la pila.

Si un ícono de programa en la barra de tareas tiene varias ventanas abiertas —por ejemplo, está editando simultáneamente varios documentos en Microsoft Word— haga clic derecho en el ícono de Microsoft Word. Aparece un menú emergente, permitiéndole hacer clic en el documento que desea acceder.

En el Capítulo 6, encontrará más soldados para enlistar en la batalla contra las ventanas, archivos y programas extraviados.

No Puedo Alinear Dos Ventanas en la Pantalla

Con su arsenal de herramientas de arrastrar-y-soltar, Windows 7 simplifica la captura de información en una ventana para copiarla en otra. Puede arrastrar una dirección de la libreta de direcciones y soltarla en la parte superior de una carta en su procesador de textos, por ejemplo.

Sin embargo, la parte más difícil de arrastrar y soltar surge cuando se pretende alinear dos ventanas en la pantalla, una al lado de la otra, arrastrándolas. *Para esto* necesita llamar a la barra de tareas. Primero, abra las dos ventanas y ubíquelas en cualquier parte de la pantalla. Luego minimice todas las otras ventanas para que queden como íconos de la barra de tareas haciendo clic en el botón Minimize (Minimizar) de cada ventana (que se muestra en el margen).

Ahora, haga clic derecho en un área vacía de la barra de tareas, y luego elija entre Show Windows Stacked (Mostrar Ventanas Apiladas) o Show Windows Side By Side (Mostrar las Ventas En Paralelo). Las dos ventanas se alinean a la perfección en la pantalla. Pruebe ambas opciones para ver cuál satisface mejor sus necesidades actuales.

Windows 7 introduce otra forma de alinear ventanas con el método de arrastrar y soltar fácilmente: Arrastre una ventana *violentamente* contra el borde izquierdo o derecho; la ventana ajusta su tamaño para llenar ese lado de la pantalla. Arrastre rápidamente otra ventana contra el borde opuesto, y ambas se alinearán lado a lado.

¡No Me Deja Hacer Nada A Menos Que Sea Administrador!

Windows 7 se pone muy exigente respecto a quién hace qué en su computadora. El dueño de la computadora obtiene la cuenta Administrator (Administrador). Y el administrador generalmente brinda a todos los demás una cuenta Standard (Estándar). ¿Esto qué significa? Bueno, que sólo el administrador puede hacer las siguientes cosas en la computadora:

- Instalar programas y hardware.
- Crear o modificar cuentas de otras personas.
- Discar para conectarse a Internet usando un modem Dial-up.
- Instalar algún tipo de hardware, como ciertas cámaras digitales y reproductores MP3.
- Ejecutar acciones que puedan afectar a otros usuarios de la PC.

Las personas con cuentas Standard, por naturaleza, están limitadas a realizar actividades bastante básicas. Pueden hacer lo siguiente:

- Ejecutar programas previamente instalados.
- Cambiar la foto y la contraseña de su cuenta.

Las cuentas Guest (Invitado) están pensadas para la niñera o visitantes que no usen permanentemente la computadora. Si tiene conexión a Internet por banda ancha o cualquier otra cuenta de Internet "siempre conectada", los invitados pueden navegar Internet, ejecutar programas o verificar su e-mail. (Como describo en el Capítulo 13, las cuentas Guest no pueden *iniciar* una sesión de Internet, pero pueden usar una ya existente.)

Si Windows dice que sólo un administrador puede hacer algo en su PC, tiene dos opciones: Encontrar un administrador o administradora para que ingrese su contraseña y autorice la acción; o convencer a un administrador para que lo ascienda a la posición de Administrator, lo que se cubre en el Capítulo 13.

No Sé Qué Versión de Windows Tengo

Windows se ha vendido en más de una decena de sabores desde su debut en noviembre de 1985. ¿Cómo se puede saber qué versión está realmente instalada en su computadora?

Abra el menú Start, haga clic derecho en Computer (Computadora), y elija Properties (Propiedades). Fíjese en la sección Windows Edition (Edición de Windows) en la parte superior para ver qué versión de Windows 7 tiene: Starter, Home Basic, Home Premium, Professional, Enterprise o Ultimate.

En versiones previas de Windows, el tipo de versión aparece en esa misma ventana, pero debajo de la palabra *System (Sistema)*.

Mi Tecla Print Screen No Funciona

Windows 7 captura la tecla Print Screen (Imprimir Pantalla – etiquetada PrtSc, PrtScr o algo incluso más sobrenatural en algunos teclados). En lugar de enviar lo que hay en la pantalla a la impresora, la tecla Print Screen lo envía a la memoria de Windows 7, desde donde puede pegarlo dentro de otras ventanas.

Si mantiene presionada la tecla Alt mientras pulsa la tecla Print Screen, Windows 7 envía una imagen de la *ventana* actual — no de la pantalla completa — al Portapapeles para pegar.

Si *realmente* quiere una copia impresa de su pantalla, presione el botón Print Screen para enviar la imagen de la pantalla a su memoria. (Parecerá que nada pasó.) Luego haga clic en Start, elija All Programs (Todos los Programas), seleccione Accessories (Accesorios), abra Paint, y haga clic sobre el ícono Paste (Pegar) en el menú de la parte superior. Cuando aparezca su imagen, elija Print (Imprimir) desde el menú principal para enviarlo a la impresora.

¡No Puedo Actualizar a Windows 7 desde Windows XP!

El mayor placer que pueden disfrutar los usuarios de Windows Vista puede ser insertar un económico disco de Windows 7 Upgrade (Actualización a Windows 7) y transformar sus PC a Windows 7: Sus archivos y programas quedan en su lugar, y Windows Vista se va para siempre.

Los usuarios de Windows XP, por otra parte, están fritos de dos maneras: Necesitan comprar un disco de Windows 7 completo, que cuesta más que un disco de actualización. Y por si esto fuera poco, actualizar a Windows 7 significa limpiar su disco duro y empezar de cero.

Explico cómo realizar este proceso de la forma menos dolorosa posible en el Apéndice de este libro.

Capítulo 22

Más o Menos Diez Consejos para Dueños de Laptops

En Este Capítulo

▶ Ajustar la configuración de su laptop al vuelo

▶ Cambiar su zona horaria

▶ Marcar con un módem en una ubicación distinta

*E*n su mayoría, lo que lee en este libro se aplica a PCs de escritorio y laptops por igual. Sin embargo, Windows 7 ofrece algunas configuraciones exclusivas para laptops y hablo de esos elementos aquí. También le agrego unos pocos consejos y referencias rápidas para hacer que este capítulo satisfaga especialmente a los dueños de laptops que necesitan información con cierta prisa.

Ajustar la Configuración de su Laptop Rápidamente

Windows 7 ofrece una forma rápida para que los dueños de laptops vean las cosas que más afectan el estilo de vida en movimiento de su pequeña PC. El programa llamado Mobility Center (Centro de Movilidad) es una tienda completa para retocar la configuración principal de su laptop. Para abrir Mobility Center, siga estos pasos:

1. **Abra el menú Start y seleccione Control Panel (Panel de Control).**

2. **Mantenga presionada la tecla de Windows y presione la tecla X.**

   Windows Mobility Center, como se muestra en la Figura 22-1, aparece en la pantalla.

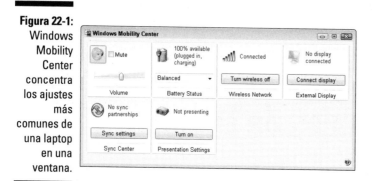

3. **Haga sus ajustes.**

Como se muestra en la Figura 22-1, Mobility Center le permite hacer ajustes rápidos a la configuración principal de su laptop, lo que se describe en la siguiente lista. (No se preocupe ni crea que ocurre algo malo si las opciones de su laptop difieren ligeramente a éstas, porque Microsoft personaliza las opciones para que se ajusten a las características de su laptop en particular).

- **Volume (Volumen):** ¿Cansado de ese molesto golpe de sonido en su laptop cada vez que la enciende? Deslice el control de nivel de volumen hacia abajo aquí. (O active la casilla de verificación Mute para silenciarlo por completo, ahorrando batería y permitiéndole encenderlo solamente cuando sea necesario).

- **Battery Status (Estado de la batería):** Seleccione Power Saver (Ahorro de energía) cuando resulte esencial contar con una larga vida de su batería (trabajará a velocidad de caracol) y cambie a High Performance (Alto rendimiento) solamente cuando esté conectado a la red eléctrica y necesite la máxima velocidad para los programas más demandantes. Para obtener lo mejor de los dos mundos, deje la configuración en Balanced (Equilibrado).

- **Wireless Network (Red inalámbrica):** Si su laptop lo ofrece, aquí hay un interruptor de encendido/apagado fácil de encontrar para el adaptador de red inalámbrico de su laptop, ya sea que esté integrado o conectado a un puerto USB.

- **Brightness (Brillo):** (No se muestra en la Figura 22-1). Si su modelo de laptop lo ofrece, con solo deslizar este control podrá atenuar su laptop en situaciones de poca luz (o simplemente para ahorrar energía de la batería) y aumentar el brillo cuando trabaje en el exterior.

- **External Display (Pantalla externa):** ¿Alguna vez conectó su laptop en un monitor más grande o proyector para mostrar una presentación? Diríjase aquí para configurarlo.

- **Sync Center (Centro de sincronización):** Windows 7 le permite mantener su laptop o PC con Windows 7 sincronizadas con un servidor de red que se encuentra en algunas oficinas. Este interruptor activa el Sync Center, en el que puede configurar una sociedad con lugares compatibles con la sincronización y hacer clic en el botón Sync All (Sincronizar todo) para que intercambien información.

- **Screen Rotation (Rotación de pantalla):** (No se muestra en la Figura 22-1). Esta opción que se encuentra en algunas tablet PCs y netbooks le permite rotar la pantalla para visualizarla más fácilmente en un monitor de tamaño extraño.

- **Presentation Settings (Configuración de presentaciones):** Esta opción le permite controlar lo que aparece en el proyector cuando conecta su laptop. Con sólo hacer clic en un botón, puede convertir el fondo de pantalla de su escritorio en un entorno comercial seguro, apagar su salvapantallas, ajustar el volumen de su PC y acabar con cualquier otra distracción.

Aunque algunos botones lo llevan a más áreas llenas de configuraciones, el Mobility Center funciona bien como plataforma de lanzamiento. Es su primera parada para personalizar su laptop con el objeto de que se ajuste a su entorno actual.

Elegir Qué Ocurre Cuando Cierra la Tapa de su Laptop

Si cierra la tapa de su laptop significa que ha dejado de trabajar, pero ¿por cuánto tiempo? ¿Por esta noche? ¿Hasta que salga del subterráneo? ¿Una larga hora de almuerzo? Windows 7 le permite elegir exactamente cómo debe comportarse su laptop cuando cierra la tapa.

Para empezar a retocar, siga estos pasos:

1. **Haga clic en Start (Inicio), seleccione Control Panel (Panel de control) y luego System and Security (Sistema y seguridad).**

2. **Seleccione Power Options (Opciones de energía) y luego Choose What Closing the Lid Does (Elegir el comportamiento del cierre de la tapa) desde el panel izquierdo.**

Como se muestra en la Figura 22-2, Windows 7 ofrece tres opciones para el cierre de la tapa, según su laptop esté conectada a la alimentación eléctrica o usando baterías: Do Nothing (No hacer nada), Hibernate (Hibernar) o Shut Down (Apagar).

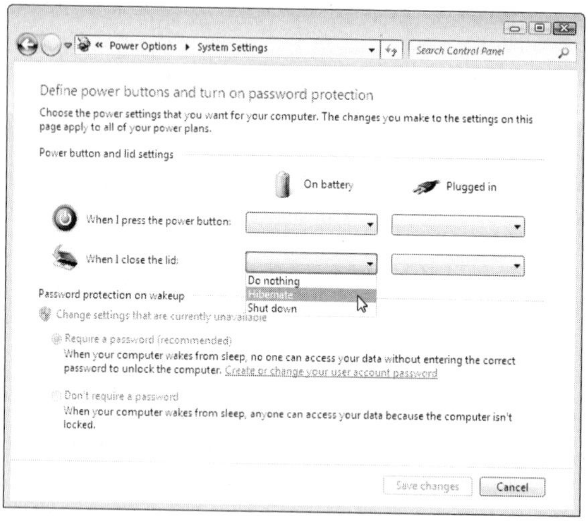

Figura 22-2: Cambie las reacciones de su laptop cuando está conectada a la red eléctrica o cuando está usando baterías.

La opción general es utilizar Hibernate, porque permite que su laptop quede dormida en un estado de bajo consumo de energía, para luego despertar rápidamente y empezar a trabajar sin demora. Pero si está apagando su laptop al final del día, la opción de apagado suele ser una mejor idea. Esa opción permite que la laptop conserve la energía de la batería y si se conecta durante la noche, se despierte con las baterías totalmente cargadas.

Además, puede seleccionar si su computadora le solicitará una contraseña cuando vuelva a encenderse. (Las contraseñas siempre son una buena idea).

3. **Haga clic en Save Changes (Guardar cambios) para que los cambios se vuelvan permanentes.**

Adaptarse a Ubicaciones Distintas

Las PCs no se mueven de un escritorio, lo que vuelve las cosas bastante fáciles de configurar. Por ejemplo, solamente necesita ingresar su ubicación una vez y Windows 7 configurará automáticamente su zona horaria, símbolos monetarios y cosas similares que cambian alrededor del mundo.

Pero la alegría de la movilidad de una laptop se atenúa con la agonía de decirle al aparato exactamente dónde está ubicado actualmente. Estas secciones le brindan los parámetros que necesita cambiar cuando viaja a un área distinta.

Cambiar su zona horaria

Siga estos pasos para hacer que su laptop sepa que ingresó a una nueva zona horaria:

1. **Haga clic en el reloj ubicado en la esquina inferior derecha de la barra de tareas.**

   Aparecerá un calendario y un reloj en una ventana pequeña.

2. **Seleccione Change Date and Time settings (Cambiar configuración de fecha y hora).**

   Aparece el cuadro de diálogo Date and Time (Fecha y hora).

3. **Seleccione Change Time Zone (Cambiar zona horaria), ingrese su zona horaria actual en el menú desplegable Time Zone (Zona horaria) y haga clic en OK dos veces.**

Si viaja con frecuencia entre zonas horarias, aproveche la pestaña Additional Clocks (Relojes adicionales) del Paso 3. Aquí, puede agregar un segundo reloj. Para ver rápidamente la hora en Caracas, simplemente coloque el puntero del mouse sobre el reloj de la barra de tareas. Aparece un menú desplegable con una lista de su hora local, además de la hora en la ubicación adicional que ingresó.

Conectarse a un hotspot de Internet inalámbrica

Cada vez que se conecta a una red inalámbrica, Windows 7 guarda su configuración para conectarse nuevamente la próxima vez que esté de visita. Explico las conexiones inalámbricas con más detalle en el Capítulo 14, pero aquí tiene los pasos como referencia rápida.

1. **Encienda el adaptador inalámbrico de su laptop, si es necesario.**

   Con frecuencia puede encenderlo con un clic en el Mobility Center, que se muestra en la Figura 22-1. Algunas laptops ofrecen un interruptor manual en algún lugar de la carcasa. Si su laptop no tiene un dispositivo inalámbrico integrado, conecte un adaptador inalámbrico en su puerto USB.

2. **Haga clic en el icono de red de su barra de tareas, que se muestra en el margen.**

Windows 7 le muestra una lista con todas las formas en las que se puede conectar a Internet — incluida cualquier red inalámbrica que encuentre dentro de su alcance.

3. **Conéctese a la red inalámbrica haciendo clic en su nombre y luego en Connect (Conectarse).**

En muchos lugares, cuando hace clic en Connect puede conectar su laptop a Internet de inmediato. Pero si su laptop le pide más información, vaya al Paso 4.

4. **Ingrese el nombre y la contraseña de seguridad de la red inalámbrica, si se lo solicita.**

Algunas redes inalámbricas privadas no transmiten sus nombres, así que Windows las muestra como Unnamed Network (Red sin identificar). Si ve ese nombre, busque al dueño de la red y pídale el nombre y la contraseña o clave de seguridad para ingresar.

Cuando hace clic en Connect (Conectarse), Windows 7 anuncia si ha tenido éxito. Asegúrese de marcar las dos casillas de verificación Save This Network (Guardar esta red) y Start This Connection Automatically (Iniciar esta conexión automáticamente) para que sea más fácil conectarse la próxima vez que esté dentro del alcance.

Cuando haya acabado su sesión en línea, apague o desconecte el adaptador inalámbrico de su laptop para ahorrar batería.

Marcar con un módem desde una nueva ubicación

Brindo una explicación detallada de cómo conectarse con un módem dialup en el Capítulo 8. Aquí, supongo que está configurando una conexión en una ciudad *distinta*, en la que debe ingresar otro número telefónico, código de área, tarjeta de llamada o algo similar. Siga estos pasos para usar una conexión a Internet dialup en una nueva ubicación:

1. **Haga clic en el icono de red de su barra de tareas (se muestra en el margen).**

Windows 7 le mostrará una lista de todas las conexiones a Internet que utilizó en el pasado, incluidas las ubicaciones inalámbricas y dialup — incluida también la primera ubicación de dialup que configuró.

2. **Haga clic derecho en su conexión dialup existente y elija Properties (Propiedades).**

   Windows 7 le muestra una lista de configuraciones para su conexión dialup actual.

3. **Marque la casilla de verificación Use Dialing Rules (Usar reglas de discado) y haga clic en Dialing Rules (Reglas de discado).**

   Aparece el cuadro de diálogo Dialing Rules (Reglas de discado) con una lista de ubicaciones que ingresó cuando configuró las distintas conexiones de dialup. La configuración llamada My Location es la que Windows 7 creó cuando configuró su primera conexión de dialup.

4. **Haga clic en New (Nuevo) e ingrese los cambios en la configuración para su nueva ubicación.**

   Cuando aparezca el cuadro de diálogo New Location (Nueva ubicación), ingrese el nombre de su nueva ubicación, además de los cambios requeridos para marcar en esa ubicación: un código de área o número de acceso distinto, un hotel que lo hace marcar 9 para acceder a una línea externa, o tal vez un código para deshabilitar la llamada en espera.

   A medida que ingresa sus cambios, en el extremo inferior del cuadro de diálogo New Location verá el número que marcará Windows 7 para realizar la conexión.

5. **Haga clic en OK cuando haya terminado, haga clic en OK para salir del cuadro de diálogo Phone and Modem Options (Opciones de teléfono y módem), y luego haga clic en OK para salir del cuadro de diálogo Properties.**

   Windows 7 lo deja nuevamente en el cuadro de diálogo Connect to a Network (Conectarse a una red) que nombra su conexión dialup.

6. **Haga clic en Connect (Conectarse).**

   Windows 7 marca el número de Internet utilizando la nueva configuración que ingresó. Si necesita marcar un número de teléfono completamente diferente en vez de ajustar la configuración existente, diríjase al Capítulo 8 para obtener instrucciones de cómo configurar una cuenta de dialup. La configuración recién ingresada de la región lo estará esperando aquí.

Crear una Copia de Seguridad de su Laptop Antes de Viajar

Explico cómo hacer copias de seguridad de una PC en el Capítulo 12, y hacer copias de seguridad en una laptop funciona igual que en una PC de escritorio.

Por favor, siempre recuerde hacer copias de seguridad de la información de su laptop antes de salir de su casa o de la oficina. Los ladrones roban laptops más seguido que PCs de escritorio. Su laptop puede reemplazarse, pero los datos que lleva adentro no.

Conserve la copia de seguridad de su información en su casa — no en el bolso de su laptop.

Apéndice A

Actualizar a Windows 7

*L*as computadoras nuevas de hoy en día vienen con Windows 7 preinstalado — y es prácticamente inevitable. Si está leyendo este capítulo, significa que su computadora probablemente todavía corre Windows XP o Windows Vista. Si está ejecutando Windows 98 o Windows Me, no se moleste en tratar de instalar Windows 7. Necesita una PC más moderna.

Para los usuarios de Windows Vista resulta fácil: Actualizar a Windows 7 es pan comido. Simplemente inserte el DVD y Windows 7 reemplazará a Windows Vista, dejando todos sus archivos y programas intactos.

Los usuarios de Windows XP deben navegar por mares más traicioneros: Windows 7 no actualizará su PC, sino que lo obligará a atravesar un proceso de múltiples etapas que describo aquí.

Pasarse a Windows 7 ya sea desde Windows Vista o XP es un camino de ida. Una vez que haya cambiado, no podrá volver a su versión anterior de Windows. No siga estos pasos a menos que esté seguro de que está listo para Windows 7.

Prepararse para Windows 7

Windows 7 generalmente se ejecuta bien en computadoras adquiridas durante los últimos tres o cuatro años. Antes de actualizar, asegúrese de repasar la siguiente lista de verificación:

✔ **Potencia de la computadora:** Asegúrese de que su computadora sea lo bastante potente como para ejecutar Windows 7. Cubro los requisitos de Windows 7 en el Capítulo 1.

✔ **Compatibilidad:** Antes de actualizar o instalar, inserte el DVD de Windows 7 y seleccione Check Compatibility Online (Comprobar la compatibilidad en línea). Cuando Windows 7 lo lleve al sitio Web de Microsoft, descargue y ejecute el programa Windows 7 Upgrade Advisor (Asesor para la Actualización a Windows 7). El programa le advierte de antemano qué componentes de su computadora pueden no funcionar bien bajo el entorno de Windows 7. Puede encontrar el Upgrade Advisor en el sitio Web de Microsoft en www.microsoft.com/Windows7/.

✔ **Seguridad:** Antes de actualizar a Windows 7, apague su software antivirus y demás programas de seguridad. Pueden ingenuamente intentar protegerlo del proceso de actualización de Windows 7.

✔ **Ruta de actualización:** Como Windows Vista y Windows 7 vienen en tantas versiones diferentes, la Tabla A-1 le explica qué versiones son apropiadas para qué actualizaciones.

Tabla A-1	Compatibilidad para la Actualización desde Vista
Esta Versión de Vista . .	*. . . Puede Actualizarse a Esta Versión de Windows 7*
Windows Vista Home Premium	Windows 7 Home Premium
Windows Vista Business	Windows 7 Professional
Windows Vista Ultimate	Windows 7 Ultimate

Después de actualizar, puede pagar un adicional para desbloquear las funciones de una versión más lujosa, una maniobra de marketing estratégico de Microsoft.

Nota: En Europa, Microsoft planea retrasar la venta de las ediciones Windows 7 Upgrade hasta el 2010 por problemas con entes reguladores de la Unión Europea.

✔ **Copia de seguridad:** Haga una copia de seguridad de todos los datos importantes de su PC por si acaso algo sale mal.

Actualizar de Windows Vista a Windows 7

Siga estos pasos para actualizar su copia de Windows Vista a Windows 7:

1. **Inserte el DVD de Windows 7 en su unidad de DVD y haga clic en el botón Install Now (Instalar ahora), como se muestra en la figura A-1).**

   Windows 7 se despliega y prepara para instalarse.

Figura A-1: Haga clic en el botón Install Now en la pantalla de instalación de Windows 7.

2. **Seleccione Go Online to Get the Latest Updates for Installation (Conectarse a Internet para obtener las últimas actualizaciones para la instalación) (Recomendado).**

   Este paso le indica a Windows 7 que visite el sitio Web de Microsoft y descargue las últimas actualizaciones para su PC en particular — controladores, parches y arreglos varios — de modo que su instalación se ejecute en la forma más transparente posible.

3. **Lea el Acuerdo de Licencia, active la casilla de verificación I Accept the License Terms (Acepto los términos de la licencia) y luego haga clic en Next.**

   Lea el Acuerdo de Licencia de 25 páginas de Microsoft. Debe activar la casilla de verificación I Accept the License Terms antes de que Microsoft le permita instalar el software.

4. Seleccione Upgrade (Actualizar) y haga clic en Next.

La actualización conserva los archivos, la configuración y los programas existentes en su PC. Si esta opción no funciona, el problema podría ser uno de los siguientes:

- Está tratando de actualizar una PC con Windows XP, lo que no está permitido.

- Está tratando de actualizar una PC con una versión de Windows Vista que no permite actualizaciones. (Consulte la Tabla A-1).

- Su copia de Windows Vista no tiene el Service Pack 2. Para resolver esto, visite Windows Update (`www.windowsupdate.com`), descargue e instale el Service Pack 2. Si el sitio se niega, es posible que no tenga una copia genuina de Windows Vista instalada. Llame a quien le vendió la PC, ya sea una tienda o el chico del barrio que la armó.

- Su disco duro no tiene la suficiente capacidad. Su disco duro necesita hasta 16 GB de espacio libre para instalar Windows 7.

5. Lea el Compatibility Report (Informe de Compatibilidad), si está disponible, y haga clic en Next (Siguiente).

Si le dijo a Windows 7 que se conecte a Internet en el Paso 2, Windows 7 le explicará acerca de cualquier problema de compatibilidad que encuentre en los programas de su PC. Cuando haga clic en Next, se iniciará la actualización, un proceso que puede demorar varias horas.

6. Escriba su clave de producto y haga clic en Next.

La *clave de producto* generalmente vive en una pequeña etiqueta adhesiva pegada al embalaje del DVD. (Si está reinstalando una versión de Windows 7 que vino preinstalada en su PC, busque la clave de producto en una calcomanía pegada al costado o la parte trasera de su PC).

No active la casilla de verificación Automatically Activate Windows When I'm Online (Activar Windows Automáticamente Cuando Me Conecte a Internet). Puede hacerlo más tarde cuando sepa que Windows 7 funciona en su PC. (Debe ingresar la clave del producto y activar Windows 7 dentro de los 30 días siguientes a la instalación; Windows 7 lo molesta incesantemente cuando se acerca la fecha límite).

Escriba su clave de producto sobre su DVD de Windows 7 con un rotulador. (Escriba en el lado del disco que esté *impreso*). De ese modo, siempre tendrá la clave de producto válida en su disco.

La función Activation (Activación) de Windows 7 toma una instantánea de los componentes de su computadora y la vincula con el número de serie de Windows 7, lo que evita que instale esa misma copia en otra computadora. Desafortunadamente, la función Activation también lo molestará si cambia demasiados componentes en su computadora, forzándolo a llamar a Microsoft y explicar la situación.

7. **Seleccione Use Recommended Settings (Usar Configuración Recomendada).**

   Esto permite que Windows visite Internet para actualizarse con parches de seguridad, advertirle de sitios Web sospechosos, buscar información para el diagnóstico y resolución de problemas, y enviar información técnica a Microsoft para optimizar el rendimiento de Windows.

8. **Confirme la configuración de fecha y hora y haga clic en Next.**

   Windows 7 suele adivinar esos datos correctamente.

9. **Si está conectado a una red, seleccione la ubicación de su PC.**

   Windows 7 le ofrece opciones: Home (Hogar), Work (Trabajo) o Public (Pública).

   Si selecciona Home o Work, Windows 7 alivia un poco la seguridad, permitiendo que las PCs de la red se vean entre sí. Sin embargo, si está en una ubicación pública, seleccione Public. Windows 7 mantiene a su PC más segura evitando que otras PCs compartan sus archivos.

   Luego de hurgar dentro de su PC por unos minutos, Windows 7 aparecerá en la pantalla, dejándolo en la pantalla de inicio de sesión. Pero todavía no se relaje. Siga estos pasos para completar el proceso:

   - **Ejecute Windows Update (Actualización de Windows).** Visite Windows Update, como se describe en el Capítulo 10 y descargue todos los parches de seguridad y controladores actualizados de Microsoft.

   - **Asegúrese de que Windows 7 reconoce su software.** Ejecute todos sus programas viejos para asegurarse de que todavía funcionan. Puede que necesite reemplazarlos por versiones más recientes o visitar el sitio Web de los fabricantes para ver si ofrecen actualizaciones gratuitas.

   - **Compruebe las cuentas de usuario.** Asegúrese de que las cuentas de usuario de su PC funcionan correctamente.

   ¡Bienvenido a Windows 7!

Instalar Windows 7 sobre Windows XP

Windows 7 no puede actualizarse directamente desde una PC que ejecuta Windows XP. Eso significa que si quiere ejecutar Windows 7 en su PC con Windows XP, deberá seguir esta serie de pasos. No están pensados para cobardes.

1. **Ejecute Windows Easy Transfer en su PC con Windows XP.**

   Hablo de Windows Easy Transfer en el Capítulo 19. Para obtener los mejores resultados, transfiera sus archivos y su configuración a un disco duro portátil que sea por lo menos de igual tamaño que el de su PC con Windows XP. Luego, desconecte el dispositivo portátil y sepárelo para más tarde.

2. **Cambie el nombre de su unidad con Windows XP.**

   Este paso no es necesario, pero lo ayuda a identificar la unidad correcta un par de pasos más adelante. Abra el menú Start (Inicio), seleccione Computer (Computadora) y haga clic derecho en su unidad C. Seleccione Rename (Cambiar nombre), escriba **XP** y presione Enter.

   Este paso lo ayudará a reconocer su unidad más tarde.

3. **Inserte el DVD de Windows 7 en su unidad de DVD y reinicie su PC.**

   Su PC se reiniciará pero desde el DVD de Windows 7. (Puede que necesite presionar una tecla para decirle a su PC que se inicie desde la unidad de DVD en vez del disco duro).

4. **Haga clic en Next (Siguiente).**

   Esto le indica al programa que instale todo en inglés, incluido el idioma del menú, la distribución del teclado y los símbolos monetarios.

5. **Haga clic en el botón Install Now (Instalar ahora).**

6. **Lea el Acuerdo de Licencia, active la casilla de verificación I Accept the License Terms (Acepto los términos de la licencia) y luego haga clic en Next.**

7. **Seleccione Custom (Advanced) (Personalizada – Avanzada).**

   Si prueba con la opción Upgrade (Actualizar), el programa le dirá que cargue Windows XP y luego ejecute el DVD de instalación. (Entonces, cuando vuelva a esta pantalla y haga clic en Upgrade, le dirá que no puede actualizar directamente a Windows 7 desde Windows XP).

   La opción Custom (Personalizada) le muestra una ventana con una lista de las particiones y/o unidades de su PC.

8. **Haga clic en su unidad con Windows XP, haga clic en Drive Options (Advanced) (Opciones de la Unidad – Avanzadas), haga clic en Format (Dar formato) y luego en OK para aprobar el proceso de formateo. Luego, haga clic en Next (Siguiente).**

   Su unidad con Windows XP tendrá las letras XP en su nombre desde el Paso 2.

   Hacer clic en Format (Dar formato) borra completamente su copia de Windows XP y toda su información en esa partición. No hay manera de volver atrás una vez que completa este paso, así que *asegúrese* de haber creado una copia de seguridad de sus archivos con Windows XP en el Paso 1. Después de hacer clic en Next, Windows 7 comienza a instalarse en la unidad vieja que tenía Windows XP, un proceso que toma aproximadamente 10 a 30 minutos en la mayoría de las PCs.

9. **Ingrese su nombre de usuario y un nombre para su PC, y luego haga clic en Next.**

   Siéntase libre de escribir el mismo nombre de usuario y computadora que escribió en su PC con Windows XP. O invente nombres nuevos, si así lo prefiere.

10. **Escriba y vuelva a escribir una contraseña, luego escriba una pista para la contraseña y haga clic en Next.**

    La pista de la contraseña debe ser una frase que le recuerde su contraseña, pero que no la revele por completo. Por ejemplo, si su contraseña es el nombre de su escuela primaria, la pista de la contraseña podría ser "Mi primera escuela primaria".

11. **Salte al Paso 6 de la sección anterior, Actualizar de Windows Vista a Windows 7.**

    A partir de aquí, los pasos de instalación son idénticos a los pasos de esa sección.

Índice